*D'abord enseignant, puis journaliste et directeur de la revue littéraire* Europe, ***Pierre Gamarra*** *est aussi poète, dramaturge et romancier. Son œuvre abondante, foncièrement humaniste, a été couronnée de prix (prix de la Société des gens de lettres en 1985 pour* Le Fleuve palimpseste, *PUF) et adaptée pour la télévision (notamment* Les Coqs de minuit *en 1973).*

# Le Maître d'école

**Du même auteur**

**Chez De Borée**

*L'Empreinte de l'ours*
*Les Coqs de minuit,* suivi de *Rosalie Brousse*

**Chez d'autres éditeurs**

*Cantilène occitane*
*La Femme et le fleuve*
*La Maison de feu,* prix international du roman Ch. Veillon
*L'Assassin a le prix Goncourt*
*La Vie fabuleuse de Cristobal Colón*
*Le Fleuve palimpseste,* grand prix du roman de la société des Gens de Lettres
*Les Mystères de Toulouse*
*L'Or et le Sang,*
*Vie et Prodiges du grand amiral Zheng Hé*



*Le Maître d'école* a été publié pour la première fois
en 1955 chez Les Éditeurs français réunis
et *La Femme de Simon* en 1962 aux éditions La Farandole.



Imprimé en France en avril 2011
Dépôt légal : mai 2011
ISBN : 978-2-8129-0300-7

PIERRE GAMARRA

# LE MAÎTRE D'ÉCOLE

De Borée
Terre de poche

*À Georges* LAPIERRE
*Directeur d'école à Paris*
*Directeur de* L'École libératrice
*Mort à Dachau en février 1945*

*À André* PICAN
*Instituteur, organisateur de la Résistance dans la Seine-Inférieure*
*Fusillé au Mont Valérien le 23 mai 1942*

*et à tous les maîtres de l'école laïque*
*qui mettent leur courage et leur peine*
*au service de la nation.*

# Partie I

# LE MAÎTRE D'ÉCOLE

# I

JAMAIS SIMON SERMET n'avait oublié ce jour de juin 1905. Sa mémoire en avait gardé chaque minute avec une fidélité admirable. Tout était là, tout était resté. Depuis les chants des coqs à l'aube grise jusqu'à l'orage, de la nuit, jusqu'au délicieux sommeil qui l'avait emporté enfin, tandis que la pluie battait aux volets de sa maison natale, la merveilleuse journée vivait et revivait dans son cœur, intacte, lourde et brillante comme un fruit.

Plus tard, quand on lui parlait de bonheur et d'espérance, il pensait à ce jour-là. Il revoyait la route du matin, la brume de chaleur sur les champs de maïs. Il entendait claquer le fouet de son père. Et tout à coup, le sang battait à ses tempes comme en cette fin d'après-midi où M. l'inspecteur primaire s'était avancé, une liste à la main, sur le perron d'entrée d'une école de canton.

Simon était debout, près de son père, dans la foule des parents et des élèves qui attendaient la proclamation des résultats. Un bourdonnement un peu craintif emplissait la cour. Les enfants n'osaient plus courir. L'ultime instant approchait. Soudain, après un « ah » bref, suivi d'un grand silence, M. l'inspecteur, en jaquette et gilet blanc, avait surgi de la classe ténébreuse où le jury venait de délibérer. On l'avait vu d'un geste large déposer son melon sur une table proche. La liste frémissait dans sa main droite. On entendait les menus craquements du papier. Il l'avait approchée puis éloignée de son lorgnon tandis que sa main gauche caressait sa forte barbe brune d'un geste familier.

Quelques gouttes lourdes voltigèrent et l'inspecteur fit un pas en retrait. Les gamins et les parents retenaient leur souffle. L'inspecteur avança de nouveau sur le perron. Il tenait maintenant la solennelle feuille avec ses deux mains.

La chaleur était devenue insupportable et le brusque silence rendait plus sensible le poids de l'orage menaçant. De seconde en seconde les nuées noircissaient au-dessus du bourg. Pas une feuille des acacias ne bougeait. L'air sentait la brique chaude, l'herbe calcinée et il y traînait aussi une odeur de viande grillée et de ragoût venue de l'auberge de la place où on avait cuisiné depuis le matin pour les gens de la foire et les parents des candidats.

Les cailloux crissèrent sous les pieds des assistants. Il y eut des chuchotis, une sorte de rire nerveux. Le lorgnon étincelant de l'inspecteur se dirigea vers le coin des rumeurs. Le silence revint. Une charrette grinça sur la place, et derrière le mur qui fermait la cour de récréation, du côté des jardins, une poule roula mystérieusement son cri.

Le ciel descendait, toujours plus noir et lourd. C'était cette époque de fin de printemps dans le pays de Garonne où de longues pluies ont gonflé les sèves. Les verdures s'étalent puissamment, les vignes lacent leurs vrilles et allongent leurs grappes, une buée chaude couvre les champs de céréales. Après mai souvent pluvieux, le soleil prend la force d'été, le ciel se lave, mais le temps n'est pas net encore et des orages précèdent la belle et franche chaleur.

Simon entendit craquer la feuille entre les doigts de l'inspecteur. Il eut peur, atrocement peur tout à coup. Il voyait danser des *a* et des *x* dans sa tête, et la voix de M. Bertrandou, inquiète et sévère, sonnait à ses oreilles. Comment as-tu écrit soupiraux ? *a, u, x,* j'espère, sans *e* ? Et le participe passé de cueillir ? Le complément d'objet étant placé av… Simon Sermet comprit que l'inspecteur allait lire enfin. Il caressait sa barbe une dernière fois, passait un index à l'intérieur de son col de Celluloïd et toussotait pour s'éclaircir la voix.

Simon glissa sa main dans la main de son père, la serra nerveusement. Sermet tourna la tête vers son petit, lui sourit et chuchota en patois : « N'aie pas peur ! »

L'inspecteur ajusta son lorgnon et proclama : « Procès-verbal de la Commission d'examen des épreuves du certificat d'études primaires du canton de Saint-Ély pour la session du… »

De nouvelles gouttes descendirent et le premier souffle de l'orage agita les feuilles. Un grand soupir de soulagement s'éleva de l'assemblée et on ne pouvait dire s'il était dû à l'arrivée de la fraîcheur ou à la proximité des résultats. L'inspecteur releva la tête et parcourut l'assistance d'un regard sévère. Les examinateurs se groupaient respectueusement derrière lui. On apercevait confusément dans la pénombre de la salle de classe une série de barbes et de moustaches.

« Sermet, Simon, premier du canton… » annonça l'inspecteur d'une voix forte.

Il y eut une nouvelle houle parmi les gens et la main de Simon se mit à trembler follement. Mais la peur s'était effacée. La joie venait. Il lui semblait que son cœur grossissait, montait dans sa poitrine. Les gouttes de pluie qui mouillaient son visage étaient devenues des caresses. Tout était beau, les briques roses de l'école, les petits acacias, le ciel trouble. La voix de l'inspecteur continuant sa lecture – mais Simon n'arrivait pas à suivre et à comprendre – formait une musique plus belle que toutes.

Le père se pencha vers son fils. Sermet était un homme solide et carré, large de torse et court de jambes avec un bon visage placide, barré d'une moustache grise très fournie. Il était vêtu d'une blouse noire toute neuve, étrennée pour la circonstance.

« Ça y est, tu es passé, *moun fil,* dit-il à mi-voix. Premier du canton, *lou prumié !* Tu as entendu, ce qu'il a dit, M. l'inspecteur, *lou prumié moun fil.* Tu es passé ! Tu es passé le premier de tous ! »

Simon vit deux larmes qui brillaient de chaque côté du gros nez rond de son père. Les larmes glissèrent brusquement vers les moustaches et Sermet se mit à mâchonner en secouant sa tête de droite à gauche. Puis, il prit l'enfant dans ses bras et le serra avec emportement. Il se redressa et regarda avec fierté autour de lui. De la main gauche, il rajustait sa blouse machinalement, mais, de la main droite, il tenait toujours son fils, le sien, son Simon, celui qui était passé avant tous les autres.

L'écolier était grave, immobile, les yeux brillants. Il s'efforçait d'écouter l'inspecteur. Pourtant, l'assistance devenait de plus en plus bruyante. Des exclamations de joie fusaient de-ci, de-là. Il fallut même que, avant d'arriver au terme de sa liste, l'inspecteur relevât encore la tête et commandât le calme par un petit claquement de langue.

La pluie ne se décidait pas. Les premiers roulements du tonnerre retentirent alors que l'inspecteur annonçait les derniers noms : Thor Maurice, Truffié Léon, Urbain Jean, Vidal Louis, Vidalenc Antoine…

L'inspecteur replia sa liste et disparut dans la classe. Alors la foule se mit à bourdonner sans crainte. Les enfants couraient les uns vers les autres, se donnaient des bourrades joyeuses. Les parents s'interpellaient en patois. Les maîtres des divers villages participaient aux congratulations. On se dirigeait lentement vers la sortie. Quelques refusés pleuraient dans les coins.

M. Bertrandou s'approcha des Sermet. Simon lui sourit. Le maître lui posa une main sur l'épaule et murmura gravement :

« C'est bien, Simon, tu nous fais honneur.

– Que je suis content, monsieur Bertrandou ! s'écria Sermet en frisant sa moustache. Qui aurait pensé une chose pareille : premier du canton ! Ah ! ils vous doivent beaucoup, ces enfants…

– Nous en avons trois, cette année, dit M. Bertrandou, trois reçus sur trois présentés, et là-dessus, le premier du canton. »

Il se tourna vers l'enfant.

« Et toi, Simon, tu es reçu avec une forte avance. Viens, maintenant, M. l'inspecteur veut te serrer la main. »

Simon pâlit mais déjà son maître l'entraînait vers le perron. Ils arrivaient à l'entrée de la classe lorsque la barbe brune de l'inspecteur apparut. Dans la cour, les conversations s'arrêtèrent et tous regardèrent M. l'inspecteur qui félicitait le petit Sermet de Fontvieille.

« C'est très bien, mon enfant, disait l'inspecteur. Tu as obtenu cette place avec honneur. Je t'en félicite et je félicite ton maître. Il faut maintenant persévérer. Tu travailles pour toi, pour les tiens mais aussi pour ta patrie qui a besoin de citoyens instruits et laborieux. C'est très bien, mon enfant, continue sur ce chemin. »

Simon tendit gauchement sa main que l'inspecteur serra en souriant. Ce fut ensuite le tour de M. Bertrandou dont l'inspecteur loua l'ardente foi éducatrice au service depuis de longues années de l'école de la République. M. Bertrandou s'inclinait dans sa jaquette étriquée. Il souriait en tirant nerveusement sur sa petite barbiche blanche. Les collègues hochaient la tête autour de lui.

« Merci, monsieur l'inspecteur, merci, disait M. Bertrandou. Je ne fais que mon devoir. Je suis vraiment content pour ce petit Simon. »

Un grand coup de tonnerre vint ponctuer sa phrase. Et c'était comme dans une fête, les cymbales après un beau morceau de musique.

L'inspecteur se retourna vers les examinateurs pour les saluer avant son départ.

Sermet avait assisté à la scène de la dernière marche du perron. Il reprit son fils par la main et se dirigea à pas lents vers la sortie. Il tordait toujours sa moustache. Il savait qu'on le regardait et il se disait en lui-même : « Oui, c'est moi, Sermet, moi Sermet du village de Fontvieille, le père de Simon Sermet, le premier du canton. Il est passé avec les félicitations de l'inspecteur. Moi, un simple métayer, je suis le père de celui-là, ce petit de rien du tout, petit comme un friton, mais il en a dans la tête tel que vous le voyez… »

Les charrettes étaient rangées sur la place devant l'auberge, le long des fusains en pots. Avant de reprendre le chemin des villages, des familles s'étaient installées autour des tables de bois de la terrasse. Aux odeurs de cuisine se mêlaient maintenant, toutes proches, des odeurs de vin, de vermouth et d'absinthe.

L'orage ne se décidait pas à crever. Il ne pleuvait plus et les roulements du tonnerre s'étaient éloignés. Le vent agitait les feuillages des platanes. Peut-être allait-il disperser les nuées.

Sermet s'avançait vers l'auberge en compagnie de M. Bertrandou. Le vent gonflait la blouse du paysan, lui donnait une allure encore plus courtaude et ramassée. L'instituteur trottinait près de lui, un peu courbé, la barbiche en avant. Simon et les deux autres reçus de Fontvieille venaient derrière eux, jacassant avec animation.

« Eh bien ! donc, dit Sermet, vous allez vous asseoir avec les petits, M. Bertrandou, pendant que je vais chercher la jument. Il faut bien se rafraîchir un peu, après tant de peine.

– Une minute, seulement, répondit l'instituteur. Ce vent ne me plaît pas beaucoup. Nous pourrions nous tremper. »

Comme Sermet passait devant les tables, se dirigeant vers l'écurie, quelqu'un l'interpella.

« Ho ! Sermet ! Tu ne vas pas partir sans boire, je pense !

– Que non ! dit le paysan, mais il faut faire vite. J'ai du foin dehors à Fontvieille.

– Allons, un jour comme aujourd'hui ! Ton Simon est premier du canton. Laisse ton foin tranquille. Tu payeras bien un verre de limonade à ces enfants ! »

Diantre oui ! Un verre de limonade, il le paierait sans rechigner et même dix s'il le fallait. Le foin, après tout, ce n'était pas grand-chose. Un carré de rien du tout derrière leur maison. Si le foin se mouillait ce soir, il se sécherait demain.

Ils prirent place autour d'une longue table raboteuse et Sermet d'emblée commanda quatre panachés, c'est-à-dire quatre bouteilles de bière et quatre de limonade.

Les paysans s'étaient serrés pour laisser le centre de la tablée à M. Bertrandou.

Le vieux maître d'école était souriant mais visiblement fatigué. Il s'accouda à la planche rêche et souffla longuement. Il avait posé son melon sur ses genoux.

Les gens le regardaient sans mot dire, avec une affection respectueuse. On le connaissait dans bien des villages autour de Fontvieille et on le citait en exemple. Ah ! M. Bertrandou de Fontvieille, voilà un maître ! Il n'a jamais bougé de son village et il en a enseigné du monde, celui-là ! C'est le premier véritable instituteur que nous avons eu. Ce qu'il peut savoir, cet homme, c'est incroyable ! Il vous parle du pays depuis les temps les plus reculés, des Gaulois, des Romains, de l'invasion des Arabes, des châteaux forts, des guerres et des révolutions. Il vous dit les noms des pierres, la façon dont circule l'eau ou la manière dont tournent les vents. Et il ne sait pas les choses de routine comme tant de vieux, il les comprend et il les explique. Un vrai maître, oui, sévère pour les enfants, mais c'est pour leur bien, et serviable pour tous. Et patient malgré tout, recommençant dix fois et vingt fois ses explications pour les petits comme pour les grands.

Quand il s'en allait en courses dans le village et les hameaux, on l'arrêtait à chaque seuil. Il fallait entrer, boire la goutte, parler des gamins et des affaires de la maison. Des hommes d'âge retrouvaient devant lui une timidité d'écoliers. On rappelait des histoires du temps passé et les yeux du père Bertrandou se plissaient malicieusement dans leurs nids de rides.

« Hé ! monsieur Bertrandou, vous vous souvenez du grand Camboulives, quand il avait mis un crapaud dans la bibliothèque ?

– Ah ! celui-là, je n'en ai jamais pu rien faire. C'est bien le seul. Tout juste s'il savait se signer quand il est sorti d'entre mes mains. »

Pourtant, à chaque fois que le grand Camboulives descendait de sa lointaine maison des collines, il ne manquait pas de venir saluer le maître et de lui apporter quelque présent.

Depuis des années et des années, les gens de Fontvieille et d'ailleurs s'en venaient vers lui en consultation pour une lettre ou un contrat à rédiger. Tout naturellement, au bout d'une discussion difficile, on disait : « Il faut parler à M. Bertrandou, il n'y a que lui qui peut savoir. »

À l'école ou à l'auberge, dans une cuisine de ferme ou dans la salle de la mairie dont il assurait le secrétariat, M. Bertrandou demeurait le maître, *lou régent,* et chaque occasion lui était bonne pour donner ses leçons. Il aimait à parler de la Révolution de 89, la première, la grande, celle qui avait renversé la Bastille et les châteaux forts, celle qui avait donné la terre aux paysans. C'est là que la liberté avait commencé. Maintenant, on avait la République, ça n'avait pas été sans mal, et sans doute tout n'allait pas pour le mieux, mais, à mesure que le peuple s'élèverait en savoir, la République prendrait des forces. Et là, l'école laïque avait un grand rôle à jouer. Quand il se mettait sur son école laïque, M. Bertrandou ne s'arrêtait plus. « L'école laïque, mes amis, l'école laïque, écoutez-moi bien… » Il commençait à parler de Jean Macé qui avait fondé la Ligue de l'enseignement en 66 et qui avait entamé la bataille. Il en avait fallu du temps et des discussions pour aboutir aux grandes lois capitales. D'abord, la loi de gratuité, le 17 juin en 81. « Retenez bien cette date, mes amis, le 17 juin 81… » Et ensuite la loi sur l'obligation qui n'était passée qu'en 82 grâce à l'obstination des Jules Ferry et des Paul Bert, en 82, au mois de mars. C'est que le principe de laïcité faisait grincer des dents. Les choses n'avaient été réglées qu'en octobre 86 par une loi qui décidait que les religieux n'enseigneraient plus dans les écoles de l'État. Le vieux maître évoquait les joutes entre Jules Simon et Jules Ferry, l'opposition des pères conscrits au Sénat, la victoire enfin du grand laïque, celui qui avait donné à sa patrie deux grandes forces : l'instruction et les colonies. À chaque rentrée d'octobre, la première leçon de morale était consacrée à Jules Ferry, et M. Bertrandou faisait copier par les grandes divisions les paroles du serment que le pionnier de la laïcité avait prononcé en 1870 : « Entre tous les problèmes de ce temps, j'en choisirai un auquel je consacrerai tout ce que j'ai d'intelligence, tout ce que j'ai d'âme, de cœur, de puissance physique et morale : c'est le problème de l'éducation du peuple. » Le serment était écrit au tableau noir. Toute la classe se mettait à le lire à voix haute, guidée par la baguette solennelle de M. Bertrandou qui commandait l'arrêt aux virgules. Puis, l'instituteur se dressait au bord de l'estrade. La baguette frémissait au bout de son bras levé. « Enfants, n'oubliez jamais le nom de Jules Ferry ! »

Maintenant, M. Bertrandou touchait au bout de sa carrière. Sa femme était morte quelques années auparavant et il en avait beaucoup pâti. Il ne radotait aucunement mais sa parole était moins prompte et agile qu'autrefois. Son corps grêle flottait dans sa redingote. Son visage jaune et ridé ressemblait à une pomme de novembre. Sa barbiche ne brillait plus. Les marmots le voyaient parfois dans le silence des fins de classe fermer les yeux comme pour dormir. Il ne dormait pas. Au moindre chuchotis ou bronchement de pied, la flexible et sifflante baguette se mettait en danse.

Il détestait qu'on lui parlât de sa retraite et du moment où il lui faudrait quitter cette école de village qui gardait son cœur et sa vie. Tous ses jours avaient coulé entre le préau au toit oblique, couvert de grosses tuiles moussues, et le logement de deux pièces, dans cette classe unique aux murs blanchis à la chaux, aux longues tables polies et couturées par des générations d'écoliers. Il avait bien acheté une bicoque à la sortie de Fontvieille, sur le chemin des collines, mais c'était son école qu'il aimait, les rosiers du jardin de derrière, les rayons de livres de sa petite chambre. Depuis quelque temps, il ne bougeait guère. Il avait renoncé à ses courses à travers champs, jusqu'aux fermes reculées. Il ne se promenait que sur la grand-place où on le voyait trottiner de l'école à la mairie et de la mairie à l'école.

À quoi pensait-il ? Il soufflait, taquinait sa barbe, buvait son panaché par gorgées économes et gourmandes. Son regard malin parcourait l'assemblée pour s'arrêter enfin sur Simon. Il hochait la tête. Il l'avait eu, son premier du canton ! Il l'attendait depuis longtemps. Sans doute, chaque année, les résultats de l'école de Fontvieille étaient-ils très bons et les candidats de M. Bertrandou arrivaient chaque fois dans la tête de la liste, mais le premier rang, le tout premier lui avait échappé jusque-là. Personne ne lui en faisait grief, bien sûr, et le bonhomme n'en disait rien. Ce qui compte, c'est justement d'avoir de bons résultats d'ensemble d'une année à l'autre. Pourtant, en ces soirs de juin ou de juillet, le bonhomme soupirait lorsqu'il rentrait chez lui.

Et voilà que ce petit Simon Sermet lui apportait la récompense : le premier du canton sortait enfin de l'école de Fontvieille. On en parlerait dans les bourgades et les hameaux. Tous ceux de Fontvieille sont encore reçus et ils emportent même la première place ! Fontvieille, vous savez, une commune de rien du tout, au pied des coteaux de Garonne…

« Alors, Simounet, s'écria le vieux maître, tu n'as pas peur de l'orage ?

– Oh ! que non, dit l'enfant d'une curieuse voix perchée et rougissant aussitôt.

– Aujourd'hui, il n'a peur de rien, ajouta une femme en se penchant pour l'embrasser. Le premier de tous, pensez donc ! C'est sa mère qui sera fière, ce soir !

– C'est un grand jour, mes amis, murmura M. Bertrandou, un très grand jour pour ces enfants…

– Et pour vous donc, monsieur Bertrandou, dit le père Sermet, c'est un grand jour pour vous. »

Les têtes s'inclinèrent et l'on approuva bruyamment.

« Pour moi aussi… Hé ! le premier du canton, c'est quelque chose !

– Premier avec une forte avance et les félicitations de M. l'inspecteur », précisa Sermet.

Le maître d'école secoua la tête et regarda le fond de son gros verre à facettes.

« Ce qu'il faut dire, c'est que c'est un grand jour pour nous tous. Et je ne parle pas seulement de Fontvieille. Trois certificats de plus, c'est quelque chose, mais Fontvieille, ça n'est pas tout. Ce qui compte, c'est l'ensemble, c'est l'instruction qui se répand. Et l'instruction, c'est la grandeur du peuple. »

Les têtes s'inclinèrent à nouveau et il y eut un murmure confus. « L'instruction, bien sûr… Avec de l'instruction… Il en faut de l'instruction… Ceux qui ont de l'instruction… »

« Fontvieille, c'est une commune perdue, reprit l'instituteur. Bon, mais il y a le canton, l'arrondissement, le département, tout le pays enfin et dans tout le pays, ces jours-ci, des enfants comme les nôtres ont passé leur certificat. Et chaque certificat obtenu, c'est un citoyen qui se prépare, un bon citoyen. On n'en a jamais trop.

– Vous l'avez dit, monsieur Bertrandou, s'écria un pépé à moustaches blanches, l'instruction, c'est la grandeur du peuple. Maintenant, nous comprenons ces choses, ce n'est pas trop tôt. Autrefois, nous étions tous comme des bêtes. Rien que pour se signer, c'était tout un monde. Quand j'ai tiré au sort, pas un des conscrits de mon village ne savait lire. Et aujourd'hui, des petits comme ce Simounet sont plus savants que des régents de l'ancien temps. C'est bien. Il nous en faut beaucoup comme celui-là. »

Le pépé caressa ses lourdes moustaches d'argent.

« Ah ! les temps changent. Je voudrais bien vivre assez vieux pour en voir encore. »

Il se tourna vers Sermet.

« Hé ! compagnon, que vas-tu faire de ce petit ? Un curé ou un régent ? »

Il y eut un gros rire autour de la table. Tout le monde savait que M. Bertrandou et les gens de Fontvieille n'aimaient guère les curés. Le grand débat sur la séparation était en cours. Même dans ces villages reculés, les esprits s'échauffaient.

« Un curé, je ne crois pas, répondit Sermet avec lenteur. Un régent, c'est comme il voudra. Un régent, diable ! C'est demander beaucoup !

– C'est qu'il faut de l'argent pour tenir un enfant dans les écoles ! dit la femme.

– A-t-on jamais manqué de curés ! » s'écria le pépé.

M. Bertrandou leva une main sèche et jaune, toute tressée de veines violettes.

« Chacun peut croire à sa guise. Il faut avoir l'esprit de tolérance. Mais la religion est une chose, l'école est une autre chose. Ceux qui croient paieront pour leurs pasteurs. Tous les citoyens paient pour l'école. Et l'école de la République est ouverte à tous. Ce sont les grands principes : l'obligation, la gratuité et la laïcité. »

Sermet se pencha vers son fils et lui caressa le front.

« S'il continue à travailler, on lui obtiendra peut-être une bourse. Hé ! Simounet, ça te plairait d'être régent ? »

L'enfant baissait le front et taquinait d'un index machinal le bois rugueux de la table. Il y eut un moment de silence. Les paysans et les paysannes se tournaient vers l'écolier. La servante de l'auberge, une fille courtaude et souriante, en tablier de toile grise, était venue se planter derrière les clients. Elle aussi regardait le petit de Fontvieille dont tout le monde avait parlé aujourd'hui.

Des gouttes se remirent à voltiger sous le ciel sombre. Une charrette traversa la place rapidement. Un fouet claqua le long des platanes aux feuillages ténébreux. De l'autre côté de la route, on pouvait apercevoir les deux piliers de briques rouges qui flanquaient l'entrée de l'école où venait d'avoir lieu l'examen. Le vent agitait de plus en plus les grappes lourdes des glycines au-dessus de la grille. Leur parfum courut dans l'espace et vint trouver Simon. L'enfant releva la tête. Dans la demi-obscurité de l'orage proche, l'odeur des fleurs apportait comme une promesse.

Il regarda son père puis M. Bertrandou.

« Oh ! oui, dit-il de tout son cœur, être régent, je voudrais bien ! »

Ils revinrent par une route de poussière blanche qui serpentait entre les maïs et les vignes. Le vent balançait les hampes jaunissantes. Une rumeur de papier froissé courait dans la plaine jusqu'à l'invisible chemin de la Garonne caché dans des ramiers de peupliers. Les vignes escaladaient les coteaux. Fontvieille s'abritait au pied des moutonnements d'argile et de cailloux, à moins d'une dizaine de kilomètres de Saint-Ély.

M. Bertrandou s'était assis à l'avant de la charrette en compagnie de Sermet. Simon et les deux autres écoliers s'étaient placés à l'arrière, les jambes ballantes.

À la traversée du chef-lieu, le spectacle des boutiques les avait puissamment intéressés. Le long de la grand-rue, Sermet avait mis la jument au pas. Des commerçants les saluèrent. Le bourrelier, la bouche barrée de fil poissé, leva un bras dans leur direction. Le boucher, devant le portillon à boules de cuivre de son étal, lui cria le bonsoir. Et le coiffeur aussi leur souhaita un bon retour tandis que les trois écoliers admiraient les femmes de cire de sa vitrine.

Sermet répondait aux saluts d'un geste large de son fouet. Un sourire de fierté éclairait son visage placide. L'instituteur répondait d'un geste plus court mais, à la façon dont il tracassait sa barbiche, on sentait bien que cette avance triomphale dans la rue du bourg le remplissait de fierté lui aussi.

À la sortie de Saint-Ély, les enfants s'extasièrent devant les jardins maraîchers. Les planches de carottes et de salades rigoureusement alignées les émerveillaient. Ils évaluèrent ensuite l'état des cultures. Tout semblait plus beau dans la plaine. Les maïs se dressaient, plus vigoureusement que ceux de Fontvieille, avec des épis plus lourds. « Voilà du rouge, voilà du blanc, voilà du fourrager », disaient-ils. Ils tendaient le doigt vers des vignes mieux feuillues, de vastes carrés de blés dont la houle argentée courait de la route aux ramiers lointains. Ils admirèrent des carrés de pêchers alignés et taillés avec un soin incroyable.

C'était cette pêche jaune dite de Montauban dont le noyau se détache facilement d'une pulpe tendre et sucrée.

Quelques paysans les saluèrent encore puis la charrette s'en alla sur la route déserte, dans la blême lumière de l'orage. Les enfants cessèrent de jacasser. À l'avant, les silhouettes des deux hommes se balançaient : le torse trapu et la casquette de Sermet, la jaquette maigre et le melon de M. Bertrandou.

Les collines se rapprochèrent. Ils tournèrent sur leur droite et prirent un petit chemin aux ornières profondes entre les haies d'épines. La jument sentait l'écurie et Sermet n'avait nul besoin de l'encourager. Une odeur de fumier, de verdure fraîche et de fumée annonça le village. La pluie véritable commença alors qu'ils traversaient le ponceau en dos d'âne au-dessus de l'Essonnelle.

En haut du pont, ils rencontrèrent une vieille femme qui revenait du travail, une bêche à l'épaule. Elle les salua de la main.

« Et donc vous voilà ? Bonsoir, monsieur Bertrandou.

– Ils sont passés tous les trois, annonça Sermet Et notre Simon est le premier du canton.

– Le premier du canton ! s'exclama la vieille. Eh bien, ça !

– Oui, le premier. *Adissiats.* La pluie est là. »

Ils s'engagèrent dans la descente. La grand-place était dans un creux, tout droit quand on avait passé le pont. Une dizaine de platanes, trois bancs, une fontaine à vasque de pierre usée. D'un côté la mairie et l'école, de l'autre l'église au clocher plat et ajouré à la mode languedocienne. Des enfants jaillirent de l'ombre des platanes en entendant le grincement du frein. Il y avait des gens devant l'auberge. Sermet les salua du fouet puis vint s'arrêter tranquillement devant l'école. M. Bertrandou descendit lentement. Mais déjà, sans quitter son siège, Sermet avait répété la nouvelle.

« Trois sur trois pour Fontvieille et en plus de ça, le premier du canton, notre Simon. »

Alors, la nouvelle fit le tour de la place. Des portes claquèrent. Des femmes poussèrent des cris d'admiration. Le petit Simon de la métairie des collines, premier de tous. Il en a dans la tête celui-là ! Le premier ! Qui l'aurait dit ? Reçu sans doute, mais le premier !

Sermet se pencha vers son fils.

« Tu cours à la maison, Simon, et tu dis à ta mère que j'arrive avec M. Bertrandou. Il mangera avec nous, ce soir. Va, petit ! »

Les parents des reçus étaient au premier rang. Personne ne prêtait attention aux gouttes multipliées. Simon se mit à courir comme un fou tandis que, derrière lui, la voix grave du maître d'école s'adressait aux villageois rassemblés :

« Un grand succès pour Fontvieille, mes amis… »

Le tonnerre roulait au-dessus des collines. La pluie chaude mouillait le visage de l'enfant qui galopait dans le chemin creux. Des éclairs jaunes et violets faisaient soudain jaillir de l'ombre les découpures des feuillages ou le blanc serpent de la poussière. Mais Simon n'avait pas peur. Il courait de toutes ses forces. Jamais il ne s'était senti si léger et agile. Il passa devant une mare bordée de figuiers aux bras tordus. Ensuite, le chemin grimpait un peu entre une prairie et un champ de maïs. La maison allait se montrer, basse et longue, bâtie d'argile crue, avec sa grange aux piliers de brique.

Une menue silhouette noire apparut en haut de la montée. Simon cria : « Maman, maman… » Et là-bas, la silhouette tendit les bras vers lui. Elle dut répondre à son appel mais le tonnerre emporta sa voix. Quand le silence revint, l'enfant s'égosilla à nouveau :

« Maman, maman, je suis passé premier, le premier du canton… »

Il y eut un éclair et Simon vit le sourire de sa mère. Elle avait entendu et compris. Maintenant, elle savait qu'il était reçu. Ils s'élancèrent plus vite l'un vers l'autre.

« Je suis passé », répéta le petit.

Et il se jeta vers sa mère, il enfouit sa tête dans le corsage de toile rude dont il reconnaissait la tiédeur et l'odeur.

« Je suis passé le premier de tous !

– Le premier ? Oh ! ce n'est pas Dieu possible ! Premier du canton. Je pense que ton père doit être fier. Et M. Bertrandou, qu'est-ce qu'il a dit ?

– Que c'était très bien. Il m'a mené à l'inspecteur et l'inspecteur m'a félicité.

– Oh ! Simounet, mon fils, mon fils… »

Elle l'embrassait sans arrêt, sur les joues, sur le front, dans les cheveux. Elle caressait ses épaules, ses bras, sa poitrine et son dos. Elle le reconnaissait et le serrait contre elle. C'était bien son enfant, le sien, son petit Simon au fin museau et aux cheveux clairs. Elle ne prenait pas garde à la pluie qui les fouettait maintenant avec force.

Dans l'inoubliable jour, cette minute était restée comme un bijou d'or. Ils étaient seuls, enlacés, au crépuscule, entre les haies pleines de nuit mouillée, sous le ciel grondant. Le vent froissait les feuillées jusqu'en haut des collines. L'enfant riait en répétant les mêmes mots. La mère riait et pleurait dans sa joie. Elle pressait contre elle avec orgueil ce petit venu de sa chair. C'était son Simon et il s'était montré le plus fort, le plus savant, le premier de tous ceux du canton. Reçu sans doute, elle savait qu'il serait reçu mais elle ne s'attendait pas à une telle victoire. Ce soir, dans toutes les communes d'alentour, dans les maisons des bourgs ou dans les fermes, les parents et les maîtres parleraient de son petit. « Un petit, un tout petit qui ressemble à une fille. Il avait à peine l'âge et il est passé en tête de tous… » C'était le sien, ce n'était pas un autre.

Il lui ressemblait. Il était menu et frêle comme elle, la peau blanche et le cheveu clair. De Sermet, il avait des traits de visage mais adoucis, affinés et les yeux étroits et enfoncés, pleins d'un feu noir où se marquaient le courage au travail et l'obstination. Il était fils unique. Alice Sermet avait eu avec lui des couches difficiles et elle ne s'en était jamais bien relevée. Il est vrai que Sermet le père travaillait pour deux et trois. Quand il avait pris cette métairie, des collines, on avait dit : c'est trop de terre pour un seul, il s'y tuera. Il ne s'y tuait pas. On le voyait s'avancer d'un pas toujours tranquille et solide, sûr de lui et de ses bras.

« Viens vite, dit la mère en tirant son fils vers la maison. Nous sommes déjà mouillés comme des canards et nous ne le voyons pas ! »

Simon rit très haut et se mit à courir dans les jupes de la femme.

Ils traversèrent la basse-cour et entrèrent dans la cuisine au sol de terre battue où pétillait un feu plus vif que d'ordinaire.

« M. Bertrandou va venir manger.

– Je m'en doutais, dit Alice. Tout est prêt. Je pense qu'ils ne tarderont pas. Tu dois avoir faim et soif ?

– Oh ! non, dit Simon, je n'ai rien, je suis content. »

Un parfum de fruits et de pâte rissolée flottait dans l'air. Il s'y mêlait une odeur d'oignons blancs et de petits pois.

« Je vais mettre mes pigeons à rôtir. Regarde. »

À un bout de la table, une grande tarte aux cerises luisait dans la dernière clarté venue de l'étroite fenêtre.

« Qu'elle est belle ! » dit l'enfant.

Il joignit les mains, regarda le ciel, puis la tarte rouge et dorée, puis le visage heureux de sa mère. Il courut à nouveau vers elle et l'embrassa de tout son cœur. Dehors, la pluie martelait la poussière de la cour, les feuilles des lilas et des figuiers. Le vent humide tordait le rideau de toile de la porte.

« Mon petit, mon petit ! » répétait la femme sans arrêt.

Plus tard, après le repas, Simon s'endormit dans une alcôve de la cuisine. La pluie tombait toujours mais le tonnerre s'était éloigné. Un tambourin patient berça son premier sommeil. À quelques mètres de lui, son père, M. Bertrandou et un autre paysan, un voisin invité pour la circonstance, devisaient à voix sourde. Le repas était fini. Maintenant, les hommes buvaient du marc et de la prune. Sur le seuil, le chien rongeait les carcasses des pigeonneaux. Alice était venue border son fils. Il s'endormait tandis que toutes les images de la journée s'entrecroisaient dans sa tête. La route dans les maïs, le chemin familier longeant la mare aux figuiers, la barbe brune de l'inspecteur et les doux reflets savoureux de la tarte aux cerises... Au-dessus de la pâte dorée, la barbiche de M. Bertrandou se promenait comme un pinceau. Sermet brandissait des bouteilles. « Vous ne buvez pas, M. Bertrandou. Buvez donc ! Il faut faire passer toute cette poussière. » La voix calme du maître d'école revenait à ses récits. L'école laïque, la République, le gouvernement, les ministres... Tout se confondait dans la tête de Simon. Jules Ferry avait le visage solennel de l'inspecteur lisant la liste des reçus. Puis tout s'effaça dans un rêve de sucre et de fruits mûrs, tandis que la lente et longue pluie courait sur le toit de la maison, sur les champs infinis et les ramiers de Garonne balancés par l'haleine fraîche de l'orage finissant.

## II

L'HOMME SE REDRESSA, tira sur les guides en criant « *Arrê, ho !* » puis tendit son fouet vers la droite du vieux chemin. La carriole se balança, les roues dansant dans les ornières molles.

« C'est là, monsieur l'instituteur. C'est l'école de Maurines. Hé ! ce n'est pas un palais mais pour un petit trou comme le nôtre... »

Une maison à un étage se montra dans la brume du matin de septembre au bout d'une cour étroite bordée de murs de pierraille et séparée de la route par une barrière de bois contre laquelle se pressaient des vendangeuses aux corolles rouillées.

Une demi-douzaine d'acacias tendaient leurs bras nus dans la cour semée de feuilles jaunes.

« La classe est en bas, ajouta le paysan. Le logement est en dessus. Vous avez une chambre et une belle cuisine. Entre la classe et le préau, il y a encore cette petite pièce ; là, vous voyez, la fenêtre séparée. M. Ladurey y avait installé son bureau. Et derrière, c'est le jardin. La place ne manque pas. M. Ladurey y faisait ses patates.

– M. Ladurey ?

– Oui, l'ancien maître. Il n'était pas vieux. La quarantaine. Il est passé capitaine en 15 et il a été tué huit jours plus tard. Un brave homme, un bon maître…

– Le village a eu beaucoup de pertes ? »

Le paysan baissa la tête en grimaçant.

« Six morts, monsieur l'instituteur. Et moi, j'y ai laissé un petit, dit-il d'une voix de gorge à peine distincte.

– Pardonnez-moi, murmura Simon Sermet.

– Nous allons laisser vos valises devant la porte et nous irons chez le maire chercher les clés. »

Il ne pleuvait pas mais le brouillard déposait sur les vêtements et les feuillages une poussière d'argent. La route serpentait au pied d'une colline boisée. Le gros du village était à cent cinquante mètres de l'école. Les toits d'ardoise et de chaume s'entassaient autour d'un clocher trapu. Sur la droite, une plaine s'étalait jusqu'à d'autres hauteurs boisées dont quelques sommets disparaissaient dans la brume.

Le paysan désigna l'une d'elles du bout de son fouet.

« En marchant par là-haut, vous arriveriez jusqu'à l'Espagne. Ce n'est pas tout près, remarquez bien, et ce n'est pas facile. Il faudrait en passer des vallées. Pourtant, c'est de la petite montagne… »

Ils laissèrent les deux valises sous le préau et reprirent le chemin du bourg. Quelques femmes sur les seuils les saluèrent d'un air timide. Des enfants se cachaient dans leurs jupes. Un vieil homme s'arrêta au bord de la route, tira son béret d'un geste brusque et regarda Simon sans dire un mot.

La route se transformait vaguement en rue et arrivait jusqu'à une petite place en pente raide en haut de laquelle s'ouvrait le porche de l'église. Des ruelles sombres donnaient sur la place. Des veines de schiste apparaissaient çà et là, sur le sol raboteux, couvert de bouses vieilles ou fraîches. Les maisons s'entassaient plus ou moins de guingois, bâties de lourds blocs feuilletés avec d'étroites fenêtres aux volets pleins.

Le paysan arrêta sa carriole près de l'église et s'engagea dans une sente caillouteuse.

« Ho ! Marquis ! » cria-t-il.

Il se retourna vers son compagnon.

« Le maire habite là au bout. Marquis, ce n'est pas son nom, c'est le surnom de la famille. Il s'appelle Brunet. C'est la coutume par ici. Chaque famille a son surnom. Ho ! Marquis ! »

Ils s'avancèrent entre des étables. Par les vantaux ouverts s'échappaient de chaudes odeurs de bétail et de fumier. Les bêtes s'agitaient dans la paille ou la feuille. On entendait de sourdes exclamations. À l'entrée d'une étable, une femme aux traits accusés, au lourd chignon gris semé de brins de paille était en train de charger du fumier sur une brouette. Elle marmonna un salut farouche et disparut.

« Les gens sont renfermés par ici, dit le paysan. Il faut les connaître. »

Ils étaient parvenus devant une maison étroite à deux étages courts qui s'adossait à un hangar surmonté d'une grange grossièrement close de planches brutes.

« Ho ! Marquis ! Je t'amène de la visite.

– Ho ! qu'est-ce que c'est ? interrogea une grosse voix au-dessus de leurs têtes parmi des froissements d'herbe sèche.

– C'est monsieur le nouveau maître d'école. »

Un homme maigre et chafouin, d'une soixantaine d'années, apparut à l'entrée de la grange. Il ôta sa casquette poussiéreuse, découvrant un crâne nu.

« Je vous souhaite la bienvenue, monsieur l'instituteur. Vous nous trouvez en plein travail. Entrez donc, la maison est à côté. Ho ! Germaine, tu es là ? Je descends tout de suite. »

Il empoigna les montants d'une échelle fruste et gagna le sol avec précaution, d'un barreau à l'autre.

« Bonjour, monsieur l'instituteur. J'ai reçu hier le papier de l'Académie m'annonçant votre arrivée. Alors, comme Sébastien devait aller à la gare, il a pu vous prendre. C'est notre adjoint. Mais je pense que vous avez fait connaissance. Entrez donc ! »

Il eut un gros rire bienveillant et montra la porte de sa maison. Une femme aux cheveux blancs apparut sur le seuil. Elle essuyait ses mains à son tablier.

« Entrez donc, monsieur l'instituteur, dit-elle à son tour. Vous allez vous réchauffer un peu. Vous n'avez pas eu trop de brouillard ?

– Ne vous dérangez pas, dit Simon machinalement.

– Vous allez trouver bien du désordre, nous étions en vendanges ces jours-ci, oh ! des petites vendanges. Ce n'est pas la vigne de plaine. Mon mari était en train de faire de la place dans la grange parce que les enfants sont allés chercher un peu de feuille pour la litière… »

La cuisine où Simon venait d'entrer était une pièce longue et basse éclairée par une seule fenêtre donnant sur la ruelle. Une vaste cheminée à manteau occupait le mur du fond. Un énorme monceau de braises garnissait le foyer.

« Je viens de mettre le pain à cuire, expliqua la femme. Vous tombez justement le jour du pain.

– Hé ! ça sent très bon, dit Simon.

– Oui, dit le maire qui arrivait d'une pièce voisine portant une chaise de paille, le pain qu'on va manger a toujours bonne odeur. »

Il posa la chaise devant l'âtre à l'intention de l'instituteur.

« Asseyez-vous donc et puis nous mangerons un morceau. Un peu de jambon et quelques œufs. Ou alors, une omelette avec des pommes de terre… Tu mangeras avec nous, Sébastien. »

Simon protesta pour la politesse mais le maire se tourna vers sa femme.

« Oui, une grande omelette. Nous commencerons par le jambon. »

Il soupira.

« Ce n'est pas un pays bien riche par ici mais on n'a jamais eu faim. C'est le sucre qui a manqué surtout. Du pain, il y en avait un peu. Toutes les familles font cuire. Pour la viande, on tue un veau de temps en temps, oh ! pas bien souvent. Non, pour ce qui est de manger, on n'a pas souffert, pas comme ceux de là-haut. Et vous, vous en revenez peut-être ?

– Oui, j'en reviens, dit Simon. C'est mon premier poste. J'ai été mobilisé à ma sortie de l'École Normale.

– Ah ! oui, murmura le maire doucement. Et vous en revenez en bon état ?

– En bon état, si l'on veut, puisque j'ai mes bras et mes jambes, j'ai été un peu gazé.

– L'air est bon à Maurines, dit Sébastien. Vous pourrez vous remettre. Ce n'est pas la grande montagne mais l'air est bon. »

La femme les invita à s'asseoir autour de la table. Elle avait soulevé le couvercle d'un coffre à salé pour en tirer un jambon enveloppé de toile blanche où elle avait taillé de larges tranches.

Le maire remplit le verre de son hôte puis poussa vers Sébastien une carafe à longue tubulure pour boire à la régalade.

« C'est le *pourrou,* expliqua-t-il. Nous n'avons pas l'habitude de boire au verre par ici. »

Ils se mirent à manger en silence. La femme était debout devant le feu et grignotait un morceau en regardant le nouveau maître d'école.

« Cette guerre est un malheur, dit le maire au bout d'un moment. Six morts pour Maurines. C'est beaucoup pour un trou de moins de trois cents habitants. Les trois premiers tout de suite en 14, des hommes en pleine force d'âge. Notre gendre y a laissé un bras. »

Il baissa la tête, regarda la pointe de son couteau et répéta :

« Un malheur, oui, un malheur ! »

Il haussa les épaules.

« Maintenant, il faut recoller les morceaux, comme on dit. On n'était pas riche et on ne l'est pas davantage. La moyenne des propriétés va chercher six, sept hectares, et encore. Et là-dessus, il faut déduire les bois, les friches et les prés. Il ne reste pas lourd pour la bonne terre. Vous n'aurez pas beaucoup d'enfants à l'école. Une vingtaine, même pas. La guerre, vous comprenez… Il faudra que vous preniez le secrétariat de la mairie. J'espère que ça ne vous ennuie pas. Nous avions un bon maître, M. Ladurey. Il a été tué dans les premiers. Tout le monde l'aimait bien et il connaissait le pays et les gens. Et vous, vous êtes de Toulouse, peut-être ?

– Non, dit Simon, pas exactement, à une trentaine de kilomètres dans le nord du département. Je suis né à Fontvieille, près de Saint-Ély.

– Ce n'est pas loin de Grenade, ça, dit le maire. C'est la plaine riche. On est allé vous mettre à l'autre bout de la Haute-Garonne. Mais pour vos poumons, c'est très bien. Reprenez encore un peu de jambon. Vous n'allez pas laisser ce morceau. Mais si… En attendant l'omelette. »

La femme était penchée devant l'âtre, au-dessus d'une grande poêle où des morceaux de pommes de terre se doraient dans la graisse bouillante.

« Vous êtes garçon ? demanda encore le maire.

– Oui », dit Simon du bout des lèvres.

Il se sentait soudain très las. Malgré la cordialité de l'accueil, ce village lui semblait farouche, lointain, comme inaccessible. Il revoyait la route étroite au pied des collines embrumées, les maisons noires et miséreuses avec leurs ouvertures avares, leurs pierrailles et leurs enclos délabrés. Il pensait à cette école solitaire au bord de la petite plaine. Il allait vivre là pendant des mois, des années peut-être. Il essaya de secouer sa tristesse. Ce n'était que l'automne, la brume et la rouille de l'air, la fatigue du voyage. L'adjoint l'avait dit : ces paysans des Pyrénées, il fallait les connaître. Quand il les connaîtrait, quand il aurait mis son travail en route…

Le jour semblait baisser. Du dehors, du tréfonds cotonneux de la brume arrivaient les bruits sourds des étables, des abois de chiens, des coups de marteau… Et soudain, de quelque grange voisine, des voix de petites filles s'élevèrent, chantant une ronde patoise que rythmaient des chocs de talons. La ronde s'arrêta, reprit. Il y eut des rires en perles, des exclamations. Les enfants. Les enfants jouaient par là. Demain, ils prendraient le chemin de l'école. Il y en aurait du bourg et des hameaux. Certains sans doute quitteraient quelque bicoque lointaine des collines. Leurs capuches de lutins longeraient les haies et les lisières. Ils viendraient secouer leurs sabots à l'entrée de l'école, regarderaient le nouveau maître avec des yeux ronds. Ils s'assiéraient à leurs bancs, la nuque oblique, craintifs et crédules, malicieux et roués... Les enfants étaient là, un peu partout, derrière les murs gris et les portes rustiques. Il était venu pour eux...

La femme servit l'omelette et découpa une énorme portion à l'intention du maître d'école.

« Qu'est-ce que je vous donnerai après ça ? Vous allez goûter notre miel. Il me reste un pot de framboise...

– Mais non, mais non », disait Simon, rassasié.

Il n'arrivait pas au bout de son omelette. Il avait dévoré de grandes tranches de miche fraîche.

Sa tristesse s'était dissipée. C'était peut-être la vapeur savoureuse de son assiette, peut-être les rasades que lui versait le maire, peut-être le chant lointain et gracieux des petites filles. Il essayait d'imaginer ce pays au printemps ou à l'été, les cerisiers et les pommiers fleuris sur les pentes, les verts de la plaine et de la forêt, les enfants courant sur les chemins...

Le maire prit le pourrou à deux mains, l'éleva très haut au-dessus de sa bouche et laissa glisser un filet de vin clair jusqu'à sa gorge. Il essuya lentement ses moustaches et tendit la carafe à l'adjoint.

« À toi, Sébastien. »

La femme s'était approchée de Simon, lui offrant un tison pour allumer sa pipe. Plus curieuse et insinuante que les hommes, elle s'efforçait de savoir son origine et son état de famille. Elle hocha la tête avec satisfaction quand elle apprit que ses parents étaient de petits paysans.

« Alors, la vie d'ici ne vous surprendra pas. Je sais bien que vous venez d'en voir d'autres et de bien cruelles. En ce moment, il y a de la misère partout. Quand je pense à notre pauvre petit. Vous le connaîtrez, c'est un beau gaillard. On nous l'a renvoyé avec un bras de moins. Et encore, il faut dire que c'est de la chance. »

Elle baissa la voix et désigna Sébastien d'un coup de menton.

« Le sien y est resté.

– Je sais », dit Simon brièvement.

Le maire venait de se concerter discrètement avec son compagnon. Sans doute parlait-il de l'installation du nouveau maître. Il se tourna vers Simon.

« Vous êtes fatigué, peut-être, vous voulez vous reposer ? Nous avons fait un peu de ménage dans votre appartement. Il y a un lit et des couvertures plus un peu de mobilier, une table, deux chaises. Est-ce que vous avez des draps ?

– Oui, j'ai des draps. Il me faudrait quelques bûches.

– Nous en avons porté une demi-charrette pour commencer. Le bûcher est derrière la maison. Je vais vous raccompagner quand nous aurons pris la goutte.

– Ce n'est pas la peine. Je trouverai bien mon chemin.

– Et pour la pension, comment ferez-vous ? M. Ladurey cuisinait tout seul mais, si ça ne vous dit rien, il y a une petite auberge sur la place. Une auberge, c'est façon de parler. Les hommes y vont jouer aux cartes le samedi soir et le dimanche après-midi. Mais ne vous tracassez pas, on s'arrangera toujours. Vous pouvez aller chez l'un et chez l'autre à tour de rôle. À l'arrivée de M. Ladurey, c'est ce que nous faisions. C'est en famille et sans manière… Et puis, nous causerons un de ces soirs pour le secrétariat. Je pense que vous serez vite au courant. Pour vous, ce n'est rien.

– C'est la paperasse, murmura l'adjoint en regardant ses sabots. La paperasse. Pour la paperasse, ils sont forts. »

Simon reconnut la silhouette de la maison d'école dressée dans la brume au bord de la route. Mais il n'entra pas du côté de la façade. Avant d'atteindre la murette de la cour, il prit un chemin de terre qui serpentait entre une vigne haute et un champ de maïs. Des paquets de tiges de maïs étaient entassés dans le champ en train de pourrir avant l'enfouissage. La vigne tendait ses bras nus entre de grands piquets et des fils de fer. C'était cette vigne qu'on fait monter le plus possible vers la lumière et la chaleur. Elle donnait ce vin acide et léger qu'il avait bu tout à l'heure.

Il avançait à pas lents. Des feuilles rouges craquaient sous ses brodequins. Les collines, au bord de la plaine, s'encotonnaient de plus en plus. Il se retourna vers le village. Il lui parut minuscule, ramassé autour du clocher lourd. Des fumées bleuâtres roulaient lentement sur les faîtes, les plaques de schistes et les chaumes.

Il n'avait rencontré sur le chemin du retour que quelques enfants craintifs, vite disparus, des femmes et des vieillards aux saluts rapides. Mais il se doutait que la nouvelle de son arrivée avait couru déjà d'un âtre à l'autre. « Il y a un nouveau régent à l'école, un jeune qui revient du front, il est né du côté de Toulouse dans le pays de plaine… »

Il se trouvait maintenant tout près du jardin de son école. Son jardin. Une barrière très délabrée le séparait des champs et du sentier. Il l'enjamberait sans difficultés.

Une voix rauque surgit devant lui, dans l'ombre humide, puis il y eut des souffles de bêtes et des grincements de carriole. Un paysan maigre et long apparut sur le chemin étroit, un aiguillon au bout de son bras dressé. Il se retourna vers un attelage de petites vaches fauves et leur commanda l'arrêt.

« Bonsoir, monsieur... »

Simon rendit le salut. L'arrivant tira sur son béret.

« Vous serez bien le nouveau maître d'école ? Hé ! vous n'arrivez pas avec le soleil. C'est la femme qui m'a dit la nouvelle tout à l'heure. Je viens de répandre un peu de fumier. Je me sauve avant la pluie. *Arrê !*... Vous arrivez du front, il paraît ? Ah !... Nous avons le fils qui en est revenu entier. Moi, j'étais dans la territoriale. Ils m'ont renvoyé à cause du cœur. J'ai le cœur faiblard. Dites, est-ce que vous avez tout ce qu'il vous faut ? J'enverrai le petit vous porter un sac de patates. C'est le petit-fils. Il commence bien à savoir lire. Vous l'aurez à l'école. Et un peu de saucisson. Mais si, mais si, on sait bien ce que c'est, un homme seul. Voilà la pluie, cette fois. Il faut que je rentre mes bêtes. Bonsoir, monsieur l'instituteur... »

Il se retourna, toucha le front de ses vaches et s'en alla à pas lents. On entendait ses cris patients, repris tous les dix mètres : « Ha ! Blanco, ha ! Cardi !... » La pluie fine rayait l'air gris. Les collines avaient disparu.

Simon Sermet traversa le jardin. Des choux et des salades montés en graines se dressaient dans les herbes folles. Il y avait un puits derrière la maison, près d'un petit hangar de planches brutes où l'on avait entassé récemment des bûches et des fagots.

Il passa dans la cour de récréation, prit ses valises sous le préau au sol de terre battue, chercha la clé remise par le maire.

Voilà. C'était tout simple. Il suffisait de pousser la porte du vestibule. La classe était là sur la gauche. À droite, le petit bureau dont avait parlé l'adjoint. Au fond du couloir s'amorçait l'escalier de l'étage. L'odeur des écoliers, des écoles venait vers lui. Il la reconnaissait. Elle lui revenait depuis son propre temps d'écolier. Il l'avait retrouvée à Toulouse, à l'École Normale durant ses stages d'élève-maître. Une odeur de vieux bois séché, de plâtre et de cuir, d'encre et de papier, de croûte de pain, une odeur fine et persistante que ni les balayages ni l'eau de Javel ne pouvaient abolir.

Avec elle, l'enfance et la jeunesse venaient de resurgir, toute sa vie d'autrefois…

Il était le maître d'école de Maurines. Cette maison s'ouvrait à son pouvoir. Pour la première fois, il entrait ainsi dans une école dont il était le maître. Le maître… Au fond des ans, M. Bertrandou était entré lui aussi dans l'école de Fontvieille. Il s'était peut-être arrêté sur le seuil, inquiet et heureux, ne sachant trop ce qui l'attendait au-delà de ce voile de poussière et de ténèbres. « Tu seras régent, mon Simon, tu seras régent… » La voix de sa mère franchissait l'espace. Sans doute, ce soir même, pensait-elle à lui. Elle se penchait vers l'âtre, les yeux mi-clos et elle rêvait à son Simon qui prenait possession de son premier poste dans un village des Pyrénées.

Dans la nuit tombante, il crut retrouver la classe de son enfance. C'étaient les mêmes murs blanchis, les mêmes tables longues aux surfaces rayées et surchargées d'inscriptions, les mêmes bancs sans dossier, le même poêle de fonte dont le tuyau courait au plafond vers le mur du jardin. Une carte de France, une carte des poids et mesures. Contre le mur du fond, une bibliothèque encombrée de paperasses, de vieux livres et d'objets hétéroclites : un écureuil naturalisé, une éprouvette, des fioles, un disque de Newton, une toupie, un morceau de charbon, des boîtes, de grands chardons séchés. À l'autre bout de la salle, la table du maître sur son estrade, un tableau mural derrière elle et sur la droite un tableau à chevalet. Les mêmes tableaux noirs qu'à Fontvieille, rayés et craquelés.

Il posa ses valises à l'entrée et traversa lentement la classe jusqu'à l'estrade. Il prit un bout de craie, s'approcha du tableau noir, leva la main puis haussa les épaules et se laissa tomber sur la chaise de paille. Il alluma sa pipe. Une très faible clarté venue de la cour et du jardin glissait sur les tables et les bancs vides. L'instituteur de Maurines était à son poste. Il sourit et haussa à nouveau les épaules. Allons donc, est-ce qu'il n'était pas mieux ici que là-haut ?

Un long grondement entourait la maison. Le vent s'était levé. Il arrivait du bout de la plaine et l'école, isolée au bord de la route, le recevait sans protection. Par les jours de forte bourrasque, la bicoque devait gémir de toutes les façons.

Simon prêta l'oreille. Pas d'autre rumeur, pas d'autres bruits que cette haleine de la nuit d'automne. Il était seul à la porte du village. Et durant de longs jours et de longs soirs, il se retrouverait devant cette petite table raboteuse tandis qu'au-dessus de sa tête le papillon blanc de la lampe à pétrole frémirait aux souffles de la bise. Que ferait-il ? Il corrigerait ses cahiers, préparerait ses fiches de classe, fumerait pipe sur pipe en rêvant ! Ah ! la mairie, il y avait aussi la mairie, la correspondance avec la sous-préfecture, l'état civil, les déclarations de récoltes, les paperasses…

Un sourire revint sur ses lèvres : il oubliait le principal, les enfants, les visages des enfants. Quels étaient-ils, ceux qui chantaient tout à l'heure dans une grange du village ? Il les verrait demain. Sortant des cache-nez et des capuchons, les visages se lèveraient vers lui, vivants, avec des yeux vivants qu'il pourrait faire briller, des lèvres vivantes où grâce à lui tant de mots pourraient naître. Dans la romance sourde du vent et les ténèbres, les années se confondaient. Était-ce le maître ou l'écolier qui somnolait dans cette classe de village ? M. Bertrandou allait-il se pencher tout à coup sur son épaule en lui disant : « Applique-toi, Simon, forme tes lettres, attention à la ponctuation... » Et où était donc ce village ? Dans la plaine de Garonne ou dans les Pyrénées ou dans quelque village de là-bas où tant d'écoles étaient mortes ?

Le cauchemar revint dès son premier sommeil. Il s'était couché à la hâte dans la chambre du haut après avoir grignoté le casse-croûte préparé par sa mère. Brusquement, on frappa à la porte.

Quelqu'un frappait. Non. Ce n'était pas le poing d'un homme. De profondes détonations éclataient dans le lointain. On frappait dans la nuit. Révignac... C'était Révignac qui s'avançait. Sa capote lourde d'eau et de boue cahotait dans un boyau étroit. Chacun de ses pas éveillait les rumeurs sauvages.

« Tu dors, Sermet ? »

La voix de Révignac, sonore et rocailleuse, avec l'accent du pays d'Oc.

« Tu dors, Sermet ? Les Boches sont en train de nous marmiter. »

Le vent tourna et le bruit de la canonnade devint tout proche.

« Ho ! Sermet, tu dors ? Tu dors, ho ! Sermet ! Je te dis qu'ils sont foutus d'attaquer par ici, demain matin. Tu entends ? Ho ! »

Sermet ne répondait pas et Révignac se laissait tomber sur un bat-flanc de terre. Sa main gantée de chiffons misérables palpait les poches de la capote. Il cherchait sa pipe. Nom de Dieu ! où elle était cette pipe ? Révignac et sa pipe. C'était une comédie bien connue. Révignac cherchait toujours sa bouffarde. Il la découvrit enfin sous un sombre lambeau de chemise qui lui servait de mouchoir.

« Je peux pas dormir. Je pense toujours à ce type. Hé, tu m'entends, Sermet ? Je pense toujours... »

Il cherchait maintenant son paquet de gros-cul.

« Ce type... »

Et il ajouta comme si Sermet lui avait demandé : « Quel type ? »

« Tu sais bien, le type de la nuit dernière, le jeune Boche... Tu sais bien, Simon ! T'as pas oublié ! Qu'est-ce qu'il venait foutre dans nos lignes ? Et nous qu'est-ce qu'on allait foutre dans les siennes ? Tout ça, c'était de la faute au lieutenant Rey. »

Révignac s'était redressé. Sa capote flottait au vent. Il tirait rageusement sur sa pipe et le vent emportait des traînées d'étincelles.

« La faute à qui ? La faute à la guerre et ensuite au lieutenant Rey. Il nous a dans le nez, ce salopard. Deux hommes, il voulait, deux hommes pour une reconnaissance à la Ferme-aux-Peupliers. Les peupliers, tu parles, ils étaient nettoyés depuis longtemps. Pour ce qui est de la ferme, trois murs noirs et des tas de briques. Mais il y avait un nid de mitrailleuses dans les décombres. Et de là, les Boches allaient nous canarder en douce. Les deux instituteurs, ça vous dirait d'aller voir ? Les deux instituteurs, vous ne pourriez pas aller voir ce qui se passe à la Ferme-aux-Peupliers ? Vous pourriez vous faufiler à la nuit tombante tant que le secteur est tranquille. Tranquille, tu parles. Ça va lieutenant, on ira. Faire ça ou peigner la girafe… Quand on est dans la connerie, on y est bien. Jusqu'au cou, Sermet, jusqu'au cou ! On ira la voir, ta mitrailleuse, hé ! couillon ! À la nuit tombante, il a dit…

« Sur les genoux et sur les coudes, on s'avançait, tu te souviens, Sermet ? C'était pas encore la nuit pleine. D'abord, on a eu de la veine. Les premiers barbelés avaient été cisaillés par un obus. On s'en allait là-dedans comme dans du beurre. Je t'entendais souffler à côté de moi. Doucement, je t'ai dit, doucement, tu souffles comme un phoque, tu vas nous faire repérer si ça se trouve…

« Je le pensais pas. C'était calme à ce moment-là, dans notre coin. C'était même curieux, ce calme. On n'entendait rien. Rien que le bruit des barbelés, un petit bruit tintant ou alors un raclement de rien du tout quand les épines accrochent la capote. On tire dessus. Ça se détache ou ça se déchire…

« La terre était molle, mouillée. Il avait plu toute la semaine. On passait parfois dans des flaques. D'abord, ça descendait, puis on trouvait notre ancien boyau, ou ce qu'il en restait après l'attaque des Boches, quand ils avaient repris la ferme. Là, c'était moins facile pour avancer. Le boyau était barré par des montagnes de terre. De la terre du fond remuée par les obus. Il fallait remonter, gigoter sur les pentes, contourner les buttes. La ferme était dans la direction du boyau. Y avait pas à se gourer.

« Ensuite, d'autres barbelés, au bout du boyau. Ceux-là avaient tenu bon. Merde, il fallait commencer à cisailler. On a eu vite chaud. J'avais de la sueur plein les yeux. Il fallait que je m'essuie de temps en temps d'un coup de manche. Je sue beaucoup, moi, c'est par tempérament. On est arrivé pas loin de la ferme. Je commençais à m'y reconnaître… C'est à ce moment-là qu'on a rencontré le macchabée. C'est toi qui l'as trouvé. Tu as posé ta main sur sa gueule et tu as poussé un drôle de cri.

« "Quoi ? Qu'est-ce que c'est ? que je t'ai dit.

« – Un macchabée.

« – Eh ben ! quoi, un macchabée ? Ah ! *Nostre Senhe,* les macchabées, est-ce que ça manquait dans notre secteur ? Dans notre secteur et dans les autres…"

« Alors, tu m'as dit l'effet que ça te faisait, ta main sur la figure du gars.

« "Qui c'est ?

– Un Français, non, je sais pas."

« Français ou pas, il était mort. Et bien mort. Tu as fait un long détour comme si tu avais peur de lui. C'était pas le premier. Bon sang, je t'avais perdu de vue. Je t'appelais. Toi, tu pensais toujours à ce macchabée. Tu avais collé ta main dans la boue pour la frotter, l'essuyer. C'était pas joli de poser une main sur cette figure rongée. C'était une blessure ou les rats ? Allez, amène-toi. On n'est plus loin…

« Mais ça revenait dans ta tête. Un macchabée. Touché en pleine bouille. La figure ravinée, labourée. Comme la terre après les marmites. Et cette peau pourrie et froide. Qu'est-ce que c'était, dis donc, Sermet, un Français ou un…

« On n'était pas loin de la ferme. On n'entendait toujours rien. Le ciel était noir. Il n'y avait que du noir partout. Du noir sur du noir. Je n'arrivais pas à me repérer. C'étaient les murs de la ferme, ces éboulis là-bas au bout ? Je ne pouvais pas dire. Tu te souviens de ce silence ? Pas le silence de notre pays quand on entend chanter les grillons. Le silence. Un silence sans nom, sans adjectif. À quoi je pensais, à ce moment-là ? À ma petite femme. Des tas de souvenirs s'en venaient dans ma tête. Des choses idiotes. Silence, nom commun masculin singulier, je me disais.

Nom commun masculin singulier… Ça tournait dans ma tête. Je voyais des enfants penchés sur leurs tables en train d'analyser le mot silence. Et toi, tu pensais toujours à ce macchabée. Viens, viens, je t'ai dit, laisse-le dormir…

« Alors, un Boche s'est levé devant nous. On l'a vu, on l'a bien vu. Il était tout jeune avec un petit nez rond et des yeux de gosse. Tu te rappelles ? Des yeux de gosse. Toi aussi, tu avais des yeux de gosse. Les siens étaient bleus, les tiens étaient noirs. On ne s'est pas regardés longtemps. On ne pouvait pas se regarder longtemps. Pourquoi, pourquoi on n'aurait pas pu se regarder longtemps ?

« Le jeune Boche a grogné quelque chose. Il a pointé sa baïonnette vers toi. Il allait te balancer sa baïonnette. Moi, je crois qu'il ne m'avait pas vu. Tu as bien failli y passer, dis, Sermet…

« Et moi, j'ai tiré mon couteau, mon poignard de tranchée, le couteau des nettoyeurs, j'ai bondi sur le type et je l'ai tué. Je l'ai tué, Sermet, pour ne pas qu'il te tue. Je l'ai tué, je l'ai tué… Comme c'était facile, Sermet. Facile, le couteau de nettoyeur de tranchée dans la chair de l'homme. C'était la première fois. La première et la dernière. J'étais là pour ça, tu me diras, j'étais là pour tuer de l'Allemand. Pour tuer…

« Et on a regardé la ferme. C'était bien elle. On marchait vers les trois murs en ruine, dans le silence. Il y avait du silence parce que le type derrière nous ne criait pas, ne bougeait pas. On ne rampait plus. On était debout. Moi, je marchais avec mon couteau à la main. Je serrais mon couteau de toutes mes forces, je pouvais pas desserrer ma main. Comme si le couteau et la main étaient attachés, rivés, cimentés pour toujours. Avec le sang de l'homme.

« Il me semble qu'il n'a même pas gémi en tombant. Il est tombé sur les genoux et il s'est couché.

« Personne dans les ruines. Où était-elle donc leur maudite mitrailleuse ? On a remarqué pourtant qu'ils étaient venus. Venus et repartis. Pourquoi ? Ils s'étaient donc repliés. Et l'autre ? Qu'est-ce qu'il traînait dans ce bled ? Pourquoi repliés ? Bon. C'était pas à nous de réfléchir. Nous, on obéissait. On obéissait, Sermet. Mission terminée, mon lieutenant. Peau de balle à la Ferme-aux-Peupliers. Les Boches se sont repliés avec leur outil. Mission terminée. On n'a vu personne.

« Personne ? Et le type, là-bas, dans les barbelés ? Et le sang sur mes mains ? Je le lâcherai donc pas ce couteau de nettoyeur ?

« On s'est regardé. On s'aimait bien. On avait appris le métier ensemble. Pas ce métier-là. Pas le métier de tueur. Le métier de semeur, le métier de maître d'école. Tout le contraire. On était à l'E.N. ensemble. Trois ans à l'École Normale de Toulouse avant de monter au front. Toi, tu venais de ta campagne. Tu étais un bon garçon, silencieux, docile, bûcheur. Moi, j'habitais Toulouse, dans une petite rue du côté du Capitole. Mon père était cordonnier. Tu le vois derrière sa vitre en train de taper sur les semelles, la bouche pleine de clous ?

« Dis, Simon Sermet, tu iras voir ma femme. Elle est à Toulouse en ce moment. Elle fait la classe à l'école Matabiau, cours préparatoire.

« Tu te souviens, Sermet ? Les soirs de printemps, on s'en allait tous les deux, au fond du jardin de la boîte. Toi, tu amenais des bouquins. Moi, je fumais ma pipe et j'écrivaillais. Je faisais des poèmes en regardant monter la lune. J'étais amoureux de Lucienne, déjà. Ou bien je te parlais de Jaurès. Toi, tu travaillais posément. De temps en temps, tu me regardais par politesse puis tu te replongeais dans tes cours. Tu voulais être major à la sortie comme à l'entrée.

Tu savais tout. En maths ou en français, en agriculture ou en trigo, tu étais toujours le plus fort. On nous en collait des choses dans le fusil à l'époque. Dans le fusil, ah ! ah ! Et moi, je rêvais à la lune, je pensais à Lucienne ou au dernier article de Jaurès dans *La Dépêche* que j'avais lu en fumant ma pipe en cachette.

« Quand le clairon sonnait, on nous réveillait au clairon déjà, tu étais le premier debout, tu filais vers les lavabos, tu traversais le dortoir sur la pointe des pieds et tu descendais dans la salle d'études. Tu allumais un bec de gaz et tu te mettais à travailler. C'était le bon temps.

« Et maintenant, on est là, les pieds dans les fils de fer, couverts de boue. Il fait nuit. Voilà brusquement que le ciel s'éclaire. Mais, ce n'est pas le soleil. Des fusées. Boum ! Voilà ! Tu as vu cette pauvre terre labourée ? Ton père, il ne la retourne pas de cette façon. On est là. Et le cadavre du jeune Boche à nos pieds. Je l'ai tué parce qu'il allait te balancer sa baïonnette dans le bide. Qu'est-ce qu'on fait de lui ? Faut regarder sa plaque, ses papiers… Le lieutenant Rey aime le travail soigné. Non, c'est pas vrai, Simon, c'est pas vrai, je l'ai pas tué parce qu'il allait te descendre. Je l'ai tué parce que je l'ai tué. Parce que le métier c'est de tuer ici. Tu m'entends. Je l'ai tué comme une bête. La bête, c'est lui et c'est moi. Je n'ose pas m'agenouiller, et toi non plus. Je ne veux plus le toucher…

« C'est alors que ça s'est mis à descendre de tous les côtés. Le ciel a craqué au-dessus de nous. Les Boches commençaient à tirer. C'était court, précis, rageur. Voilà pourquoi ils avaient abandonné la ferme. Ah ! bon Dieu de bois, c'était plus la peine de regarder le type étendu ! Fallait regagner les lignes en vitesse.

« Ho ! Sermet, tu te souviens ?

« On commençait à trotter quand j'en ai pris un bon coup dans les reins. Un bon paquet de ferraille chaude. Je suis tombé en gueulant : "Maman, maman, maman…" Tu es revenu vers moi. Ça craquait sans arrêt. Fous le camp, mon vieux, je t'ai dit, fous le camp, laisse-moi crever.

« Toute la vie s'est mise à défiler. Depuis l'école des boulevards où j'allais quand j'étais gosse jusqu'à l'E.N. où j'ai tiré trois ans avec toi. Et puis, Lucienne qui sautait à la corde dans le jardin du Capitole. Et le visage de Lucienne dans le bassin, au milieu du jardin, sous le pont de bois rustique. Ses yeux et sa bouche parmi les poissons rouges. Fous le camp, mon vieux Simon, ils m'ont eu. Et les soirs de printemps, quand la banlieue sentait le lilas et la violette, on s'en allait au fond du jardin. Moi, je tirais sur ma pipe. Le dimanche, on allait canoter sur la Garonne avec Lucienne. Laisse-moi crever maintenant. Un samedi soir, au théâtre du Capitole, on est allé entendre Jaurès. On était tout en haut au poulailler. On dominait toute la salle, l'estrade, les plantes vertes, les drapeaux rouges. Jaurès, quand il commençait, c'était doux, tranquille comme la caresse du vent, puis la voix s'enflait. Et il s'arrêtait. On entendait des phrases détachées, roulant leurs cailloux, avec l'accent de Castres. Et après venait le tonnerre. Il criait, il gueulait, Jaurès. Je le voyais avec sa barbe qui dansait vers tous les coins, dans les lumières et la fumée, avec sa jaquette fripée.

« La salle se taisait. Il tendait les bras. Ses doigts s'écartaient. Il tenait la salle avec ses mains. Les gens ne respiraient plus. Jaurès criait comme un tonnerre de canon. Mais c'était de la paix qu'il parlait. Les gens criaient après lui, applaudissaient, tapaient du pied. La vieille poussière du Capitole valsait dans les lumières avec la fumée des pipes. Je l'entendais, Jaurès, c'était sa voix qui sonnait à mes oreilles…

« Il faisait doux, ce soir-là. Un temps de Pâques. Nous nous sommes promenés rue d'Alsace et rue du Languedoc. On sentait tout un printemps de tilleuls et d'acacias dans le vent de Garonne. Je parlais de Jaurès et de Lucienne. La guerre, oh ! non, pas la guerre…

« Ils nous y ont menés, Sermet. On est parti ensemble. On est là dans la boue tous les deux, au pays des macchabées. Et moi, j'ai tué un homme. Je ne voulais pas, je te jure. Laisse-moi, fous le camp, ma paillasse est trouée. Tu diras à Lucienne que… Tu diras à Lucienne… »

Sermet marche dans les barbelés. C'est une route qui n'en finit plus. Des collines de terre. Le ciel s'éclaire et se meurt. Le canon aboie sans arrêt. Sermet marche en portant Révignac dans ses bras. Pas lourd Révignac, un paquet d'os et de peau. Sa tête bringuebale. Les mains de Simon sont engluées de sang chaud. Il faut marcher longtemps avec la voix de Révignac et du canon.

Avant de mourir, Révignac avait dit :

« Va voir Lucienne. Elle attend un gosse. Je ne te l'avais pas dit. Je n'osais pas. Elle me l'a écrit. Ça me faisait mal de penser que je pouvais crever sans le voir. Ça y est maintenant. Tu iras le voir, mon gosse, tu l'embrasseras pour moi. »

Le vent courait sur la plaine et venait secouer la porte comme le canon du cauchemar.

## III

À L'AUBE FINE, Simon se levait, allumait sa lampe à pétrole et passait dans la cuisine. Il jetait dans l'âtre une brassée de bois et préparait son café. Ensuite, il allumait sa première pipe et demeurait quelques instants à rêver devant le feu tandis que la pièce se réchauffait. Après quoi, il descendait dans sa classe.

Il s'approchait des fenêtres de la plaine et regardait traîner la nuit sur les pentes confuses. Le brouillard s'étirait le long des fossés. Les jours de vent, la maison gémissait et craquait avec d'étranges voix. Un lilas près du bûcher se tordait vers les vitres et venait griffer mystérieusement un carreau. Les premiers matins, alors que Sermet était en train de préparer le tableau de lecture des tout-petits, le grattement de la branche dans son dos l'avait intrigué. On eût dit que quelqu'un était là, caché dans le noir pour observer le maître d'école.

Il avançait jusqu'à sa table, ramassait un papier perdu, feuilletait quelque cahier, toujours fumant sa pipe. Après ce premier tour d'inspection, il remontait pour faire sa toilette. À 7 heures, la carriole du laitier passait sur la route et Simon s'approchait du tableau à chevalet. Il commençait à écrire : *la pipe de papa, papa a une pipe, le bobo de toto, la bobine…* La craie blanche servait pour les lettres du cahier, la craie rouge pour les lettres du livre. La lettre ou la diphtongue étudiée se détachait en jaune dans le haut du tableau à côté d'un dessin qui changeait tous les jours. Dès qu'ils entraient en classe, les petits se mettaient à chuchoter en regardant leur dessin. Qu'est-ce que c'est, aujourd'hui ? Une pi-pe, une pou-le, une ca-ba-ne…

Après le tableau de lecture, Sermet écrivait le résumé de morale des cours moyen et supérieur sur le tableau principal. La classe commençait par une causerie que tous écoutaient les bras croisés. Pendant que les grands copiaient le résumé, les marmots venaient se rassembler pour la lecture. Le maître retournait le tableau et on relisait d'abord la leçon de la veille. « Attention, tous ensemble, suivez la baguette… Maintenant, à toi tout seul, Bernard Coulomiès, à toi, Marie Faure, à toi, Georges Sentenac… » Certains lisaient d'une coulée, sachant le texte par cœur depuis la veille, d'autres trébuchaient misérablement et les bouches s'ouvraient pour leur venir en aide. « Défense de souffler ! » Les bras se levaient. La baguette abandonnait la syllabe difficile et reprenait plus haut. À leurs bancs, les grands entre deux phrases suivaient l'opération avec des sourires condescendants ou apitoyés. C'était ensuite la leçon du jour. Le maître racontait des histoires à partir de l'image dessinée. Quelques-uns des tout-petits parlaient à peine le français. « Dis-moi, Georges Sentenac, cette bête, tu la connais ? » – Oui, *moussu*. – Dis-moi son nom. – C'est un minou. – Tu ne connais pas un autre nom ? » Et Georges Sentenac regardait ses galoches en rougissant.

À la demie de 7 heures, Éloi Lacaze, un grand, arrivait pour allumer le poêle, sonnant avec bruit du sabot dans le préau pour annoncer sa venue. Il tortillait patiemment des feuilles de vieux cahiers, s'en allait quérir des branchettes et une provision de bûches. Le poêle ronflait vite. Sa bonne haleine caressait le dos du maître en train de terminer ses tableaux. Déjà, des piaillements retentissaient sur le chemin du village. Sermet mettait de l'ordre sur sa table, ouvrait le registre d'appel et le journal de classe, bourrait une dernière pipe et sortait dans la cour pour surveiller les jeux d'avant la rentrée.

À 8 heures moins une, à son appel, les enfants se rangeaient par deux devant la porte et l'on passait l'inspection des mains. Éloi Lacaze avait déjà pénétré dans la classe. Il tisonnait avec ardeur, chargeait le poêle jusqu'à la gueule puis, alors que tous étaient à leurs bancs, il se glissait dignement au-dehors pour répandre quelques gouttes d'eau sur ses doigts. C'était un privilège de l'allumeur.

On entrait donc. Le premier jour, au claquement des mains de Simon, les enfants s'étaient immobilisés. À un nouveau claquement, ils s'étaient mis en route vers la porte en marquant le pas et ils s'étaient alignés en continuant à lever les genoux en cadence. Simon avait compris. Durant ses stages d'élève-maître, on procédait ainsi. Premier coup de sifflet, les gamins se changeaient en statues. Deuxième coup, on marquait le pas. Troisième sifflet, on se dirigeait vers le rang à pas cadencés, en chantant :

*Vous n'aurez pas l'Alsace et la Lorraine*
*Et malgré vous, nous resterons Français*

Il avait levé une main.

« Arrêtez. Ne bougez plus. Bon, entrez en classe normalement. Non, ne marquez pas le pas. Marchez comme vous marchez chez vous. Nous ne sommes pas dans une caserne. »

Les enfants l'avaient regardé avec étonnement. Au temps de M. Ladurey, on entrait en marquant le pas. Les divers maîtres et maîtresses qui s'étaient succédé à Maurines après le départ de M. Ladurey avaient conservé la méthode. Voilà que ce maître ne voulait plus. Il est vrai que chaque maître a ses manies. L'un d'eux, l'année d'avant, n'avait-il pas interdit à Éloi Lacaze d'allumer le poêle sous prétexte que c'était dangereux ? Or, Éloi allumait le poêle depuis trois ans et personne ne s'en tirait mieux que lui.

Ce nouveau maître avait l'air gentil. Il parlait sans hausser la voix. Il n'était pas très grand, plutôt maigre, avec un visage long et doux, marqué déjà de rides. Les yeux noirs, les cheveux clairs, un peu frisés. On avait parlé de lui dans les maisons. Il venait de la guerre et il avait été gazé. C'était la première fois qu'il faisait la classe. Il ne vaudrait sans doute pas M. Ladurey. M. Ladurey était sévère mais apprenait bien. Seulement, le pauvre M. Ladurey était mort.

Les enfants avaient croisé les bras. Simon avait commencé les inscriptions. Et soudain, un autre temps était revenu vers lui. Il s'était revu au premier jour dans son école de Fontvieille. M. Bertrandou était debout au bord de l'estrade, immobile et sévère, la baguette dressée. Coup de baguette sur la table. Les enfants s'étaient assis. Coup de baguette. Les enfants avaient croisé les bras.

La voix sèche de M. Bertrandou :

« Voyons si vous savez toujours vos récitations. *Ô chers petits amis, vous qui croissez...* Attention. »

Coup de baguette. Pendant que les nouveaux roulaient des yeux effarés, la classe s'était mise à réciter.

*Ô chers petits amis, vous qui croissez si vite,*
*Rappelez-vous du moins, le rêve des aînés !*

*Humanité touchante, encor blanche et petite,*
*Monte ! Deviens très grand, peuple de nouveau-nés !*

À chaque signe de ponctuation, les voix tombaient. Elles ne repartaient que sur un nouveau coup de baguette. À la dernière strophe, la baguette s'était dressée très haut vers le plafond, en frémissant pour marquer qu'il fallait donner plus d'émotion et d'énergie.

*Sache tenir s'il faut un sabre de bataille ;*
*Mais, studieux le soir, actif dès le matin,*
*Sache bien qu'un enfant qui veille et qui travaille*
*Prépare au monde entier sa gloire et son destin.*

La baguette de M. Bertrandou. Comme elle était lointaine et proche, terrible et précieuse à la fois ! M. Bertrandou exigeait une discipline incessante. Cette baguette dressée dans les brumes du temps éveillait tout à coup mille images chères : la façade d'une vieille ferme, les feuillages des collines, des buissons d'épine blanche et de lilas, la voix un peu chevrotante de la mère : « lève-toi, Simon, c'est l'heure… », la forge de Fontvieille tintant dans les ténèbres d'hiver ou les silences éblouissants des canicules. Dans l'école du passé, le poêle ronflait avec cette même voix puissante. Au sortir des bises ou de la neige, le sang venait brûler délicieusement les oreilles et le bout des doigts. Alors, la baguette entrait en danse.

« Morale ! » annonçait M. Bertrandou.

Sur un coup de baguette, toute la classe chantonnait le résumé de la veille. Les petits, ceux qui ne savaient pas lire, s'efforçaient de marmonner quelques fragments.

*Savez-vous ce que boit cet homme dans ce verre qui vacille en sa main tremblante d'ivresse ? Il boit les larmes, le sang, la vie de sa femme et de ses enfants !...*

Malheur au traînard, à celui qui jetait une syllabe à contretemps. La baguette se tendait vers lui et il devait grimper sur l'estrade pour réciter seul. Ensuite, M. Bertrandou se mettait à raconter et c'était sans doute un des meilleurs moments de la journée. La voix demeurait sévère et solennelle, mais cette gravité et une certaine lenteur de ton donnaient plus de prix aux histoires morales du vieux maître. Il en avait pour chaque jour et tous les ans il en ajoutait de nouvelles. Il est vrai que les grands élèves ne s'étaient jamais lassés d'avoir entendu plusieurs années de suite l'histoire du lion de Florence ou celle des deux frères de Jérusalem qui portaient chacun une gerbe au tas de l'autre ou celle de Carnot revenant dans son village de Bourgogne avec son bel uniforme chamarré pour saluer son instituteur. « *Voilà, après mes parents, l'homme à qui je dois le plus, voilà mon second père !* » ou encore celle du pauvre sergent Hornus qui, sous toutes les mitrailles, avait conservé son drapeau...

Et maintenant, il revenait à Simon de raconter ces histoires de morale. À son tour, il se penchait vers les petits visages attentifs. Une journée commençait, plus encore qu'une journée car bien des choses prendraient leur route ce matin, dans chaque mot du récit qu'il allait égrener. Il leur parla de Drouot, celui qu'on appelait le Sage de la Grande Armée. C'était encore une histoire de M. Bertrandou. On voyait le fils du pauvre boulanger de Nancy frapper à la porte d'une école. On le repoussait car il était trop jeune. Et plus tard, Drouot étudiait de toutes ses forces tout en aidant à la boutique. Il portait le pain, servait les clients, lisait à la chandelle, et quand la chandelle était éteinte, il s'approchait de la grande clarté du four. Il voulait apprendre et apprendre…

Après la morale, les leçons s'entretissaient d'une division à l'autre. Les premiers jours, Sermet était perdu. Il fallait sans cesse occuper les uns pendant qu'on expliquait aux autres. Les grands calculaient leur problème pendant que le cours élémentaire absorbait en bredouillant ses tables de multiplication, pendant que les tout-petits comptaient des haricots et des bûchettes. Le maître courait d'une rangée à l'autre, le temps fuyait à toute vitesse. On avait passé une grande heure à compter. C'était trop. Pendant la dictée des grands, les petits soufflaient sur leurs lignes d'écriture. Certains avaient fini avant les autres. Ils commençaient alors à s'agiter, raclant leurs sabots contre le plancher, se levant pour présenter leurs cahiers. Sermet s'interrompait pour leur donner de nouvelles tâches. Alors, les grands chuchotaient. Il fallait calmer les réciteurs de tables… Et ainsi de suite…

Les premiers soirs, Simon se pencha avec soin sur l'emploi du temps que lui avait envoyé Lucienne Révignac, s'efforçant de minuter chaque leçon au plus juste. Mais le cadre établi sautait encore, les retardataires troublaient l'entrelacs des exercices.

Au bout de quelques semaines cependant, Simon parvint à maîtriser son affolement du début. Le cahier-journal où il inscrivait l'horaire des travaux ne le fascinait plus. L'essentiel n'était pas là. L'essentiel était derrière le front des enfants. Avaient-ils compris ? Les mots avaient-ils glissé par-dessus leurs têtes ou commencé une vie profonde dans leurs mémoires ? « Avez-vous compris ? Avez-vous compris ? » Il répétait l'interrogation constamment, tendant vers les bancs son cou maigre, son bon visage sérieux. Il commençait à se méfier des « Oui, monsieur » de complaisance et de certains hochements de tête trop disciplinés.

Il ne battait personne, il n'avait pas de baguette pour fustiger, il ne grondait guère. Dans le village, cela s'était vite su et quelques parents lui avaient dit : « Hé ! monsieur Sermet, vous êtes gentil avec ces enfants. Mais une claque ou une fouettée, c'est bien utile quelquefois. » Simon haussait les épaules et souriait. Sa classe n'était pas nombreuse et aucun de ces marmots n'était bien méchant. Il avait une façon à lui de se taire en regardant un coin du plafond. Quand le dernier chuchotement avait cessé, il commençait à parler d'une voix lente et retenue. Alors, il faisait le tour des visages. Il y en avait toujours qui se penchaient vers les porte-plumes, qui rêvaient en regardant les fenêtres. Sermet parlait pour ceux-là, s'obstinant à les attirer à lui, par un silence, par une phrase plus curieuse ou plus appuyée. Il n'était satisfait que lorsqu'il les tenait tous, comme on tient des épis dans sa main. Alors, il descendait de son estrade et se mettait à marcher de long en large, s'arrêtant, se penchant vers les écoliers immobiles. Il était heureux de les sentir rassemblés, attentifs. Bien entendu, ce n'était possible que pour quelques leçons communes. Très vite, il fallait rompre l'accord général et entreprendre la voltige des leçons diverses. Les jours passant, il s'affolait beaucoup moins.

Il n'y avait eu qu'un seul incident, peu de temps après la rentrée. Pour la première et la dernière fois, les écoliers de Maurines virent Simon en proie à une colère blanche et méchante.

Les enfants jouaient dans la cour. Le maître allait et venait, les yeux un peu perdus, tirant sur sa pipe. Il claquait dans ses mains parfois quand les garçons se bousculaient trop fort. Sans doute ne prêtait-il pas grande attention au jeu qui était en train. Simon marchait lentement dans sa veste étriquée, dans ses pantalons maigres et tirebouchonnés que pochait le vent d'automne. Il regardait les enfants puis la route, puis les collines jaunies. C'était encore cette période où il s'étonnait d'être là, dans une cour d'école, à l'entrée d'un village calme. Où se trouvait-il en vérité ? Dans le cauchemar des années de guerre ? Dans cette vie d'aujourd'hui si soudainement paisible et réglée. Il avait l'impression d'être un fantôme, un mannequin articulé qui se promenait dans le vent mouillé. Il regardait marcher ce maître d'école sans se mêler à lui. Lui, où était-il resté ? À Fontvieille, sur la route d'enfance ? À Toulouse ? Dans la boue du front ? À l'hôpital où il avait passé quelques semaines ?

Soudain, des cris s'élevèrent du côté du préau. Alphonse Fougarol avait donné un coup de poing à Jean-Marie Bernat. Ce dernier saignait du nez. Alphonse était un grand gaillard solide, connu pour sa vivacité. Le maître s'approcha. Alphonse s'expliqua, assez penaud :

« On jouait à la guerre, monsieur. Je l'ai pas fait exprès. Je voulais pas lui faire du mal… »

Simon devint pâle. Il se pencha vers Jean-Marie.

« Ce n'est rien. Appuie sur ta narine avec ton mouchoir. »

Il se tourna vers la classe.

« Mettez-vous en rang. Nous allons rentrer. »

Il parlait d'une voix brève et sèche qui surprit les enfants. Ils s'installèrent sans un mot. Le maître s'avança lentement jusqu'au premier rang.

« Écoutez-moi, dit-il, écoutez-moi bien. Alphonse a frappé Jean-Marie. Je veux bien croire qu'il ne l'a pas fait exprès. Pour cette fois, je ne le punirai pas. Je veux vous parler d'autre chose. Alphonse m'a dit : “On jouait à la guerre…" C'est de cela que je veux vous parler. Il ne faut pas jouer à la guerre. La guerre est une chose horrible. Ce n'est pas un jeu. Une chose horrible, mes enfants, écoutez-moi bien. Des millions d'hommes viennent de mourir, des millions, vous m'entendez. »

Il comprit tout à coup que des millions, pour ces petits, cela ne voulait rien dire. Alors il se mit à raconter.

Il parla des tranchées dans la glaise et la craie, des barbelés, des longues marches et de la vie dans la boue, des hommes loqueteux et hirsutes, de Révignac. Un de ses meilleurs camarades, un jeune maître d'école. Il l'avait vu mourir à côté de lui, il l'avait pris dans ses bras, il l'avait porté sous le bombardement…

La voix du maître était maintenant basse, sourde. Comme s'il avait eu peur ou mal en prononçant ses mots. Il baissait la tête et regardait les gros œillets noirs de ses souliers. Les enfants avaient croisé les bras en silence. Quand il murmura : « Des villages entiers viennent de mourir », une grande fille au premier rang se mit à pleurer. Un garçon du cours élémentaire pleura à son tour. Simon fit un pas vers la fille, posa sa main sur ses cheveux. Quelques instants s'écoulèrent dans le silence troublé seulement par les faibles sanglots, puis Simon reprit la parole :

« Il ne faut pas jouer à la guerre, ni au soldat, ni jouer avec des armes. C'est horrible. Les hommes ne doivent pas se battre. Ce sont les bêtes sauvages, les loups, les bêtes fauves qui se battent. Les hommes qui se battent deviennent pareils à des bêtes… »

Il s'avança vers le garçon qui pleurait et caressa sa tête.

« Vous ne pouvez pas savoir tout ce que cette guerre a coûté. Tant d'hommes morts ! Tant de ruines ! Des champs de bonne terre ont été abîmés pour longtemps et ils n'ont rien produit. Et toutes ces maisons rasées ! Des fermes, des hôpitaux, des écoles, des églises, des monuments… Et les blessés, et les mutilés… »

Il répéta : « Non, non, il ne faut pas jouer à la guerre, ce n'est pas un jeu », puis regarda un coin du plafond. Il quittait soudain Maurines pour un jour perdu dans le passé. Entre les craquelures du plâtre apparaissait un velours de bleu et d'or : le ciel d'été sur la Garonne. Il glissait en canot au fil du fleuve vert, entre des feuillages d'acacias et de platanes. Il ramait lentement. Devant lui, Révignac et Lucienne se tenaient par la main.

La leçon était finie, mais était-ce bien une leçon comme les autres ? Au tableau des grands, un résumé de morale était préparé : *les devoirs de l'écolier.* Simon se retourna, effaça d'un grand geste ce qu'il avait écrit sous la date, réfléchit un moment. « Ce résumé sera pour demain, dit-il, aujourd'hui vous copierez simplement… »

Il traçait les lettres avec soin : *Tu ne tueras pas.*

Le silence un peu oppressé de la classe se rompit. Un garçon du cours élémentaire leva le doigt. « Même nous, monsieur ? – Même vous, ce n'est pas difficile, appliquez-vous, formez bien vos lettres… Les petits, venez au tableau de lecture. »

« Tu ne tueras pas, tu ne tueras pas… » chuchotaient les voix des enfants.

La classe reprit son cours. Mais elle ne ressemblait pas à celles des jours précédents. L'émotion qui avait troublé la voix du maître était restée dans l'air. Quelques enfants le considéraient à la dérobée avec une curiosité craintive. Ils gardaient aux oreilles les accents de sa voix. Cet homme si pâle et si doux s'était transformé. Il s'était dressé devant eux, le front rougi, les yeux étincelants, avec des gestes fébriles. Comme si la guerre était une bête, une sorte de taureau qu'il allait dompter. Sur les cahiers, la phrase se répétait en lettres plus ou moins maladroites : « Tu ne tueras pas, tu ne tueras pas… » Était-ce à cause du coup de poing d'Alphonse Fougarol que le maître avait fait écrire cela ? Non, à cause de la guerre. La guerre. Le mot devenait lui-même un monstre hérissé d'épines, crachant le feu et la fumée. Les descriptions terribles flottaient entre les bancs. La ligne si brève du résumé de morale éveillait les autres mots affreux : incendies, ruines, boue, tranchée, blessure, mort…

La classe continuait. Une fille du cours moyen récitait au bord de l'estrade.

*Ah ! le bon temps qui s'écoulait*
*Dans le moulin de mon grand-père !*
*Pour la veillée on s'assemblait*
*Près du fauteuil de ma grand-mère ;*
*Ce que grand-mère racontait,*
*Comme en silence on l'écoutait…*

La voix jolie de l'enfant, le ronron de la récitation et tout ce qu'elle évoquait de tranquille et de rassurant finirent par ramener le calme. Le maître gardait encore un peu de distraction. Ils le virent s'approcher d'une fenêtre de la plaine et coller son front à la vitre.

Les petits piochaient leur page d'écriture, le cours élémentaire calculait ses additions : on voyait les marmots tordre leurs doigts l'un après l'autre d'un coup d'index puis compter le total avec le menton, en agitant les lèvres sans bruit.

Simon revint vers la grande division pour la leçon de système métrique. Les écoliers accueillirent avec une extrême attention la description du mètre-étalon, prototype international en platine iridié déposé au pavillon de Breteuil à

Sèvres, et le récit de la mesure d'un arc de méridien par Delambre et Méchain. M. Sermet redevenait le maître d'école, il n'était plus cet homme étrangement balbutiant et irrité qui leur avait parlé de bombes et de mort. Au tableau, de part et d'autre d'un *m* de craie blanche, s'inscrivaient maintenant en rouge et en bleu les multiples et les sous-multiples du mètre.

Et pour Simon lui-même, la dix-millionième partie du quart du méridien terrestre, vieille définition apprise une fois pour toutes à Fontvieille, ramenait le visage ridé de M. Bertrandou et la lumière d'enfance. Une fois de plus, le présent se mêlait au passé pour y trouver un réconfort, une espérance.

Pourtant, par ce matin d'automne, Simon comprit que sa vie venait de prendre un sens, plus large et plus plein. Cette colère soudaine, parce que les enfants jouaient à la guerre, avait abouti à une leçon de morale. C'était bien et c'était juste. Il aurait dû commencer par là. Dès le premier jour, il aurait dû leur faire écrire ces mots que Révignac avait prononcés avant de mourir. C'était la première leçon à enseigner et il la reprendrait sous toutes les formes et à toute occasion. Pas de guerre. L'enfant de Révignac, ce n'était pas seulement ce bébé qu'il avait vu à Toulouse à son retour du front. L'enfant de Révignac, il était partout où il y avait des enfants, dans toutes les classes de toutes les écoles. Pas un ne devait sortir de ses mains sans qu'il lui eût dit les mots. Tu ne tueras pas, les hommes ne doivent pas tuer.

Il avait traversé la place du Capitole à la fin d'une matinée d'été. Le soleil ruisselait sur les briques pourpres des façades, sur les toiles vertes du marché. Rien n'avait changé, semblait-il. Il se souvenait de matins pareils, quand Révignac l'invitait à manger chez ses parents. Le même brouhaha joyeux planait sur les étalages de légumes et de fruits. Les commères interpellaient la pratique en patois. Les franges des bâches claquaient au vent. Les camions à chevaux roulaient avec fracas sur les pavés inégaux. Des gens étaient installés dans des fauteuils d'osier, aux terrasses des cafés sous les arcades. L'air fleurait le melon, la figue, la salade. Où fallait-il chercher la guerre et les traces de ces cinq années douloureuses ? Simon avait encore aux oreilles les sarcasmes des poilus. Pendant qu'on se faisait trouer la paillasse, d'autres prenaient du bon temps. À quoi ça a servi tout ça ? Toujours les mêmes qui trinquent...

C'était l'été. Des mois avaient passé depuis l'armistice. La guerre devenait une chose lointaine. On trouvait pourtant sur des visages et de pauvres vêtements la marque des misères mais l'air était tiède, le soleil qui caressait Toulouse ramenait la paix ancienne et le parfum des jours de jeunesse.

Simon s'engagea dans une rue étroite et ombreuse qui débouchait près des arcades. La boutique du père Révignac se trouvait à une centaine de mètres sur la gauche dans un très vieux quartier de maisons étroites et hautes, aux corridors dallés de briques fendillées, aux escaliers ténébreux.

Rien n'avait changé. Au passage, Simon reconnaissait toutes les boutiques. Le panonceau de tôle était toujours là : *Révignac, Ressemelage.*

Le cordonnier assis devant son établi mit un certain temps pour relever la tête. Lui non plus n'avait guère changé, il était un peu plus maigre et jaune qu'autrefois et les deux touffes de cheveux de chaque côté de son crâne chauve avaient blanchi tout à fait.

« Vous désirez ? »

Puis, il se leva soudain, les mains tremblantes et les lèvres agitées de mots confus.

« Oh ! Oh ! c'est toi, Simon ? C'est toi… » dit-il enfin.

Il vint vers le jeune homme et l'embrassa très fort. Puis il fit un pas en arrière, baissa la tête et murmura :

« Mon pauvre petit… »

Il parlait sans doute de son fils dont l'image venait de lui apparaître plus vivement aux côtés de l'arrivant.

« Je te remercie, Simon. Nous avons reçu tes lettres. Tu… »

Il se laissa tomber devant le monceau des semelles et des boîtes à clous et se mit à pleurer sans bruit. Cela ne dura pas. Il essuya ses yeux et regarda Simon.

« Excuse-moi. C'est de te voir, tu comprends. Nous avons eu le temps de nous y faire. Seulement, c'est de te voir… Et toi, comment vas-tu ? Ils t'ont enfin lâché ? Et les tiens ? »

Simon expliqua qu'il venait de se mettre en règle définitivement. Il allait reprendre le travail à la rentrée. Il ne connaissait pas encore son affectation. Il avait demandé un village de montagne à cause de ses poumons.

Révignac l'écoutait distraitement, ou plutôt il s'efforçait de l'écouter. D'autres questions lui brûlaient les lèvres. Il demanda soudain :

« Alors, il est mort à côté de toi ? C'est toi qui l'as porté ? Il est mort dans tes bras ?

– Oui, dit Simon sourdement. Dans mes bras.

– Je sais bien que tu nous as écrit tout ça. Une lettre, ce n'est pas comme de l'entendre. Tu vas rester manger avec nous ? Tu veux bien ? Je vais appeler ma femme. Elle est là-haut en train de faire les lits. Lucienne est au marché avec le petit. C'est vrai que tu ne le connais pas, tu ne l'as jamais vu. C'est tout son père. Il me semble le revoir au même âge. Mais assieds-toi... »

La mère de Révignac descendit. Elle aussi avait maigri et blanchi. C'était une petite femme qui parlait peu et qui se déplaçait à pas lents. Elle embrassa Simon et se mit à pleurer sur son épaule.

« Allons, allons Catherine », disait le cordonnier en reniflant.

Ils passèrent dans la salle à manger, une pièce sans fenêtres prise entre la boutique et la cuisine donnant sur la cour. La lumière venait de deux portes vitrées. Il y faisait frais. Une odeur de cire flottait autour du buffet Henri II, de la table ronde aux pieds tarabiscotés et des six chaises cloutées de cuivre. À l'odeur de cire se mêlaient des relents de cuir et de colle venus de la boutique. Sur le buffet, sur des consoles et des étagères innombrables, s'entassaient des photographies du fils, des bibelots, des boîtes incrustées de coquillages, des fioles, des paperasses, des livres. Dans un îlot de clarté proche de la cuisine, Simon reconnut le petit secrétaire où Révignac travaillait autrefois. C'était là sans doute que Lucienne préparait maintenant sa classe et corrigeait ses cahiers. Sur une chaise, un hochet cabossé, un biberon vide et une pelote de laine annonçaient la présence de l'enfant.

La mère s'était assise devant Simon, les mains dans son tablier, la tête inclinée. Elle ne pleurait plus. Elle s'était calmée en parlant du petit. « Tu vas voir. Un bel enfant. Et sage. On le couche, il s'endort. On le réveille, il rit aux anges. »

Soudain, ils l'entendirent pépier à la porte de la boutique.

« Voilà Lucienne, dit Révignac, voilà Louis... »

Les yeux de Simon se fermèrent à demi. Il porta une main à son menton et le caressa machinalement. Lucienne et Louis Révignac entraient dans le petit logis ténébreux. On avait donné à l'enfant le prénom de son père. Lucienne poussait la porte vitrée. Il ne la reconnut pas. La belle fille brune s'était changée en une femme maigre et pâle, au visage durci, aux yeux éteints.

« Oh ! c'est vous, Simon, dit-elle, que je suis contente de vous voir ! »

Ils s'embrassèrent et Simon prit l'enfant dans ses bras, s'efforçant de sourire. C'était donc là le petit être qui continuait Révignac. Il essayait de retrouver sur le visage du fils les traits du camarade mort. Oui, le menton un peu fort et les lèvres minces peut-être…

« C'est tonton Simon, tonton Simon », murmura le cordonnier en taquinant les menottes de l'enfant.

Simon ne savait que dire. L'émotion serrait sa gorge. Il regardait le petit puis la porte de la cuisine vaguement dorée par le soleil de la cour. Révignac n'allait-il pas apparaître soudain, comme autrefois avec son allure distraite et pressée. « Salut, mon vieux. Tu m'attendais ? Comment ça va ? Dis donc… »

Ils mangèrent dans la pièce encombrée, parmi les ombres et les bibelots. Il commençait à faire très chaud. Les hommes avaient quitté leurs vestes. Les arômes de l'été toulousain, briques brûlées de soleil, feuilles chaudes, parfums de légumes du marché proche, se glissaient jusqu'à eux. Des pêches embaumaient la cuisine. Mme Révignac apportait des plats, s'en revenait silencieusement. Lucienne se leva deux fois pour aller surveiller le sommeil de son fils dans la chambre de l'étage. Elle revint, elle aussi, à pas de velours. C'étaient comme des ombres, des fantômes. Simon parlait. Il avait l'impression de s'être dédoublé. Une sorte d'étranger racontait les souvenirs du front et la mort de Révignac, un homme desséché à la voix blanche et monocorde. Un autre Simon, celui de la jeunesse, un fantôme, allait et venait dans les pièces ténébreuses à la recherche du calme ancien que les bibelots immobiles et les odeurs de l'été faisaient revivre.

Et trois silhouettes se penchaient vers l'étranger, happant avec avidité chaque mot tombé de sa bouche. Peu à peu, le visage de Lucienne se remodela dans les lumières de l'après-midi. Ses yeux retrouvèrent des étincelles. Elle aussi cherchait sa jeunesse. Elle revoyait les promenades des dimanches sous les platanes des bords de Garonne, la robe verte du fleuve, les lilas et les violettes des banlieues au temps d'avril.

De grands moments de silence tombaient parfois entre eux. On entendait Mme Révignac moudre du café dans la cuisine. Puis, ce fut la chanson de l'eau qui bouillait, l'égouttis menu dans le filtre.

Lucienne parlait maintenant. Elle racontait son installation. Elle avait obtenu une classe à Toulouse. Elle pensait la conserver à la rentrée prochaine. Les grands-parents s'occupaient du petit pendant qu'elle travaillait. Il y avait heureusement deux chambres à l'étage. Son métier l'intéressait. Elle avait de bonnes notes d'inspection. Il fallait bien travailler. Quand on travaille, on ne pense pas à autre chose. Ce n'était pas toujours facile, les enfants étaient plutôt laissés à eux-mêmes : le père au front, la mère au travail, de la misère un peu partout, enfin bref…

À nouveau, le silence. Simon faisait tourner machinalement sa tasse de café entre ses doigts. Le père Révignac se leva en soupirant et prit une fiole de marc dans le buffet.

Lucienne égrenait des noms de collègues de promotions, parlait des mariages, des fiançailles, des morts et des blessés. Simon hochait la tête. Lui aussi avait rencontré des camarades d'école au hasard des cantonnements et dans divers secteurs du front. C'étaient de pauvres rencontres dans le tumulte de la guerre, quelquefois un simple salut échangé, une conversation rapide. Aujourd'hui, la voix mélancolique de Lucienne semblait tirer un trait pour le compte définitif : un tel était mort, un tel avait perdu un bras, un autre n'était pas revenu et ses parents espéraient toujours… Un professeur de maths de l'E.N. de garçons était mort dans l'Argonne, un jeune répétiteur d'espagnol avait été tué peu de temps avant l'armistice. Justement, c'était le beau-frère d'une collègue du quartier… Simon écoutait à peine, les noms et les phrases lui parvenaient à travers un brouillard. Il connaissait tout cela. Dix fois déjà depuis son retour, il avait entendu égrener ce compte. À Fontvieille, sa mère avait parlé de cette façon, l'aîné des Truffié, Maurice Thor, le fils Béziers, les morts, les blessés, les disparus. Dans les quartiers et les villages de tout le pays, d'autres voix disaient des listes pareilles, la litanie de la guerre.

D'incertaines rumeurs arrivaient du dehors. Le quartier se taisait sous la grande chaleur. Sur la place du Capitole désertée par les marchands, des balayeurs achevaient sans doute le nettoyage. Le soleil flamboyait sur la façade rose de la mairie, sur le donjon étrangement coiffé de gris. Au creux des arcades fraîches, des garçons de café arrosaient le ciment. La petite rue faisait la sieste. En longeant les bicoques vénérables, on arrivait aux quais de Garonne. Les feuilles grillées des platanes ne bougeaient pas. Le fleuve étalait calmement son ventre vert plaqué de longues lames d'argent et de feu.

Simon pensait à des matins et des crépuscules où il avait suivi cette rue, en compagnie de Révignac, jusqu'à la chanson de la Garonne et des arbres.

# IV

Le maire arrivait vers la fin de la classe du soir. Quelques minutes avant le départ, alors que les enfants préparaient leurs cartables, Simon Sermet apercevait le bonhomme qui marchait à pas lents sur la route, le dos courbé, serrant sous son bras une serviette de moleskine écaillée.

Il l'entendait aller et venir sous le préau, attendant la sortie. La classe traversait la cour. Simon ouvrait la grille. Les garçons, après un salut bref, s'élançaient en trombe vers le village. Les capuches et les grands tabliers se perdaient vite dans le crépuscule. Les filles marchaient à pas tranquilles, entourées de marmots dont elles tiraient les bas ou rajustaient les blouses. Leurs rires fins et leurs chansons se perdaient à leur tour dans l'ombre envahissante. Il ne restait plus que deux élèves de service chargés de l'arrosage et du balayage. L'un promenait entre les bancs une boîte de conserve trouée, l'autre raclait le plancher à l'aide d'un balai de bruyère.

Le maître mettait de l'ordre sur sa table. Le maire venait s'asseoir au bout d'un banc et roulait une cigarette en parlant du temps ou de sa santé.

« Aïe ! je suis fatigué, pauvre monsieur Sermet ! J'ai voulu donner un coup de charrue à un petit champ que nous avons en bas de la forêt. J'ai cru que je n'arriverais pas au bout. C'était bien peu de chose et pourtant... Ce vent ne me dit rien de bon. Vous verrez qu'il nous apportera la neige. Eh oui ! la neige ! Il pourrait bien neiger avant décembre... Je suis passé chez l'adjoint en venant. Ils ont un cochon qui a pris froid. Il tousse à faire pitié. Je me demande s'ils le sauveront... »

Les deux élèves de service rangeaient leurs ustensiles et le paysan lançait des plaisanteries en mordillant sa moustache blanche.

« Ah ! ce métier-là vous plaît davantage que l'écriture, je parie ! Vous tenez mieux le balai que le porte-plume. »

Il les interrogeait sur leur parenté, les chargeait de saluer les uns ou les autres. Aux enfants des écarts, il posait des questions sur les travaux en cours, l'état des bois et des chemins. Puis les gamins saluaient les deux hommes et se sauvaient dans la nuit tombante. Alors, le maire prenait place près du poêle et Simon, après avoir fermé les fenêtres, venait s'asseoir à ses côtés. Le père Brunet ouvrait sa serviette et étalait le courrier du jour. À chaque fois, il gémissait sur la paperasse dont l'abreuvaient sans fin la sous-préfecture et la préfecture : recensement des terres, déclarations de récoltes, circulaires innombrables et compliquées relatives aux victimes de la guerre et aux ayants droit.

« Nous n'en sortirons jamais, monsieur Sermet. Ces gens ne savent qu'inventer pour se moquer de nous. On leur a bien dit vingt fois combien nous avions de labours, de prés et de bois. Ils veulent maintenant savoir les têtes de bétail, les lapins, les pigeons et les poules. Et quoi encore ? Tenez, une circulaire pour le transport des corps. Elle modifie l'autre et l'autre était déjà modifiée. Voilà une nouvelle liste de pièces à fournir. Si vous pouviez étudier tout ça à tête reposée... La fille Lacam, qui est à Saint-Gaudens, demande un extrait de naissance. Elle dit que c'est très urgent. Si vous pouvez le lui copier demain... Il faudra penser aussi à convoquer le conseil pour la dernière session ordinaire. Il y a cette question de l'abreuvoir de la place. Ce sont des frais. Tout augmente d'une façon ! Ah ! je vais vous demander d'allumer un peu, nous sommes dans la nuit...

Ils étaient dans la nuit. Le vent ou la pluie bourdonnaient dans la plaine et sur le chemin. Les derniers charrois avaient grincé sur la route. Les derniers mugissements de vaches, les derniers abois de chiens avaient retenti. Le maire et l'instituteur demeuraient seuls dans la petite école solitaire. Simon parlait peu. Il hochait la tête et classait prestement les papiers que le maire lui passait.

« Oui, oui, bien sûr, je vais voir ça... »

Il tirait sur sa pipe, écoutait le bonhomme. La classe déserte et muette, avec sa carte de France accrochée de guingois, son tableau des poids et mesures, son gros poêle et sa bibliothèque bourrée de trésors poussiéreux, devenait un étrange domaine abandonné. Ce n'était rien tant que résonnait la voix rocailleuse du père Brunet se plaignant de la vie chère ou du mauvais état de l'adduction d'eau. Dans les phrases pittoresques du paysan les gens et les enfants du village revivaient. Mais quand les sabots du vieil homme avaient claqué dans la cour et sur le chemin, Simon revenait vers un silence plus grave et fantastique. La longue veillée commençait devant les bancs vides ou dans le petit bureau du rez-de-chaussée où il classait les dossiers de la mairie et les registres de l'état civil. Les premiers soirs, il avait essayé de trouver quelque charme reposant à ce silence que troublaient seulement le grésillement de sa pipe, le tic-tac de la grosse montre posée parmi les papiers, les ultimes ronflements du poêle. À la fin, cette solitude devenait oppressante. Simon se levait, grimpait jusqu'à sa chambre au moindre prétexte, redescendait, faisait quelques pas au-dehors quand le temps le permettait. Il fallait bien retrouver la table de travail, les registres, les états à garnir, le livre commencé et le silence surtout, les bancs nus, les tables trop nettes.

L'aube ramenait comme une espérance. Les enfants allaient venir. Le laitier dans le matin froid, le vent qui sentait la feuille morte, la première glace et la première flambée des âtres annonçaient les capuches et les galoches. La solitude était chassée. Les enfants arrivaient, portant leurs histoires et leur curiosité. Il bavardait avec eux dès la première récréation. Le village n'était plus cet amas de maisons fantomatiques que le brouillard et l'averse semblaient repousser très loin. Il se reconstruisait, prenait dans les récits enfantins une couleur nette, une odeur vive. Les voix fraîches des filles, les timbres un peu rauques des garçons filaient la chronique du village. Hier soir, ma mère a ouvert les oies mais les foies sont petits, c'est le maïs qui a manqué. La vieille Élisa du bout du village a pris un mauvais rhume. Odette Laffont va se marier. Son fiancé est revenu de Rhénanie. Le cochon de l'adjoint est toujours malade. Tout le monde dit que l'hiver sera froid et qu'il neigera de bonne heure…

Et quelques jours plus tard, le glas sonnait pour la vieille Élisa. Alors, Simon prenait le mince registre jaune des décès. Il traçait un trait avec soin sous l'acte précédent et commençait à écrire avec une grande lenteur. *Le… est décédée à Maurines, au lieu dit Castagnou, Barthe*

*Maria-Catherine-Élisa, célibataire, née à Maurines le 15 avril mil huit cent quarante-cinq, fille de Barthe Marius-Ismaël et de Combes Noémie-Célestine, mariés...*

Il traçait un nouveau trait, laissant la place du témoin qui signerait, un voisin ou le maire. Il refermait le registre et se mettait à rêver. Quel serait le suivant ? Pour qui écrirait-il sur ce papier officiel que sa plume raclait avec lenteur ? Le temps d'hiver était toujours terrible pour les vieux. Au fil des ans, en feuilletant les registres, il avait bien vu que de novembre à mars les décès des anciens se multipliaient. Cette pauvre Barthe Élisa, il l'avait à peine aperçue, traînant un fagot aux abords de sa bicoque du bout du village. Une vieille femme en jupe élimée, au visage de bois dans un grand fichu noir. Elle finissait sa vie dans ce village qu'elle n'avait jamais quitté. Personne ne parlait d'elle. Son temps était fini. Elle avait vécu sans bruit et s'en allait sans fracas.

À partir de mars, les naissances arrivaient. « Hé ! avait expliqué malicieusement le maire, comptez sur vos doigts, monsieur l'instituteur. À partir de mai et juin, ce sont les grands travaux qui commencent. Il fait bon. L'après-midi, on fait la sieste. Fenaison et moisson nous donnent des enfants... »

Le soir, Simon expédiait son repas dans la petite cuisine de l'étage. Il ne cuisinait guère. Le boulanger passait deux fois par semaine dans une carriole et laissait une moitié de miche sous le préau. Les enfants lui portaient l'essentiel : le lait, les pommes de terre, les œufs. Le samedi soir, il allait à la boucherie de la commune voisine. Il recevait aussi quelques présents : un petit saucisson, une portion de croustade, des crêpes de sarrasin, un lapereau qu'on lui amenait tout écorché. De décembre à février, ce fut le cadeau du cochon. À chaque bête tuée dans les familles correspondait le morceau du régent : une tranche de filet, un morceau de pâté ou un pan de boudin.

Après le repas, il allait parfois en veillée, chez le maire ou quelque voisin de l'entrée du village. Il s'ennuyait un peu au début. Les gens parlaient avec lenteur et dans un patois pyrénéen qu'il comprenait avec difficulté. C'est qu'aussi il ne les connaissait guère et eux ne le connaissaient pas. Puis, il s'habitua à leurs façons et multiplia les visites. On lui offrait une crêpe de sarrasin bourrée de morceaux de lard, des châtaignes, du vin. Les vieilles femmes au plus près du feu égrenaient des épis de maïs ou des haricots, d'autres tricotaient et ravaudaient, les hommes lisaient le journal dans certaines maisons. La conversation commençait, coupée de grands silences où l'on écoutait le vent et le feu. Il était d'abord question du temps et des travaux en cours, ensuite des gens du village, des querelles et des alliances, des maladies et des incidents menus. On parlait souvent de la guerre. Pour les hommes qui en revenaient, Simon sentait bien que le sujet était inépuisable. Durant des années et des années, à d'innombrables veillées, ils reprendraient le récit de leurs souffrances et de leurs blessures.

Les événements de la vie politique arrivaient assourdis. Les grandes grèves qui avaient suivi l'armistice éveillaient l'inquiétude. Les hommes hochaient la tête avec amertume.

« Ce qu'on peut dire, monsieur Sermet, c'est que ça va mal. Nous avons ramené notre peau mais c'est bien tout ce que nous avons ramené. Ils disent que l'Allemagne paiera. En attendant… »

En attendant les prix des denrées et des vêtements bondissaient de manière effrayante. Et cela aussi, c'était un inépuisable sujet de conversation et de comparaison.

« Avec un sou dans le temps, on avait une chopine. Il faut 12 et 15 sous maintenant. Pauvre monsieur Sermet, un pantalon coûte 50 francs aujourd'hui. Si les vieux revenaient, ils en auraient des attaques. D'une foire à l'autre, on ne sait plus où on en est.

Sermet essayait d'expliquer. C'était de la faute de la guerre. La guerre ne fait pas du mal dans le temps seulement où elle se déroule. On en porte le poids pendant des années. La guerre, c'est la pire des choses. Tant que les hommes n'auraient pas compris, elle leur ferait du mal. Il y a des braves gens partout, en Allemagne comme en France. On dit : les Boches. Eh bien ! ces Boches sont des hommes comme nous.

Ici, certains rétorquaient que les Prussiens avaient l'armée dans le sang. D'autres secouaient la tête en disant qu'on n'y pouvait rien. Quand il est commandé aux gens de faire leur sac et de graisser leurs souliers, ils sont bien obligés d'obéir. Alors revenaient les histoires de mutineries et de décimations. Les femmes devenaient pâles et tordaient nerveusement les pointes de leurs fichus. Sermet pensait à Révignac. Révignac haïssait la guerre. Révignac était socialiste. Il croyait que les ouvriers de France et d'Allemagne refuseraient de marcher. Et pourtant les ouvriers étaient partis. Révignac lui-même était parti et il y était resté. Et le lendemain de la mort de Révignac, deux soldats avaient refusé d'obéir. Ils avaient injurié le lieutenant Rey et jeté leurs fusils. Le soir même, ils étaient passés en conseil de guerre, et un matin, avant une attaque, on les avait fusillés derrière les boyaux. Qui pouvait savoir ? Révignac aurait pu mourir ainsi sous les balles d'un peloton.

Quand il pensait à cette mort horrible et honteuse, Simon avait mal au fond de son cœur. Et pourtant, la mort de Révignac n'avait-elle pas été horrible ? Et doit-on avoir honte de dire : les hommes ne sont pas faits pour tuer ? Ce n'était pas simple. Après la mort de Jaurès, Révignac avait eu un moment de grande indignation suivi d'une sorte de lassitude. Et partout on parlait de la patrie à défendre, de la chère Alsace à retrouver, des barbares prussiens. Révignac s'était marié. Il pensait que cette guerre ne durerait que quelques semaines. Il était parti pour le front avec un visage nouveau, silencieux et comme méprisant. Son enthousiasme de jeunesse s'était effacé. Plus tard, après quelques mois de front, était venue une hargne sourde, une colère contre la guerre, contre les hommes qui la faisaient, contre lui-même peut-être.

Simon se souvenait de certaines conversations dans la boue et la crasse des tranchées. Il essayait de justifier la guerre : ils nous ont attaqués, ils ont bombardé Reims, ils ont fusillé des otages, violé des femmes. Nous défendons la patrie… Il revoyait le sourire triste de Révignac : la patrie, tu me fais rigoler, eux aussi, ils se battent pour leur patrie, si tu vas par là… Le vrai courage, ce n'est pas d'obéir et de marcher.

Aux veillées, dans la chanson des bises et des bourrasques, tandis que les vieilles femmes tendaient vers le feu leurs mains ridées et leurs visages rudes, Simon écoutait les mots de son ami. Le vrai courage… Mais combien auraient ce courage ? Quand le monstre de la guerre se mettait en marche, il était trop tard pour l'abattre. Ce qu'il fallait, c'était l'arrêter avant, le ligoter de toutes les façons. Cela, c'était sûr et vraiment efficace. Alors, pour convaincre ceux qui étaient devant lui, il se mettait à parler d'une voix sourde et lente. Peu à peu, il retrouvait sa voix de la journée, ses intonations et ses phrases de maître d'école. Avez-vous compris ? Vous me suivez bien ? Il faisait le compte des malheurs et des pertes. Avec ces millions d'argent, de matériel et de vies humaines, il essayait de leur dire ce qu'on aurait pu bâtir pour le bonheur des gens. De belles routes partout, l'eau courante et la lumière électrique dans chaque maison, des automobiles, des étables propres, des machines et des écoles, beaucoup d'écoles, des écoles surtout ! Les assistants écoutaient avec respect. Simon essayait d'aller plus loin, de montrer les nations travaillant pour le bien et non pour la haine. Chacune avait sa grandeur. L'Allemagne même était un grand pays et qui avait donné au monde des hommes illustres, des Goethe et des Beethoven.

Les femmes soupiraient : Oui, vous avez raison, M. Sermet, il faut croire qu'on verra un jour ce que vous dites. Seulement, est-ce que les gens comprennent ce qui est pour leur bien ? Il faudrait beaucoup d'instruction.

On en revenait à la vie chère, aux grèves. Rien n'était sûr. Est-ce qu'on prenait le chemin de comprendre ? Les vieux entraient dans la conversation, évoquant des temps anciens où l'on n'avait ni le téléphone ni les automobiles et où on ne vivait pas plus mal. Il est vrai qu'au plus lointain des mémoires, l'armée et les guerres avaient toujours appelé les hommes.

« Enfin, il faut espérer… » C'était la phrase finale, la vieille phrase qu'on disait pour essayer de clore le débat. Après quoi, on mangeait encore une poignée de châtaignes et la veillée s'achevait. Simon s'en revenait sur le chemin silencieux, graissé de brouillard, verni de gelée. Quelques chiens aboyaient dans les ombres. Il retrouvait son école et les odeurs de cuir, de papier, d'encre et de plâtre qui traînaient dans l'escalier ténébreux.

Il ajoutait quelques bûches au feu de la cuisine, rassemblait les cendres et se couchait très vite. Les visages des enfants se succédaient derrière ses paupières closes. Les tâches du jour et du lendemain s'entrelaçaient. Morale : devoirs envers les parents. Cours préparatoire : le son *gue* et le son *je, Georges a un rouge-gorge. La gare. La jatte. Le gigot.* Cours élémentaire : révision des tables jusqu'à sept, les additions avec retenue. Cours supérieur : les mesures de capacité. Vocabulaire : l'hiver…

Il pensait aux trois grands qu'il présenterait au certificat : Léonce Coulomiès, brun et futé, un peu paresseux mais plein de gentillesse ; Marie-Jeanne Faure, une fille docile et obstinée, au visage de lune naïve ; Maurice Cambon qui ressemblait à un Maure et qui écrivait de si charmantes phrases dans ses rédactions. Ils avaient leurs chances sans doute mais il faudrait travailler encore.

L'inspecteur était dans les parages. Le collègue du village voisin l'avait fait prévenir par le boulanger.

Le sommeil arrivait lentement. La rumeur du vent s'assourdissait. La maison s'habillait de brume. La pensée de Simon glissait au fil de la Garonne, rejoignait la plaine vaste du blé et des vignes. Il marchait le long des quais. Le petit matin luisait. Lucienne Révignac se penchait vers son fils, s'habillait à la hâte, trottait dans les rues calmes. Elle rejoignait son cours préparatoire de l'école Matabiau. Déjà, le père Révignac martelait devant son établi. Une lampe à carbure sifflait au-dessus de sa tête. Lucienne refermait la porte de la boutique. La clochette fêlée tintait brièvement. La jeune institutrice se fondait dans le brouillard qui montait de la Garonne. Sur la place du Capitole, les marchands de légumes installaient leurs éventaires.

L'odeur des choux, des carottes et de la fumée des braseros l'accompagnait jusqu'à la rue d'Alsace. Lucienne tournait à gauche, arrivait place Matabiau et trottait vers son école. À 8 heures, Simon l'imaginait debout, derrière son bureau, dans sa blouse noire. La chanson de la première lecture s'élevait. La voix grave de Lucienne interrompait les enfants. Reprenez au début, arrêtez-vous aux virgules...

La pensée de Simon, à l'heure confuse du sommeil, franchissait les hauteurs et les plaines. De l'école rurale à l'école de la ville, elle l'entraînait jusqu'au visage de Lucienne, jusqu'au visage pur de l'enfant endormi. La grand-mère Révignac balayait sa cuisine, le cordonnier causait avec la pratique. Un jour, un autre jour de la vie commençait.

À peu près tous les mois, Simon Sermet allait voir ses parents à Fontvieille. Il avait fait l'acquisition d'une bicyclette qui lui permettait le samedi soir de se rendre à la gare du canton. Il arrivait à Toulouse sur les 8 heures et mangeait chez les Révignac. Ensuite, il prenait une chambre près de la gare Matabiau et le dimanche matin, de très bonne heure, il gagnait Fontvieille. Il revenait le lundi matin. C'était évidemment beaucoup de fatigue et le mauvais temps n'arrangeait pas les choses. Il s'en allait pourtant malgré la pluie et la boue, courbant l'échine sous une vieille capote qu'il retirait en arrivant à la gare. Ni le froid ni la fatigue ne l'effrayaient. Après les jours monotones de Maurines, cette dépense physique lui faisait du bien. Quand il débarquait à Toulouse, tout lui semblait admirable et familier. Il se voyait déjà poussant la porte de la boutique. L'enfant courait vers lui, sautait à son cou. « Voilà tonton Simon ! » Une odeur de pot-au-feu emplissait la petite salle à manger où déjà la table était mise. On l'attendait. Lucienne l'aidait à se débarrasser. Le père Révignac s'écriait joyeusement : « Alors, comment ça va au pays des montagnols ? » La tristesse du premier retour se glissait bien entre eux à un moment de la soirée. Alors, les voix baissaient, les têtes s'inclinaient. Le père Révignac cognait machinalement avec la fourchette contre le rebord d'un plat. Le babillage de l'enfant ramenait la vie. Lucienne soupirait et se remettait à parler de sa classe et de ses collègues. Simon décrivait les paysans de Maurines, donnait des détails sur son travail de secrétaire, parlait de Fontvieille et de ses parents. Le village de son enfance n'avait guère changé mais la population scolaire s'était accrue depuis le temps de M. Bertrandou. Il y avait maintenant un poste double occupé par un couple d'instituteurs assez âgés qui étaient venus là pendant la guerre.

« Hé ! dit un soir le cordonnier avec un petit rire, il faut te marier avec une collègue et tu reviendras dans ton pays. »

Il y eut un rapide moment de gêne. Simon haussa les épaules. Bien entendu, il aurait été heureux de revenir à Fontvieille. On dit que nul n'est prophète en son pays mais dans ce métier il est toujours commode de bien connaître les gens, leurs coutumes et leur façon de penser. Et s'il revenait à Fontvieille, quelle joie ce serait pour ses parents ! Ils avaient beaucoup vieilli depuis son départ pour le front. Sa mère, qui n'avait jamais été forte, n'était plus très leste. Elle tenait tout juste le ménage. Quant au père Sermet, il se contentait désormais de travailler son jardin et deux petits champs qu'il avait acquis du côté des collines. Il avait son vin, ses pommes de terre, un peu de maïs pour la volaille. La bicoque lui appartenait maintenant. Il était arrivé à l'acheter et n'en demandait pas plus. Sans doute, si le fils n'était pas devenu instituteur, s'il était resté à la terre, le bonhomme aurait pu rêver d'une propriété plus grande mais il ne regrettait rien. Au contraire, il était fier et heureux d'avoir ce régent. « Tu seras tranquille et respecté toute ta vie, lui disait-il, et à la fin du compte, tu te retireras avec une bonne retraite. Ça, c'est quelque chose… »

« Eh oui ! c'est quelque chose, murmurait en écho le père Révignac. Prends un couple d'instituteurs à la retraite. Ils n'ont qu'à se lever tranquillement tous les matins et leur double journée leur tombe sans un souci… Je ne dis pas qu'ils ne l'ont pas gagné, non, mais tout de même, c'est bien agréable. »

Simon pensait alors à son vieux maître, M. Bertrandou. La guerre était venue et il avait continué son travail. Il en était heureux et malheureux à la fois. Malheureux à cause de la fatigue. Heureux, parce que cette école était toute sa vie et que, jusqu'au bout, il avait enseigné. Il était mort quasiment à son poste, emporté en quelques jours par une mauvaise grippe au début de dix-huit.

« Allons, allons, concluait le cordonnier, tu es bien noté, tu pourras demander Fontvieille quand tu voudras. À moins que tu ne préfères venir à Toulouse. Mais l'air de la campagne est meilleur pour tes poumons… »

À la vérité, c'était à Fontvieille que Simon souhaitait revenir. À sa démobilisation, il avait pensé demander un poste à Toulouse pour s'inscrire à la faculté et continuer ses études, pour devenir professeur peut-être… Mais il ne se sentait plus la docilité et la patience d'autrefois. La guerre le laissait inquiet, incertain. Il rêvait du vieux village et de son calme. Quand il avait retrouvé dans sa petite chambre de Fontvieille ses anciens cahiers de cours, ses fiches et ses livres, une sorte de fatigue l'avait pris. Il avait rêvé alors de la chanson naïve des voix enfantines, du regard des enfants levé vers lui. Ceux-là n'étaient pas méchants, ceux-là l'écoutaient. Il essaierait de s'expliquer avec eux à sa façon, il leur dirait la dernière leçon de Révignac. Il le fallait. C'était une tâche suffisante et grande.

À Fontvieille, au seuil de la vieille école de M. Bertrandou, l'ombre de son ancien maître l'accueillait d'un petit ricanement affectueux. « Hé ! hé ! Simon, te voilà, je t'attendais. C'est toi qui me succèdes. Je l'avais toujours pensé. À toi de prendre la baguette. Attention à l'orthographe et à la ponctuation, et aux accents, Simon. Il y en a qui ne mettent jamais un accent… »

Là-bas était le calme. Aucune beauté ne pourrait remplacer celle du village natal accroupi au pied des collines, assombri et doré tour à tour par les saisons. Au-dessus des toits bruns frémissaient les acacias et les petits chênes. Devant lui s'ouvrait la plaine, le vert profond et la pourpre des vignes, l'émeraude et l'or des maïs ; les vergers de prunes et de pêches, les norias cachées dans les figuiers.

Il se voyait marchant vers sa maison en compagnie de Lucienne. Les clartés des saisons jouaient sur le visage de la femme, lui redonnant la jeunesse ancienne. L'enfant courait devant eux. Le fil de la vie s'était-il jamais brisé ? Révignac était vivant dans son fils. M. Bertrandou n'était pas mort. Simon continuait sa tâche. Les gens du pays le saluaient comme ils avaient salué l'ancien régent, le pionnier de l'école laïque. M. Sermet, il en a dans sa tête celui-là. Toujours premier. Il est revenu dans son village. Rien ne se fait sans lui et ceux qui passent par ses mains, on peut dire qu'ils sont bien modelés.

# V

SIMON MIT DU TEMPS à se déclarer. Non pas qu'il craignît de blesser Lucienne dans le souvenir qu'elle gardait. Le devoir commandait de prendre la place du père disparu. À son dernier moment, Révignac l'avait souhaité d'une certaine façon alors qu'il balbutiait : « Va voir ma femme, va voir mon petit… » Mais pour la coutume, pour les gens, pour Lucienne aussi, il convenait de laisser glisser du temps.

Malgré toute la sympathie qu'il avait sentie grandir entre eux, Simon s'était souvent demandé : « M'acceptera-t-elle ? Retrouvera-t-elle en moi ce qui l'avait attirée dans Révignac ? » Simon était docile, méditatif et peu bavard. Révignac ne restait jamais en place, il s'emportait, riait fort, se calmait pour repartir comme une flamme. Simon était patient, obstiné. Révignac avait plus d'allant, moins de persévérance. C'était peut-être cette flamme inégale qui avait attiré Lucienne. Et que pensait-elle aujourd'hui ? Elle ressemblait parfois à une vieille femme. Où était donc la fille rieuse et étourdie que Simon entendait chanter dans les dimanches d'autrefois ? Il la revoyait à l'avant d'un canot, renversant sa tête dans le soleil. Des souvenirs infimes réveillaient un amour longtemps secret : le froissement des longues jupes parmi les buissons d'une berge, le claquement d'une ombrelle jetant une ombre rose sur le beau visage et le chignon noir. Il la regardait parfois à la dérobée pour essayer de retrouver la silhouette et la joie du passé. Elle ne chantait plus, sa voix s'était durcie, l'habitude de la classe, de parler haut et de gronder un peu… Répondrait-elle à son amour ? Son fils seul semblait l'intéresser.

Un jour, pourtant, il l'entendit fredonner. Elle ne s'en rendait même pas compte. Un air de polka sautillait machinalement entre ses lèvres pendant qu'elle vaquait au ménage. Simon jouait avec l'enfant. Le père Révignac roulait une cigarette. Simon avait retenu son souffle pour ne rien perdre du fil de la chanson. C'était comme une herbe commençante dans la grande plaine d'un hiver.

Il y eut d'autres signes discrets qui marquèrent le passage de l'amitié à la tendresse. L'enfant s'était habitué à Simon. Il courait vers lui avec fougue dès qu'on annonçait sa venue. Le père Révignac multipliait les allusions aux avantages d'un poste double. Le bonhomme se rendait bien compte que c'était la solution la meilleure.

Les saisons s'en allèrent. Il le fallait pour permettre aux mains de se rejoindre, aux plaies de s'adoucir. Les gens, de-ci, de-là, parlaient de femmes oublieuses, de veuves tôt remariées, de soldats rentrés chez eux pour y trouver des trahisons. Mais les gens ne savent pas tout et il faut bien que la vie aille son cours.

Un nouveau printemps colora les collines de Maurines. Les neiges de février s'effacèrent. Les lilas gonflèrent leurs bourgeons, les premiers bouquets de narcisses enchantèrent la petite classe, puis de longues pluies fouettèrent les pentes. Simon s'était accoutumé à son école. La succession des tâches familières donnait aux jours une rapidité nouvelle : la classe, le travail de la mairie, quelques veillées, quelques soirs de lecture ou de correspondance, car il s'était mis à écrire à Lucienne des lettres de plus en plus fréquentes.

Entre la fin de l'hiver et le début des travaux de printemps, il installa un cours d'adultes avec deux divisions, l'une pour rafraîchir les notions élémentaires, calcul et orthographe, l'autre pour enrichir pratiquement dans leur métier ceux qui savaient déjà écrire et compter. À ceux-là, il donna quelques leçons simples de géométrie, d'anatomie végétale, de physique et de chimie.

Le premier soir, il était un peu inquiet. Viendraient-ils nombreux ? Saurait-il leur parler ? Sa crainte s'augmenta quand il vit arriver ses nouveaux élèves. D'abord un vieil homme, un veuf d'une soixantaine d'années qui logeait dans un écart et qui avait parcouru près de deux kilomètres sans doute pour la curiosité, pour passer la soirée. Ensuite, les jeunes gens, une dizaine au total, garçons et filles, puis quelques hommes faits, des anciens combattants, le maire et l'adjoint pour donner l'exemple.

Ils prirent place aux tables des petits et Simon se percha au bord de l'estrade. Les jeunes cessèrent de rire et chuchoter. Dans le silence, le vieux au premier rang toussota. Simon commença un petit discours d'introduction. Au début, il s'embrouillait dans ses phrases. Il prit son temps. Personne ne bronchait. On l'écoutait avec respect. Les yeux de Simon allaient d'un visage à l'autre. Chacun marquait une grande attention. Le vieux paysan hochait la tête. La voix sèche de M. Bertrandou soufflait à l'oreille du maître : l'instruction, c'est la grandeur du peuple, à chaque citoyen qui s'instruit, la République devient plus forte… Une autre sorte d'émotion l'envahit mais, au lieu de faire trébucher ses phrases, elle leur donnait une ardeur, une précipitation joyeuse. Oui, ces gens voulaient savoir, ils voulaient grandir, ils allaient boire chacun de ses mots.

Dans un silence, le bonhomme du premier rang marmonna :

« Eh oui ! c'est vrai, ce que vous dites, monsieur l'instituteur, quand on ne sait rien, on est comme un bœuf sous le joug. On le pousse à l'aiguillon. Il ne comprend que ça et il marche… »

Simon frissonna. Au fond du passé, il revoyait un autre vieil homme qui avait prononcé des mots semblables.

Le vieux ricana, leva sa main ridée.

« Il y en a que ça arrange que nous soyons bêtes. On ne le comprend pas toujours. De mon temps, l'école, vous savez… Moi, j'allais au bois, je gardais le bétail. L'école était loin. Ici, nous n'en avions pas. C'est un berger qui m'a montré les lettres. Je le prenais pour un fou et il avait pourtant sa raison. Aujourd'hui, les jeunes ont de la chance.

– Oui, dit Simon, il faut du temps pour que les esprits s'éclairent. Notre peuple a été longtemps dans la nuit. Je me souviens de ce que disait un vieux maître d'école que j'ai eu, mon premier maître… C'était un pionnier de l'école laïque. Il nous disait : “Des maîtres d'école, il en faudrait comme des boulangers.” »

Il leur parla de M. Bertrandou, de Jean Macé et de Jules Ferry et il en vint tout doucement à leur parler de Révignac, de son camarade mort, celui qui lui avait dit à son dernier jour : « Ce n'est pas le métier de tuer qu'il faut faire, c'est le métier de semer. »

Quelques-uns des présents l'avaient déjà entendu parler ainsi mais cette fois, c'était bien le maître d'école qui parlait, avec une sorte de solennité, de force nouvelle. Ils étaient dans la salle de classe, assis à des bancs, devant un tableau noir vers lequel Simon se retourna pour écrire en gros chiffres appuyés : 10 000 000 de morts. Malgré la faible lumière de la lampe à pétrole et la pauvreté du lieu, les paroles de l'instituteur leur arrivaient plus nettes, plus graves. À la fin de sa leçon de morale, il évoquait une cité de l'avenir, blanche et lumineuse, où l'ignorance était enfin vaincue, où nulle querelle ne pouvait plus jeter les peuples les uns contre les autres. Il n'y avait qu'un moyen pour arriver à ce bonheur : s'instruire, s'instruire, créer des écoles, toujours plus d'écoles.

Le bonhomme du premier rang hocha la tête.

« Je ne sais pas si je le verrai ce que vous dites et si même les jeunes le verront, mais vous avez bien raison, monsieur l'instituteur. »

Ils firent ce soir-là une dictée tirée du *Feu* d'Henri Barbusse, quelques lignes pour les plus malhabiles, une vingtaine pour les plus avancés. Avant de dicter, Simon lut quelques pages et présenta le livre et l'auteur. C'était ce passage où Barbusse décrit les tranchées encombrées de cadavres immobilisés dans la dernière attitude de la vie.

*Un projecteur arrête en ce moment sur nous son bras articulé et féerique, qui se promenait dans l'infini, et on découvre que l'emmêlement de poutres déracinées et enfoncées, et de charpentes cassées, est un peuple de soldats morts…*

Quand la dictée commença, le vieux haussa les épaules en riant.

« Moi, je vous écoute. Pour ce qui est d'écrire… »

On le vit pourtant prendre sa plume et s'essayer à former quelques mots. Quand le maître releva les feuilles, il prit gravement les trois lignes où le paysan avait gribouillé des signes incompréhensibles.

Ainsi passèrent des mois. Simon connaissait maintenant les lieux et les hommes et il éprouvait quelque regret en pensant qu'il lui faudrait quitter ce village où il venait d'apprendre son métier. Aux beaux jours, seul ou avec ses élèves, il poussa des promenades jusqu'aux hameaux lointains. Les paysans venaient vers lui. On le faisait entrer dans les cuisines sombres, on lui parlait du travail, des enfants et de la famille. Les femmes mettaient un carré de serviette sur un bout de table et ouvraient leur saloir. On allait tirer du vin ou du cidre. Les hommes lui offraient leur blague à tabac et lui posaient des questions sur la vie politique.

« Alors, ce Poincaré, selon vous, monsieur l'instituteur, où veut-il en venir ? C'est une tête mais pourtant… »

Poincaré, qui avait été président de la République pendant la guerre, avait succédé à Briand en 1922 à la présidence du Conseil. Le franc baissait toujours. Les vieux gémissaient au retour de la foire ou quand les femmes leur disaient le prix d'une paire de sabots ou de pantalons. Les impôts augmentaient. On disait que l'État allait abandonner le monopole des allumettes. Quand la Ruhr fut occupée en 1923, on reparla de la guerre. « À la violence répond la violence », disait Simon. « On ne ferait pas mieux si on voulait pousser les Allemands à la revanche. » Mais si les idées étaient confuses en ce domaine, tout le monde était bien d'accord en ce qui concernait la vie chère.

Le maire, qui était plus ou moins radical, se plaignait constamment des majorations d'impôts et des mesures de faveur dont bénéficiait l'enseignement privé. « Où allons-nous, monsieur Sermet, je vous le demande ? Il paraît que l'État va abandonner les allumettes. Il y en a encore qui vont s'engraisser. Nous en sommes là pour trouver un peu d'argent. Les curés vont commander bientôt. Tout sera pour eux... » Et le paysan parlait d'un sien cousin établi au canton depuis longtemps et qui avait cru pouvoir se retirer avec de petites rentes après avoir fait confiance à l'État. Il était considéré jusqu'à la guerre comme un homme riche, un monsieur. Aujourd'hui, il se trouvait dans une misère noire et le maire avait dû lui porter un sac de pommes de terre pour ne pas le voir mourir de faim.

Le journal se faisait l'écho de protestations venues de tous côtés, les petits fonctionnaires menacés par les projets d'économie, les petits rentiers et les retraités, les cheminots, les laïques. Les grèves jaillissaient partout. Avec ça, on parlait des nouveaux riches, fournisseurs des armées ou intermédiaires, hier sans un sou, aujourd'hui roulant en automobile. On en citait quelques gros dans la région ayant fourni de la bonneterie, des capotes ou des souliers à semelle de carton.

Simon écoutait monter cette rumeur. Elle ne l'étonnait pas : c'était toujours le prix de la guerre et de l'ignorance. Le Bloc national, formé après l'armistice au moment de l'Union sacrée, comme ils disaient, et de la Chambre bleu horizon, s'était démontré comme une formation réactionnaire. Ceux qui avaient pu lui faire confiance s'en mordaient les poings. Maintenant, les Républicains se regroupaient. C'était le Cartel des gauches. Mais, pensait Simon, rien ne se ferait si l'on ne donnait pas aux hommes l'amour de l'instruction et de la paix.

Aux approches des élections de 1924, un collègue d'un village voisin, ancien camarade d'École Normale, vint le trouver. C'était un socialiste, un compagnon de Révignac. Il venait lui demander son appui dans la campagne électorale. Si Sermet prenait position, tout ce village pourrait bouger.

Le collègue s'appelait Masolles. C'était un garçon rubicond et cordial, avec un fort accent méridional, beaucoup d'entrain et de facilité de paroles. Sa marotte à lui, c'était la coopération. Cela venait de loin, du temps de l'E.N. Sermet se souvenait de longues conversations avec Révignac et d'autres, au cours desquelles Masolles exposait ses projets. Oui, la coopération était son affaire et il en savait long sur le sujet. Il prenait les choses du plus loin, il racontait l'histoire des Équitables Pionniers de Rochdale, ces vingt-huit ouvriers tisserands d'Angleterre qui avaient en 1844 créé une admirable coopérative de consommation. Puis, il en venait à la Verrerie ouvrière d'Albi, si chère à Jaurès. De tels exemples, et beaucoup d'autres, prouvaient amplement que la classe ouvrière pouvait combattre le capitalisme, c'étaient les paroles de Masolles, avec ses propres armes : par les capitaux. On pouvait se passer des capitalistes pour produire ou pour acheter. Masolles inspirait la confiance. Son accent, son bon rire, ses gestes abondants donnaient à ses paroles une grande vertu de persuasion. À l'écouter, on voyait se former une cité nouvelle, fraternelle et heureuse, où chacun travaillait pour le bien de tous, d'où la faim et la misère avaient disparu. Plusieurs fois en l'entendant parler, une chaleur était montée aux joues de Simon et une exaltation confiante avait fait briller ses yeux. Puis, il pensait à Révignac, il revoyait le corps étendu sur le flanc boueux de la tranchée. « Mais la guerre ? » demandait-il. « La guerre ? répliquait Masolles avec un geste large, elle disparaîtra avec le capitalisme, quand la coopération aura tué le capitalisme. »

Il avait proposé plusieurs fois à Simon d'adhérer au parti. Simon n'avait jamais voulu s'engager. Même le souvenir de Révignac ne pouvait l'y résoudre. Il n'était pas un homme de parti, disait-il. Il avait ses deux idées : l'éducation du peuple, la paix. Il y revenait avec une douceur obstinée. Il ferait son devoir dans sa classe, dans son village. Masolles levait les bras au ciel. Bien entendu, l'éducation du peuple et la paix, c'était l'essentiel. Le parti combattait pour cela. Mais justement, pour vaincre dans ces domaines, il convenait de s'organiser politiquement, sur le plan électoral. On ne peut rien faire seul. Le parti rassemblait les forces de tous. Pour la paix, pour la justice sociale et scolaire. Est-ce que Masolles lui-même n'avait pas failli être fusillé à la fin de la guerre ? Est-ce qu'il était pour l'armée, pour les curés ? Il menait dans son village une lutte acharnée contre l'Église. Le maire était un blanc et avait essayé plusieurs fois de le faire sauter. L'affaire était allée très haut. Il avait fallu l'intervention pressante du syndicat pour maintenir Masolles en place. Non, ce n'était pas facile, mais dans l'union, avec l'appui du parti, on viendrait à bout et des marchands de canons et des marchands de prières.

Simon ne se décidait pas. Certaines phrases exaltées de Masolles éveillaient en lui une inquiétude obscure : Il revoyait son collègue prenant la parole au cours d'une conférence pédagogique d'automne et tenant tête à l'inspecteur primaire devant tous les instituteurs du canton. Jamais Simon n'aurait osé faire cela. La violence appelle la violence. Après tout, cet inspecteur était un homme correct et compétent. Masolles l'avait mis en cause avec une brutalité injuste.

« Et pourtant, tu es socialiste ! s'écria Masolles, voyant qu'il ne pouvait obtenir de Simon un engagement précis pour la campagne électorale.

– Sans doute, dit Simon.

– Tu es socialiste, tu es socialiste, insista Masolles. Tu es socialiste comme Jaurès, comme Révignac, comme tant de prolétaires. Tu ne veux pas ta carte, mais tu l'es au fond du cœur. Les gens le savent. Alors ? Pourquoi ne pas aller jusqu'au bout ? Ici, ils te suivront. »

Simon haussa les épaules. Ici, l'étiquette ne comptait guère. C'étaient des braves gens, isolés, ignorants, un peu craintifs. Le curé n'habitait pas dans la commune. Il venait tous les dimanches d'un village proche. Les hommes avaient leur franc-parler mais il fallait du temps pour gagner leur confiance. Devant un étranger, ils se taisaient. Des montagnards habitués à la peine depuis des siècles.

« Justement, disait Masolles. Il faut en finir.

– Non, dit Simon, je ne peux pas me transformer en homme politique. Je suis l'instituteur du village. Ils me respectent pour cela. Je ne peux pas les réunir dans cette classe et leur parler avec un autre habit. En tant qu'instituteur, je leur enseigne à défendre l'école laïque et la paix. Eux, ensuite, voteront suivant leur conscience.

– Et certains donneront leurs voix aux réactionnaires et aux cléricaux », dit Masolles avec emportement.

Au fond du cœur de Simon, il y avait une autre crainte, plus personnelle. Il s'était enfin déclaré à Lucienne. Le mariage était décidé pour la fin de l'été. L'enfant allait sur ses six ans. Il convenait de lui donner un père. Simon et Lucienne demanderaient un poste double dans les environs de Toulouse. Plus tard, quand Fontvieille serait libre, c'est à Fontvieille qu'ils iraient. Pour le moment, il valait mieux rester tranquille et ne pas se signaler aux autorités académiques. En général, les inspecteurs n'aiment pas les fortes têtes. Il imaginait les réflexions que ses supérieurs pourraient faire à son propos : ce Sermet, il s'occupe davantage de politique que de pédagogie… On leur donnerait un poste perdu au fond des montagnes. Simon serait loin des siens. Les Révignac et la mère de Lucienne, qui habitaient Toulouse, ne verraient plus l'enfant qu'aux vacances. En vérité, pensait Simon, chacun a sa tâche. La sienne était de faire l'école et d'amener de la lumière dans les esprits. Pas plus, pas moins. À ceux qui l'écoutaient, enfants ou adultes, il apprenait l'honnêteté, la justice, l'amour de la paix. Sortis de ses mains, ils se prononceraient selon leur conscience.

Il annonça son mariage et son départ. Le maire soupira et haussa les épaules. Il savait bien qu'il était difficile dans ce village perdu de garder un homme jeune et actif. Il fallait être du pays ou avoir de la famille dans les environs. Le plus souvent, quand le débutant avait fait ses armes, il essayait de se rapprocher des siens ou d'un chef-lieu.

La fièvre électorale monta dans le pays. À Maurines, on ne la sentit guère. Les travaux de printemps occupaient les familles. On colla quelques affiches sur les murs de la place. Il y eut deux ou trois réunions et Masolles vint parler dans la salle d'école. Sa voix forte, son accent savoureux, les bons rires dont il coupait ses phrases et les plaisanteries qu'il lança contre les curés semblèrent plaire aux montagnards. Il n'y eut ni questions ni interruptions, mais, quand l'orateur de droite vint parler, la salle était aussi nombreuse. Les hommes écoutaient avec attention, tirant sur leurs pipes et leurs cigarettes finement roulées. Après quoi, ils se penchaient les uns vers les autres, marmonnant en patois. Ils s'en allaient par groupes sur les chemins du village et des hameaux, réfléchissant avec lenteur à ce qu'on leur avait dit, pesant et soupesant les formules et les idées.

Un candidat radical favorable au Cartel l'emporta à Maurines. En juin, Herriot prit le gouvernement. C'était le temps de la fenaison. Les chars glissaient sur leurs patins de hêtre au long des sentiers schisteux. D'un vallon à l'autre, on entendait la chanson de la pierre sur la lame des faux et des serpes. Le bleu satin du ciel, la première ardeur du soleil, les parfums des mille fleurs écloses dans la montagne et les jardins amenaient une vaste haleine d'espérance. Un de ces matins-là, Simon s'en fut une nouvelle fois au canton avec ses candidats au certificat, deux filles et un garçon. Les enfants et les familles s'étaient répartis dans trois charrettes. L'aube se levait sur la montagne pour une journée claire et chaude. Une nouvelle journée du certificat marquait la succession des ans. Une fois de plus, ce jour décisif était venu vers Simon avec son angoisse et son bonheur. Tendant l'oreille, depuis la cour de récréation où les parents stationnaient, il avait entendu grincer laborieusement les plumes des candidats. Dans le grand silence de l'examen, les parfums d'une fin de printemps s'étaient balancés autour des acacias et des ormes, et les rumeurs du bourg, toujours les mêmes semblait-il, voix de bétail, tintements d'enclume, roulements de charrois, avaient franchi les murs de l'école où avait lieu la session. Une fois de plus, Simon avait retrouvé ce jour au fond du passé où lui-même, vêtu de ses habits du dimanche, se penchait le cœur battant vers les immenses feuilles de papier, d'examen, aux coins cachetés. Et ce jour-là, c'était M. Bertrandou qui attendait dans la cour et qui tendait l'oreille vers les patients grincements de plumes.

Puis, la chaleur s'était accrue. À midi, les auberges du village avaient accueilli les parents et les candidats tandis que les maîtres s'attablaient autour de l'inspecteur. Avec le déclin du soleil, l'ultime angoisse s'était approchée, l'inspecteur primaire avancé sur le seuil d'une classe avait proclamé les admis. Simon avait retrouvé ce crépuscule d'orage à Fontvieille où sa petite main s'était blottie dans la grosse patte de son père, comme un oiseau tremblant et vif…

Cette fois, il revenait encore avec de la joie. Les trois de Maurines étaient reçus. Les rires aigus des deux filles, le bonheur placide du garçon, les visages épanouis des parents tissaient autour de Simon un halo brillant. Avant le départ, ils s'en furent boire à l'auberge. Les guêpes frissonnaient merveilleusement autour des bouteilles de bière et de limonade. « Pour un succès, c'est un succès, monsieur Sermet… Trois sur trois, on ne peut pas demander mieux… »

Simon hochait la tête. Sans doute, ces trois enfants avaient bien travaillé. Le village n'avait pas une mauvaise place, mais le plus important… Le plus important, mon ami… Voilà que la journée ancienne se continuait jusqu'au bout. Les paroles du vieux maître recommençaient sur les lèvres de Simon. Trois certificats de plus, c'est quelque chose mais ce qui compte, c'est l'ensemble, c'est l'instruction qui se répand. Et l'instruction, c'est la grandeur du peuple.

Ils revinrent au soir, le long d'une route blanche qui sentait le foin et les fleurs. On rit beaucoup et on chanta durant le trajet, puis les voix tombèrent. Simon se laissait bercer par le cahotement de la charrette, admirant les ombres bleues qui commençaient à descendre sur les collines de Maurines, sur les prés, les froments et les vignes hautes. Il allait laisser ce village mais un autre, presque pareil, l'accueillerait. Les enfants étaient toujours les mêmes. Et les hommes... Ah ! les hommes, pourquoi n'avaient-ils pas toujours un visage de bonheur ?

Aux approches de Maurines, les voix retrouvèrent de l'ardeur. Sur la place, on félicita le maître et ses élèves. Il fallut boire encore. Un joyeux brouhaha courait d'une maison à l'autre. Ah ! monsieur Sermet, vous devez être content ! Il était content. Quand il regagna son école, il marchait à pas très lents et tranquilles, dans la tiédeur du vent nocturne. Il était heureux. Une bonne année venait de finir. Lucienne l'attendait à Toulouse. Il allait la rejoindre et ils se marieraient. Il l'aimait et elle lui rendait sa tendresse. Tout s'était très naturellement déroulé. Un soir, alors qu'ils marchaient au long des quais de Garonne, dans un crépuscule de mai, il avait pris la main de la jeune femme. Elle ne l'avait pas retirée. Et quand ils s'étaient accoudés, il avait caressé ses cheveux. D'une voix sourde et tremblante, il lui avait demandé d'être sa femme et elle avait acquiescé très simplement. Ils étaient rentrés à la nuit close. Simon portait le petit dans ses bras. Louis Révignac dormait paisiblement. Sermet portait le fils vivant comme il avait porté le père mort.

# VI

En octobre 1924, Simon et Lucienne prirent possession d'un poste double à Belpech, tranquille village de la plaine garonnaise.

Pour Simon, l'incertitude s'achevait, le bonheur trouvait ses visages. Après les brumes de Maurines, les nuits premières où revenait le cauchemar du front, une page de la vie tournait. Il faisait clair. Et c'étaient des saisons et un pays moins âpres. Les maisons aux toits roux ornés de festons de tuile, aux façades bleuies de bouillie de vigne, regardaient la plaine vaste du cep et du blé. Les champs glissaient lentement vers des collines basses, coupés de vergers et de boqueteaux, piquetés de pigeonniers roses.

Le bourg se cachait non loin de la route nationale. Les communications étaient faciles, l'air excellent quoique moins vif que celui de la montagne. Une collègue de Lucienne, qui avait exercé dans les environs, les incita à accepter. Les gens étaient ouverts et accueillants, le village sans histoires.

Les classes venaient d'être géminées, garçons et filles travailleraient ensemble. Lucienne se chargea des petits. Simon prit les cours moyens et supérieurs.

Dès leur arrivée, ils s'émerveillèrent. Dans les pièces du premier étage comme dans les deux classes, tout était fraîchement remis à neuf, repeint et tapissé. Il y avait de l'eau sur l'évier, des papiers à fleurs dans les chambres. Un immense potager s'étendait derrière les bâtiments. Deux grands préaux couverts s'adossaient aux salles d'école. La cour s'ouvrait sur la grand-place, mais un haut mur bordé d'ormeaux et d'acacias la fermait complètement.

Ils ne pouvaient rêver demeure plus agréable et paisible. Ils se trouvaient au milieu du bourg et cependant isolés. Ils avaient de la chance. Les postes déshérités et les logis croulants ne manquaient pas. Simon se souvenait d'avoir rendu visite près de Maurines à un jeune maître qu'on avait logé sous les cloches, dans une pièce trouée de meurtrières. Dans d'autres villages, c'étaient des granges frustes qu'on aménageait en chambres pour le régent. Les habitants pouvaient-ils offrir beaucoup plus qu'ils ne possédaient ?

Le maire de Belpech, un quinquagénaire rubicond et bavard, les conduisit avec fierté dans tous les recoins de l'école en leur expliquant que le conseil avait demandé un couple jeune et que les travaux de réfection avaient été poussés justement pour donner envie à un ménage de rester dans le pays.

« Hé ! monsieur Sermet, s'écria-t-il avec son bel accent garonnais, qu'est-ce que nous demandons, nous autres ? De bons maîtres pour nos enfants. Des maîtres sérieux qui les connaissent bien et qui s'intéressent à eux. Pas de ces petits débutants qu'on voit disparaître aux vacances. Un couple, c'est ce que nous voulions. Allez, vous ne serez pas mal ici ! Nous ne sommes pas des richards mais nous travaillons et nous avons de quoi. Chacun a son morceau et la terre est bonne. Allez, vous serez tous les trois comme des coqs en pâte. »

Il leur indiqua que lui-même était radical, que le conseil comportait une bonne majorité radicale, peu de culs-blancs et quelques socialistes. On n'était pas loin du pays de Vincent Auriol.

« Hé ! les idées sont avancées par ici mais les gens ne sont pas mauvais. Il y a du tout monde et des histoires comme partout. Mais vous n'avez pas à vous en mêler. Vous faites votre classe tranquillement et, sortis de là, vous allez voir pousser vos salades. La politique, ce n'est pas toujours très beau, hé ! monsieur Sermet ? Ah ! il y a bien Martin Pézet qui vous poussera à la discussion ! C'est le facteur, un rouge de rouge, celui-là, un communiste, un bolchevique, tout ce que vous voudrez. Bavard comme trois pies et pas mauvais diable dans le fond. Vous le connaîtrez. Nous avons un vieux curé. Ce n'est pas qu'on aille beaucoup à l'église. Le curé, c'est pour les femmes et les enfants. Les gosses vont au catéchisme et font la communion. C'est de coutume et c'est joli. En somme, c'est un pays tranquille. Hé ! vous avez un gamin magnifique. Quel âge a-t-il ? Il entre à l'école cette année ? Hé ! il ne sera pas le dernier, je pense ! »

Il s'informa de la famille des deux régents et en vint peu après aux affaires de la mairie. Le vieil instituteur en retraite qui tenait le secrétariat était mort l'année d'avant. Simon prendrait sa place.

« Vous avez déjà été secrétaire ? C'est très bien. Vous connaissez la paperasse. Il y a aussi les anciens combattants. Nous sommes un petit groupe. C'est mon adjoint qui le préside. Il vous demandera de l'aider pour la correspondance. C'est trois fois rien, vous savez, quelques histoires de pensions à régler. Il faudra aussi vous occuper de l'assurance agricole pour le syndicat. On craint la grêle par ici. Ce n'est pas grand-chose non plus mais il faut tenir à jour les cotisations et s'occuper des affaires quand il y en a. Allons, vous vous en tirerez bien… »

Il y avait aussi une équipe de rugby et, là encore, on aurait recours à l'instituteur. Oh ! pas pour aller sur le terrain.

« C'est le gendre qui les entraîne mais il viendra vous ennuyer pour les lettres, lui aussi. Les demandes de matchs, les avis pour la presse. Ah ! l'instituteur, c'est comme le bon Dieu, monsieur Sermet, il doit tout faire et on s'adresse toujours à lui. Vous n'y perdrez pas. On a la main ouverte dans ce pays. En somme, vous ne serez pas trop mal. Vous entrez dans une école presque neuve, les commerçants sont à deux pas, le médecin à cinq kilomètres. La nationale ne passe pas loin. Vous n'en trouverez pas beaucoup, des postes de ce genre… »

Les classes commencèrent dans les derniers parfums des vendanges. Lucienne trouva ses petits plus dociles que les écoliers de Toulouse ; les grands de Simon, moins sauvages et fermés que ceux de la montagne, parlaient un français moins rude, un languedocien moins déformé.

Les saisons nouèrent leurs rondes que marquaient les couleurs de la plaine et les murmures des deux classes. L'automne s'avança dans ses robes de cuivre et de pourpre. Au soir, l'odeur des feux d'herbes rejoignait celle des celliers. Dès que les enfants étaient partis, alors que le petit Louis, resté à son banc, traçait encore des bâtons, Simon courait vers la classe de Lucienne, étreignait sa femme comme un fou. Lucienne se dégageait doucement, allait faire goûter son fils, revenait pour ses préparations.

Simon la rejoignait à nouveau pour la prendre dans ses bras.

C'était le temps où les petits cours récitaient :

*Simone, allons au verger,*
*Avec un panier d'osier,*
*En entrant dans le verger,*
*Nous dirons à nos pommiers :*
*Voici la saison des pommes...*

ou encore :

*Hier, on cueillait à l'arbre une dernière pêche*
*Et ce matin, voici dans l'aube épaisse et fraîche*
*L'automne qui blanchit sur les coteaux voisins.*
*Un fin givre a ridé la pourpre des raisins.*

À la première heure du matin, dans la classe de Simon, les grands se dandinaient en regardant les vitres déjà embuées, pour réciter *Le Vent* de Verhaeren :

*Sur la bruyère longue infiniment*
*Voici le vent cornant novembre,*
*Sur la bruyère infiniment,*
*Voici le vent...*

ou *Le Semeur* de Victor Hugo :

*Sur les terres de nuit baignées,*
*Je contemple ému, les haillons*
*D'un vieillard qui jette à poignées*
*La moisson future aux sillons.*

D'autres murmures et tranquilles mélopées allaient filer le cours des mois depuis *Oceano Nox* jusqu'à *Nuit de neige* de Maupassant ou *Juin* de Leconte de Lisle. *Les prés ont une odeur d'herbe verte et mouillée...* Avec Théophile Gautier, les marmots répétaient d'un air convaincu :

*Quel temps de chien ! Il pleut, il neige.*
*Les cochers transis sur leur siège*
*Ont le nez bleu.*

Les fables de La Fontaine se glissaient entre les morceaux descriptifs. *La Chèvre de M. Seguin* arrivait un peu avant Pâques. *Le Repas préparé* d'Albert Samain annonçait les canicules et les fruits d'été. Lucienne, grande lectrice de poèmes, aidait son mari dans le choix des récitations. Elle en découpait des collections dans les journaux pédagogiques et les classait avec soin. Elle recherchait pour ses petits la grâce et le sentiment. C'est pourquoi elle faisait réciter des vers de Ronsard :

*Mignonne, allons voir si la rose...*

ou de Verlaine :

*Ayant poussé la porte étroite qui chancelle,*
*Je me suis promené dans le petit jardin*
*Qu'éclairait doucement le soleil du matin,*
*Pailletant chaque fleur d'une humide étincelle...*

Mais si les poèmes récités par les voix fraîches et monotones parfumaient le cours des saisons, les autres matières de la scolarité venaient aussi s'entremêler étroitement à tous les jours de la vie. Les anecdotes morales, les récits de l'histoire de France, les leçons de vocabulaire ou de sciences marquèrent bientôt pour les deux maîtres de Belpech tel ou tel incident de leur séjour, les glaces de l'hiver ou les feux de l'été.

Dans le charme d'octobre, les premiers hommes gravaient les parois de leurs cavernes, les Gaulois bâtissaient leurs huttes. Aux pluies d'hiver, Frédégonde mourait horriblement, attachée à la queue d'un cheval indompté. Au moment des grands gels, les châteaux féodaux dressaient leurs murailles épaisses et les serfs affamés se courbaient vers la terre nue. Puis, Gutenberg assemblait ses caractères, les caravelles de Colomb cinglaient vers le couchant lorsque les bourgeons des pêchers se piquaient d'un rose de plus en plus vif.

Chacun de ces épisodes se chargeait de souvenirs divers. Il suffisait à Simon de feuilleter ses fiches de préparation ou ses manuels pour voir se lever toutes sortes d'images : le sourire calme de Lucienne sur un fragment de Colette qu'elle lui avait découvert pour une dictée de certificat, un après-midi tout brûlant où l'on avait dessiné des iris et qui accompagnait la chute de la Bastille, le peuple de Paris sur le chemin de Versailles allant chercher le boulanger, la boulangère et le petit mitron. Les dernières leçons d'histoire, et notamment celle qui avait trait à la Grande Guerre, s'enveloppaient étrangement du plaisir proche des vacances, annonçaient le bruit des batteuses. Vers ces jours ultimes, Simon apprenait à ses grands un poème de Sully Prudhomme qui lui plaisait beaucoup : *Les Téméraires* :

*Du pôle, il va tenter les merveilleux hivers,*
*Il part le grand navire !*

L'arôme des roses de juin suivait le sillage du bateau audacieux, démentait les dangers possibles.

*Il va sombrer peut-être au but de son voyage,*
*Par des géants de glace étreint de toutes parts.*

Non, le bateau ne sombrerait pas. *L'Enfant du capitaine* pouvait rêver. Une année s'avançait vers les blés. Les écoliers ne se poursuivaient plus dans la cour. Ils se rassemblaient dans les cercles d'ombre des arbres et bavardaient lentement. Bientôt, l'école désertée appartiendrait au petit Louis, aux oiseaux du matin et du soir...

Ce furent des temps sereins malgré des tristesses inévitables, quelques deuils. La mère de Lucienne mourut peu après leur installation à Belpech. Le père Révignac la suivit, heureux d'avoir vu avant de disparaître que son petit-fils était en bonnes mains. Ils proposèrent à sa femme de venir vivre avec eux. Elle refusa, craignant les qu'en-dira-t-on ou une mésentente possible. Ce n'était qu'avec le petit qu'elle était liée par le sang. Et puis, elle ne voulait pas quitter Toulouse et la tombe de son époux. Elle vint les voir de temps à autre.

Toutes ces années de Belpech se ressemblèrent dans leur quiétude laborieuse. Les tâches ne manquaient pas et les semaines fuyaient à toute vitesse. Les classes à préparer, la mairie, les secrétariats divers, le jardin à bêcher, les fleurs à arroser. Ils ne quittaient guère le territoire de la commune. Ils étaient heureux dans leur logis, derrière les murs et les arbres. Peu à peu, la maison se meublait, augmentait son confort. Ils n'avaient pas d'énormes salaires mais divers avantages compensaient la modicité du traitement. Pas de loyer, un potager abondant, des cadeaux à toutes les saisons depuis le vin nouveau de la vendange jusqu'au présent du cochon, aux œufs de Pâques et aux tourtes de première communion.

Ils allèrent au chef-lieu choisir des rideaux et des linoléums, une cuisinière émaillée, une bibliothèque. Lucienne commanda à un voyageur de passage les œuvres complètes de Balzac puis, de mois en mois, acheta des éditions illustrées sur beau papier : Musset, Verlaine, Baudelaire, *Les Nourritures terrestres* de Gide. Les soirs d'hiver, dans un petit bureau aménagé à l'étage, l'été sous une tonnelle du jardin, ils lisaient et devisaient tranquillement. Simon gardait son admiration pour Barbusse et reprenait souvent *Le Feu*. Il y avait ajouté d'autres ouvrages et récits sur la guerre de 14-18. Il venait de découvrir Romain Rolland.

Ils sortaient peu car le secrétariat de mairie retenait Simon. À la Toussaint, ils prenaient le train jusqu'à Toulouse et Lucienne allait fleurir la tombe de sa mère. Ensuite, ils poussaient jusqu'à Fontvieille où les grands parents Sermet les attendaient dans la maison des collines.

Quand ils traversaient le village, Simon montrait l'école de son enfance, celle où il comptait bien habiter un jour. Le nom de M. Bertrandou revenait sur ses lèvres.

« Bertrandou ! s'écriait Louis en riant. Quel drôle de nom ! Et il t'a fait la classe à toi ?

– Oui, et il m'a mené au certificat. J'ai été reçu premier du canton, premier de tous.

– Premier de tous », répétait l'enfant avec admiration.

La grand-mère Sermet les accueillait dans une odeur de crêpes. Le grand-père avait mis une chemise de toile blanche et son complet de fête. Il prenait l'enfant par la main, le conduisait à la basse-cour et, si le temps le permettait, dans les champs d'alentour, lui montrant ses pommes de terre, son avoine et sa vigne. Le vieux soupirait parfois en regardant le garçon. Il aurait voulu un petit-fils véritable, un fils de son sang et de son nom. Cela pourrait venir. En attendant, il se contentait de celui-là qui était plein de gentillesse et de vivacité.

« Toute cette terre est à toi ? lui demandait l'enfant en tendant le bras vers les pentes d'acacias et de chênes.

– Oh ! que non, je n'ai que le carré autour de la maison et les deux champs qui suivent.

– C'est grand !

– Oh ! non, ce n'est pas grand mais c'est bien suffisant pour mon âge. Si j'avais eu d'autres enfants, j'aurais pu acheter d'autres lopins mais voilà, j'ai un fils régent, et c'est bien mieux. Et toi donc, que veux-tu faire quand tu seras grand ?

– Je ne sais pas.

– Veux-tu être maître d'école comme tes parents ? C'est un bon métier va, et meilleur que le mien. »

Ils passaient un soir ou deux dans la maison des collines, perdue dans les brumes et les pluies d'automne. Ils repartaient, laissant les deux vieux attristés. Et c'était là leur plus grand voyage jusqu'aux vacances.

La conférence pédagogique annuelle les ramenait au chef-lieu. Ils retrouvaient des collègues, des camarades de promotion qu'ils ne reverraient guère au cours de l'an. Chacun avait ses affaires, ses soucis et les tâches ne manquaient pas dans les villages. On se rendait visite de loin en loin pour un renseignement ou un conseil.

Parfois, vers le soir, une jeune collègue affolée venait frapper :

« Dites, monsieur Sermet, il paraît que l'inspecteur est dans les parages. Vous l'avez eu aujourd'hui ? Faites-moi signe dès que vous saurez quelque chose. »

Simon rassurait la jeune fille. Bien sûr, il l'avertirait dès qu'il aurait des nouvelles de ce terrible inspecteur. Mais pourquoi craindre de cette façon ? Est-ce qu'on travaille pour l'inspecteur ?

« C'est pour les enfants que vous travaillez, mademoiselle. Alors, faites pour le mieux et n'ayez pas peur.

– C'est plus fort que moi, monsieur Sermet. Je ne le connais pas celui-là. Il paraît qu'il a des marottes. Il ne jure que par l'élocution et la récitation. En calcul aussi, il a ses manies.

– Faites pour le mieux et préparez soigneusement vos leçons. Vous le verrez bien s'il a des marottes. Je vais vous conduire à ma femme. Elle vous dira tout ce qu'elle sait. Moi, je dois filer à la mairie. »

Puis, la jeune collègue enfourchait sa bicyclette et repartait vers son village, plus ou moins rassurée. Elle avait cependant noirci des pages de son carnet après avoir posé des questions à Lucienne qui avait eu affaire déjà avec ce fameux inspecteur. Elle emportait même de vieux cahiers d'élèves qui lui serviraient de modèles. Simon la chapitrait une dernière fois sur son ton de régent :

« Faites votre travail pour le mieux. L'inspecteur n'aura rien à redire. Apprenez à vos enfants à aimer l'école laïque et la paix. C'est l'essentiel. Certainement, il faut qu'ils sachent leurs règles de grammaire ou d'arithmétique. N'oubliez pas de leur faire aimer cette école, et défendez-leur de se battre. M'avez-vous compris ? L'inspecteur ne vient qu'une fois et c'est tous les jours que vous faites la classe. »

La petite institutrice s'en allait. Un nouveau soir tombait sur l'école de Belpech. Simon allait faire un tour au jardin, désherbait ses fraisiers, bêchait un carré de-ci, de-là pour se donner du mouvement. Louis courait dans les allées assombries. Le vent venu des rives de la Garonne lointaine apportait des odeurs de vignes et de feuilles mouillées. Les rumeurs du village décroissaient lentement. Des bœufs mugissaient au retour de l'abreuvoir. L'enclume du maréchal tintait une dernière fois. Quelques appels, quelques abois de chiens, et c'était la paix de la nuit.

Simon prenait le petit par la main et marchait vers le fond de son jardin. L'immense calme de la plaine s'offrait à eux. Un moment, ils demeuraient là, jouant à découvrir des formes aux nuages qui glissaient sur les voiles de cuivre et de flamme du couchant.

La terre allait dormir. Les hommes avaient disparu dans leurs maisons. Le cristal voilé des grenouilles ou des grillons tremblotait finement jusqu'à l'horizon confus.

« Tu vois, c'est beau, c'est très beau, disait le maître d'école. Et l'enfant répétait de sa voix menue :

– Oui, c'est très beau. »

Lucienne les appelait pour le repas. Alors, ils couraient vers la maison en se poursuivant en jouant à chat et en se dissimulant derrière les buissons et les arbres.

Lorsque le petit était couché, Simon et sa femme redescendaient pour une brève promenade. C'était le moment très calme qu'ils se ménageaient dans leur journée. Ils aimaient y causer de leurs projets d'achat ou d'installation. Simon allumait sa pipe et parfois se laissait aller à toutes sortes de rêveries à voix haute où il reconstruisait le monde à sa façon. Partout, des écoles, des bibliothèques, des musées, des lanternes de projection. Le moindre paysan pourrait s'élever jusqu'au plus haut niveau. Le livre tuerait la guerre.

« Allons, viens, Simon, disait Lucienne doucement. Il faut aller dormir… »

Un soir, parmi ceux-là, Simon regarda longuement sa femme et lui sourit :

« Nous sommes bien, dit-il à mi-voix.

– Oui, nous sommes bien, répéta Lucienne.

– Le monde s'arrête aux murs de notre maison.

– Est-ce que tu le regrettes ?

– Non, je ne le regrette pas. Chacun fait sa tâche dans son coin. Il doit la faire bien et c'est là l'essentiel. »

Il y avait pourtant comme une crainte dans sa voix. Et d'où venait cette crainte ? Il n'aurait pu le dire. Est-ce qu'il avait honte de son bonheur ? De cette vie monotone et calme où les travaux se succédaient sans arrêt ? Redoutait-il de la voir s'interrompre ?

En vérité, leur vie ne se bornait pas aux murs ombragés de l'école. Elle avait seulement les limites du bourg : les écoliers et leurs familles, les conseillers et le maire, les paysans, les villageois, les commerçants, la chronique des événements locaux. Le journal quotidien était vite parcouru et c'était tout de suite à leur page régionale qu'ils allaient, et dans cette page même, à leur canton, à leur commune quand il était question d'elle : nouvelles de l'état civil, passages du percepteur, avis de la Société de chasse, annonces et comptes rendus de matchs, fête votive. Tout cela passait avant les nouvelles de première page : le cabinet Painlevé-Caillaux succédant au gouvernement Herriot renversé par le Mur d'Argent, Taittinger et ses Jeunesses patriotes organisées en brigades de choc, la guerre du Rif, Liautey contre Abd el-Krim…

Quand il arrivait là, Simon soupirait : ce mot de guerre revenait donc. Et sans doute, cette guerre-là n'était pas une vraie guerre. C'était seulement une révolte de fanatiques contre l'œuvre française. Qui emploie la violence appelle la violence. Simon froissait la feuille en soupirant et revenait à son village. Là se trouvaient la certitude et la vérité. Là, tout était clair : des gens laborieux, une bonne école que chacun aimait et respectait, l'instruction qui se répandait peu à peu. Le livre et la charrue, voilà ce qu'il fallait aux hommes. En dehors de cela, c'était ce monde de folie confuse dont les premières pages des journaux donnaient une idée.

« Je ne vous comprends pas, monsieur Sermet ! disait le facteur Martin Pézet. Alors, cette guerre du Rif, vous l'admettez ?

– Non, Pézet, je n'admets aucune guerre.

– Alors, c'en est une, oui ou non ? Et qui est derrière, monsieur Sermet ? Les impérialistes, les capitalistes ! Les mêmes qui nous ont envoyés au front. Les mêmes qui voudraient assassiner l'Union soviétique… Vous avez vu, en Mandchourie, ils cherchent, ils cherchent, monsieur Sermet… »

Sermet souriait. Dans la force de son indignation, le facteur Pézet secouait son vélo à deux mains. Il était là dans son costume de gros drap bleu ou de toile jaune, avec ses moustaches broussailleuses et son nez bourgeonnant. Il s'en allait sur les chemins des hameaux jusqu'aux rives de la Garonne et il vous maniait la géographie et l'histoire à sa façon. La Mandchourie, le Japon, l'Indochine, la Russie… Ah ! la Russie, il ne fallait pas la toucher. Là-bas, tout était fini. Les ouvriers étaient heureux. Plus de gros, plus d'exploitants. Le paradis !

« Je veux bien vous croire, Pézet. Vous êtes un brave homme mais vous parlez en partisan. Moi, je ne suis pas un partisan. Je suis un maître d'école. Mon devoir est là.

– Alors, monsieur Sermet, quand vous parlez des colonies à vos enfants, vous êtes certain de ne pas vous tromper ? À quoi servent-elles les colonies ? Aux gros !

– Tout n'est pas parfait, Pézet, mais la France a joué un grand et noble rôle dans ces pays. Elle a créé des ports, des routes, des écoles, des hôpitaux.

– Alors, dites-moi, monsieur Sermet, pourquoi les Marocains se révoltent ? S'ils étaient si heureux...

– C'est une poignée de fanatiques... »

Et Simon était prêt à ajouter : « une poignée de fanatiques comme vous », mais il ne voulait pas vexer le facteur. Le bonhomme avait un côté attendrissant. Il s'en allait pérorer de ferme en ferme, maudissant les exploiteurs et les gros, évoquant son paradis soviétique. On l'écoutait sans s'affoler. On avait l'habitude : aux prochaines élections, il y aurait deux voix pour les communistes dans le village, celles du facteur et d'un vieil oncle qui vivait avec lui.

« Le premier devoir, Pézet, c'est de faire son travail avec conscience, c'est ce que je m'efforce de faire avant tout.

– Hé ! qui vous dit le contraire, monsieur Sermet ? »

Simon poursuivait sans répondre.

« Vous croyez que ce n'est pas important, l'école d'un village. La solution, elle est là, Pézet. Quand les gens seront instruits, quand ils liront, quand ils réfléchiront, on ne pourra plus leur imposer la guerre. C'est un très lent et très beau travail. Des écoles partout, voilà ce qu'il faut, des écoles, toujours plus d'écoles...

– C'est vrai, monsieur Sermet, mais le capitalisme, il faut quand même l'abattre. C'est justement quand on l'aura abattu qu'on pourra faire des écoles partout ! La solution pour moi, c'est que les travailleurs s'unissent pour chasser les gros. En Union soviétique... »

Le facteur s'en allait, grognant dans ses moustaches. Simon haussait les épaules et tirait son sifflet. Dans une nation, il était nécessaire qu'il y eût toujours quelques têtes chaudes, quelques exaltés pour pousser à la roue.

Il éprouva une grande tristesse dans le début de ces années de Belpech. Il s'en consola pourtant, y voyant comme une sorte d'avertissement du destin, une décision dont il fallait prendre son parti.

Peu après leur arrivée, Lucienne se trouva enceinte. Malgré quelques malaises, tout paraissait normal et le médecin, un vieux praticien jovial venu l'examiner, ne s'effraya aucunement. La mère de Simon avait décidé de quitter Fontvieille pour venir les aider au moment de la naissance. Elle n'en eut pas le temps. Vers le septième mois, c'était au début d'un août très chaud, Lucienne souffrit affreusement. Une commère appelée en toute hâte annonça un enfant avant terme et promis à la couveuse. Simon courut à bicyclette chercher le docteur. Il fallut transporter la jeune femme à Grenade, dans une clinique, pour une rapide intervention. Le maire offrit sa camionnette. Quelques heures plus tard, Lucienne était délivrée et hors de danger. On l'avait accouchée d'un enfant mort, elle-même avait frôlé la mort, mais il n'y avait plus rien à craindre et, dans quelques jours, elle serait sur pied.

On la ramena à Belpech et le docteur revint l'examiner une dernière fois. Tout allait bien.

Au soir tombant, Simon raccompagna le médecin jusqu'à la porte de la cour. Un jour torride venait de finir et la fraîcheur ne se décidait pas à arriver. Sous les arbres, dans le vacarme des oiseaux à la nichée, le médecin prit le bras du maître d'école et lui annonça tout rondement qu'il ne fallait pas compter sur un autre enfant. Ce n'était pas un grand malheur. Il y avait déjà un enfant au logis. Il faudrait s'en contenter et ce ne serait pas difficile. L'essentiel était d'avoir sauvé la mère. Ç'aurait pu être plus grave.

« Oui, docteur, oui, docteur », répondit Simon docilement.

Le médecin prit sa grosse moto ferraillante des stocks américains et la poussa vers la porte. Il leva la main. Le moteur pétarada dans l'ombre. Simon demeura seul sous les arbres avec les cris d'oiseaux et les rumeurs du village à la nuit. Le bruit de la moto s'éteignit. Simon retourna vers l'école à pas lents. Lucienne était couchée dans sa chambre. Louis jouait avec elle.

Elle n'aurait pas d'autre enfant ! Aucun autre enfant ne naîtrait d'elle et de Simon. Pas un enfant ne porterait le nom de Sermet. Lucienne ne pouvait plus lui donner un petit. Le docteur était parti sans se douter de la tristesse qu'il laissait. Il s'était enfoncé dans les ténèbres chaudes après un rire et un geste bonasse. Pour lui, c'était une chance. Un seul enfant pour ce ménage de maîtres d'école, cela suffisait bien.

Il n'aurait donc qu'un enfant : ce petit Louis qui n'était pas de son sang. Des larmes lui vinrent aux yeux. Pas d'autre enfant que celui-là. D'un revers brusque il essuya ses larmes. Quoi, est-ce que Louis n'était pas son enfant ? Ce n'était pas le fils de son sang, c'était son fils pourtant. Il n'avait plus d'autre père que lui. Il était son petit, vraiment.

Et les autres ? Les autres enfants ? Est-ce qu'il n'avait pas toutes sortes d'enfants nourris de son cœur et de sa peine ? Est-ce que d'autres enfants ne viendraient pas vers lui, au fil des jours et des ans ? Il leur donnait le meilleur de sa mémoire et de son travail. Il les aimait tous. Des enfants, il en avait.

Et il en avait un qui s'appelait Louis et qui était son fils. Il était donc écrit que celui-là seul lui appartiendrait d'un bout à l'autre.

Il haussa les épaules, rentra dans la maison, cachant cette peine fugitive mais profonde. Il pensait à un jour des mois précédents où Lucienne lui avait fait le plus beau des cadeaux.

C'était un dimanche matin peu après leur arrivée. Simon revenait de la mairie. La boulangerie de la place jetait ses parfums de pain frais et de madeleine. Simon traversa la cour et se dirigea vers la cuisine. Le repas était prêt. Lucienne était assise devant la fenêtre et babillait avec son fils. Lorsque Simon s'avança pour les embrasser, la mère se pencha mystérieusement vers l'enfant et lui chuchota quelques mots avec un tendre sourire.

Alors, Louis marcha vers Simon Sermet. Il souriait lui aussi et il avait comme une gaucherie naïve et grave.

Il tendit les bras vers l'arrivant qui venait de se baisser vers lui et murmura en articulant avec soin : « Bonjour... mon papa, bonjour, mon papa... »

Dans le passé, ç'avait été tonton Simon et, dans les premières semaines du mariage, l'enfant conservait cette appellation. Mais voilà que le mot très doux était prononcé. Lucienne le lui avait appris. Il le répétait un peu comme une leçon, en écolier docile. Dans quelques semaines, le mot jaillirait tout naturellement. L'enfant l'ajouterait à sa tendresse et, lorsqu'il jouerait avec ses camarades, il pourrait s'écrier comme tant d'autres : je le dirai à mon papa, mon papa l'a dit, mon papa le veut ou ne le veut pas...

Simon serra le garçon contre lui, le couvrit de baisers puis le conduisit à sa mère. Il les rapprocha, les mêla tous deux dans ses bras. Il se sentait très fort. Son bonheur s'augmentait encore. Qui pouvait l'empêcher désormais d'aller sur le chemin de la vie d'un pas bien sonnant ? Le père de Louis n'était pas oublié. Un jour, Simon expliquerait au petit quel était l'homme qui lui avait donné la vie et d'où venait ce nom de Révignac. Il lui apprendrait à aimer ce père inconnu, mort dans une nuit d'enfer, à vénérer sa mémoire. Mais pour le moment, il fallait aider un jeune cœur à battre sans crainte et loin des tristesses. Et puis, le mot, le vieux mot éternel était si caressant à l'oreille de Simon...

Il n'aurait donc que ce fils. Il serait papa pour un seul. C'était son devoir aussi de lui donner de l'amour. Il lui en donnerait beaucoup. Il lui laisserait les souvenirs, infimes mais si lourds, qu'un fils garde de son père. Il l'avait porté dans ses bras, il l'avait endormi et veillé. Il s'était penché avec lui sur des boîtes de construction et des livres d'images. Il avait chanté en approchant ses lèvres de ses cheveux. Il lui avait appris les mots, les êtres et les choses. Il était venu au chevet de son lit pour calmer sa fièvre ou bercer son premier sommeil en lui racontant ces histoires simples et merveilleuses que les pères doivent inventer. Et il lui apprendrait à devenir un homme, à savoir et à penser pour le mieux.

Lucienne retrouva la santé et même une sorte de beauté nouvelle. Quelques mois plus tard, elle se mit à grossir un peu, son visage s'arrondit et se défripa. Le hâle des promenades donna un or léger à sa peau. Ses yeux noirs étincelaient de l'ancien éclat de jeunesse.

Simon lui-même se mit à forcir. Au début de leur temps de Belpech, il toussotait un peu mais ces faibles crises avaient disparu. Il était passé devant la commission militaire pour une pension éventuelle mais on ne lui avait rien trouvé.

Le maire l'avait plaisanté affectueusement. « Ah ! monsieur Sermet, vous êtes toujours bon pour le service, ils ne veulent pas vous donner de rente… » Simon avait haussé les épaules. Il aimait mieux se passer de pension et avoir des poumons en état. Oui, bien sûr, avait répondu le bonhomme, mais il fallait voir. Ces messieurs avaient vite fait de vous déclarer valides. On ne distribuait pas les pensions à la pelle.

Le maire avait insisté. On pouvait demander à un conseiller général d'intervenir. Il veillait avec un soin jaloux sur ses petits instituteurs, comme il disait. Au début, les phrases pacifistes de Simon l'avaient inquiété un peu puis il s'était rassuré. Au fond, il avait bien raison, ce maître d'école. Des guerres, il n'en faut pas, il n'en faut plus et les enfants ne doivent pas jouer aux soldats. Les enfants doivent apprendre à lire et à écrire. L'essentiel était là et ces deux maîtres ne l'oubliaient jamais. C'était ce qui importait. Ils avaient leurs classes bien en mains et les parents se répandaient en louanges. « Ah ! monsieur Sermet, avec vous nous sommes tranquilles. Le petit nous parle toujours des leçons que vous faites. Le maître a dit ci, le maître a dit ça… Ce que vous dites, c'est sacré et il nous raconte toutes vos histoires… »

Et les voisins de l'école répétaient avec admiration : le sifflet de M. Sermet nous indique l'heure mieux que le clocher, il ne vole pas sur son temps, celui-là ! À 8 heures moins une, les enfants entrent en classe, et puis c'est la récréation de 9 heures et demie, puis la sortie de 11 et la rentrée de 1 heure…

Mais bien avant 8 heures, Simon préparait ses tableaux et mettait ses fiches en ordre. Pendant que Lucienne s'occupait de Louis, il passait dans la classe des petits et, comme à Maurines, inscrivait à la craie de couleur les phrases de lecture du cours préparatoire. L'hiver, il fallait surveiller l'allumage des poêles. Pendant ce temps, Lucienne s'affairait dans le logis. Louis, très sagement, gagnait son banc et marmonnait ses leçons. Une femme de ménage venait trois fois par semaine pour la lessive et les gros nettoyages.

Ce n'était pas tout. Il fallait compter sur les visiteurs inattendus, les gens du village qui arrivaient pour un renseignement ou un papier quelconque. Simon essayait bien de les renvoyer au jeudi ou au dimanche mais il y avait toujours une bonne raison. On les voyait apparaître avant 8 heures ou dans l'interclasse. « Ah ! monsieur Sermet, je m'en vais donner un coup de charrue derrière chez vous, alors je viens vous déranger. » C'étaient des histoires de Crédit agricole, de pensions de combattant, des certificats de vie, des bulletins d'état civil... Et parfois même, cela n'avait rien à voir avec la mairie ou l'association des combattants, c'étaient des consultations personnelles à propos de procès ou d'assurances, des lettres de famille... « Vous voulez m'arranger ces papiers, monsieur l'instituteur ? La Compagnie me réclame encore de l'argent. Qu'est-ce que ça veut dire ? Regardez-moi un peu tout ça. Je repasserai sur la soirée. »

Un autre jour, le maire arrivait en courant. « Ah ! monsieur Sermet, préparez-moi un mandat pour Bourrel le maçon, vous savez bien, la réparation de la fontaine. Voilà son mémoire. Fourniture d'un sac de ciment. Sept heures de travail. Il a l'occasion d'aller au canton. Il ira se faire payer chez le percepteur. » Alors, Simon se levait de table ou abandonnait ses fiches de classe pour garnir un imprimé ou mettre un dossier en ordre. Il est vrai que les gens venaient rarement les mains vides. C'étaient six œufs, un panier de fruits, un petit pigeon. Le maître d'école remerciait les quémandeurs d'un ton un peu bourru : « Allons, allons, il ne fallait pas, mais une autre fois, venez le jour de mes permanences, j'ai ma classe à préparer… – Eh bien ! donc, oui, une autre fois », s'excusaient les gens en tendant leurs papiers.

Lucienne accueillait les cadeaux avec un petit sourire satisfait.

« C'est beaucoup de tracas, mon pauvre Simon, mais cela nous aide bien…

– Tu deviens avare, répondait Simon en l'embrassant.

– Non, mais je pense à tout ce que nous avons à acheter encore. Nous n'avons presque pas de meubles. »

Il y avait le petit en effet. Louis avançait en âge et il fallait déjà songer à son avenir. L'enfant se portait bien avec une apparence assez fragile. Révignac son père, comme Simon, n'avait jamais été très corpulent. C'est pourquoi les maladroits s'y trompaient.

« C'est tout votre portrait, monsieur Sermet ! » s'écriaient-ils. Simon parlait d'autre chose. Les gens croyaient lui faire plaisir.

Il est vrai qu'une vie commune et des habitudes semblables donnent souvent un air de ressemblance. Les enfants copient les gestes et les intonations. « Il doit bien me ressembler un peu, songeait Simon, les gens ne se trompent pas complètement. »

Sermet et Révignac avaient à peu près la même taille. Révignac possédait plus de sécheresse et d'ossature. Les traits de son visage étaient plus accusés que ceux de son compagnon, ses cheveux plus noirs et plus raides. Et l'enfant gardait de son père le nez aquilin, le menton busqué. Cela apparaissait chaque jour davantage. Simon l'observait parfois avec une avidité affectueuse. Par le caractère, Louis rappelait sa mère. C'était un garçon calme, ordonné et travailleur. Dès son plus jeune âge, ils l'avaient vu s'obstiner sur ses bâtons et ses pages d'écriture, ne laissant sa tâche que lorsqu'il était au bout. Et parfois, il rêvait. On voyait partir son regard du côté du ciel ou du plafond. Il abandonnait ses jeux ou ses camarades pour se promener à pas lents dans la cour ou dans le jardin.

« Loulou, où es-tu ? criait la mère.

– Eh bien ! je suis là, répondait le petit.

– Du côté des nuages ?

– Mais non, là, je suis là. »

Il tapait du pied avec une petite colère. À ce moment-là, Simon pensait : « C'est Révignac, c'est son père qui apparaît. » Mais non, ce n'était pas de la colère. Louis n'était pas un enfant emporté et capricieux. Il montrait simplement de la fermeté.

Simon soupirait. À quoi bon essayer de peser tout cela. Le temps viendrait où le gamin prendrait son visage d'homme. Pour l'instant, il fallait renoncer à saisir tant de traits fugitifs que les jours modelaient et remodelaient. Louis se portait bien. Il apprenait sans difficulté. Il était affectueux et serviable. Que pouvait-on demander de plus ?

Simon n'était ni un père ni un maître sévère. Il ne touchait jamais un enfant. On s'en étonna d'abord à Belpech comme à Maurines. « Quoi, monsieur Sermet, une claque n'a jamais tué personne ! » Le maître hochait la tête. Non, il ne battrait jamais un écolier et il était l'ennemi de toute querelle ou bataille. Il fallait bien gronder parfois pour des cris trop vigoureux ou quelque balle qui menaçait un carreau. Le maître s'approchait alors et commençait à parler calmement. Il expliquait sans se hâter, ponctuant les phrases de ses habituels : « M'avez-vous compris ? »

Lucienne haussait légèrement les épaules. Sans doute, la violence... Mais une petite claque de temps en temps, cela simplifie les questions et cela détend les nerfs. Elle trouvait que Simon gâtait trop l'enfant. Ce n'était pas grand-chose. Deux sous pour un roudoudou, des caramels ou des pains anisés que les gamins couraient acheter sur la place. À chaque retour du canton, Louis avait son cadeau, livre, sucrerie ou découpage.

« Il n'en faut pas trop, disait la mère.

– Allons donc, est-ce qu'un livre est un mauvais cadeau ? Et quatre berlingots ne nous ruineront pas. »

Il n'y eut qu'une grande colère de la part de Simon, et c'était la même que celle de sa première année dans la montagne lorsqu'il avait appris aux enfants à ne pas jouer à la guerre. Louis pouvait avoir sept ou huit ans. Un soir de novembre venteux et glacé, Simon s'en allait à la mairie où l'attendait le receveur municipal pour la préparation du budget. La bise secouait durement les platanes de la place. Les maisons, tous volets clos, se taisaient déjà. Quelques pauvres lumières trouaient la nuit confuse du côté de la boulangerie, de la boucherie et du bureau de tabac.

« J'en ai pour une petite heure, se dit Simon. Ensuite... » Ensuite, il pousserait la grille de l'école, traverserait la cour muette et retrouverait son logis. Tout serait clair et chaud. Lucienne l'attendrait en corrigeant ses cahiers ou en tricotant. Louis jouerait sagement près de la salamandre. Ils se mettraient à table, parleraient du travail de la journée, de l'hiver qui courait sur la plaine. « Antoine Feuillerat m'a encore fait six fautes à sa dictée. Jamais je ne lui apprendrai l'orthographe », dirait Simon. « C'est incompréhensible, dirait Lucienne, sa sœur ne lui ressemble pas, elle lit déjà couramment. » « Un étourneau, un véritable étourneau, ajouterait Simon, les chiens aboient, il me met un s au verbe… Tiens, le fils du charron va se marier. » « Et avec qui ? » Il ferait doux. Un plat de pommes cuites parfumerait la cuisine. On entendrait le vent ronfler dans les cheminées et secouer les bras de la glycine.

Comme Louis arrivait à la mairie, quelqu'un courut derrière lui. Une voix inquiète sortit des ténèbres. « Monsieur Sermet, monsieur Sermet… » C'était la buraliste. Elle semblait affolée et secouait une feuille de papier.

« Qu'est-ce que c'est ?

– On a téléphoné de la gendarmerie, monsieur Sermet. Je suis passé chez le maire, il n'est pas là. C'est pour le fils Montané.

– Quoi ? Le fils Montané… Voyons.

– J'ai écrit à toute vitesse, est-ce que vous pouvez me lire ? Ils demandent qu'on prévienne la famille. Un gendarme viendra porter les papiers officiels. Mort pour la France, ils m'ont dit. »

Le fils Montané était dans les spahis. Il avait fait son service à Montauban et il avait rengagé. On venait de l'envoyer au Maroc. Simon l'avait rencontré deux ou trois fois. Un grand gaillard sec et rieur. Il était venu faire admirer son burnous rouge, au village.

« Ils m'ont dit un nom d'endroit que je n'ai pas compris. Vous pensez le coup que j'ai eu. Maintenant, il faut prévenir la famille. Vous savez où est le maire ? »

La voix de la buraliste semblait arriver du fond de l'espace et du temps. Simon frissonna. Il connaissait les Montané, une famille pas très riche qui logeait sur la route de Grenade. La guerre, encore une fois la guerre. Comment était-il mort celui-là ? Le saurait-on jamais ? Il était parti et il était mort, et la nouvelle avait couru comme une triste hirondelle au-dessus de la mer et des terres.

Soudain, le vent de novembre prenait une voix de tragédie. Le froid glaçait vraiment, la bise griffait le visage. La buraliste soupirait et reniflait, enfouie dans un vieux châle de laine brune.

Et déjà, la nouvelle commençait à glisser de maison en maison, de coin de feu en coin de feu. Le fils Montané est mort. Qu'est-ce que vous dites ? Oui, la buraliste a eu la nouvelle. Le maire et le secrétaire sont partis prévenir la famille. Pas possible, mon Dieu. Le fils Montané ! Et quel âge donc ça lui faisait ? Dans le Rif. Eh bien ! les pauvres gens…

Le maire était arrivé en effet et la buraliste l'avait mis au courant. Il avait tiré son béret sur son front et s'était gratté la tête. « Allons bon, en voilà bien d'une autre, je ne croyais plus avoir à faire ce métier. »

« Vous venez avec moi, hein, monsieur Sermet ? À deux, on a plus de courage. »

Ils étaient partis, le maire et l'instituteur, sur la route ténébreuse où le vent traînait des feuilles de platanes racornies. Ils marchaient du même pas. De temps à autre, le maire jurait sourdement. Après la grand-rue, les maisons s'espacèrent entre des jardins et des champs. L'ampleur du vent s'augmenta. Puis, la maison Montané apparut, longue et basse sur des pâleurs du ciel. Ils s'apprêtaient sans doute à leur repas du soir.

Simon baissa la tète et ses poings se serrèrent dans les poches de son vieux manteau. Une chanson stupidement tournait et tournait dans sa mémoire. Une chanson parmi celles qu'on fredonnait dans ces jours-là.

*Sous le soleil marocain,*
*Je pense à toi, à toi, ô ma jolie…*

Il y était encore question de sable rifain et de mots d'amour. C'était atroce de répéter ces mots dans le vent de novembre et le noir de la nuit en marchant vers cette maison où l'on allait apporter le deuil.

L'hirondelle sinistre avait traversé l'espace. La mort avait couru jusqu'à ce village perdu. Elle arrivait vers le père Montané, elle allait le saisir au retour de son labour. La mère qui taillait des tranches de pain pour la soupe, pensait-elle aux poings qui allaient cogner sa porte tandis qu'une bonne grosse voix était en train de préparer des mots terribles ?

« Ho ! la maison… il y a quelqu'un ?

– C'est vous, monsieur le maire ? Entrez donc. Vous n'êtes pas seul. Entrez, entrez monsieur l'instituteur. Qu'est-ce qu'il… »

Quand ils s'en retournèrent, ils marchaient à pas très lents, toujours muets, les épaules courbées sous le vent et la peine. On n'entendait plus les pleurs de la mère. La maison Montané était retournée à la nuit. Le village avançait vers eux, étoilé de faibles lumières. Ils se saluèrent rapidement et s'en furent vers leurs logis.

Simon approchait de l'école quand un vélo grinça sur le chemin.

« Bonsoir, monsieur Sermet. Vous arrivez de là-bas ?

– Bonsoir, facteur. Oui, j'ai accompagné le maire.

– Je leur ai porté une lettre ce matin. Ils étaient heureux. Et puis… »

Pézet se rapprocha, sa main se tendit vers le manteau du maître d'école et il murmura doucement, comme s'il glissait une confidence.

« Il faudra bien en finir un jour, avec tout ça. Il faudra bien, monsieur Sermet. »

Simon soupira.

« Quand on prend l'habit de soldat, la mort est toujours dans la doublure, dit-il sur le même ton. C'est un vieux qui me disait ça dans mon village.

– La mort, elle est dans le régime, monsieur Sermet. Regardez ce village. Ils sont contents dans l'ensemble. La terre est bonne. Le blé baisse mais, à force de travail et d'économie, on arrive à s'en tirer. On croit qu'on s'en tirera. Un jour, ça craque. On se dit, on est pas malheureux, on a son quignon, un jour, ça craque. Les Montané, ils n'attendaient pas votre visite, ils croyaient qu'ils passeraient au travers. Pour eux, ça a craqué, ce soir. Et ça craquera pour d'autres, si on n'y prend garde... Je viens du canton. Il y a eu des bagarres dans une usine à Paris. La police a chargé. On a encore arrêté des communistes. Tout ça, ça va ensemble. Ici, le fils Montané est mort. Ça va ensemble, monsieur Sermet. »

Le facteur s'éloigna. Ses brodequins écrasaient lentement le gravier. Le tic-tac du vélo s'enfonçait vers l'ombre de la place. Simon poussa la grille de l'école. Les quatre fenêtres des classes se devinaient vaguement. Au premier étage, des traits de lumière fine indiquaient la cuisine où Lucienne et Louis l'attendaient. Il s'arrêta, se retourna vers la grille. Tout se taisait dans le bourg. Le vent était le maître des rues et des routes. Là-bas, les Montané pleuraient autour de leur cheminée. Leur fils était venu dans cette école. Un vieux maître lui avait enseigné ses lettres. Il avait marché dans cette cour, joué derrière ces fusains et ces ormeaux. Ici, il avait appris ses tables, récité ses leçons de morale et de géographie. Personne sans doute ne lui avait dit que le mal appelle le mal, que la violence appelle la violence.

Il était parti pourquoi ? Pour une cape rouge qui faisait s'extasier les filles ? Pour un meilleur salaire ou pour voir du pays ? Il était parti et il ne reverrait jamais plus cette école et sa maison.

Lucienne releva la tête. Elle corrigeait des cahiers. Simon était entré sans bruit.

« Tu t'es retardé. C'était bien long avec ce percepteur. Qu'est-ce que tu as ? »

Simon ôta son béret et son manteau râpé.

« Une sale nouvelle. Le fils Montané… Tu n'es pas sortie ? Personne ne t'a dit ?

– Quoi ?

– Il a été tué au Maroc. Il a fallu prévenir la famille. J'ai accompagné le maire. Un télégramme est arrivé.

– Mon Dieu ! »

Le petit Louis jouait près de la salamandre. Il construisait des maisons avec des cubes de bois. Il avait relevé la tête et regardait Simon avec étonnement, s'efforçant de comprendre.

Le maître d'école se pencha vers lui pour l'embrasser et poussa une sourde exclamation.

« Louis ! Je ne veux pas ! Donne-moi ça. Qui t'a donné ? »

L'enfant se mit à pleurer. Il jouait avec des cubes et quatre soldats de plomb qu'il avait échangés contre des agates. Quatre vieux fantassins en capotes bleues à pans retroussés.

La voix du régent gronda très fort.

« Est-ce que tu… Donne-moi ça tout de suite. Tu sais bien que je ne veux pas. C'est défendu. Je ne veux pas qu'on joue avec cela, ni en classe ni ailleurs. Je vous l'ai dit cent fois… Ah ! on dirait que c'est un fait exprès. Donne ! »

Lucienne s'était levée. Le petit portait ses mains à ses yeux. Il pleurait.

« Voyons, Simon. Ce n'est qu'un enfant. Je n'y ai pas fait attention. On a beau dire et beau faire. Ils arrivent toujours avec des soldats de papier ou de plomb.

– Oui, je sais bien », dit Simon avec lassitude.

La dure colère avait disparu. Il avait pris le gamin sanglotant et le berçait contre lui.

« Ne pleure pas, Loulou. Je vais t'expliquer. La guerre, c'est très mal. Il ne faut pas jouer aux soldats parce que les soldats font la guerre. M'as-tu compris ? Tu as d'autres jeux, tu as de beaux livres. Jeudi, je vais à Muret, je t'achèterai un beau découpage. Ne pleure plus. Souviens-toi. Il ne faut pas aimer la guerre ni les soldats. C'est fini, nous allons manger maintenant…

– Alors, vous êtes allés les prévenir ? dit Lucienne. Comment ont-ils pris cela ?

– Ah ! comment voulais-tu ? La mère Montané s'est mise d'abord à crier comme une folle. Le père n'a rien dit. Il est allé s'asseoir devant le feu. Des voisins sont arrivés. Nous sommes restés un moment… Il va falloir que je m'occupe du transport du corps. »

Il baissa la tête vers son assiette et ajouta presque à voix basse :

« Comment veux-tu que je supporte qu'on joue avec des soldats !

– Oh ! dit Lucienne à voix basse, ce ne sont pas seulement les soldats de plomb qu'il faudrait supprimer… »

Elle tendit l'oreille. Elle croyait qu'on avait marché dans la cour. Un pas furtif, irréel. Ce n'était que le vent dans les lilas et la glycine. Tout dormait dans le village, semblait-il. Par la pensée, Lucienne traversait la place et longeait la grand-rue, elle arrivait à la maison du mort. Une autre nuit terrible, un autre fantôme l'accompagnait. Elle soupira et regarda son enfant.

Simon à son tour tendit l'oreille. Le tic-tac d'un vélo paraissait trembler dans les rumeurs de novembre. Le maître d'école imagina le facteur Pézet, allant et venant dans les rues, frappant aux portes et aux volets. Pézet, tout seul dans le village, comme un fantôme dans le brouillard, tout seul avec sa grosse voix rocailleuse. « Ça craquera, monsieur Sermet, ça craquera, si on n'y prend garde… »

# VII

LES ANNÉES 30 ARRIVÈRENT. Louis avait quitté la classe de sa mère pour passer au cours moyen puis au cours supérieur. Il tenait constamment la tête de sa division et personne ne s'en étonnait. Ses camarades et leurs parents le citaient en exemple et ajoutaient : « Bien sûr, le fils des régents ! Ils lui font tout le temps la classe ! »

Et c'était vrai. À chaque instant, des explications, des conseils, des histoires rappelaient à Louis que ses parents étaient maîtres d'école. Simon surtout passait de grands moments avec lui, feuilletant des livres, détaillant les objets familiers, les bêtes et les plantes, l'interrogeant pour le contrôler. Lucienne intervenait parfois : « Laisse-le donc, tu l'ennuies… »

Mais Simon, en bon maître, possédait l'art de ne pas ennuyer. À chaque leçon, il racontait comme une histoire nouvelle. Il parlait d'abord, sur un ton de confidence, il prenait les choses de loin. « Voilà ce qui m'est arrivé, c'est très curieux, figurez-vous, mes amis… » On ne savait trop où il voulait en venir. Il y avait un mystère quelque part. Il vous prenait par la main et vous y conduisait en flânant quelque peu sur le chemin. Et soudain, tout devenait facile. Des comparaisons comiques se gravaient dans la mémoire des auditeurs. Au moindre problème d'arithmétique, quand il était question d'un épicier achetant et revendant des barres de savon, il décrivait tout un tableau. On voyait vivre cet épicier avec sa moustache et sa blouse. Il allait et venait dans sa boutique, parmi les clients et les denrées. Puis, il s'asseyait à sa caisse et prenait son livre de comptes. Il suffisait de se pencher sur son épaule pour comprendre…

Louis adorait les histoires de son père. Il l'appelait chaque soir à l'heure du sommeil. Lucienne essayait encore de se fâcher. « Une petite, une toute petite », insistait l'enfant. Simon ne savait pas résister. Il prenait la main du garçon et se mettait à inventer des récits pleins d'intentions pédagogiques.

Louis s'affirma donc comme un très bon élève. Il formait bien ses lettres, tirait ses traits avec soin, vérifiait ses opérations. Il s'appliquait comme un petit bœuf. Il lisait beaucoup et son vocabulaire devint très riche. Il n'était ni très grand ni très gros, assez vigoureusement charpenté pourtant. Une pointe de bronchite inquiétait sa mère qui, au moindre raclement de gorge, le couvrait de tricots et de cache-nez.

Il obtint son certificat avec un an d'avance et la question de la poursuite de ses études se posa. On pouvait l'envoyer comme interne au collège de Grenade. Cela coûterait cher. Simon et Lucienne gagnaient à cette époque un peu plus de 800 francs par mois. Ce n'était pas terrible en dépit des facilités que procurait le village. L'opération de Lucienne avait retardé le plan d'économies. On n'obtiendrait évidemment pas de bourse. Il était fils unique et ses parents travaillaient. Et d'un autre côté, l'internat effrayait Lucienne. Le garçon avait l'habitude de sa maison, du grand air et des promenades. À cet âge, dans un collège, comment voulez-vous ?... Alors, un cours complémentaire ? Mais à Belpech, cela posait encore le problème du déplacement et de la pension.

Sur ces entrefaites, survint une lettre de Fontvieille. La mère de Simon annonçait que le poste double serait libre à la prochaine rentrée. Le couple qui l'occupait demandait Toulouse ou les environs immédiats. Au prochain mouvement, Simon et sa femme avaient toutes les chances d'obtenir Fontvieille. Personne ne réclamerait spécialement ce poste de village. Et Fontvieille, c'était le vieux rêve de Simon, le retour près des parents et de la petite maison natale où ils prendraient leur retraite, mais aussi une solution commode pour les études du fils. Il irait au cours complémentaire de Saint-Ély pour commencer. À bicyclette, le trajet ne comptait pas. L'enfant pourrait revenir à midi. Par la suite, il entrerait à l'École Normale. Après tout, faire de lui un instituteur, c'était encore le plus simple et le plus logique. Il exercerait dans les environs, se marierait non loin de là. Ils l'aideraient longtemps dans un métier qu'ils connaissaient bien. La décision fut prise très vite. Ils demanderaient Fontvieille.

Ils avaient tous deux des notes excellentes et auraient pu prétendre à des postes plus importants. L'inspecteur avait suggéré à Simon de postuler pour une direction ou un cours complémentaire.

« Vous vous enterrez, Sermet, dans ce village ! »

Mais Simon secouait la tête. Il n'avait qu'une ambition : revenir à Fontvieille et s'occuper de son fils. Ses parents avançaient en âge. Et puis, les classes de ville lui déplaisaient. Trop de poussière et de bruit. Ses poumons n'étaient pas très forts. Il avait parfois un peu d'essoufflement.

Simon informa le maire de Belpech de l'éventualité d'un départ. Plusieurs fois déjà, il lui avait laissé entendre la chose mais le bonhomme avait haussé les épaules.

« Allons donc, vous êtes bien chez nous. Votre femme me l'a dit cent fois. Le logis est vaste et propre. Vous ne trouverez jamais mieux. Vous voulez que je vous fasse refaire les peintures ? Dites-moi donc ce que vous voulez. J'en causerai au conseil. Ce n'est pas Béringuié qui pourra l'empêcher. »

Ce Béringuié était un conseiller et propriétaire important. Un cul-blanc, un calotin, suivant l'expression du maire, un fieffé réactionnaire suivant le facteur Pézet. La rivalité politique du maire et de Béringuié se compliquait d'une affaire de bornage jamais réglée définitivement. « Le maire ne vaut pas plus cher, expliquait Pézet au maître d'école, mais c'est un fin renard, et c'est vrai qu'il n'aime pas trop la calotte. Quant à Béringuié, c'est un violent et il n'a jamais su maîtriser sa bile. Il est comme cul et chemise avec les pires châtelains du département. »

Béringuié menait depuis longtemps une guerre sourde contre l'instituteur. En vérité, il n'en voulait pas spécialement à Simon mais à l'école laïque. La guerre avait commencé bien avant l'arrivée de Sermet, au temps du vieux maître qui l'avait précédé. Ce dernier avait solidement assis l'école communale au détriment d'une école religieuse aujourd'hui disparue.

C'était une époque où le curé faisait le tour des maisons en disant doucement aux familles : « Allons, tenez, une blouse et une paire de sabots si vous mettez vos enfants à l'école de Dieu… » Les gens hochaient la tête, réfléchissaient. La vie était dure. Une blouse et une paire de socques, que voulez-vous ! Alors, le maître laïque avait dû faire de la surenchère. C'étaient deux blouses et deux paires de sabots qu'il offrait, lui. Il y mettait de sa poche et il organisait de petites fêtes pour recueillir les fonds. Puis l'école laïque avait triomphé, pas seulement grâce aux sabots, grâce au dévouement des régents et de leur façon d'enseigner.

Après quelques avances au nouveau maître, Béringuié avait compris qu'il n'en tirerait rien. Alors, la guerre avait commencé. Elle n'avait jamais inquiété personne et Simon lui-même n'y prêtait pas d'attention. Les parents étaient contents de lui et il rendait trop de services au village pour redouter des récriminations ou des calomnies que personne n'écoutait.

Après la mort du fils Montané, un incident assez violent avait opposé Béringuié et le maître d'école. Le bureau des anciens combattants s'était réuni pour préparer la cérémonie du retour du corps. Béringuié était présent. Simon avait lu le discours très bref qu'il avait rédigé et que le maire devait lire. On procédait ainsi à l'occasion du 11 Novembre. Et c'était à peu près toujours la même chose : quelques phrases sans emphase où Simon rappelait le souvenir des morts et saluait la République, souhaitant le règne d'une paix laborieuse. Et cette fois-là, Béringuié en voulut davantage. Il demanda au maître d'école de flétrir les assassins du fils Montané, toutes les canailles qui voulaient mettre à feu et à sang nos colonies. Simon s'y refusa. Béringuié insista. Simon précisa sa position : il s'inclinait devant le mort et il partageait la douleur de tous, mais il pensait que l'œuvre française ne devait pas se faire avec l'épée. La France, ce n'étaient pas des soldats, mais des hôpitaux, des vaccins, des livres et des écoles.

« Et qui l'a donné, le coup d'épée, questionna Béringuié avec une grande âpreté de ton. Un peu plus, vous direz que ce petit est responsable ! Est-il mort, oui ou non ? »

Simon leva une main. Non, le fils Montané n'était responsable en rien. C'était un pauvre enfant et qui ne savait pas.

« Vous voulez donc qu'on laisse faire là-bas ? Si on vous suivait, l'œuvre française n'irait pas loin. Selon vous, il ne faudrait pas envoyer de troupes au Maroc ! »

Simon se remit à parler. Il s'efforçait d'être aussi calme que l'autre était violent. Certes, tout n'était pas facile là-bas. Il y avait des fanatiques et des ambitieux mais la France devait s'y présenter en grande sœur, avec un visage de paix, pas un visage de guerre, répandre l'instruction et le progrès. La violence entretient la haine. La haine et la violence ne mènent à rien.

« M. Sermet a raison, dit le maire qui voulait en finir. Nous n'allons pas entrer ici dans des considérations de grande politique. Nous saluons la mémoire d'un enfant du pays mort pour la France et nous souhaitons que la paix règne au Maroc comme partout.

– Eh bien ! souhaitez toujours et vous verrez bien ! » ricana Béringuié.

La cérémonie s'était déroulée sans incident. Pézet n'y vint pas mais il alla trouver la famille pour lui expliquer sa manière de voir. Béringuié ne se tint pas pour battu. Il adressa une lettre à l'inspecteur d'académie et la fit contresigner par quelques-uns de son bord. Il n'y eut pas de suite mais, dès que Pézet connut la chose, il en informa l'instituteur.

« Ils ne peuvent rien contre vous, monsieur Sermet, mais ils ont les dents longues. Et cette école leur fait mal aux dents. Ils n'attendent qu'une occasion. L'occasion viendra si les choses continuent de ce train… »

De quel train ? Une fois de plus, le facteur Pézet prenait son ton d'oiseau de mauvais augure.

« Allons, allons, facteur, lui disait Simon en riant, la catastrophe n'est pas pour demain.

– Je souhaite que vous ayez raison », murmurait le facteur en regardant ses brodequins poussiéreux.

Il était triste lui aussi, à sa façon, de voir Sermet quitter le village. Ce maître d'école avait bien des mérites. On sait toujours ce qu'on perd, on ne sait jamais ce qu'on gagnera. Ce régent était un honnête homme, consciencieux et dévoué. Il avait bien peu de minutes à lui. Tout son temps, il le donnait au village, du matin au soir et du lundi au dimanche. Il détestait la guerre et il défendait son école laïque. Il n'avait qu'un défaut : il croyait qu'on peut se sauver tout seul.

Le facteur Pézet rejetait sa sacoche d'un coup d'épaule.

« Je vous le dis et je vous le répète, monsieur Sermet, ici, on ne se rend pas toujours compte. Ça commence pourtant. Le prix du blé a encore baissé mais le prix de l'engrais ne baisse pas. Est-ce qu'on a trop de pain ? Est-ce que le pain suit le blé ? Le prix du pain a baissé avant les élections de 25, vous voyez la manœuvre. Bon, et depuis il a toujours grimpé. Expliquez-moi. Il paraît qu'en Argentine on brûle le blé par sacs. Au Brésil, on brûle le café dans les locomotives. Est-ce qu'on a trop de café ? Maintenant, il est question d'arracher les vignes dans le pays bas. Expliquez-moi tout ça, monsieur Sermet. Trente millions de chômeurs dans le monde. Officiel. Et ça commence chez nous. Et ce qui se passe en Allemagne ! Cette espèce d'Hitler. Non, je ne crois pas qu'il aille bien loin mais tout de même. Cette misère qu'ils ont et ces chômeurs, ça peut finir bien mal. »

Simon hochait la tête. Tout ce désordre venait encore de la Grande Guerre. Le monde n'avait pas repris son rythme. Et c'était bien vrai que la guerre menaçait toujours. Arrêter la guerre, c'était la première tâche. Mais là, on pouvait encore espérer. Il n'y avait pas que des fous dans le monde. Sermet comptait sur Briand… Oui, Briand était un noble et grand esprit.

« Je ne suis pas un homme de parti, Pézet. Briand, oui, j'ai une très grande confiance en lui.

– Ah ! vous m'en parlerez de votre Briand ! Une canaille, monsieur Sermet, un maître nageur ! Il a renié le socialisme et après avoir prêché la grève à outrance il a fait tirer sur les ouvriers. Avant-guerre, le grand Jaurès lui a rabattu son caquet en pleine Chambre…

– Un esprit libre et indépendant, Pézet. Il défend la paix. J'ai confiance en lui. »

Un dernier été brûla sur Belpech. La canicule fendillait les argiles. Au matin, des vapeurs s'élevaient sur les lointains ramiers de Garonne. Les coqs criaient dans un silence parfumé de menthe et d'épi mûr. Les moissonneurs partaient dans la fraîcheur première. Le robinet de la cour chantait dans les arrosoirs de Simon. Vêtu d'une vieille chemise et d'un pantalon de coutil, il s'en allait abreuver ses zinnias et ses carottes. La plaine s'élargissait peu à peu dans une brume rose. Des cliquètements d'acier marquaient le travail des moissonneuses. De-ci, de-là, de grosses voix criaient après les bœufs et les chevaux. Le soleil montait. La brise rabattait vers l'école les odeurs du blé sec.

Les bruits tranquilles du village au matin se glissaient à travers les feuillages et les rosiers. L'arôme de la première fournée boulangère sautait le mur moussu. L'enclume du maréchal commençait une musique qui ne cesserait qu'à la nuit. La chaleur peu à peu baignait les ramures des acacias et des ormeaux, le gravier désert de la cour.

Lucienne avait commencé ses rangements de départ. Louis dormait encore. Simon marchait dans les allées, un arrosoir pesant à chaque bras, la terre caillouteuse absorbait l'eau avidement. Tout un peuple de merles et de moineaux s'égosillait dans les pruniers. Simon revenait vers la maison, allumait une pipe sous la tonnelle.

C'étaient les premiers matins de vacances, purs, savoureux comme des fruits sans défaut. Les grands labeurs de la terre dispersaient les gens du village. L'école sonore et muette prenait son air de maison enchantée.

Le mécanisme de l'habitude appelait mille fantômes sur les bancs, devant les tableaux noirs, au long des fusains. Une sorte de désarroi prenait le maître. Pas de date à inscrire ce matin en tête du résumé de morale, pas de carte à dessiner avec les craies de couleurs, pas d'expérience à préparer pour la leçon de sciences. Des haricots et des lentilles se desséchaient sur le rebord des fenêtres dans des boîtes de conserves. Au revers du tableau des petits encore non effacé, les dernières lettres de l'alphabet racontaient une leçon ultime : *Xavier a mangé un gâteau exquis. Zoé et Suzanne ont dit : c'est excellent...*

Pour une année, la classe était finie. L'odeur de coco et de réglisse qui rôdait autour de la fontaine, au temps des récréations estivales, celle des sueurs enfantines, des espadrilles mouillées et des cheveux poussiéreux, celle des brassées d'œillets et de roses qu'offraient les petites filles laissaient la place à l'odeur du fusain, du ciment et du plâtre. Plus de questions, de doigts levés et de disputes. Les cahiers mensuels et les herbiers, la bouteille d'encre noire et la bouteille d'encre rouge dormaient dans la bibliothèque parmi les galets, les scarabées et les nids de guêpes en papier gris. À la fin du jour, plus de murmures récitatifs, plus de chansons envolées par les fenêtres et que clamaient joyeusement les petits cours :

*Fini l'hiver morose,*
*Vive la rose !*
*Voici venir Colas,*
*On va rire aux éclats...*

ou que les filles de la grande classe murmuraient d'une voix attentive :

*Ô Nuit, viens apporter à la terre*
*Le doux enchantement de ton mystè-ère...*

Le dernier été de Belpech... Les visages enfuis ne reviendraient plus. D'autres maîtres accueilleraient les yeux timides ou malicieux.

Simon abandonnait le jardin et s'avançait vers la cour vide. Il avait aimé cette école et ce village. Il croyait que ce n'était qu'une halte, un passage dans sa vie. Il était heureux de retourner à Fontvieille et, cependant, ici son cœur laissait mille fibres. Tout était passé très vite pourtant, chaque besogne entraînant la suivante. La classe, la mairie, le syndicat agricole, les combattants, la correspondance, le jardin, et à nouveau la classe, la ronde des dictées et des problèmes. « Avez-vous compris ? Est-ce que vous avez compris ? » Et chaque soir, cette étrange impression de victoire et de fatigue qui couronnait une journée encore. On ne bougeait plus, l'esprit vide et la gorge sèche devant les cahiers à corriger. Ouf ! On était las de mille pas du tableau à l'estrade et d'un enfant à l'autre.

Enfin un peu de silence et de repos... Mais les trente paires d'yeux n'avaient pas disparu, les trente voix sonnaient dans la mémoire. Le maître d'école restait le maître d'école même quand il descendait de son estrade, même quand il retrouvait son logis. Les enfants revenaient à tout moment dans les conversations. On évoquait leurs réflexions, leurs progrès ou leurs faiblesses. Simon lisait en fumant sa pipe et, tout à coup, il cochait un passage d'un trait d'ongle. Tiens, Lucienne, je vais prendre une description dans *Colas Breugnon*. Elle ira très bien avec ma leçon sur les pluriels. Lucienne soupirait : « Il y a des gens qui ont de la chance, le métier ne les poursuit pas comme nous… Dis donc, Simon, ne jette pas ce catalogue, j'y découperai des images pour l'élocution des petits… Où est passé Jules Vallès ? Il faut que je retrouve un morceau… »

À la première heure du matin, la voix coulait avec facilité. On marchait lestement d'une table à l'autre et de la bibliothèque au tableau noir. Vers la fin de la journée, la fatigue éraillait les mots, usait la patience. Une leçon s'était prolongée, les galoches cognaient sans trêve les barres d'appui, les plumiers tombaient avec un insupportable fracas. Les regards des écoliers cherchaient les fenêtres, se perdaient au plafond. La dernière leçon glissait sur eux sans les atteindre. Les bavardages et les distractions se multipliaient. Le maître s'arrêtait après un claquement de langue, levait la main. Le silence revenait. « M'avez-vous compris ? Non, je vois que vous n'avez pas compris. Écoutez-moi bien. Je vais recommencer. C'est bien simple pourtant… » Recommencer, toujours recommencer ! On croyait que tout était clair et que les mémoires avaient fonctionné. Non, les mots et les phrases s'étaient enfuis comme d'insaisissables papillons. On se retrouvait devant des yeux vagues et perdus. Recommencer…

Simon marchait autour de l'école muette. En ce temps de chaleur et de moissons, les jours de fatigue ne comptaient plus. Et, pour lui, ce matin apportait la dernière moisson de Belpech. Il essayait d'en compter les gerbes. Qu'adviendrait-il de tous les mots prononcés derrière ces murs ? Les papillons se poseraient-ils ? C'étaient des morceaux de sa vie. Tous les enfants avaient pris un morceau de sa vie que l'oubli peut-être ou l'indifférence rejetteraient vers des ténèbres sans écho.

En cette fin d'année, il éprouvait la même impression de vide et de fatigue qu'après certaines classes du soir. « Qu'ai-je donc fait ? Que va-t-il rester ? » Toutes ces années avaient passé comme un éclair. Il approchait de ses quarante ans et il se revoyait encore, arrivant à Toulouse après sa sortie de l'hôpital. C'était tout proche, c'était hier. Au-delà des années de front, la fleur de la jeunesse brillait elle aussi présente, d'un éclat étrangement chaleureux, L'École Normale dans une banlieue de jardins, le calme studieux derrière les hauts murs de briques rouges, Révignac, les professeurs, les longues heures de lectures, les promenades dans Toulouse, le cahotement des tramways. C'était hier encore. Ô toute puissance, ô vivace charme de la jeunesse.

Personne ne pensait à lui, personne ne s'occupait de ce petit maître d'école méditant par un matin d'été sur la fuite des jours et le limpide cristal de la jeunesse. Un village inconnu, des maisons blotties dans la plaine et un homme qui rêvait dans le poudroiement des canicules. Il laissait ces maisons, il allait vers d'autres. Ce n'était rien, rien qu'une humble vie qui coulait…

À la fin d'août, les valises fermées, ils s'en furent avec l'enfant saluer les gens du village. Et les femmes s'exclamaient sans fin, et les hommes levaient les bras. « Déjà ! Nous pensions que vous nous resteriez jusqu'à la mi-septembre. Et le maire croyait vous garder ! Nous allons bien vous regretter, monsieur Sermet. Les enfants vous aimaient tant, ils ne juraient que par vous. »

Simon expliquait sa situation, parlait de Fontvieille et de ses parents. Un autre maître viendrait. Les bons maîtres ne manquaient pas. « Tout de même, monsieur Sermet, vous nous connaissiez tous. Un peu plus, vous auriez enseigné les enfants de vos élèves... »

Le dernier matin arriva. Le maigre mobilier des Sermet fut chargé sur la camionnette du maire. Un buffet étroit, une table, une cuisinière, des chaises de hêtre, une bibliothèque et des caisses de livres. Une ultime fois, Simon fit le tour de l'école. Il laissait un jardin frais et soigné, un logis nettoyé à fond, des registres en ordre. Sur la table du maître, une feuille manuscrite attendait le successeur avec une série de renseignements pratiques, indiquant les emplacements des cahiers et du matériel.

Il jeta un dernier regard vers la plaine, la tonnelle et les deux classes désertes. On l'appelait du côté de la grille. Il entendait la voix cordiale du maire répétant pour la centième fois : « Vous la regretterez, cette école, madame Sermet, c'est moi qui vous le dis... »

Il entra dans la classe des petits, s'avança jusqu'au bureau de Lucienne et le toucha furtivement. Déjà, ce n'était plus le bureau de Lucienne. Il se tourna vers les cartons de lecture accrochés au mur. Des faisceaux de bûchettes étaient rangés sur des étagères parmi les boîtes de pois et de haricots. Centaines, dizaines, unités.

Il revint à son ancienne classe, ouvrit le tiroir vide de sa table puis se plaça tout au bord de l'estrade comme s'il allait commencer une leçon. Mais les bancs étaient déserts. Pas d'écoliers, pas de filles en nattes, pas de nœuds roses ou de tignasses hirsutes. Rien que des tables labourées d'initiales et des fantômes de garçons et de filles, des enfants invisibles qui emportaient chacun un fragment de son âme…

Il sortit brusquement. Dans la cour, des familles l'attendaient, les enfants entouraient la camionnette. Une bouffée de chaleur monta à son front. Tout le village était là ou presque. Il serrait des mains, embrassait des petits. Des filles pleuraient en lui offrant leurs bouquets. On avait comblé Louis de tartes et de fruits.

« Je reviendrai, je reviendrai », disait Simon. Mais reviendrait-il jamais ? Et quel retour effacerait cette séparation ? Il s'efforça de penser à Fontvieille, et l'image du pays natal et de la maison paternelle arrêta les larmes qui luisaient à ses yeux.

Au moment de mettre le moteur en marche, il prononça un petit discours à l'intention des enfants rassemblés. « Ne pensez pas seulement à moi, pensez aux mots que je vous ai dits. Étudiez, étudiez encore, apprenez de toutes vos forces. Et surtout, ne vous battez pas, ne vous disputez pas. Aimez votre école, défendez-la. C'est l'école laïque. Il y a deux choses que les citoyens doivent défendre, l'école laïque et la paix. »

Et lui, retournait dans le pays où il était né. Il allait retrouver l'école où il avait appris ses lettres. Il enseignerait dans la classe même où il était entré comme écolier. Il n'avait jamais oublié son premier maître, un homme très savant et très bon, un instituteur premier parmi les premiers et qui avait aidé l'école laïque à devenir grande et forte.

Les mains se levèrent pour les saluer. Le moteur gronda. La camionnette traversa la place et fonça dans la poussière blanche vers l'horizon du nord où le soleil argentait les hauts peupliers de Garonne.

# VIII

DÉJÀ, ANNONÇANT L'AUTOMNE, les fruits légers de l'amour-en-cage se balançaient au vent. Contre le mur du fond, près de l'appentis où l'on entassait le bois sec, les dahlias se dressaient sur leurs tiges juteuses. Un poulailler faisait suite à l'appentis et venait s'appuyer à la maison. L'école s'ouvrait sur la place mais avec du retrait, isolée entre deux grands jardins.

Le front à la fenêtre, Simon contemplait les vieux rosiers de M. Bertrandou, exposés au midi, vigoureux et désordonnés. Leurs roses menues exhalaient encore du parfum. Les maîtres venus à Fontvieille avaient oublié de les tailler. Les plants demeurés se développaient à leur guise, jetant leurs bras capricieusement, nourrissant de petites roses. Quand le maître d'école n'est pas là, les rosiers produisent mal. Il ne reste qu'un peu d'arôme.

Au-dehors, la voix de M. Béziers expliquait :

« L'ancien préau a été conservé du côté du charron. On l'a maçonné un peu mieux et on a refait le toit. Vous voyez, on a agrandi de l'autre côté sur une bicoque que la mairie a achetée pour pas très cher. La première classe existe toujours. Elle n'a pas bougé. C'est là que Simon venait à l'école. Je l'ai connu à l'époque, je m'en souviens, madame Sermet…

– La classe de M. Bertrandou », précisa la voix du père.

M. Béziers, le maire de Fontvieille, reprit :

« La cour n'est pas très vaste mais vous avez un jardin derrière. Nous allons monter voir le logement. Quatre pièces. C'est propre. J'espère que vous vous plairez dans le pays, madame Sermet. Où est votre mari ? Ah ! laissons-le, ça lui fait plaisir de se retrouver. »

La classe existait toujours. Simon venait d'en franchir le seuil. Le flamboiement vert des rosiers derrière les vitres l'avait accueilli comme autrefois. Les murs blanchis à plusieurs reprises ressemblaient aux murs anciens. Des ampoules électriques remplaçaient les suspensions à pétrole. Des tables à deux places avaient succédé aux longues tables à banc sans dossier occupant toute la largeur. Il restait une de ces tables dans le fond, elle servait de musée et de table d'expériences.

La même classe. Un quart de siècle ne l'avait guère enrichie. Quelques livres nouveaux dans la bibliothèque, une couche de peinture qui s'en va, quelques fils électriques…

Et la table du maître n'avait pas bougé. Lentement, Simon s'approcha d'elle. Il s'appuyait aujourd'hui sur la table de M. Bertrandou. La barbichette d'ivoire s'était penchée vers ce bois couturé. La baguette du vieux maître avait sonné impérieusement contre ces pieds maigres. « Ce sera ma table », pensa-t-il. Il en avait conservé une image énorme et pesante, et la classe même demeurait dans sa mémoire comme une salle immense. Il se souvenait d'une table dressée sur quatre pieds massifs, pourvue de tiroirs mystérieux. Ce n'était qu'une très simple table de chêne, une vénérable petite table tout écaillée, perchée sur une estrade poussiéreuse.

Et le tableau noir contre le mur ? Simon y cherchait une longue éraflure. Il la retrouva sous une lèpre crayeuse. Le tableau n'avait pas bougé.

« C'est ma classe, ma classe ! » répétait Simon tout bas. La classe où il avait tracé des bâtons, celle où il revenait comme maître. Le cercle se fermait, la courbe rejoignait son départ.

La petitesse et la pauvreté de cette classe lui serraient le cœur mais il avait l'impression que chacun des objets d'autrefois le recevait avec des chuchotis de tendresse : « C'est toi, Simon, enfin toi, nous t'attendions, nous t'attendions depuis le départ de M. Bertrandou. Personne ne nous a aimés vraiment depuis cette époque. Il fallait que tu reviennes... »

Il marcha à nouveau vers la fenêtre. Au-delà du jardin, des collines festonnaient le ciel doux. Des vergers, des maïs, des vignes s'entremêlaient. Un pays moins découvert, opulent que celui de la plaine, toutes sortes de chemins capricieux courant entre des haies d'épines blanches et de prunelliers, des acacias et des chênes maigres, des ceps accrochés à des pentes. L'Essonnelle glissait sous une voûte de saules jusqu'au pont de briques rouges, en dos d'âne.

L'automne arrivait avec une splendeur moins solennelle. Le tapis enflammé des vignes s'interrompait mille fois. Des ors plus transparents, des émeraudes plus claires annonçaient le carrefour de la grande route du nord aux Pyrénées et du chemin de l'Atlantique. Ici, Gascogne et Languedoc mêlaient déjà leurs haleines.

Après la cour étroite, close par un mur bas, s'ouvrait la place de Fontvieille avec la fontaine à bassin rond ombragée de quatre platanes, la chapelle au clocher plat, l'auberge, l'épicerie et la boutique du charron-marchand de cycles, quelques façades de briques crues ne montant pas plus haut qu'un étage. De-ci, de-là, des flammes de géraniums et de capucines, des volailles qui déambulaient calmement, des chats endormis sur les seuils…

Rien n'avait changé depuis vingt ans et depuis plus longtemps encore. La lumière électrique était venue au village mais, dans de nombreux écarts, les cuisines et les étables s'éclairaient toujours au carbure ou au pétrole. Le chemin de cailloux et de poussière serpentait pendant plusieurs kilomètres avant de rejoindre le premier ruban goudronné.

Le calme d'un début d'après-midi planait sur les toits, les platanes et les chats endormis. Une odeur de tomates frites et de poivrons traînait d'un seuil à l'autre. M. Bertrandou avait marché dans cette sérénité ancienne. Son fantôme en jaquette luisante sortait de la salle de mairie, une simple pièce appuyée à l'école, meublée d'une quinzaine de chaises, d'un buste de Marianne en plâtre noirci et d'une table ovale qu'on recouvrait d'un drap vert à l'occasion des mariages. Après usage, le drap vert était replié soigneusement et rangé dans un réduit où s'entassaient les archives communales, les registres de l'état civil et de vénérables collections du *Journal des Communes.*

Simon rêvait devant son domaine. Les mots répétés tant de fois à des générations d'écoliers lui revenaient avec une tiédeur infinie. « Votre patrie, c'est d'abord votre village, les champs labourés par les anciens, les maisons qu'ils ont construites, les chemins qu'ils ont tracés, les souvenirs qu'ils ont laissés… » Et voilà qu'en ce retour les visages des anciens apparaissaient, non pas seulement dans un fugace dessin de mémoire, mais dans la réalité de certains visages d'enfants, leurs fils ou petits-fils.

Ces retrouvailles donnèrent aux premières classes de Simon Sermet à Fontvieille une curieuse émotion. Il avait ouvert devant lui le grand registre d'inscription et il interrogeait les enfants. Il en connaissait quelques-uns, d'autres lui rappelaient vaguement d'anciens condisciples.

« Camboulives Paul ? Tu es le fils de Camboulives qui habite dans les collines, le grand Camboulives ?

– Non, monsieur, c'est mon oncle. Mon père s'appelle Camboulives Germain. »

Camboulives l'aîné, Camboulives le grand, tête chaude et bon cœur avait fait le désespoir de M. Bertrandou. Son cadet avait quitté le village après la guerre pour travailler à Toulouse, puis il était revenu.

« Et toi Vidalenc Jacques, tu es le fils d'Antoine Vidalenc ?

– Oui, monsieur.

– Diantre, je connais bien ton père. Nous avons passé le certificat le même jour.

– Oui, monsieur, il me l'a dit.

– Et vous habitez toujours près du pont ?

– Oui, monsieur. »

Le maître regardait Vidalenc Jacques, un enfant de neuf ans, trapu et rougeaud, la tête ronde, avec des yeux minuscules et brillants comme des perles. Il voyait un autre enfant, le même enfant, vingt-cinq ans plus tôt, portant à M. Bertrandou les trésors découverts par ses yeux fureteurs sur le chemin de l'école : une feuille joliment brodée et dorée, un nid, un galet parfaitement arrondi, une nymphe, un oisillon tombé ou telle labiée mystérieuse. Et la première fois que Jacques Vidalenc entra dans la classe, portant une racine curieusement contournée, Simon eut l'impression que tout recommençait. L'enfant levait la tête vers lui, ses grosses lèvres s'écartèrent dans un bon sourire.

« Oh ! monsieur, voyez ce que j'ai trouvé. On dirait un serpent de bois... »

Mais le régent était distrait. Il ne s'occupait pas de la trouvaille. Il écoutait au fond des ans la question d'un autre Vidalenc et la réponse de M. Bertrandou, comme s'il n'y avait eu ni mort ni vieillesse, comme si la vie durait toujours.

L'installation se fit sans heurt. Les grands-parents Sermet avaient préparé leur arrivée. À Fontvieille comme à Belpech, ils entrèrent dans un logis tapissé de neuf où quelques vieux meubles s'ajoutaient à ceux qu'ils possédaient déjà, armoires et tables que la mère de Simon avait cirées avec amour.

Dès lors, il y eut entre l'école et la maison des collines d'incessantes allées et venues. La mère Sermet aidait au ménage, le père s'occupait du jardin. Ils étaient tous deux ragaillardis, souriants. Eux qu'on ne voyait jamais au village, s'attardaient maintenant avec les uns et les autres, causant de l'école et des affaires de la commune que leur fils allait prendre en main. Tous les matins, ils apportaient des provisions ou des objets utiles au ménage : un pot de salé, des confitures, des légumes de leur jardin, un chaudron, une casserole...

Le vieux Sermet, après avoir bêché le jardin, poussait une promenade dans le village pour asseoir la réputation de son fils.

« Eh oui ! il nous est revenu. Il n'était pas mal à Belpech mais... Un fort village dans la plaine. On voulait l'y retenir, vous pensez. Il a préféré son pays. Nous en sommes bien heureux. À nos âges, on aime voir les enfants se rapprocher. Ah ! les propositions ne lui ont pas manqué. L'inspecteur lui offrait une direction ou un cours complémentaire. Ce n'est pas parce que c'est mon fils, mais on peut dire qu'il est sérieux. Avec lui, les enfants ne perdent pas leur temps. Ceux qui n'apprennent pas, c'est que vraiment… M. Bertrandou l'a formé, c'est tout dire. Des maîtres comme Bertrandou, il n'y en a plus guère. Le moule est cassé. Quelques-uns pourtant… »

Le bonhomme entrait à l'auberge ou s'arrêtait chez le charron et la chanson reprenait.

« Un bon maître, notre Simon. Pour un Fontvieille, il n'y a pas à se plaindre. On lui offrait des postes plus importants. Il a préféré son village. M. Bertrandou serait content de le savoir ici. Son premier du canton ! Il ne l'avait jamais oublié. C'était en 5. En 5, oui. Je me souviens que j'avais du foin dehors. Et le soir du certificat, vous imaginez ! On se retarde toujours. Notre Simon a été proclamé premier du canton. Alors, tant pis pour le foin… Et depuis, il a été toujours dans les premiers. Sa femme aussi, voilà une bonne régente. Sévère sans trop, juste ce qu'il faut. Ils sont ici jusqu'à la retraite. »

Comme à Belpech, Simon prit la grande classe tandis que sa femme s'occupait des petits et tout-petits. Le secrétariat de mairie lui donna moins de tracas. Les habitations se dispersaient au creux des collines et les gens ne se déplaçaient qu'à bon escient. Quelques actes d'état civil, les délibérations du conseil à tenir à jour, les cartes des Italiens à renouveler. Depuis la guerre en effet, des fermiers et ouvriers agricoles italiens s'étaient installés dans le pays. Ils avaient relevé des bicoques, remis en valeur des terres négligées. Leurs enfants allaient à l'école et aux prénoms traditionnels se mêlaient désormais des Guido, des Francesca, des Fausto, des Ange que les enfants criaient tout naturellement en jouant dans la cour et sur la place. Il y avait quelques forts propriétaires qu'on ne voyait guère au village qu'au moment du règlement des fermages, le reste se divisait en lopins.

Simon dut tenir l'agence locale de la Caisse d'Épargne. Deux fois par mois, le dimanche matin, il recevait le public à la mairie. Il eut très vite la confiance du village. On apprécia son sérieux, son calme, sa voix persuasive qui prenait à la fin des explications un ton un peu solennel de régent. Il savait écouter les gens, il avait l'habitude des longs récits embrouillés et circonstanciés où il faut écarter le détail et le superflu pour dégager l'essentiel.

Il s'entendit fort bien avec le maire, Alphonse Béziers, un homme retenu et craintif, soucieux de ne déplaire à personne. Maigrelet, le visage plissé et recuit, ce paysan trottinait sans bruit de maison en maison. Il avait perdu un fils de l'âge de Simon à la guerre. Sa femme lui ressemblait, noire et ridée comme un pruneau oublié sur une claie. Ils possédaient quelques vignes qu'ils soignaient à petites journées. Béziers avait de l'instruction et une belle écriture. Il avait passé quelques années dans un séminaire, puis était revenu se marier et travailler la terre.

La chapelle du village ne s'ouvrait qu'une fois par mois mais tous les dimanches, de bonne heure, Béziers et sa femme s'en allaient en carriole jusqu'à Saint-Ély. Ils communiaient en souvenir de leur fils. Ils se consolaient dans la religion. Chose curieuse, ce village, qui passait autrefois pour avoir des idées assez avancées, s'était donné un maire très pratiquant. Mais Béziers lui-même expliqua le fait à Simon.

« Ah ! lui dit-il en soupirant, c'est Bertrandou qui nous a privés d'église. Autrefois, nous avions un curé et tout le monde pratiquait. Maintenant, nous avons un curé qui dessert trois paroisses et les jeunes pensent à autre chose.

– Ce n'est pas seulement M. Bertrandou, protestait Simon.

– Mais si, lui et son école laïque. Ce sont d'autres idées qui sont arrivées dans le pays avec lui. Remarque bien que je suis républicain moi aussi, mais la religion ça console, ça fait du bien… Je ne lui en veux pas, à ce Bertrandou. C'est ainsi… »

Il tiraillait sur ses brins de moustache et jetait à Sermet un regard profond.

« Et toi, tu es allé à l'école de Bertrandou. Tu lui ressembles. Tu ne crois ni à Dieu ni à diable mais tu fais ton travail. Eh bien ! soit… Moi, j'étais plutôt mécréant dans le temps. C'est depuis la mort du petit que je pratique. C'est ma vieille qui m'y a entraîné. Un jour, nous nous retrouverons tous ensemble. De la politique, je n'en fais pas. On ne m'a pas mis à la mairie parce que j'allais à la messe mais parce que je savais écrire et compter. Je sais faire une règle de trois et bâcler une lettre. Je tremblote un peu maintenant mais enfin… Ce qui me guide, c'est les intérêts communaux : l'eau, la lumière et les chemins, voilà ! Je ne connais pas autre chose. Et que faut-il connaître ? La politique, où ça nous mène ? Je te pose la question. Au bout du compte, ça nous prend nos petits. Tu ne diras pas le contraire. Moi, j'ai perdu un oncle en 70 et, si on fouille dans les vieux papiers de la mairie, on en trouvera pas mal qui ont quitté leur terre sans rien comprendre et qui ne sont jamais revenus dans les collines…

– Pas la politique, monsieur Béziers, rétorquait Simon, pas la politique, la guerre !

– Eh bien ! oui, la guerre, tout ce que tu voudras. Nous sommes bien petits, nous autres, pour comprendre ces choses et les arrêter. C'est pourquoi je te dis bien que je ne m'occupe que de ce que je connais. Le village, je le connais et j'en peux causer avec l'agent-voyer ou le sous-préfet ou qui voudra. Les chemins, les maisons, les bornes-fontaines, l'adduction d'eau, le lavoir… Sorti de là… »

Simon opinait.

« Sans doute, monsieur Béziers, mais les habitants de Fontvieille sont aussi des citoyens français. Ils doivent participer à la vie de la nation. Dans ce sens, il y a du progrès et c'est très bien ainsi. Il y a cinquante ans, qui savait lire ici ? Personne. Aujourd'hui, tout le monde. Grâce à qui ? Grâce à l'école laïque justement. Il y a des livres dans les maisons. Les esprits se sont éclairés. On ne mènera pas les gens à la boucherie si facilement.

– Tu le crois !

– Je le crois, oui, monsieur Béziers. C'est un long travail. L'école doit apprendre la République. C'est la loi et c'est la justice. L'école doit s'ouvrir au progrès. C'est ce que demandaient des Jean Macé et des Jaurès. Le progrès, c'est la paix entre les hommes.

– La paix, je veux bien, mais nous ne décidons pas.

– C'est un lent travail. Chaque maître dans chaque école le fera avancer… Les écoles et les livres tueront la guerre !

– Bon, bon, je ne veux pas te contredire. Tu as sans doute raison mais garde-toi de la politique. En fait, la politique n'existe guère ici. Au conseil, les étiquettes ne sont pas nombreuses. On se dit ceci ou cela, mais Fontvieille passe avant le reste. Tu as bien Truffié qui est radical et Fabre socialiste et Camboulives communiste, mais ce sont des mots… »

En entendant le mot de politique, Simon pensait à Masolles, son camarade d'École Normale qu'il avait retrouvé à Saint-Ély. Ç'avait été une heureuse surprise. Simon conduisait Louis au cours complémentaire et, quelques jours avant la rentrée, il était allé rendre visite au directeur. Là, il avait rencontré Masolles récemment nommé pour enseigner les lettres.

Masolles n'avait pas changé, toujours solide et corpulent, le verbe haut, le rire facile. Il avait exercé quelque temps dans un bourg des environs où sa femme avait de la famille, puis il avait demandé le canton pour mener plus facilement ses nombreuses activités. Il militait toujours activement au parti socialiste et s'occupait de diverses associations coopératives et laïques.

« Ah ! Sermet, tu reviens au pays. Oui, on me l'avait dit et je comptais te pousser une visite… Et ce grand garçon ? Ah ! c'est le petit de Révignac ? Eh bien ! nous allons nous en occuper, n'aie pas peur. Il viendra à bicyclette ? Bon, et quand il fera mauvais il restera à la maison. Mais si, mais si… Le petit de Révignac, tu penses. Le mien est un peu plus jeune. Qu'est-ce que tu veux en faire ? L'École Normale bien entendu. Il travaille bien ? Je m'en doute. Avec toi, il faut bien travailler. Nous le pousserons. C'est de la bonne graine de pédago… et de socialiste ! »

Masolles ressemblait au garçon d'autrefois. Vif, remuant, enthousiaste, posant dix questions et répondant aussitôt. Il interrogea Simon sur son séjour à Belpech, sur les idées qu'il avait.

« Tu n'as pas encore adhéré au parti ? Ça viendra. C'est le bon sens même… »

Il était très optimiste à propos de la situation internationale. Hitler n'était qu'un fantoche. Jamais les ouvriers allemands ne le suivraient. En France, la réaction battait de l'aile. Les Laval et Tardieu ne s'en sortaient pas. Jusqu'ici, le parti restait dans l'expectative mais c'est à lui qu'on aurait recours quand la crise s'aggraverait. Des hommes comme Blum et Vincent Auriol n'avaient pas été employés à leur valeur. Une grande culture jointe à un sincère amour du peuple. De grands esprits raisonnables. On pourrait développer ce mouvement coopératif qui en France n'avait jamais été aidé convenablement.

Masolles respirait la joie de vivre. Comme ils s'en revenaient dans les rues de Saint-Ély, il les fit s'arrêter vingt fois pour saluer un commerçant, un artisan, un paysan juché sur sa carriole. Il présentait Simon, demandait des nouvelles des familles. Le raisin, comment s'annonçait-il dans ce coin-là ? Plutôt petit mais sucré. L'été avait manqué d'eau. Masolles offrait des cigarettes, serrait des mains à la ronde et lançait des « *adissiats* » sonores. Non, tout n'allait pas pour le mieux. Dans les usines, la classe ouvrière commençait à se plaindre. Il y avait de la misère et le commerce s'en ressentait. Pourtant, la France avait de la ressource. Un beau pays et qu'il faudrait embellir encore. Masolles revenait de l'Exposition coloniale. Il avait passé une dizaine de jours à Paris avec sa femme et son fils. C'étaient des vacances chères mais il fallait avoir vu cela dans sa vie. Il rapportait tout un matériel pour ses leçons de l'année sur la plus grande France. Les souks, le jardin zoologique, le temple d'Angkor... Le temple d'Angkor ! Quelle magnifique reconstitution ! Cela donnait malgré tout une belle idée de la puissance française. La France avait sa place à tenir, son rôle à jouer. L'esprit de Locarno l'emporterait, Briand se souvenait qu'il avait été socialiste. De cœur, il l'était resté. Ses efforts pour la conciliation en portaient la marque. Un grand politique !

En écoutant Masolles, Simon retrouvait son impression d'autrefois, du temps de Maurines ou de l'École Normale : une sorte d'exaltation confiante mêlée d'une obscure crainte. Avec Masolles, tout s'expliquait, tout était facile. Il balayait les objections d'un geste large. Il parlait bien et beaucoup, arrondissant ses phrases avec un plaisir visible. Il édifiait sans peine une cité socialiste admirable, pleine d'écoles aux immenses fenêtres sur laquelle planaient deux déesses fécondes : la Coopération et la Laïcité. Il gardait ses sarcasmes et ses plaisanteries les plus mordantes pour le clergé et les cléricaux. Pas de compromission avec ceux-là ! Rien à faire ! Quand Simon lui parla d'Alphonse Béziers, le maire de Fontvieille, Masolles eut une grimace.

« Je le connais ! Sa femme est une grenouille de bénitier. C'est elle qui le pousse. Il n'est pas très dangereux, tu me diras, mais à Fontvieille, vous n'avez pas besoin d'un maire clérical. C'est un recul. Il y a quelqu'un qui vous fera un maire excellent, c'est Fabre, le conseiller, tu le connais ? Un pur socialiste. Mais tu te méfieras de Camboulives. C'est un dangereux. »

Fabre et Camboulives, Simon eut l'occasion de les connaître soit au conseil, soit à l'école même où tous deux avaient des enfants. Fabre, pour ne pas faire mentir son nom, venait d'une famille de forgerons très ancienne à Fontvieille, mais le métier s'était arrêté au grand-père. Des alliances et de petits héritages ayant agrandi leur bien, ils avaient laissé l'enclume et le soufflet. Fabre, un gaillard solide, noir de poil avec un visage coloré de bon vivant, passait à juste titre pour un boute-en-train. Il plaisantait sans cesse et possédait une jolie voix de ténor. Aux veillées, aux réunions diverses, à l'auberge même, il poussait la chansonnette sans se faire prier. C'étaient *La Toulousaine, Montagnes Pyrénées, Ah ! que vous êtes belles, cimes du Canigou* et quelques chansons patoises. Sa générosité était proverbiale. Fabre-les-mains-trouées, disait-on. À l'auberge, entre deux tournées, il haussait les épaules : « Bah ! je ne sais pas compter, M. Bertrandou m'a tout appris mais il ne m'a jamais appris à compter. » Malin, cependant sous des dehors bonasses, il convoitait la mairie et se moquait rondement des curés et de ceux qu'ils tenaient sous leur coupe. Béziers le laissait dire, refusant la discussion, faisant celui qui n'entend pas.

Le maigre Camboulives, lui, entendait toujours et ripostait du tac au tac. La famille Camboulives avait la tête chaude, on le savait. À son retour du front, Germain Camboulives s'était marié avec une Toulousaine. Ayant eu des mots avec son aîné, il s'était établi à Toulouse et avait travaillé en usine. Puis, le grand Camboulives, blessé à une jambe et peinant de plus en plus au travail, l'avait rappelé. Germain s'était remis au labour, mais pas seulement au labour. Comme on disait Fabre-les-mains-trouées, on disait Camboulives-les-mains-de-fée. Il était passionné de mécanique et adroit pour toutes sortes de réparations. Une pompe s'essoufflait, une faucheuse ou un coupe-racines se déréglait, un moteur battait la chamade, les gens hochaient la tête et ne pensaient pas toujours au charron : « C'est du travail de finesse, il faudra le montrer à Camboulives. »

Il avait ramené de son temps de guerre et d'usine des idées bolcheviques. Ses querelles avec Fabre passaient, elles aussi, en proverbe. Au conseil, si l'un proposait, l'autre par réflexe cherchait la ruse et la trouvait toujours. Cela couvait tout au long de la séance. Camboulives, impassible d'abord, se penchait sur sa blague à tabac, ses lèvres se serraient, mais on savait qu'il méditait une riposte ; et les grands rires de Fabre annonçaient quelque pointe dont chacun riait sous cape. Et soudain, le combat commençait. Fabre abattait sa large main à plat sur la table et se tournait franchement vers Camboulives.

« Mille dieux ! Germain, ce lavoir, où le mettrons-nous finalement ? Sur le chemin des collines, tu dis que c'est trop loin. Près du pont, ça ne va pas. Alors ?

– Non, ça ne va pas, répétait Camboulives sèchement. Près du pont, il y a ce raidillon qui est mauvais. Il faut le construire sur la place contre la maison Fournier.

– Mais ton Fournier n'accepte pas !

– Il faudra qu'il accepte. Et d'abord, c'est peut-être ton Fournier mais ce n'est pas le mien. Je n'ai pas de relations avec les capitalistes et je ne leur serre pas les mains.

– En attendant, il ne veut pas céder son terrain. Et ce n'est pas Staline qui va nous construire un lavoir. »

Le Fournier en question possédait trois grandes fermes dans les collines. Il y avait installé des Italiens. On le voyait très rarement dans sa bicoque de la place. Il vivait à Toulouse où il dirigeait une importante fabrique de pâtes et de semoule. Le conseil lui avait refusé la réfection d'un chemin que ce Fournier était à peu près seul à utiliser. D'où sa rancune et son refus dans l'affaire du lavoir. Bien entendu, le personnage avait de l'influence à la préfecture et au conseil général. Fabre était partisan de le ménager dans l'immédiat. Camboulives n'admettait aucune concession.

« Qu'on prenne un arrêté ! C'est une question d'utilité publique.

– Hé ! oui, où te crois-tu ? rétorquait le socialiste. Nous ne sommes pas en dictature et les choses ne se règlent pas si facilement. On peut parler avec cet homme, être aussi malin que lui. »

Le maire, qui redoutait une nouvelle querelle avec Fournier, avait entraîné le conseil vers une solution intermédiaire. Le lavoir serait construit près du pont et le raidillon serait aménagé.

Aux premiers temps de son séjour à Fontvieille, Simon eut affaire à l'un et à l'autre. Il n'en prit aucune aigreur. C'étaient des hommes de parti et lui, Simon, n'obéissait pas à des consignes, il n'obéissait qu'à son cœur. Il en profita pour leur faire la leçon.

« Moi, leur dit-il en souriant, je suis un peu comme Michel de l'Hospital, vous savez, ce chancelier de l'époque des guerres de Religion. Que disait-il, Michel de l'Hospital ? Il disait : "La bonne vie persuade plus que l'oraison, le couteau vaut peu contre l'esprit ; la douceur profite plus que la rigueur..." Vous entendez : "Le couteau vaut peu contre l'esprit... Ôtons ces mots diaboliques : luthériens, huguenots, papistes ; ne changeons le mot de chrétiens..." Moi, je vous dis : "Ne changeons le mot de citoyens, mes amis." Avez-vous compris ? »

Avec Camboulives, c'est de Briand qu'il fut question. Un matin, quand les enfants entrèrent en classe, ils trouvèrent le maître debout au bord de l'estrade, la mine grave et triste. Ils s'installèrent en silence. Ils sentaient que ce n'était pas une rentrée ordinaire. Alors, Simon commença :

« Écoutez-moi bien, mes enfants, aujourd'hui, dans toutes les écoles de France et dans bien d'autres écoles du monde entier, on parle d'un grand citoyen, d'un homme qui s'est dévoué jusqu'à sa mort pour le bien de tous les hommes, pour nous tous, pour sauver la paix du monde. Vidalenc, regarde-moi, ne t'occupe pas de la fenêtre. Cet homme vient de mourir. Il a lutté pour nous, oui, pour nous, pour vous, pour vos parents, pour moi, jusqu'à son dernier souffle. Il représentait la France à la Société des Nations. Il s'appelait Aristide Briand. N'oubliez pas ce nom. Et qu'est-ce que c'est que la Société des Nations ? C'est une grande assemblée où les représentants des pays du monde viennent s'asseoir et discuter. Pour quoi faire ? Eh bien ! pour régler toutes les questions qui les intéressent. Elle siège à Genève, en Suisse, là, vous voyez, suivez la baguette... Quand les nations ne sont pas d'accord, quand il y a entre elles des disputes, des différends comme on dit, *e n d s,* eh bien ! il vaut mieux qu'elles discutent autour d'une table plutôt que de se battre à coups de fusils et de canons. Voilà bien ce que voulait Aristide Briand. Il disait : "Tant que je serai là, il n'y aura pas la guerre." Il a lutté pour la paix infatigablement. C'était un apôtre de la paix, un pèlerin de la paix, toujours prêt à voyager pour discuter, pour s'entendre avec les uns et les autres. Il est mort épuisé par tant d'efforts mais son œuvre et son exemple nous restent. Nous devons l'imiter chacun à notre manière en défendant la paix. C'est notre devoir. La guerre est une chose affreuse, je vous l'ai déjà dit. La chose la plus affreuse. Elle transforme les hommes en bêtes fauves. Les hommes ne doivent pas se battre. Ce sont les loups et les tigres qui se battent. M'avez-vous compris ? »

Ce fut une leçon plus longue que d'ordinaire. Le maître semblait avoir oublié la suite des travaux, la correction des devoirs du soir, le calcul du jour, la dictée et le vocabulaire. Il parlait d'Aristide Briand, de la S.D.N. et de la paix. À la fin, il demanda aux enfants de se lever. Ils demeurèrent quelques instants en silence. Par la fenêtre entrouverte arrivaient les bruits tranquilles du village au matin, des rumeurs d'oiseaux et de volailles, un tintement de fer.

Derrière les feuilles dorées des acacias et des platanes, le soleil glissait sur les toits couleur de vin et de violette. Un paysan traversait la place lentement, précédant une paire de bœufs roux et une charrette de fumier.

Les yeux du maître se fermaient à demi. On aurait dit qu'il regardait en dehors et en dedans à la fois. Son visage toujours rond et délicat, un peu enfantin, commençait à se marquer de rides, aux coins de la bouche, en travers du front haut. Ses cheveux clairs se tissaient de fils d'argent étincelant.

Au tableau noir, sous la date, il avait moulé en belles lettres rondes les deux lignes du résumé de morale.

*Tant que je serai là, il n'y aura pas de guerre.*
*Aristide Briand (1862-1932).*

Le soir même, à la fin de la classe, Germain Camboulives vint trouver Simon. Ils se tutoyaient depuis l'enfance mais ce n'était pas une familiarité complète. De longues années les avaient séparés et Simon restait le maître d'école, un personnage qu'on ne saurait aborder sans respect.

« Eh bien ! Germain, qu'est-ce qu'il y a ?

– Il y a que le petit m'a raconté cette leçon sur Briand…

– Et alors ?

– Et alors… je pense qu'on t'a demandé de faire cette leçon ?

– Oui, l'académie nous a adressé une circulaire. On a parlé de Briand dans toutes les écoles.

– Eh bien ! moi, je ne suis pas d'accord. Briand, ah ! là, là… »

Dans la mémoire de Simon passa le visage maigre et ricaneur du facteur de Belpech.

« Cet homme s'est dévoué pour la paix du monde, Germain ! Il a droit à notre vénération.

– Ah ! tu me fais rire ! »

Camboulives se mit à parler d'une voix sèche et pressée. Son père, un simple paysan mais qui avait déjà à l'époque de bonnes idées, lui avait parlé de Briand. Au front, un instituteur de son escouade lui avait parlé de Briand. Pas très propre tout ça. Et Simon ne savait peut-être pas ce qui s'était passé en 1907. Ce n'était pas tout près, ça faisait partie de l'Histoire de France. Est-ce que Simon le savait ? En 1907, Briand était ministre de l'Instruction publique. Et à qui il s'était attaqué ? Aux instituteurs ! Il avait même révoqué le secrétaire de leur fédération. Il y avait un autre renégat du parti socialiste dans le ministère à l'époque. Viviani, le ministre du Travail. C'est alors que Jaurès, le grand Jaurès, s'en était mêlé. En pleine Chambre, il avait remis Briand à sa place en lui ressortant toutes ses phrases d'autrefois, du temps où Briand réclamait la grève générale et voulait faire sauter les égouts de Paris.

« Ah ! dit Simon, peu importe les querelles de tribune. C'est l'homme de la paix que j'estime.

– Pour être ministre, ton Briand, il aurait écrasé père et mère. Quand il a été ministre, il a tout oublié. Un renard qui changeait de trou à chaque occasion. Jaurès le lui a bien dit. Et sa paix, qu'est-ce que c'est sa paix, je te le demande ? Des paroles. Des saluts de tous les côtés. Rien de précis, rien de solide. Ah ! nous le verrons bien…

– Encore une fois, Germain, tu parles en homme de parti. »

Et c'étaient les mêmes mots que Simon avait dits au conseiller Fabre. Il ne s'agissait pas de Briand cette fois, mais de Romain Rolland et de Barbusse. À la fin de juin 1932, quand ils lancèrent leur appel pour un grand congrès contre la guerre, Simon en parla à ses enfants. Et là, Fabre prit feu et flamme, disant que c'était faire le jeu des Bolcheviques, que ce Barbusse était l'homme de Moscou. Simon lut à ses élèves des passages du *Feu* et de *Jean-Christophe.* Il en lut aussi à Fabre, mais le paysan n'en voulut guère démordre. Ce Barbusse était une canaille.

« Ah ! vous ne me comprenez pas, dit le maître d'école. Je vous répète que je ne suis pas un homme de parti. Je défends les grandes idées d'où qu'elles viennent. L'essentiel, c'est la paix du monde. »

Et il répétait la vieille phrase de Révignac toujours vive dans sa mémoire : « Ce n'est pas le métier de tuer qu'il faut faire, c'est le métier de semer. »

Une telle phrase valait pour les instituteurs et les paysans, pour tous ceux qui travaillent.

Ni Camboulives ni Fabre n'insistèrent beaucoup. Ce maître d'école était sincère. Il avait ses idées et ses marottes. Allait-on lui demander de se mêler des disputes ? Il voulait rester au-dessus de cela. Il faisait la classe et il la faisait bien. Il servait la commune de toutes ses forces. Déjà, on le voyait reprendre les habitudes de M. Bertrandou, trottant de ferme en ferme, fouillant dans les archives de la mairie, s'efforçant de connaître à fond chaque pierre des collines, chaque visage des habitants. La classe, il ne la faisait pas seulement derrière sa table d'instituteur mais dans la salle de mairie, sur la place et à l'auberge. On se plaisait à écouter sa voix tranquille. « Écoutez-moi, mes amis ? Est-ce que vous comprenez ? M'avez-vous compris ? » On l'aurait écouté durant des heures soit qu'il expliquât le paysage et la façon dont la Garonne avait formé sa vallée ou la courbe de son chemin, soit qu'il évoquât les anciennes histoires du pays, le passage et l'installation des Wisigoths, l'invasion sarrasine, les batailles d'autrefois du temps de Simon de Montfort et des comtes de Toulouse, la grande Révolution, les armées de Napoléon en route vers l'Espagne. Dans sa bouche, l'Histoire de France se transformait. Elle perdait ce ton ennuyeux et sec des livres d'écoliers pour devenir un récit familier et vivant. On voyait des Vidalenc, des Fabre et des Camboulives penchés sur la glèbe des seigneurs de Fontvieille, trimant pour le pain blanc des nobles et des évêques ; puis, les croquants s'en allaient à Saint-Ély dire leurs doléances que des scribes couchaient sur un cahier. La flamme révolutionnaire s'allumait dans le pays. Un soir, un cavalier couvert de poussière grise était venu annoncer que la Bastille était aux mains du peuple de Paris et de grands feux de joie avaient couronné les crêtes. Plus tard, les Camboulives, Vidalenc et autres Fabre étaient partis en guerre. Et l'un était mort en Égypte, un second avait perdu un bras en Italie, un troisième avait péri dans les plaines de Russie. Certains, lassés de batailler pour l'Empereur, avaient pris le chemin des forêts, c'étaient des réfractaires, des laboureurs qui ne voulaient faire qu'un métier : celui de semer… On en venait toujours là avec Simon Sermet. Les petites gens dans la nuit de l'ignorance n'étaient bons qu'à nourrir les grands ou les servir au combat, mais peu à peu certains arrivaient à comprendre que les hommes peuvent avoir un autre état que celui de serf ou de soldat.

À l'approche de l'hiver, le maître lança l'idée d'une amicale des anciens élèves de l'école laïque. La camaraderie ne pouvait pas finir au jour du certificat. Les anciens écoliers devaient se retrouver dans leur école. Leur école leur appartenait toujours. Toutes les querelles s'arrêteraient au seuil de cette petite classe où les fils et les filles du village avaient appris leurs rudiments.

Le conseil approuva Simon à l'unanimité et, cette fois, les Fabre ne cherchèrent aucunement dispute aux Camboulives. Pour fêter la fondation, une séance récréative réunirait les familles. Les mères aideraient Lucienne à costumer les enfants.

Et Noël vint dans un habit de brume transparente car le vent d'autan caressait la plaine de ses souffles humides et chauds. Au crépuscule rouge, les longues ombres des marmots couraient sur les chemins. Les feuilles rouillées perdues entre les branches devenaient des étoiles. Les chansons et les rondes apprises à l'école se dispersaient vers les hameaux. L'haleine d'avril qui descendait des collines se chargeait d'un subtil parfum de mandarine. Les enfants s'attroupaient devant l'étalage de l'épicerie comblé de sabots de sucre et de chocolat.

Une nuit presque tiède de décembre, les lanternes se balancèrent en route vers l'école depuis les plus lointains écarts. Un rideau tendu en travers de la grande classe ménageait une scène de fortune. Un sapin habillé de clinquant accueillait les arrivants. Des guirlandes et des dessins ornaient les murs. Le gui et le houx des collines encadraient les fenêtres. Simon rayonnait. Tout son monde était là, le maire, les conseillers, les rouges et les blancs, L'école laïque de Fontvieille recevait toutes les familles du village.

Sur la place, les souffles du vent d'autan dispersaient le parfum des bougies et des crêpes. Les voix gentilles lancèrent les chansons d'oc, les berceuses et les airs de métiers ; les petits tournèrent des rondes, d'autres vinrent réciter dans un grand silence attentif. À l'entracte, Simon prit la parole et rappela le souvenir de M. Bertrandou.

L'école qu'il avait tant aimée et défendue demeurait intacte et toujours vaillante. C'était l'école du village, l'école de la République.

On se dispersa vers la minuit dans une vaste rumeur de rires et d'appels. Chacun tenait à serrer la main du maître.

« Ah ! monsieur Sermet, quel mérite vous avez ! C'était une belle fête et ces enfants ont bien travaillé ! Et Mme Sermet, elle en a eu de la patience pour dresser ces petits ! »

Les lanternes clignotèrent sur les chemins des collines. La place peu à peu retrouva le calme d'une claire nuit. Simon s'en alla réveillonner avec les siens. Il était rouge, ses yeux brillaient, ses mains tremblaient d'une joyeuse lassitude.

Quelques jours plus tard, la neige couvrit la plaine, une fine neige qui s'accrochait à peine aux branches nues, aux revers des fossés. Au premier de l'an, les enfants du village firent la promenade des vœux. Munis d'un sac de toile, ils frappaient de porte en porte et souhaitaient la bonne année. On leur donnait un sou, deux sous, quelques œufs, des fondants ou des pralines. Les sacs de monnaie tintaient au fil des sentiers boueux.

Puis toute douceur s'effaça. Vinrent les durs frimas. Les galoches des écoliers cognèrent rudement le sol gelé. Mais si la bise aux mille couteaux régnait sur la plaine et les collines, derrière les portes closes commençaient les plaisirs d'hiver. Des veillées lentes parfumées de vin chaud et de maïs grillé, de longues heures pour raconter des histoires ou fredonner des chansons. De ferme en ferme, on célébrait la fête du cochon. Le pesant cadavre de marbre suspendu à l'air froid, sous les granges, les femmes brassaient le sang du boudin. Dans les chaudrons où la graisse avait cuit, les longues cuillères de bois tournaient la bouillie de maïs et de lait.

C'était l'hiver. Fontvieille dormait dans la brume et le gel. Les aubes et les soirs se chargeaient de silence. Les maisons accroupies fermaient vite leurs yeux rougeoyants. Le monde semblait loin, très loin.

À la tombée d'une nuit, vers la fin de janvier, la carriole de Camboulives s'arrêta devant l'école. Simon surveillait la sortie. Il leva une main pour saluer. Dans l'ombre, une autre main lui répondit. Le paysan tassé sur son banc s'enveloppait d'une vaste cape de drap rude. Camboulives revenait de Saint-Ély.

« Quoi de neuf, Germain ? demanda le maître.

– Hitler ! dit le paysan.

– Eh bien ! quoi, Hitler ?

– Hindenburg a appelé Hitler. C'est Hitler qui gouverne en Allemagne. »

L'homme disait Hiller sans prononcer le *t*.

Simon hocha la tête plusieurs fois et revint dans la cour pour surveiller ses enfants. Camboulives fouetta son cheval. La charrette disparut dans le noir.

C'était un soir de janvier, le dernier soir de janvier en 1933.

# IX

DANS LES TÉNÈBRES GLACIALES, Camboulives avait annoncé la venue de Hitler au pouvoir. Sur le moment, Simon n'en eut pas grande émotion. Les nouvelles courent de capitale en capitale, de poste en poste et de bouche en bouche. Quand elles arrivent dans les lointains villages, elles semblent parfois décharnées, desséchées. Que faut-il en croire ? Que disent-elles vraiment ? Les travaux et les soucis quotidiens ont une autre couleur, un autre poids. Hitler prend le pouvoir, allons bon ! Encore cet Hitler ! Au fait, ce n'était pas une bonne nouvelle mais une nouvelle après d'autres qui l'avaient préparée. Cette Allemagne, dans sa misère et son désordre, éveillait beaucoup d'inquiétudes mais il n'en parvenait que des images assez vagues, floues comme les photos de presse aux quadrillages confus. Hitler durerait-il ? Il avait quelque chose d'un pantin, d'un fantoche. Cette mèche, ces bras tendus, ces baudriers et ces bottes appartenaient à un monde grotesque et mystérieux, sans réalité en somme.

Camboulives s'était éloigné sans ajouter un mot ou une appréciation. Craignait-il de déranger l'instituteur ? Il avait hâte peut-être de retrouver le coin de son feu. Ou alors, pour lui, la phrase était suffisante, assez chargée de menaces et de dangers.

Les semaines d'avant, ils en avaient parlé de *Hiller*. Et Camboulives disait, la main à plat sur le journal qu'il apportait au maître d'école :

« Hitler sera balayé si les communistes et les socialistes allemands s'unissent contre lui. »

Et là, Simon lui avait fait la leçon. « Tu parles des Allemands, mon ami ? Est-ce que tu as pensé à ton village ? Toi-même, tes querelles avec Fabre sont passées en proverbe. Alors ? » Heureusement, il y avait l'amicale laïque. L'amicale avait permis de rassembler des gens comme Fabre et Camboulives. Encore une fois, l'école laïque faisait la preuve de son pouvoir. L'école de la République, l'école de la véritable fraternité. Ah ! si l'Allemagne avait eu cela !

La ronde des jours et des travaux emporta cette crainte d'un soir. Elle se dilua dans d'autres soucis et nouvelles. Et certes, les affaires d'Allemagne avaient leur importance mais la question du prix du blé préoccupait les paysans. Camboulives avait beau jeu de répondre : « Tout ça va ensemble, le fascisme là-bas, le fascisme ici ; là-bas, *Hiller*, ici de La Rocque et ses Croix-de-Feu ; les riches ne veulent pas payer, alors ils préparent de mauvais coups, les chômeurs sont de plus en plus nombreux et les paysans travaillent pour rien ! »

Sermet était embarrassé. Le dimanche, quand il tenait la Caisse d'Épargne, il ne savait trop que répondre aux récriminations des villageois.

« Il faut que je sorte 500 francs, monsieur Sermet. À la foire, on ne donne rien pour rien. Mais le blé, on nous le prend pour une misère. Ça commence à ne plus aller du tout. Qu'est-ce que vous pensez ? Est-ce que nous vivons comme des riches ? L'engrais ou le sulfate, il faut que je les paye. Un costume, ça peut durer dix ans mais ce n'est pas éternel. Et les outils non plus ne sont pas éternels. Le prix de la ficelle a doublé depuis l'an dernier. Et le sucre, et l'huile ! »

Simon hochait la tête. Ah ! il faudrait encore du temps pour régler la confusion du monde.

Dans ce village, la vie avait pourtant sa douceur. Simon touchait exactement à ce qu'il avait souhaité. Il devenait le roi juste et débonnaire du pays. Il enseignait les petits et il les garderait en main. Il connaissait les grands et, de plus en plus, on le mêlait à toutes les affaires des familles.

Un soir, un paysan arrivait, roulant son béret. C'était pour une publication de mariage. Et le bonhomme expliquait comment les accordailles s'étaient faites, quel lopin le fils garderait, quelle terre la fille apportait dans sa corbeille.

« Qu'en dites-vous, monsieur l'instituteur ? C'est Rosa de chez Laffont, une fille calme et travailleuse. Nous les prendrons avec nous. Ma femme a son caractère, mais enfin... Ils se veulent, c'est un fait, mais il faut encore marier les familles ! »

Le paysan riait dans ses moustaches et Simon donnait son opinion tranquillement. Il était bon que chacun y mît du sien. Si l'on ne s'entend pas de belle-mère à bru, comment voulez-vous qu'on s'entende d'un pays à un autre ?

Le père prenait congé. Simon restait à rêver quelques instants. Un matin d'octobre ou de mai, cette Rosa lui amènerait son enfant pour l'inscrire à l'école. Lucienne lui apprendrait les lettres. Et ainsi de suite, jusqu'à la grande classe et au certificat. Un jour lointain peut-être il verrait arriver au conseil quelques-uns de ces marmots auxquels il avait enseigné les tables de huit et de neuf.

Et plus tard encore… Avec un demi-sourire, Simon pensait à Louis. Qui pouvait savoir ? Est-ce qu'un autre matin d'octobre, le garçon ne viendrait pas s'asseoir devant la vieille table où M. Bertrandou s'était accoudé ? Lui, Simon, prendrait sa retraite et Louis succéderait à Simon. C'était comme une dynastie qui se préparait, humble mais efficace. L'école changerait sans doute. Celle que Simon gouvernait se trouvait peu différente de l'ancienne. Avec les ans elle prendrait de la force et on penserait à l'améliorer. À travers ses paupières mi-closes, il la voyait grandir, blanche et pleine de lumière, des tables modernes fraîchement vernies, des bibliothèques immenses, des vitrines bourrées de matériel et, qui sait, peut-être un cinéma ou un stade… Ah ! les méthodes changeraient sans doute et déjà elles avaient changé. On n'était plus au temps de la férule et des récitations monotones. Certains jeunes maîtres prônaient de nouvelles pratiques où l'enfant faisait à peu près ce qu'il voulait. Ils bannissaient à jamais la vieille discipline, les bras croisés et les punitions. Mais il fallait attendre, se garder à la fois de la routine et d'une fantaisie qui pouvait s'avérer dangereuse. C'est la patience et la conscience qui comptent. Simon aimait à répéter une phrase de Michelet : « Que la quantité de travail y fait bien moins qu'on ne croit ; les enfants n'en prennent qu'un peu tous les jours ; c'est comme un vase dont l'entrée est étroite ; versez peu, versez beaucoup, il n'y entrera jamais beaucoup à la fois… » Alors, on recommence, on répète, on s'obstine jusqu'à ce qu'un peu de liqueur ait pénétré dans le flacon.

Eh non ! ce n'est pas facile et les gens ne savent pas toujours les trésors de patience qu'il convient d'employer. Il y a des moments où les nerfs sont à bout, où l'on a envie de claquer la porte et de sortir. On a parlé pendant des minutes, s'ingéniant à trouver les mots simples, les formules qui touchent, les gestes qui aident la pensée à cheminer. Et puis on interroge, on essaie de voir si quelque chose est resté. Les yeux des garçons et des filles deviennent vagues. Il n'est rien resté ! Quoi, rien ? Tout de même… Mais non, même les meilleurs ont laissé glisser les phrases et les raisonnements. Ils se dandinent à leur banc. On ne peut pas leur arracher une réponse correcte. Personne n'a compris. Que s'est-il passé ? Est-ce la chaleur ou le froid ? Pensent-ils à autre chose ? Inutile de se désespérer. On recommencera. Toujours recommencer, toujours inventer de nouvelles images et de nouvelles histoires pour que la clarté entre dans les petites têtes.

Et parfois, c'est comme un miracle, mais un miracle lentement préparé. Adrienne Rebersat sait distinguer une dizaine d'un dixième. Elle jongle enfin avec les nombres décimaux. Non, ce n'est pas un hasard, elle a compris. Enfin ! Et un autre matin, c'est Raymond Loupiac qui apporte ses phrases sur une page froissée de son cahier de brouillon, des phrases correctes et jolies, ma foi. Comment a-t-il trouvé cela ? Jusqu'ici, il ne composait que des balbutiements horribles. Et voilà que pour décrire son chien, il a découvert ce que c'était qu'un sujet, un verbe et un complément. Il n'y a presque pas de fautes d'orthographe. Le maître le félicite.

« Tu vois, Raymond Loupiac, tu vois, quand tu veux… »

Le maître lit les phrases à la classe attentive. Le gamin rouge de fierté retourne à son banc à pas lents et croise ostensiblement les bras. Peut-être va-t-il continuer, peut-être va-t-il retomber dans son ornière d'où il faudra le retirer jusqu'au nouveau miracle. Mais non, ce ne sont pas des miracles. Le monde, l'immense monde bourdonne autour de cette classe étroite et il faut le recréer peu à peu avec ses couleurs, ses diversités, ses images innombrables et complexes. Parler du jamais vu, donner la notion des siècles qui passent, de la distance, de l'énorme et du subtil, se battre avec l'abstraction de la règle de trois où les fantaisies de la grammaire, avec les mystères de la géologie, de la botanique et prendre garde à tout instant que les mots peuvent rater leur but, se transformer étrangement, peuvent mentir… Au cours des leçons de grammaire, quand Simon expliquait la composition des phrases à sa façon, il voyait parfois des yeux se mettre à rêver.

« Voilà le verbe, c'est le moteur, il fait tout marcher. On va lui donner un conducteur, le sujet. Et on accrochera des wagons, les compléments… »

Mais déjà les yeux oubliaient le verbe et son entourage pour suivre une vraie locomotive soufflante et fumante sur des rails infinis. Alors, il fallait suivre la locomotive, la rattraper, la ramener au bercail du tableau noir…

Bien entendu, la pédagogie et le travail des écoliers nourrissaient toujours abondamment les conversations des Sermet. Pour Lucienne, c'étaient d'autres batailles ou miracles. Certains enfants des collines lui arrivaient, sachant à peine le français. Elle devait leur fournir les outils décisifs : écriture et lecture. Elle y réussissait fort bien, ayant pris l'habitude de la patience et de l'ingéniosité. Les dernières années de Belpech, les premiers temps de Fontvieille lui avaient donné un précieux équilibre. Elle ne criait plus comme en ses années de début, elle maîtrisait sa voix et ses gestes et savait à merveille occuper les marmots remuants et jacasseurs. Elle s'intéressait prudemment aux méthodes nouvelles où l'on commençait à proscrire le traditionnel abécédaire pour enseigner un mot d'un seul coup à l'aide d'une image qui l'accompagne.

Parfois, Simon la voyait arriver, les yeux étincelants de plaisir.

« Enfin, disait-elle de sa voix calme, un peu grave, le petit Canavèse sait lire couramment. Tu peux dire que je suis contente. Je le croyais bien perdu celui-là... Maintenant, je les ai tous débrouillés, le plus gros est fait pour cette année. »

Lucienne se plaisait à Fontvieille et elle aimait la maison des collines. Elle y allait souvent le jeudi ou le dimanche. La borde d'argile appuyée aux bois et regardant la plaine de Garonne lui paraissait la plus belle demeure du monde. Elle y venait lire et se promener avec son fils. Ce n'était pas la seule grâce poétique de la vieille maison qui l'attirait. Les quatre murs épais, le hangar à piliers, les figuiers et les vignes bleues lui appartenaient. Elle y vivrait un jour et son fils l'y suivrait. Ils ne bougeraient plus de Fontvieille, quand ils quitteraient l'école de la place, la maison des collines les recevrait. En accord avec la mère de Simon, elle l'avait rendue plus confortable. Le père Sermet avait cimenté les abords, repeint la cuisine du bas, tapissé les chambres, installé l'eau sur l'évier et à l'étage grâce à un petit moteur. Lucienne avait été élevée par sa mère, veuve de bonne heure, dans un appartement étroit au quatrième étage d'une bicoque du Capitole. Pour la première fois, elle possédait une maison à elle, une véritable maison ouverte sur les bois et la plaine, caressée par les verdures d'un jardin.

Elle s'installait pour lire dans la chambre du haut qu'elle avait ornée de cretonnes fleuries et de petits tapis bon marché. La fenêtre regardait les ramiers lointains. Le flanc de la colline arrêtait la plus grande poussée du vent. Simon ou Louis venaient la rejoindre. En bas, la grand-mère Sermet, à pas silencieux, poursuivait ses tâches de fourmi patiente.

Ainsi se déroula le bonheur des Sermet, bonheur modeste, difficile à mesurer et à décrire. On ne pèse pas un sourire, un chant de feuillage, l'arôme d'un chemin creux, un crépuscule empli de figuiers et de fenouils.

Bonheur des matins quand Simon s'asseyait à sa table et ouvrait le registre d'appel. Des rires, de grosses voix tranquilles sonnaient sous les platanes. À certains moments de silence, il entendait goutter la fontaine. Dans la classe de Lucienne, les petits commençaient leur bourdon. La voix grave de la maîtresse se brodait sur ce murmure. « Adèle Mage, cesse de bavarder ; Ange Turini, ouvre ton cahier du jour ; les petits, prenez vos bûchettes... »

Bonheur des soirs quand la famille se réunissait. Louis arrivait de Saint-Ély. Il parlait de ses études au cours complémentaire, racontait les histoires comiques et les plaisanteries dont M. Masolles parsemait ses leçons. Louis travaillait très bien. Il avait d'excellentes notes dans toutes les matières. Et Simon, *in petto*, se disait : « Comme c'est étrange, il n'est pas de mon sang et il me ressemble, laborieux et obstiné comme moi ; ce qu'on disait de moi, on le dit de lui, il réussit partout, en français comme en espagnol, en géométrie comme en histoire. »

Bonheur des heures de lecture et de travail... Après le repas du soir, Louis descendait dans la classe de son père et s'installait au tableau noir. Pendant qu'il traçait des figures ou alignait des formules, Simon, assis à sa table, mettait de l'ordre dans ses fiches, griffonnait sur des carrés de papier les énoncés du lendemain. Le vent bourdonnait au-dehors ou bien par une fin de jour toute parfumée d'iris et de cerises, des souffles lents venaient annoncer le sommeil des campagnes. Simon relevait la tête et regardait le maigre et grave visage du garçon, ses jambes nerveuses que les courses à bicyclette avaient brunies déjà. Dans un geste familier, il remontait la ceinture de ses culottes, reculait d'un pas et cassait la craie dans ses doigts.

« Dis, papa, je ne vois pas…

– Qu'est-ce que tu ne vois pas ?

– L'angle AOB doit être égal à l'angle CFD. Ce n'est pas possible…

– Et pourquoi ça ne serait pas possible ? » disait Simon en se levant.

Il allait s'asseoir au premier banc devant le tableau et il dirigeait la démonstration. Dans la classe vide, les deux voix se répondaient calmement. Simon allumait sa pipe. On arrivait au bout du problème. Le mystère tombait.

« Hein ! c'est quand même beau la géométrie », murmurait le maître.

Lucienne survenait à pas feutrés, un tricot à la main.

« Vous n'avez pas soif ? Où en êtes-vous ? Il faut aller dormir. Les honnêtes gens sont couchés…

– Eh bien ! faisons comme eux », répondait Simon en vidant sa pipe sur le rebord de la fenêtre.

Le ciel s'éteignait. Les dernières rumeurs de voix sur la place se dispersaient dans la paix nocturne. Les trois se rapprochaient dans la classe muette.

À la fin de 33 éclata l'affaire Stavisky. L'aventurier avait détourné plusieurs dizaines de millions en bons du Crédit municipal de Bayonne dont il était directeur. On apprit ensuite que l'escroc avait bénéficié de protections nombreuses parmi les parlementaires et qu'il était lié avec Jean Chiappe, le préfet de police.

« Ah ! c'est la pagaille, la grande pagaille ! » s'écriait Fabre.

Pour la première fois, depuis longtemps, les villageois attendirent avec impatience l'arrivée des journaux du matin dans la camionnette du courrier. Ils portaient de grands titres sur toute la largeur des pages. Stavisky avait été retrouvé à Chamonix tué d'une balle de revolver. À la Chambre, par la voix de Philippe Henriot, les Camelots du roi hurlaient de plus en plus fort. À la porte du bureau de tabac, sous l'auvent du charron, les paysans hochaient la tête sans arriver à exprimer un jugement clair. Ce qu'on pouvait dire c'est qu'il y avait du désordre et de la confusion. Dans ces atmosphères troublées, les coquins trouvent leurs bénéfices. Et, pendant ce temps, le blé était à 60 francs le quintal !

Au matin du 7 février arriva la nouvelle des émeutes de Paris. Les Croix-de-Feu, les Camelots du roi et les Jeunesses patriotes avaient tenté un coup de force sur la Chambre. On s'était battu place de la Concorde. La police avait tiré. Il y avait des morts par balles.

C'était un matin humide et presque doux. Des flots de brume montaient des rives de Garonne. Les premières classes commençaient à la lumière électrique.

Les hommes s'étaient groupés autour de la fontaine. Ils se penchaient sur des journaux déployés. Simon traversa la place pour se joindre à eux.

« Alors, monsieur Sermet, il s'en fait de belles à Paris ! Où allons-nous de ce train ? »

L'instituteur se courbait sur le papier humide du journal. Encore une fois, la tragédie lointaine arrivait dans ce village avec son air de fantasmagorie. On essayait d'imaginer des colonnes d'hommes hurlants, des éclairs de mousquetons ou de revolvers trouant la nuit entre de hautes maisons. Des poings se levaient et s'abattaient. Des silhouettes se ruaient l'une vers l'autre dans un décor de pavés arrachés, de fauteuils d'osier déchiquetés, de réverbères tordus.

« Le fascisme veut passer », disait Camboulives.

Et la voix de Fabre répétait en écho.

« Oui, le fascisme, *macarel* de sort ! Mais on n'est pas mûr pour la dictature.

– Les ouvriers parisiens ont riposté, ajoutait Camboulives.

– Ce n'est pas fini, disait un autre. On ne sait pas. »

Cela formait comme une litanie avec des hauts de colère et des bas de résignation ou d'incertitude. La brume voilait les façades. L'apprenti du forgeron agitait on ne savait quelles ferrailles sous un hangar. Une charrette s'arrêtait en grinçant près de la fontaine. Un paysan rejoignait le groupe des hommes. « Et alors, quoi ? Qu'est-ce qui se passe à Paris ? » demandait-il en repoussant son béret. On lui montrait les titres et les récits du journal. Le paysan jurait entre ses dents et se tournait vers le maître d'école et les conseillers avec une moue d'interrogation.

L'attente dura trois jours mais savait-on ce qu'on attendait ? Des nouvelles contradictoires arrivaient de Paris, de Toulouse et de Saint-Ély. Des ouvriers cessaient le travail en signe de protestation contre le coup de force des factieux. Il y avait eu des bagarres à Toulouse. Au canton, Masolles avait pris la parole dans un cinéma pour appeler à la vigilance et au calme. Le fils de la postière, employé à Paris, écrivit pour rassurer sa mère. Sur la place de la Concorde, il avait vu, le lendemain de l'émeute, l'obélisque et les socles des statues éraflés par les balles. Simon essayait d'imaginer les pierres noircies et déchirées. Ce décor était lointain, ces émeutes paraissaient irréelles.

Lorsque Camboulives s'écriait que les fascistes avaient voulu assassiner la République, on avait peine à le croire. La République pouvait-elle disparaître ? Elle se dressait, grave et belle, installée à jamais dans les pages des livres d'histoire comme dans les jours de la vie. Dans le calme de ce village, on n'imaginait pas que l'ordre habituel pût être dérangé. Est-ce que des hordes d'êtres gesticulants pouvaient menacer ces déesses sereines : la République, la Justice, la Liberté ?

Les nouvelles des événements du 9 février amenèrent à nouveau un vent d'angoisse. On s'était battu à Paris durant cinq heures entre la place de la République et la gare de l'Est. Camboulives criait victoire. Cinquante mille travailleurs s'étaient dressés aux cris de : « Les Soviets partout ! À bas le fascisme ! » Il y avait six morts, hélas ! mais le fascisme avait reculé.

Daladier abandonna la présidence du Conseil et l'on fit appel à Gaston Doumergue, retiré dans sa villa de la banlieue toulousaine, à Tournefeuille. Le vieux Pétain, le héros de Verdun, entrait au gouvernement avec lui, ainsi que Tardieu et Laval.

Les esprits se calmèrent. La figure blanche et souriante de *Gastounet* s'étalait en première page du journal avec une familiarité rassurante. Le cauchemar était fini. Gastounet, on le connaissait. Il était du pays.

« Mais que se passe-t-il donc ? Explique-moi ! » demandait Lucienne à Simon.

Le maître d'école haussait les épaules.

« Ah ! que veux-tu que je t'explique ! La violence appelle la violence. Les hommes n'en finiront donc jamais ! Effectivement, c'est bien d'une tentative de coup d'État qu'il s'agit. Il semble que la raison l'emporte. Mais pour combien de temps ? »

Il réfléchissait.

« Bien sûr, le fascisme monte. Regarde en Allemagne et en Italie. C'est normal qu'ils essaient de prendre le pouvoir en France. Je ne crois pas pourtant qu'ils réussissent. La France est déjà passée par là. Nous avons de l'expérience… »

Camboulives et Fabre proposèrent une réunion extraordinaire du conseil municipal. Simon rédigea la motion finale adoptée à l'unanimité. Les termes en furent longtemps discutés. Camboulives voulait y saluer « le prolétariat de France, fidèle à ses glorieuses traditions révolutionnaires et digne héritier de la Commune ». Fabre voulait flétrir les tentatives de coup de force d'où qu'elles viennent. Le maître d'école en termina par un appel à l'union pour la défense de la République et de la paix, souhaitant le groupement de toutes les bonnes volontés contre le fascisme et l'esprit de violence.

*L'École libératrice,* le journal du Syndicat national des instituteurs que Simon recevait le samedi, annonça la grève générale du lundi 12. Masolles survint peu après. Son visage rubicond, sa bonne voix savoureuse, sa faconde amenèrent comme un rayon de soleil. Il pensait que tout était pour le mieux et que le fascisme venait de toucher les épaules. Une bonne grève générale affirmerait la volonté du monde du travail. Un grand rassemblement cantonal était prévu à Saint-Ély. Masolles proposa à Simon d'y prendre la parole au nom du Syndicat des instituteurs.

« Moi ? Et pourquoi, grands dieux ? Je n'ai aucune qualité. C'est toi le responsable… »

Masolles estimait qu'un homme comme Simon avait son mot à dire. Les paysans l'écouteraient avec une grande confiance. On le connaissait à Fontvieille et ailleurs. On l'estimait parce qu'il faisait son travail avec conscience, parce qu'il était honnête et en dehors de tous les partis.

« Mais que veux-tu que je dise ? Je n'ai jamais parlé en public.

– Tu diras ce que tu voudras, à ta façon. »

Simon refusa. Il irait à Saint-Ély, mais il ne parlerait pas. Il ne savait parler que dans une classe. Il n'était qu'un petit maître d'école, pas un homme de meeting ou de réunion. Les paysans lui donnaient leur confiance justement parce qu'il n'apparaissait pas comme un homme politique.

« Eh quoi ! la politique ? rétorqua Masolles. C'est la politique de la République qu'il faut faire. »

Et il évoqua 1789, 1792, 1848, toute une tradition de liberté.

Le rassemblement de Saint-Ély se tint sur la grand-place, par un jour de grisaille. Entre les platanes dénudés, Sermet apercevait cette école où sa vie en somme avait commencé, un matin de certificat. Il se joignit aux nombreux maîtres du canton qui avaient répondu à l'appel de leur syndicat. Un délégué de l'Union des Syndicats C.G.T., un autre du Syndicat unitaire des cheminots prirent la parole. Masolles parla sur son ton habituel, composé d'emportement et de bonhomie. Les paysans en blouse noire et en vareuse de gros drap riaient en l'écoutant fustiger les profiteurs, les combinards, les fascistes. Des cheminots, les ouvriers d'une scierie et d'une petite fabrique de chaussures vinrent grossir les groupes.

Tout se déroula tranquillement. Les femmes jacassaient sur les portes. Des enfants jouaient autour des bancs. L'auberge aux vitrages enfumés soufflait des haleines de marc et de tabac. Un marchand de cacahuètes poussait sa carriole dans les derniers rangs.

Simon avait imaginé une séance solennelle et un peu dramatique, et cela ressemblait à un jour de foire ou de fête votive. Quelques gendarmes, mains au dos et bottes écartées, écoutaient les discours. À la fin, le groupe des ouvriers et des cheminots lança *L'Internationale*. Des voix la reprirent et le timbre sonore de Fabre se mit de la partie. Simon se sentit frissonner. Ce chant portait une gravité. Cette pauvre réunion de canton prenait elle aussi sa valeur d'avertissement. Un jour, peut-être, dans les livres des écoliers, on lirait qu'en février 1934 le peuple de France s'était dressé contre le fascisme. Et pour Saint-Ély, cela ne voudrait pas dire beaucoup. Mais chaque épi fournit à la gerbe. Le peuple de France, cela existe. Il était là, dans ces visages ridés ou tannés, ces bonnes lourdes mains de laboureurs ou de cheminots. Ici, des Fabre et des Camboulives avaient mêlé leurs voix, des paysans s'en étaient revenus vers les hameaux lointains en marmonnant dans leurs moustaches des malédictions contre les fascistes et les dictateurs.

Soudain, Simon regrettait de ne pas avoir pris la parole. Il aurait voulu se pencher vers ces hommes pour leur crier : « C'est bien, citoyens, c'est bien d'être venus, n'oubliez pas de reprendre ce chemin. Si la guerre menace, vous le reprendrez. Tous ensemble, vous pouvez refuser la guerre… »

Vers le soir, on savait déjà que dans tout le pays la grève avait été puissante. À Toulouse, même les élèves-maîtres y avaient participé. À Matabiau, dans l'ancienne école de Lucienne, les maîtresses avaient cessé le travail.

Ils revinrent à la nuit tombante, dans la camionnette d'un conseiller. Après les éclats de voix et les hautes rumeurs de l'auberge, les ombres aigres de la plaine les poussaient au silence. Quelqu'un parla du temps et du blé.

On ne voyait pas encore la fin de l'hiver. Fabre releva le col de son manteau et annonça une nuit de gelée. On ne sait trop comment, Camboulives se mit à parler du *Tchéliouskine,* un bateau russe parti dans les glaces pour explorer l'océan Arctique. Les autres se taisaient. Camboulives continuait à raconter comme pour lui seul, ponctuant ses phrases d'exclamations et de petits jurons, histoire de se donner des réponses. La camionnette brimbalait. Le vent sifflait à travers le mica déchiré de la capote. La voix de Camboulives revenait entre deux cahots avec ce fameux *Tchéliouskine* assiégé par les glaces. Le conducteur grognait de vagues approbations. Simon rêvait. Les phrases de Camboulives arrivaient de très loin. Il parlait maintenant de tracteurs soviétiques et donnait des explications techniques à propos de cylindres et de pistons, Mais Fabre lui-même n'avait pas envie de le contredire ; Simon regardait les arbres nus, les carrés où le blé dormait sous le verglas. Tout vient très lentement. Il faut des labours, des semailles et la récolte n'est jamais sûre. La grêle roule par-dessus les collines, l'orage courbe les épis. Et même dans cette étrange époque, une belle moisson n'est pas toujours un bonheur puisque le blé se vend mal et qu'on est mécontent d'en trop avoir. Ah ! comment régler l'ordre du monde et faire que le blé soit le blé, c'est-à-dire le pain, le bonheur… Tout vient lentement, très lentement.

Pendant que l'instituteur suivait ses songes, Fabre semblait sommeiller et Camboulives, inlassable, continuait à parler des tracteurs des Soviets défrichant les terres du nord, préparant des moissons de blé sous le cercle polaire.

Le printemps s'épanouit brusquement, comme si la terre voulait en finir d'un seul coup avec les peines d'un mauvais hiver. En quelques jours les arbres s'habillèrent, l'herbe combla les fossés, les pêchers et les cerisiers déployèrent des papillons lourds. Les hommes n'avaient plus le temps de causer ou de se réunir. Les charrettes grinçaient dès l'aube en route vers les champs à fumer ou à labourer encore. Il fallut buter les pommes de terre, semer les maïs et les haricots qui s'enlaceront aux cannes jaunes.

La camionnette de la poste arrivait maintenant dans le silence de la place. Personne n'attendait les journaux. On les parcourait à midi ou le soir, très vite. Pour l'essentiel des nouvelles, on s'en remettait aux conversations de rencontres, aux mots happés de-ci, de-là. Aux premières cerises, Simon commença la préparation intensive au certificat. Après la classe du soir, il gardait ses candidats et dirigeait leurs révisions.

Il aimait ces moments de silence laborieux, vers 5 heures. La place du village embaumait la feuille chaude. La fontaine chantonnait à l'ombre des platanes. Les enfants des petites divisions s'étaient dispersés dans les ruelles. Il n'y avait que deux ou trois élèves dans la classe de Simon, penchés sur un problème de contrôle, sur une interrogation d'histoire ou de sciences. *Que vous rappellent les dates : 5 mai 1789 – 14 juillet 1789 – 4 août – 5 et 6 octobre… ? Quels sont les affluents de la Loire ? Décrivez un hanneton…*

Le jour suivant, c'était une dictée. Les candidats s'écrasaient solennellement sur leur page. Le maître marchait d'une fenêtre à l'autre, articulant avec soin et coupant ses phrases d'observations : « Marcel, tiens-toi droit… Marguerite, ne va pas si vite, soigne l'écriture… », appuyant sur les doubles lettres, les accents circonflexes et faisant discrètement sentir quelques terminaisons ou doubles lettres. « J'ai dit : et s'engouffre, s'engouffre sous le portail en piétinant avec un bruit d'averse... avec un bruit d'averse... Trois points. Marguerite, j'ai dit trois points... »

Lucienne apparaissait discrètement, se penchait sur l'épaule des enfants qui piochaient leur page avec une gravité accrue. Elle souriait à son mari et disparaissait sans bruit vers son logis.

Le soleil reculait sur les toits. La brise poussait vers les fenêtres ouvertes des bouffées de giroflées, de géraniums et de foin sec. La voix lente du maître retentissait dans la classe vide. « Je relis. Attention aux virgules et aux points. Ne regardez pas mon nez, regardez votre page... »

Simon se plaisait à ces dernières heures actives mais tellement paisibles. La finesse de la lumière, les parfums des jardins d'alentour calmaient la fatigue d'un jour de classe. C'était une autre bataille, mais plus facile, semblait-il. Il n'y avait que deux ou trois enfants et à chacun on pouvait dire les mots les plus efficaces. Alors, la voix du maître se faisait pressante. « Réfléchis. Cherche le sujet. Bon. Le sujet est au ? Au pluriel. Très bien. Alors le verbe doit être au ? Très bien. Est-ce que tu as compris ? Nous allons voir... » La voix interrogeait sans relâche, le tableau se couvrait d'exemples. Les mains blanches de craie, le maître se retournait vivement et posait de nouvelles questions. « Qui est-ce qui fait l'action, je te le demande ? Réfléchis. Ne t'affole pas. Bon. Il y en a combien ? Il y en a plusieurs. Très bien. Alors ? »

La fraîcheur arrivait. Les candidats rangeaient leurs affaires et Simon causait avec eux jusqu'au portail. On oubliait les hectares et les mètres cubes pour parler des familles et des travaux. L'instituteur regardait s'éloigner les silhouettes dansantes des écoliers. Demain, on recommencerait à éplucher les pluriels et les affluents de la Garonne…

Ainsi commença cet été de 34 mais, peu avant l'examen, il fut troublé soudain par une nouvelle angoisse. Une fois encore, la rumeur se leva. Elle accourut vers Fontvieille avec son étrange figure de cauchemar. D'autres combats que les combats tranquilles avec les mots de la grammaire ou les règles d'arithmétique brisèrent la paix des collines.

Et d'abord, Simon apprit l'arrestation d'un instituteur à Toulouse, le 13 mai. Sur la place Jeanne-d'Arc où se déroulait une revue des troupes, une contre-manifestation avait été organisée par le comité Amsterdam-Pleyel de Barbusse et Romain Rolland. Il y eut une échauffourée et trois arrestations : celle de Joseph Salles, un maçon, celle de Clarac, un étudiant, et de Georges Fournial, un instituteur. Plus tard, avant de le condamner, le procureur souligna « la responsabilité importante du maître d'école à la tête des hordes venues des faubourgs ».

Eh oui ! justement, gronda Simon avec une sorte de rage, ce maître d'école était à sa place ! Contre l'armée et la guerre ! En juin, une autre nouvelle arriva.

On s'était battu à Toulouse. Tout un soir et toute une nuit on s'était battu. Des charges de gardes mobiles à cheval avaient sillonné les rues. La grand-mère Révignac venue passer quelques jours à Fontvieille apporta des détails. Il y avait des blessés graves, des morts peut-être. Les manifestants avaient arraché les grilles des jardins pour élever des barricades. Une maison avait failli flamber près de la cathédrale Saint-Étienne. Pourquoi ? Ah ! est-ce qu'on savait ?

La bonne femme était affolée. Elle allait maintenant sur ses soixante-quinze ans et ne quittait guère sa chambre du

Capitole. Simon lui venait en aide discrètement, lui glissant un billet, lui faisant porter quelques provisions.

Elle était sortie ce soir-là pour prendre le frais. Une troupe de gens l'avait entourée. Elle s'était réfugiée dans un couloir et avait assisté à une charge. Des chevaux s'étaient écroulés car on jetait des billes sous leurs sabots.

On eut l'explication peu après, les Jeunesses patriotes avaient organisé un banquet où Taittinger devait prendre la parole. Et les travailleurs toulousains s'étaient soulevés contre les fascistes. La riposte au fascisme, voilà ce que c'était. Comme à Paris, en février.

La grand-mère Révignac soupirait. Tout cela n'était pas bien joli. Des rues éventrées, des autos qui flambaient sur la chaussée et des lueurs vers Saint-Étienne qui semblaient rougir le ciel jusqu'au-dessus du Capitole...

Au repas du soir, Simon reprit sa chanson ancienne : la violence appelle la violence, le mal entraîne le mal et, dès qu'on met le doigt dans l'engrenage, il n'est jamais facile de l'en retirer. On a le sang chaud dans ce pays sans doute, et on n'aime guère courber la tête. On a raison bien sûr mais, sur ce chemin de la violence, bien malin qui peut s'arrêter. Un jour, oui, un jour, tout cela pourrait cesser. Ce temps de désordre et de frénésie laisserait la place à un temps d'amitié. Quand les hommes sauraient enfin se parler et se comprendre, quand on les aurait éduqués vraiment. Le temps des écoles ! On vivait encore au temps des canons et de la haine. Un jour, un jour lointain viendrait le temps des écoles.

Les mains brûlantes de l'été craquelèrent les feuilles des collines. Les vastes ramures des platanes couvrirent la fontaine et les bancs d'une ombre bleuâtre où les vieux venaient somnoler. Les faux et les batteuses lancèrent leurs chansons sifflantes parmi les épis rêches. La terre sentait le pain cuit. Les haricots gonflaient leurs gousses autour des hampes de maïs. Le bourdon des batteuses commença. Les chemins semés de paille virent passer le lourd charroi des moissons et des dépiquages. Le trésor des froments emplissait les greniers. Et les paysans ne pouvaient s'empêcher d'en avoir du bonheur. C'était un été pour le blé. Les grains roux pesaient au creux des paumes. Leur douceur nette et sèche effaçait bien des peines et des rancœurs. Le blé était beau. Le vendrait-on et combien le vendrait-on ? Cela était une autre histoire. Mais le blé pesait lourd et nulle maladie ne l'avait noirci. On en avait de la joie. Quand les sacs de toile bise avaient pris place sous les toits des hangars, les hommes frottaient leurs mains blessées et les femmes souriaient de bon cœur en préparant le dernier repas de dépiquage. Déjà, ce blé sec sentait la fleur de farine et la croustade aux raisins de Corinthe.

Et justement, vers la fin de juillet, Simon et les siens participèrent à un repas de ce genre, sous la grange de Fabre. Les gens s'installèrent devant les planches frustes posées sur des tréteaux. Au bout de la table, Fabre tranchait un énorme jambon. De vastes plats de poivrons et de tomates attendaient les travailleurs. Dans la cuisine proche, les femmes avaient préparé des poules bouillies, des civets. Des entrecôtes se grillaient en plein air à des feux de sarments.

« C'est un jour où il faut manger, *macarel !* criait Fabre en brandissant un couteau. Le blé est dedans, c'est déjà quelque chose. »

Et s'adressant à l'instituteur, il demandait :

« Hé ! régent ! Tu boiras bien un coup d'anis avant de commencer. J'ai dit à Truffié et à Béziers de venir. Un jour de dépiquage, pas de calotte qui tienne.

– Et Camboulives ? demanda Simon malicieusement.

– Camboulives aussi, il viendra. Il est allé au canton pour je ne sais quelle affaire, mais il viendra quand le diable y serait. Le blé, c'est le blé, communiste ou socialiste, c'est le blé.

– Ah ! là, tu as bien parlé Fabre, mon ami, dit un vieux qui sauçait déjà son huile. Le blé n'a qu'une couleur ! »

Le repas commença et Camboulives ne se montrait guère. Il ne se montra que beaucoup plus tard, alors que les femmes faisaient déjà circuler des plats de crème et des assiettes de Cantal. On le vit apparaître, rouge et suant, dans la lumière de l'entrée. Il posa son vélo contre un pilier et brandit un journal en direction du maître de maison.

« Ho ! Fabre.

– Et qu'est-ce qu'il y a, Camboulives ? Voilà que tu arrives au fromage ! Tu oublies un repas pareil !

– Le pacte est signé.

– Qué pacte ?

– Entre les communistes et les socialistes, entre toi et moi pour ainsi dire. Ils l'ont signé à Paris le 27. Nous sommes d'accord pour marcher ensemble. »

Camboulives dépliait sa feuille et les assistants le regardaient sans trop comprendre. Alors, il expliqua que c'était le début du front unique des travailleurs contre le fascisme et que c'était un pacte important et qu'il faudrait le tenir. Les socialistes et les communistes se mettaient ensemble pour agir. Deux bras valent toujours plus qu'un, c'est La Palice qui le dit. Personne n'empêchait les radicaux et les républicains de se joindre aux autres. Il n'y avait qu'un ennemi à plumer : le fascisme. Ceux-là, ils commençaient à trop lever la tête. Il fallait bien les museler une bonne fois.

« Eh bien ! ça va, dit Fabre. Puisque c'est signé, nous marcherons. Je n'ai jamais été contre. C'est toi qui as toujours eu mauvaise tête, coquin de sort ! »

Il prit une bouteille et un verre qu'il tendit vers Camboulives.

« Un pacte, ça ne vaut rien tant qu'on n'a pas bu. À toi, Germain. À l'amitié !

– À toi », dit Camboulives en essuyant son front.

Les autres levèrent leurs verres dans le même temps, Truffié, le radical, et Béziers, le maire, et des vieux et des jeunes. Un paysan à moustaches frappa les planches du plat de sa main.

« Quand les Républicains boivent le coup ensemble, *millodious !* la République se porte bien. »

Le régent souriait. Il porta la santé à l'union, à la République et à la paix. Si les communistes et les socialistes se trouvaient d'accord, il en faudrait beaucoup pour empêcher les choses d'aller droit.

# X

LE VIN SUIVIT LE BLÉ. On cueillit de bonne heure les grappes gorgées de sucre. Toute la famille Sermet aida le grand-père dans sa petite vendange. Quand la cuve fut pleine, de sa vieille main sèche et veinée, le bonhomme frappa la paroi.

« Une de plus, une de moins, notre vin est là. »

L'automne dans sa chanson de guêpes et de futailles prolongeait lentement l'été. Les feuillées des collines passaient du vert au bronze et du bronze au cuivre roux. Les vignes dépouillées s'enflammèrent. Dans les jardins, les carrés de fraisiers tournèrent au rouge sang. La mère Sermet nettoya à la cendre ses chaudrons de confiture. Le raisiné où flottent de noirs morceaux de figues, la gelée de pomme et de coing emplirent des pots qu'on rangeait sous les solives enfumées.

La fin des beaux jours ne se signalait encore que par une pointe de fraîcheur matinale. Des brumes montaient de la vallée de la Garonne puis le ciel bleu se déployait comme un velours.

Mais la chaleur méridienne passait vite. Au premier soupçon de soir, Simon retrouvait la jolie tristesse des automnes parfumés de fruits, de cahier neuf et de cuir d'écolier. Des feux d'herbe étincelaient dans les champs, précédant les grands nettoyages et retournages avant le repos d'hiver.

Louis préparait le concours d'entrée à l'École Normale. Dès la fin de l'hiver, Simon lui établit un plan méthodique de travail et de révision. C'était une année décisive. Quand le garçon aurait mis le pied à l'école, il serait sauvé. Et Simon s'ingéniait à lui faciliter la besogne. Il s'en alla fouiller dans sa vieille malle, cherchant des cours anciens, des fiches à l'encre blanchie mais où l'on pouvait trouver encore bien des formules utiles. Il prenait les manuels de Louis et les étudiait de près avant de rédiger des plans aux paragraphes nets, aux titres soulignés de rouge et de bleu. Il aurait voulu mâcher et remâcher l'essentiel pour ne laisser au garçon que des phrases faciles, définitions de grammaire ou de mathématique que sa mémoire eût conservées sans peine.

« Ne t'inquiète pas, disait Masolles avec un bon rire. Laisse-le travailler tout seul. Il passera comme une lettre à la poste. »

Le jeudi et le dimanche, Lucienne s'inquiétait de voir Louis pâlir sur ses cahiers. Elle essayait de l'entraîner dans des promenades vers la maison des collines. Il avait gardé en effet ses habitudes d'enfant studieux et se jetait à la tâche avec une avidité obstinée. On pouvait alors parler et tourner autour de lui. Il ne voyait et n'entendait rien, mais soudain, la plume abandonnée, il se livrait au jeu avec passion, riait comme un fou, chantait à tue-tête, taquinait sa mère. À ces moments-là, le cœur de Simon se serrait fugitivement et il se disait : « Ah ! il va d'un extrême à l'autre, c'est tout Révignac, c'est son père qui apparaît… »

Dans le même temps, les Sermet eurent une grave alerte. Le grand-père prit froid et s'alita pour plusieurs semaines. On le crut aux portes de la mort. Il se releva pourtant, mais la maladie l'avait marqué. Il flottait dans ses vareuses, l'œil étrangement doux, le poil complètement blanchi. Ce fut beaucoup de fatigue pour tous car, au travail quotidien, s'ajoutèrent de nombreux trajets entre le village et la vieille maison.

On vota au mois de mai pour les municipalités. À Fontvieille, Fabre et Camboulives se présentèrent sur la même liste. Fournier, le propriétaire des métairies des collines, essaya de susciter une liste où Béziers et quelques blancs se seraient retrouvés, mais le vieux maire refusa. Il restait avec les autres.

Masolles vint parler au nom du parti socialiste et cela reporta Simon dix ans en arrière, dans sa classe de montagne, parmi les paysans de Maurines. La voix ensoleillée de Masolles, sa manière bonasse de présenter les choses lui attiraient toujours la sympathie des auditoires. Il avait forci, il parlait avec plus de science et d'assurance qu'autrefois et il savait glisser des pointes en riant. On disait qu'il guignait une députation.

Il attaqua violemment la politique des décrets que Doumergue avait mise en route. Le franc baissait et les paysans n'étaient sûrs de rien. Et Flandin, successeur de Doumergue, ne gouvernait pas mieux. Les scandales succédaient aux scandales. De l'autre côté du Rhin, l'Allemagne prenait de l'audace. Hitler avait rétabli le service militaire. On parlait de réduire le nombre des candidats instituteurs. Est-ce qu'on en avait de reste ? Mais à tondre le mouton de trop près, le mouton crie. On ne laisserait pas faire. L'argent ne sortirait pas toujours des mêmes poches. Un peu partout, le front des travailleurs se formait.

La liste Fabre-Camboulives l'emporta sans difficulté. Fabre prit la place du père Béziers qui demeurait pourtant au conseil. Dans tout le pays, la gauche gagnait. Camboulives devint adjoint.

Pourtant la réaction n'avait pas désarmé. Un soir, quelques semaines avant le concours, Masolles vint trouver Simon en lui apportant la nouvelle des décrets Laval. Sous prétexte d'économie, les places d'élèves-maîtres se trouvaient réduites de moitié dans le département.

Pour une fois, Masolles montrait un visage amer. Il pensait à Louis et aussi à son propre fils qui, l'année suivante, se présenterait à son tour.

« Ah ! oui, c'est bien par l'école laïque qu'ils commencent toujours. L'école laïque, hein ! Simon, elle les gêne… »

Sermet approuvait avec force. Laval parlait de comprimer les dépenses publiques. Il ne touchait qu'aux petits et les dépenses militaires gonflaient sans cesse.

Masolles rassura pourtant son camarade au sujet de Louis. Le petit passerait haut la main. Il devait se placer sans peine dans la bonne moitié. Cela n'empêchait pas l'affaire d'être très grave. Masolles avait mis beaucoup d'espoir dans les municipales. Il voyait déjà Blum au gouvernement, les ligues fascistes jugulées, les affaires vraiment remises entre les mains du peuple par une révolution raisonnable.

Ce soir-là, ils s'entendirent pour le jour du concours. Masolles accompagnerait ses trois candidats à Toulouse. Simon était retenu par sa classe, mais Masolles lui téléphonerait les résultats. L'oral durait deux jours et les candidats étaient hébergés à l'école.

Un ciel gris et brûlant couvrait le pays. Les nuées s'accumulaient depuis le matin, arrivant par une trouée des collines à l'ouest. Les gens redoutaient ce chemin des orages. La grêle venait souvent par là. En général, la poussée du vent était assez forte dans ce couloir pour disperser les nuages dangereux. Les vieux et les moins vieux gardaient cependant de terribles souvenirs : froments hachés comme par un fléau de fou, vignes meurtries jusqu'à la sève, vergers dépouillés en quelques instants avec des arbres aux bras cassés, des maïs aux hampes couchées et entrecroisées misérablement, tandis qu'au creux des sillons et des fossés s'entassait la neige grisâtre des grêlons.

Vers la fin de l'après-midi, les canons, sur les terres de Fournier, commencèrent à jeter leurs fusées. Les vieilles levaient la tête en marmonnant. Est-ce que celui-là allait briser l'orage ou le rejeter sur les moissons des autres ? Mais les éclats paragrêles paraissaient ne servir de rien. Les nuages ne se dispersaient pas. Leur pesante masse coulait vers le clocher. L'infime bande claire qui surmontait les ramiers finissait par disparaître.

À 4 heures, au moment où les écoliers sortaient, le vent se leva. Des gouttes mouillèrent les feuilles hautes, de faibles étoiles d'eau touchèrent la poussière torride.

Rien ne bougeait jusqu'à ce moment-là. Les poules en gloussant de peur avaient gagné les hangars. Une nuit insolite se répandait sous les platanes.

Le vent s'accrut. Des volets claquèrent. On ne voyait personne. Les gens au sortir de la sieste n'avaient pas osé s'aventurer dans les champs.

Les gouttes se pressèrent et le vent devint réel. Simon surveilla la sortie. Lucienne courut au jardin où elle avait du linge étendu. Le vieux Truffié traversa la place, une bêche à l'épaule. Il revenait de son jardin de l'Essonnelle.

« Vous croyez que ça va craquer ? demanda le maître.

– On le saura bientôt, dit Truffié. Si le vent passe bien, il emportera la grêle et remplira nos cuves. »

Le paysan s'en allait rejoindre sa femme. Il savait qu'elle se mourait de peur depuis un jour d'enfance où un ormeau avait été partagé à côté d'elle par la foudre.

« Il nous faudrait de l'eau pourtant. De l'eau, mais pas de grêle. Ah ! on n'est jamais content ! »

Simon alluma sa pipe. L'orage ne le passionnait pas. Dans une heure peut-être, il saurait le résultat de Louis. L'oral se terminait en ce moment mais on avait dû commencer les totaux avant la fin des interrogations.

« À 6 heures au plus tard, nous saurons, dit-il à Lucienne qui revenait les bras chargés de linge. À 8 heures, ils arriveront, mais Masolles est tellement bavard !

– Tu as prévenu la buraliste ?

– Oui, elle me fera signe dès que Masolles appellera. Lucienne prit son tricot et s'installa devant le couloir d'entrée. Simon pénétra dans sa classe, rôda autour de sa table et sortit aussitôt.

– Ne t'inquiète pas, dit la femme. L'écrit est bon.

– Je lui ai bien recommandé de ne pas s'affoler…

– Il vaut mieux peut-être que nous ne soyons pas auprès de lui. »

Simon hocha la tête. En général, Louis était calme. Il avait pourtant des sautes de nervosité. Est-ce que le changement d'habitudes, les visages des examinateurs… ?

« Eh bien ! dit Lucienne, comme si elle pensait à voix haute, s'il est refusé, il recommencera. Il est jeune… »

Simon soupira. Il entendait déjà les réflexions des gens. Le petit des instituteurs a été refusé à normale, il est passé à l'écrit et à l'oral il a pris peur…

Un coup de tonnerre très sec déchira le silence au-dessus des collines. Une immense rumeur de feuilles s'éleva des jardins. La pluie s'abattit aussitôt. Le couple se réfugia dans le couloir.

Des rires, des voix joyeuses s'échappèrent de l'ombre. L'orage crevait en bonne pluie. Chaque minute de la bienfaisante averse ajoutait à la sécurité.

« Ça va, ça va bien ! » cria une voix de femme du côté de la fontaine.

Simon sursauta. Il avait reconnu la voix de la buraliste. Et soudain, tout se déroula. La femme appelait : « Monsieur Sermet, monsieur Sermet… » La pluie bourdonnait dans les ténèbres. Les platanes trempés bruissaient mollement sous les fouets de l'eau.

« Monsieur Sermet, c'est M. Masolles…

– Ah ! ça y est donc », dit Simon en fourrant sa pipe dans sa poche.

Ils se lancèrent tous deux à la rencontre de la femme.

« Il ne vous a rien dit ?

– Non, monsieur Sermet. J'ai couru tout de suite vous prévenir. Quelle pluie ! La porte de la cabine est ouverte… Ne m'attendez pas. »

Ils se jetèrent sur les écouteurs.

« Allô ! dit Lucienne sans prendre garde qu'elle ne parlait pas devant l'appareil.

– Allô ! dit la voix claire de l'enfant. Je suis reçu… Hé ! vous m'entendez ? Je suis reçu premier.

– Quoi ? Qu'est-ce qu'il a dit ? » bredouilla Simon.

Lucienne lui fit signe de se taire. La voix reprenait.

« Je suis reçu premier, je suis reçu major. M. Masolles m'attend. Il faut partir tout de suite à cause de la pluie.

– Je… Tu… Bon, bon ! cria Simon. Nous attendons. Nous t'embrassons. Ici, il pleut déjà. C'est très bien. Il y a longtemps que tu sais ?

– On vient de nous le dire. Mon nom est venu le premier. Je suis reçu premier. »

Lucienne riait et sanglotait, La voix du petit avait disparu. Elle se jeta dans les bras de son mari.

« Et alors donc ? interrogea la buraliste dans la boutique.

– Louis est reçu premier, annonça l'instituteur triomphalement.

– Ah bien ! Il fallait s'y attendre.

– Oui, premier, dit Lucienne. C'est un beau succès. »

Un paysan entra pour un paquet de tabac.

« Le fils est reçu premier à Normale, dit la buraliste.

– Félicitations, monsieur Sermet, dit l'homme en souriant. Il a de qui tenir. Je pense que vous êtes contente, madame Sermet. Ça ne nous étonne pas, mais tout de même… »

Simon secouait la tête d'un air un peu égaré. Le rêve prenait corps. À l'autre bout de la vie, par un soir semblable, par un soir d'été parcouru d'orage, un gamin s'en était venu vers Fontvieille, le cœur débordant d'allégresse. Premier, premier de tous. Tout à l'heure, un garçon heureux se jetterait dans les bras de sa mère. Il appuierait sa tête au corsage frémissant. Avec un tendre orgueil, la mère caresserait sa nuque et dirait à voix basse : « Mon petit, mon petit… » Une nouvelle fois, la vie recommençait. Ce qu'on rêve peut donc venir. La boutique s'était remplie. Les voix joyeuses se mêlaient aux chansons fraîches de l'ondée.

Puis, le silence. Un instant de silence où Simon retrouva le décor réel. Un comptoir de bois noirci, une balance de cuivre, des étagères où s'empilaient des paquets de gris, des boîtes de papier gommé. Les clochettes rouges d'un fuchsia luisaient près de la porte dont le vent gonflait le rideau de toile. D'où venait ce silence ? Simon mit du temps à comprendre.

Fabre venait d'entrer. La buraliste avait répété sa phrase joyeuse :

« Louis est passé en tête. Reçu premier à Normale, hein ! monsieur le maire, qu'est-ce que vous dites de ça ? »

Fabre ne disait rien, Fabre tordait son béret mouillé. L'eau vernissait son crâne déjà dénudé. Il murmura comme tristement.

« Félicitations. C'est un beau résultat. »

Enfin, il se tourna vers le maître d'école.

« Dis, Simon… »

La voix de Fabre tomba avec une étrange hésitation.

« Quoi ? Quoi ? Qu'est-ce qu'il y a ? »

Et déjà Simon sentait que ce jour de nuées n'allait pas se terminer sans un ravage. Tout se troublait dans sa tête.

« Simon, il faut que tu ailles chez toi, tout de suite.

– Qu'est-ce que… »

L'homme était gêné. Il arrivait dans un moment de joie pour apporter une douleur.

« J'étais dans ma vigne de là-bas, celle qui touche à la vôtre. Ta mère m'a appelé. C'est ton père qui ne va pas bien. Il faut prévenir le docteur. Cours, Simon. Je vais m'occuper du docteur…

– Qu'est-ce que c'est ? Qu'est-ce que c'est ?

– Je ne sais pas. Le cœur sans doute… »

Simon se tourna vers sa femme.

« Reste. Il faut attendre Louis. Je vais prendre mon vélo. »

La pluie tombait avec moins de force. Les fossés sentaient la menthe et l'anis. Les grelots graves des crapauds et des rainettes sortaient des voiles du soir.

Simon appuyait lourdement sur les pédales. Il ne voulait pas voir le paysage. Et cependant, chaque tour du vieux chemin s'imposait à lui et redoublait sa crainte. Comme il connaissait tout cela : les peupliers à la sortie du village, les acacias du jardin de Béziers, un pan de mur croulant depuis des lustres sous les larges feuilles pelucheuses des figuiers, une mare bordée de massettes et d'iris sauvages, un sentier envahi de prêles et qui conduisait à la prairie où les enfants allaient jouer, puis la montée vers les collines, les tranches de terre rougeâtre où les galets blancs s'enfonçaient comme des dragées dans une pâte…

Enfant, il avait marché sur ces cailloux. Il avait couru par les matins d'hiver tandis que la brume argentait sa capuche. Et l'été, il avait rôdé au long des ronciers, sous les figuiers bourdonnants, près de la mare et des murs à lézards. Il avait marché sur ce chemin en compagnie de son père et de sa mère. Sous la pluie, sous le soleil et la neige. Mille et mille fois ils s'étaient avancés vers la vieille maison.

Ah ! pourquoi fallait-il qu'à la joie se mêlât cette peine ? Une vie commençait, une autre allait finir. Il savait bien ce qui l'attendait sitôt franchi le seuil. Plusieurs fois déjà, il avait pensé à cette chose et il l'avait chassée aussitôt comme une mauvaise guêpe. On chasse les pensées, on chasse le mal moins vite et moins facilement.

Le vieux Sermet semblait dormir dans la salle du bas. En entendant le cliquetis du vélo, la mère avait couru pour accueillir son fils.

« Il a l'air mieux, dit-elle à voix basse. Je crois qu'il se repose. C'est après sa sieste que le malaise l'a pris. Il s'est assis au jardin puis il a perdu la respiration et il s'est plaint de son cœur. »

Simon entra dans la cuisine sur la pointe des pieds.

La maigre tête blanche roula sur l'oreiller.

« C'est toi, Simon ? demanda une voix fluette.

– Oui, papa. Comment te sens-tu ?

– Et Louis ? Il est passé ?

– Il est passé premier, murmura Simon gravement.

– Ah ! *millodious !* dit le grand-père avec une sorte de rire... Ah ! *millodious,* c'est de famille, on pourrait croire... »

Simon se tourna vers sa mère. La femme hochait la tête et un demi-sourire passait sur ses lèvres. Pour elle, le bien venait après le mal, la nouvelle heureuse après l'annonce de la peine. Mais le plus heureux sans doute, c'était le vieillard. Il continuait à bredouiller de petits jurons satisfaits. Il pensait évidemment à ce soir du passé où l'inspecteur avait félicité son fils. Les deux soirs devaient se confondre dans sa mémoire et il riait de fierté en pensant que de sa maison allaient sortir des hommes de premier rang.

Il dit encore :

« Amenez-moi ce petit. Je veux l'embrasser. Il est bien nôtre. »

Ce furent à peu près ses derniers mots. Le médecin arriva quand il fermait les yeux. Le père Sermet était mort dans sa maison des collines rêvant d'un écolier qui courait vers lui en criant : « Je suis le premier, je suis le premier... » Les dernières vendanges du père Sermet ne se comptaient pas en grappes mûres. Un autre vin mettait dans sa bouche un goût de fierté et de bonheur. Il voyait un enfant et un autre enfant encore, tous savants et premiers. Les gens répétaient leurs noms. Les gens ajoutaient : « Le grand-père, vous savez, le grand-père, c'était Sermet de Fontvieille, un pauvre métayer mais un fin laboureur, ils sont venus de lui... »

# XI

SIMON SERMET AVAIT VIEILLI. On s'en aperçut après la mort de son père. Pas seulement à cause du deuil et de la tristesse qui s'ensuivit. La fatigue du maître d'école venait de loin, de son temps de guerre et mille usures quotidiennes l'avaient tissée dans la ronde des ans. Après une marche un peu longue ou rapide, on le voyait s'arrêter et souffler, baissant la tête comme pour dissimuler sa faiblesse. Il s'était voûté, il parlait plus lentement encore avec d'abord un coup d'œil vers le ciel, et des silences où il semblait lire en de lointains horizons les mots qu'il prononçait.

On passe souvent près des gens sans regarder leur visage. On croit qu'on les a vus, mais l'image familière a glissé, le temps l'a prise. Une image chasse l'autre. L'une efface la précédente au fil des matins et des soirs. Et voilà que, tout à coup, on découvre les plis qui se marquent aux coins des lèvres, l'argent des cheveux, le voile des prunelles…

Le maître d'école caressait son front avant de parler. Il toussotait. « Ah ! voyons, de quoi s'agit-il ? Qu'est-ce que vous ne comprenez pas ? » Ses mains sèches et pâles s'avançaient vers les papiers ou le cahier. Il souriait. « Bon. C'est facile, vous allez comprendre. Écoutez-moi bien... »

L'air enfantin qu'on lui avait toujours connu n'était pas seulement donné par la finesse de la bouche, la bonté du regard et le doux modelé d'un visage pourtant maigri. Le blanc et le flou des cheveux, des rides fines apportaient cette douceur qu'on croyait enfantine et qui n'était peut-être qu'une marque de fragilité. « Il porte la mort de son père », disaient les villageois.

Et sans doute, il n'est pas de douleur plus pesante que celle qui brûle le cœur à la mort d'un père ou d'une mère. Là s'éveille tout à coup un grand mal, le plus grand. Les reniements, les crimes mémorables ne peuvent rien ôter à cette peine et à sa dignité. Un hymne sombre et vibrant jaillit au profond de la chair quand les parents s'en vont. Pour l'enfant demeuré, à quelque âge qu'il découvre ce mal, c'est un arrachement infini. Une solitude à jamais pathétique s'ouvre devant lui. Tous les autres liens finiront par le reprendre mais cette plaie demeure, mais ce lien premier ne sera jamais remplacé. On en retrouvera toujours la chaleur et la tendresse. La vie passera avec d'autres cruelles blessures, des charmes et des joies ravivant l'espérance mais la mort de ceux qui donnèrent la lumière reste la mort, l'ineffaçable déchirure.

Ainsi pour Simon Sermet. Il n'eut pas de douleur ostentatoire ; les larmes ne brûlèrent ses yeux qu'à certains moments de solitude, dans le silence de sa classe vide, dans le calme des nuits ou sur le chemin conduisant à la maison où sa mère vivrait seule désormais ; quand il rencontrait tous les objets qu'un homme avait marqués de son pouvoir, de son humble vaillance : une houe luisante d'usure, un vieil arbre fécond, un jeune pêcher greffé, un licol déchiré accroché dans la poussière d'une écurie, un sac de maïs, un chapeau dépaillé dans la cahute du jardin.

Les jours glissèrent vers le passé et il sembla à Simon que sa vie venait de prendre une autre route. Rien n'avait plus le même goût : ni les plaisirs ni les soucis. Une sorte de gravité transparente baignait les décors familiers, se teintait d'une angoisse d'abord vague.

Cette année-là, l'automne apporta une nouvelle de guerre. Dans les soirs tièdes où flottait la griserie du premier vin, l'angoisse se précisa. L'Italie attaquait l'Éthiopie. Bien sûr, l'Éthiopie c'était loin. Au village, peu de gens connaissaient même son nom. Un pays quelque part en Afrique... Mais quoi, c'était donc un pays comme un autre ? Un vrai pays avec un empereur ? Pas quelque colonie ou possession ? Et Simon lui-même ne savait pas grand-chose. Il consulta des géographies et le Larousse en six volumes qu'ils venaient d'acheter à tempérament.

L'Éthiopie, un mystérieux royaume, se cachait derrière des montagnes et des déserts avec des peuplades encore sauvages, des princes féodaux, des villes inviolées. Le pays de la reine de Sabba, des mines d'or et de diamants, des lions aux sombres fourrures.

Les armées de Mussolini s'acharnèrent sur ce peuple pauvre et fier qui combattait avec courage. Très vite, les troupes du Duce – Simon disait *Doutché* et Camboulives *Dusse* – s'emparèrent d'Adoua et d'Aksoum. Que pouvaient des sauvages armés de lances contre des mitrailleuses et des canons ?

On essayait de trouver des explications. L'Italie avait une population incroyablement prolifique. Ces gens n'arrivaient pas à vivre sur leur terre. Ils cherchaient des colonies, c'était normal. On voyait bien ces métayers installés à Fontvieille, sur les terres du Fournier.

« Ah ! ça, s'écriait Camboulives, c'est l'explication des fascistes, leur fameux espace vital. *Hiller* n'a que ce mot à la bouche. » Et Camboulives s'en prenait alors une fois de plus aux capitalistes. « Quoi ! disait-il, vous parlez de faim et de misère, et ici on arrache les vignes et on dénature le blé ? Ce n'est pas logique et cela veut dire que le monde marche mal. Et il y a des gens qui le veulent ainsi et qui gagnent au désordre. Le commerce des canons rapporte plus que celui du blé. »

De semaine en semaine, on finit par s'habituer à cette guerre. Après quelques gros titres, le journal la reléguait dans les coins ou les pages intérieures. De temps à autre, on publiait une photo du Négus ou d'un chef au visage noir et farouche.

Louis Révignac était entré à l'École Normale de Toulouse. Le lundi matin, très ponctuellement, sa lettre arrivait. Le garçon ne pouvait se rendre à Fontvieille tous les dimanches car, de la sortie de 10 heures à la rentrée de 6, le temps était trop limité. Il allait manger chez sa grand-mère. Pour la bonne femme, c'était une compagnie inespérée.

Il racontait son installation à l'école, une grande bâtisse de briques rouges située dans un quartier de jardins. Elle venait par chance d'être modernisée quelques années auparavant. Louis décrivait avec fierté les dortoirs vastes et clairs aux parquets cirés, les salles d'études pourvues de matériel neuf, la bibliothèque où déjà il furetait avidement puisque sa qualité de major lui en donnait la charge. Il y trouvait tous les classiques, les œuvres complètes de Molière, Hugo, Zola, et aussi Jaurès, Vallès, Romain Rolland, des poètes, des philosophes, des historiens. Tous les trimestres, on achetait des livres modernes, Gide, Martin du Gard, Giono…

Une cour sablée plantée d'acacias précédait un potager aux larges allées où les élèves-maîtres tournaient en rond à l'heure des récréations et des pauses, vêtus de blouses noires aux pans flottants que les anciens, par chic, portaient toutes rapetassées et déchirées.

L'école recevait des garçons venus du Tarn et de la Haute-Garonne, et même les Toulousains étaient voués à l'internat. Les rudes syllabes des Pyrénées se mêlaient aux accents rocailleux et chuintants d'Albi et de Castres. Les Tarnais aux têtes rondes, en général râblés et vigoureux, formaient les lignes d'avant, les joueurs de choc, de l'équipe de rugby.

C'étaient des fils d'instituteurs, de gendarmes et de petits paysans, d'employés et d'ouvriers aussi, des garçons sérieux et paisibles qui avaient travaillé de toutes leurs forces pour passer le seuil de cette maison. Une fois entré, il suffisait de se conformer aux coutumes et de travailler correctement. Après chacune des trois années, ils passeraient une partie de leur brevet supérieur puis s'en iraient au hasard du classement dans les villages des Pyrénées, de l'Albigeois, de la Montagne Noire ou du Sidobre.

Louis décrivait les cérémonies d'intronisation des *fistots,* élèves de première année, les examens et baptêmes burlesques auxquels les carrés et les cubes, élèves des années suivantes, soumettaient les arrivants.

La nourriture était assez abondante et sans fantaisie : haricots, lentilles et pois interminablement au fil des jours. Un clairon sonnait le réveil à 6 heures. Après la toilette et une demi-heure d'étude, on passait au réfectoire. Le café au lait circulait dans de frustes brocs étamés. Le jeudi et le dimanche, on distribuait une plaque de beurre pour dix.

Puis les garçons se répartissaient dans diverses équipes de nettoyage sous la surveillance des anciens.

Les cours commençaient à 9 heures. Hormis le grec et le latin, l'élève instituteur recevait un enseignement quasi universel en lettres, sciences et mathématiques. Botanique, zoologie, agriculture et zootechnie, psychologie, sociologie, pédagogie théorique et appliquée, notions d'astronomie ou de médecine, que n'apprenait-on pas ! Dès la première année, on commençait les stages à l'école primaire annexée à l'école. De vieux maîtres expérimentés prenaient en main les débutants...

Simon relisait longuement les lettres de Louis. Il évoquait son propre temps. À l'époque, l'école était vieille et noire, soumise à une discipline sévère : sorties très mesurées, uniforme et casquette obligatoires, professeurs austères et solennels. Maintenant, les élèves allaient tous les quinze jours au concert, pour le plaisir de sortir ou pour un amour véritable de la musique mais qu'importe... On autorisait des sorties de conférences ou de sport. La discipline se relâchait. Le vieux séminaire entrouvrait ses portes.

Les temps changeaient et c'était mieux ainsi sans doute. Simon rêvait sur la fuite des jours. En ce début de 1936, on sentait comme un bouillonnement, une âpreté et une douceur mêlées. Autrefois, Fontvieille se cachait au pied des collines, village perdu où les gens se repliaient. Maintenant, un autobus arrivait deux fois par semaine, transportant des voyageurs et des colis, les fournitures de l'épicier, du charron et de la buraliste. Radios et camionnettes se multipliaient. Les jeunes circulaient à bicyclette. Le samedi soir ou le dimanche, ils allaient au bal ou au cinéma à Saint-Ély. Tout cela n'était pas forcément signe de richesse, mais le progrès allait son chemin.

Pourtant, et comme pour faire mentir cette impression, un rude hiver s'abattit sur le pays, repoussant Fontvieille vers la solitude. La neige tombée dès la fin de novembre demeura quasiment jusqu'à février. C'était une persistance exceptionnelle. L'Essonnelle se glaça. Tout semblait mort et déserté. Par les aubes froides, des chocs sourds de maison en maison signalaient les préparatifs des grands feux d'hiver. Les paysans se groupaient autour des âtres, visage grillé, dos frissonnant.

Le dur souvenir de cette saison resta dans la mémoire du maître d'école. Plus tard, quand on évoquait cette fameuse année 36, il pensait d'abord à ces mois d'hiver, halte sombre au cœur des neiges.

Comme de coutume, les froidures emportèrent de vieilles gens dont Simon coucha les noms et les prénoms démodés sur le registre des décès après ceux de son père. Au plein de l'hiver, le vieux Béziers ferma ses yeux. Simon était allé le voir durant sa bronchite et le bonhomme lui avait dit de sa voix chevrotante :

« Hé ! Simon, ceux de la classe se suivent toujours. Ton père a passé le conseil de révision un peu avant moi mais je m'en vais le rejoindre sans tarder… »

La mère Béziers vendit peu après la plupart de ses lopins. Le principal était une assez belle vigne à flanc de colline, proche d'une des métairies de Fournier et d'une autre vigne de Fabre. Ce dernier guignait depuis longtemps ce fin morceau. Le vin était bon à cet endroit et les deux vignes rassemblées auraient permis un travail et une récolte plus faciles pour la famille Fabre. Mais le nouveau maire dut en faire son deuil : Fournier acheta la parcelle, arrondissant ainsi ses domaines.

L'affaire ne demandait pas une somme considérable, mais Fabre avait perdu un cheval l'année d'avant.

Là-dessus, comptant sur une bonne récolte de blé, il s'était mis en tête d'acquérir une camionnette. Un beau jour, on le vit revenir de Saint-Ély au volant d'un étrange véhicule obtenu, disait-il, pour trois fois rien. Cette Citroën carrossée en bétaillère et qui avait déjà sillonné abondamment les routes du canton devint très vite la fable du village. Elle brimbalait et pétaradait de manière infernale. Camboulives avertit son compagnon.

« Tu n'iras pas loin avec cet engin !

– Laisse faire ! Tu penses toujours au pire ! »

En vérité, Fabre cessa très vite de cavalcader sur les coussins écaillés de sa machine. Les gens hochèrent la tête. Ce Fabre n'en faisait jamais d'autre. Sous prétexte d'économie il jetait l'argent à l'eau. Il bataillait sans cesse pour faire électrifier les écarts et goudronner les chemins, il allait frapper du poing sur les tables de la sous-préfecture aussi bien qu'au conseil, mais pour les comptes, il ne valait pas cher.

Malin et entreprenant certes, mais il avait les mains trouées.

Heureusement, le régent repassait derrière lui. À quoi Fabre rétorquait : « Quand on n'est pas riche, on dépense plus que les autres. »

Le moteur grogna une dernière fois et rendit l'âme. Camboulives appelé à la rescousse déploya toute sa science mécanique mais s'avoua impuissant.

« La carcasse peut toujours rouler mais il te faut changer le moteur. »

Fabre jura horriblement. Il savait bien que sa femme chanterait matines. Un cheval perdu, un moteur acheté, le blé mal vendu, tout cela ne laissait guère d'argent pour acheter la vigne de Béziers.

Un dimanche de février, alors qu'un premier et pâle soleil caressait les collines, Fabre et Camboulives pénétrèrent dans la salle de mairie. Simon, qui recopiait un acte, les salua d'un air intrigué.

« C'est le plan cadastral qu'on vient voir », expliqua Camboulives.

Le plan reposait sur deux chaises avec son gros cartonnage noir clouté de cuivre. Fabre l'ouvrit à la section qui l'intéressait. Et aussitôt le doigt de Camboulives se mit à courir sur le quadrillage des parcelles.

« Tiens, la voilà ta vigne. Et là, tu as la vigne de Béziers qui vient de passer à Fournier. C'est bien le numéro. Maintenant, réfléchis ! Voilà les métairies de Fournier. Il y a trois ans, il a acheté une terre de Vidalenc du côté de la rivière. Ensuite, le pré de Truffié. Aujourd'hui, cette vigne qui te passe sous le nez. Et le Fournier est en pourparlers avec la veuve Ségala pour un pré qui touche à la vigne…

– C'est exact, dit Simon, elle m'en a parlé.

– Canaille de sort ! s'écria Fabre. Lui s'agrandit et il nous reste des miettes.

– Et qu'est-ce qui se passe ? poursuivit Camboulives tranquillement, M. Fournier se goberge à Toulouse. Et sa farine va dans ses usines. Quant ta femme achète ses nouilles, elle les paye au prix fort. Toi, tu vends ton blé à 70 francs, tu payes les impôts, ton cheval crève, tu en achèteras un autre ou tu paieras un moteur… Bref, tu n'as plus le sou. Si ça continue, tu vendras un morceau, toi aussi, comme les autres. Et Fournier sera preneur, je te le garantis. Tu m'as saisi ? Les métayers ne lui coûtent pas cher. »

La main sèche et brune de Camboulives s'abattit sur le plan cadastral.

« Simon, tu me diras non si j'ai tort, mais au jour d'aujourd'hui, en France, la propriété se concentre. Les petits se dépouillent et les gros s'arrondissent. La même chose pour l'industrie et la banque. Ils ne sont pas nombreux à tirer les ficelles. Un gouvernement, ça va et ça vient. Derrière, il y a les maîtres, les deux cents familles. On parle des rois, les voilà les rois et ceux-là, ils ne font pas de bruit mais ils commandent...

– Deux cents ? Je ne sais pas, murmura Simon. Mais c'est un fait, j'ai lu ça quelque part, la propriété se concentre en moins de mains que dans le temps.

– La Banque de France est dirigée par les mêmes depuis des cinquante ans, qu'est-ce que je dis ? Depuis Napoléon, il y en a qui y sont de père en fils. Ça, on oublie de le montrer aux gens.

– C'est bien beau, dit Fabre, mais qu'est-ce que tu proposes ? Le Fournier, je ne peux quand même pas le pendre !

– L'impôt progressif sur les grosses fortunes, répondit Camboulives. Prendre l'argent là où il est. Ça, on peut le faire. Regarde en Espagne. Ils ont voté pour le *Frente Popular*. Radicaux, socialistes, communistes, les républicains. Est-ce que nous serons plus bêtes qu'eux ? »

Simon soupira, les yeux tournés vers la fenêtre. Un frêle soleil touchait les branches encore nues mais déjà les bourgeons avaient grossi. Quelques jours de chaleur suffiraient peut-être pour gonfler leurs écailles. Sous la gomme luisante, les feuilles poussaient leur chair froissée. Camboulives parlait du Front populaire. Il n'avait plus que ce mot à la bouche. Il le répétait de porte en porte. C'était la réponse à tous les soucis. On voterait pour les députés au mois d'avril et, déjà, Camboulives et une demi-douzaine de son bord s'étaient mis en campagne, menant vacarme comme cent, vendant *L'Humanité* dans les hameaux, palabrant à l'auberge le samedi soir. Leur programme était bien simple : d'abord museler les fascistes, les Croix-de-Feu, La Rocque et Dorgère ; ensuite s'attaquer aux grosses fortunes, protéger ceux qui travaillent et payer le blé au prix juste. Quand on leur parlait du blé ou du vin, les paysans hochaient la tête. La chose les touchait de près. Pour les Croix-de-Feu et autres comploteurs, ils demandaient à réfléchir. Lorsque Camboulives leur montrait des pages de son journal avec des photos de documents, de listes d'hommes de main ou de dépôts de grenades, ils demeuraient encore réticents. Tout cela ressemblait à du roman.

Camboulives, inlassable, reprenait sa chanson. L'unité, le rassemblement des républicains, ouvriers ou paysans, catholiques ou athées. Sur le point des catholiques, Fabre grognait :

« Le curé d'Ivry est allé voir Thorez ! Qu'est-ce que ça veut dire ? Tonnerre ! Tu veux que je reçoive le curé à la mairie ? Tout ce que tu voudras mais laisse les curés tranquilles.

– Eh quoi ! répondait l'autre, il y a des catholiques honnêtes et des bons patriotes partout. Est-ce que tu imagines que les fascistes ne trompent pas leur monde. Il y a des Croix-de-Feu qui sont des braves types…

– Ça ne fait rien. Ton curé me reste dans la gorge ! »

Quant à Simon, il demandait toujours.

« Et la guerre, est-ce que vous l'oubliez ? En Éthiopie, on se bat et personne n'en parle.

– Non pas, non pas ! s'écriait Camboulives. Les fascistes du dedans marchent avec ceux du dehors ! Nous ne l'oublions pas. »

Le printemps venait, acide et timide avec des crépuscules brouillés. Pouvait-on croire qu'un jour l'ombre épaisse des platanes s'élargirait autour de la fontaine, que la canicule régnerait puissamment sur les collines et les froments jaunis ? Ce n'étaient qu'averses et rafales. Lucienne, enveloppée d'un grand châle de laine sombre, surveillait frileusement les récréations. Il fallait encore allumer les poêles. Les toux des marmots enrhumés coupaient le rythme calme des exercices de lecture.

Il y eut en ce début de mars deux importantes nouvelles. Et si l'une réjouit bien des cœurs, l'autre fit s'élever un vent triste, plus hypocrite, plus dangereux que celui qui froissait les premières feuillées. L'une, Camboulives la claironna à la fois comme une preuve et comme une promesse : à Toulouse, dans la première semaine de mars, venait de se tenir le congrès d'unité de la C.G.T. Forgues de Toulouse avait prononcé le discours d'ouverture. Sémard, Racamond, Jouhaux, Frachon avaient parlé. Les ouvriers et les instituteurs se trouvaient réunis enfin dans un même grand syndicat. Il n'y avait plus deux C.G.T. mais une seule. Jouhaux avait dit : « Une seule force ouvrière se dressera maintenant contre nos adversaires... » Le 6 mars, dans un même communiqué, le parti socialiste et le parti communiste saluaient ensemble l'unité de la classe ouvrière.

Masolles évoqua sa rencontre au congrès avec Georges Lapierre, fondateur et directeur de *L'École libératrice,* un éducateur et un syndicaliste d'une grande dignité et d'une haute valeur morale.

Simon avait suivi avec passion, dix ans auparavant, la campagne de Lapierre contre les manuels bellicistes et les travaux qu'il avait présentés à des congrès internationaux :

sur l'enseignement de l'histoire et de la paix, la formation du citoyen, le chômage des adolescents.

Masolles décrivit cet instituteur au vaste front, aux yeux doux, à la bouche spirituelle surmontée d'une fine moustache, à l'éloquence tranquille, sereine. « Et tu lui as parlé ? » demanda Simon, le regard brillant. « Bien sûr. C'est un homme très simple. Et tiens, nous avons causé de ce pays, de la vallée de la Garonne et des Pyrénées. Il est passionné de géographie. Je te dirai même qu'il en savait plus que moi... Il était heureux de ce congrès. Il rayonnait, oui c'est le mot... » « Voilà un homme ! » murmura Simon.

Fabre convoqua le conseil de Fontvieille et le conseil vota lui aussi un salut à l'unité des travailleurs.

Camboulives débordait de joie. Son visage maigre et osseux se colorait aux pommettes. « Le 6 mars 36, disait-il à Simon, voilà une date que j'ai dit au fils de retenir par cœur. Un jour, elle sera dans les livres d'école. C'est comme qui dirait le serment du Jeu de Paume. »

Mais le lendemain même, dans un matin de brume et d'incertitude, les hommes se rassemblaient sur la place, attendant la camionnette des journaux. La radio avait déjà lancé la nouvelle : les troupes de Hitler s'étaient mises en marche vers les villes rhénanes. Hitler dénonçait le traité de Locarno. Il avait prononcé un discours insolent devant le Reichstag.

« Et alors quoi ? demandaient les paysans. Qu'est-ce que ça veut dire. Il n'en a pas le droit.

– S'il ne l'a pas, il le prend.

– Sarraut va parler. L'Angleterre ne peut pas laisser faire.

– Les discours, vous me faites rire... »

Les troupes allemandes, au pas de parade, étaient entrées dans Cologne. À nouveau, des canons et des chars s'avançaient vers le Rhin. Les hommes évoquaient leur temps de guerre ou d'occupation. Ces noms de villes et de fleuves leur rappelaient des casernements et des voyages. Pour les femmes et les jeunes, c'étaient des noms étranges, un pays confus et dangereux.

Simon revint vers son école. Il baissait la tête et tirait machinalement sur les pans de son cache-nez. Eh oui ! Camboulives avait peut-être raison. On n'oublierait pas cette année 36, mais ce qu'elle laisserait à l'Histoire, personne ne pouvait le dire et il ne fallait pas chanter trop tôt. Le bien et mal se succédaient sans trêve. On croyait atteindre une victoire et l'orage, une fois de plus, remplissait le ciel. On n'en finirait donc jamais.

« Il faut siffler, dit Lucienne. C'est l'heure. Qu'est-ce qui se dit sur la place ?

– Hitler a réoccupé la Rhénanie.

– Allons bon. »

Elle hésita.

« Et qu'est-ce tu penses ?

– Hé ! ce n'est pas bon…

– Oui, mais quoi ? Tu as le journal ? Voyons. Tu penses à la guerre ?

– Il y a longtemps que j'y pense. Le malheur, c'est que nous ne sommes pas nombreux à y penser.

– Cette Rhénanie leur appartenait, au fond…

– Bien entendu, mais c'est là qu'est le mal. Rhénanie ou pas, c'est l'esprit de guerre qu'il fallait détruire. Et cela, on ne l'a pas fait, comprends-tu ? Maintenant, Hitler a beau jeu. Cette Rhénanie est allemande. Et ici, les gens auront l'impression qu'il leur vole un morceau. Mais ce ne sont pas les Allemands qui reviennent en Rhénanie. Quand on a un fusil entre les mains, on n'est pas un homme, on n'est ni français ni allemand. Voilà. Est-ce que tu me comprends ? »

Le vieux Truffié qui présidait le bureau fouilla dans son gousset et tira une grosse montre de nickel.

« 6 h 20 ! On ne peut plus attendre. Camboulives, donne-moi ta clé pour ouvrir l'urne.

– Attends, dit Camboulives. Rouquet n'est pas venu… Hé ! qu'est-ce que je dis, le voilà ! Il est à la fontaine.

– Alors, ce sera le dernier. »

Quelqu'un sur le seuil de la salle de mairie se mit à crier joyeusement en direction du paysan qui arrivait.

« Ho ! Rouquet ! Dis-nous le nom et on mettra l'enveloppe !

– Diantre, dit Rouquet en s'épongeant le front, j'ai voté tout seul jusqu'ici et j'espère bien continuer longtemps. C'est la femme qui m'a retardé. Elle a voulu descendre chez sa sœur…

– Allons, dépêche-toi, dit Truffié. Tu es le dernier votant et il nous faut dépouiller. »

Rouquet était le doyen des électeurs de Fontvieille. Il approchait des quatre-vingt-cinq mais en paraissait quinze ou vingt de moins. Petit, avec un air poupin malgré ses rides, il arrivait encore à trottiner de sa maison jusqu'au village et chacun savait que sa plus grande fierté était de venir déposer son bulletin. Il habitait dans les collines pas très loin de la maison des Sermet.

Avant d'entrer dans l'isoloir, il s'en fut serrer la main de Simon qui déjà préparait les feuilles pour les scrutateurs.

« Salut, Simon ! Tu vois que je suis encore bon pour faire un citoyen et un républicain. Ah ! *macarel,* dire que je t'ai vu naître et qu'aujourd'hui, c'est toi qui me fais voter ! Eh oui ! je t'ai vu pas plus grand qu'un friton. Ton pauvre père nous avait avertis. Alors, le soir de ta naissance, avec la femme, nous sommes venus chez vous. Bon, maintenant, allons voter ! »

Rouquet souleva le rideau de toile et on ne vit plus que deux petites jambes maigres autour desquelles tirebouchonnaient de vénérables pantalons de coutil. Il réapparut, tenant son enveloppe à deux mains. Arrivé devant l'urne, il ôta son béret avec solennité, dans un grand geste arrondi du bras, comme font encore les vieux par respect pour le suffrage universel, puis il fouilla dans sa veste et tira sa carte d'électeur. L'assesseur Camboulives la prit gravement et cria :

« N° 57. »

À l'autre bout de la table, Simon parcourut la liste électorale.

« 54... 55... 57... Rouquet Léon, agriculteur, né à Fontvieille le dix-huit mars mil huit cent cinquante et un. »

Il y eut un murmure parmi les hommes qui attendaient, puis Truffié écarta le carré de carton qui fermait l'ouverture de l'urne. Rouquet poussa son enveloppe.

« A voté ! » dit Truffié sans rire.

Et aussitôt, le silence respectueux qui régnait dans la salle depuis que Rouquet était sorti de l'isoloir se rompit. On s'approcha du paysan pour lui frapper affectueusement sur l'épaule.

« Ah ! Rouquet, c'est toi qui l'as mis celui-là.

– Oui, c'est moi et pas un autre. Pour voter, j'ai toujours été là ! »

On passa au dépouillement. Truffié ouvrit l'un après l'autre les deux gros cadenas de fer noir et inclina l'urne ouverte en direction des assistants. Ainsi le voulait la loi. Ensuite, les scrutateurs se mirent à compter les enveloppes par dizaines. Simon avait préparé les feuilles où chaque nom serait coché d'un trait par bulletin.

Un scrutateur ouvrait l'enveloppe, tirait le bulletin et prononçait le nom du candidat choisi.

C'était le second tour. Le radical et le communiste s'étaient désistés en faveur de Milhas, un socialiste, qui, le mieux placé, devenait le candidat du Front populaire. Seul le réactionnaire s'était maintenu.

Alors, dans la petite salle de mairie où les hommes s'entassaient, dans la fumée des pipes et des cigarettes, commença une sorte de litanie. Le nom de Milhas revenait quasiment à chaque enveloppe. D'abord, les deux scrutateurs qui tiraient les bulletins l'avaient prononcé sur un ton prudent. Et ils disaient parfois : Milhas Charles, Front populaire, ou bien Front populaire Milhas, ou bien Front populaire tout court…

Dans les premiers instants, les gens se taisaient pour ne pas troubler le travail. On entendait seulement de grosses voix chuchotantes qui répétaient le résultat jusqu'à la porte où des hommes qui avaient mal compris posaient des questions.

« Qui c'est ? Quoi ? Ça fait combien pour Milhas ? »

La litanie continuait. Milhas, Front populaire, Milhas, Front populaire. Les scrutateurs se mirent à hausser le ton. Quelques rires coupèrent les annonces. Certains juraient sur un ton de plaisanterie. Sur les feuilles, les traits se multipliaient devant le nom de Milhas, et l'autre n'avait presque rien. Bientôt, on commença à dire : « Milhas passe en tête largement, Milhas les enfonce, Milhas les écrase… »

Il ne restait plus que quelques dizaines d'enveloppes à dépouiller. Fabre, penché sur l'épaule du maître d'école, poussa une sorte de rugissement.

« Tonnerre ! Si c'est comme ça partout, nous n'avons rien à craindre ! »

Une heure plus tard, quelqu'un qui arrivait de Saint-Ély annonça que, dans la plupart des villages d'alentour et à Saint-Ély même, Milhas s'assurait une avance confortable.

À la nuit close, la place du village était encore en rumeur. Une radio installée à l'auberge diffusait les résultats des premiers dépouillements dans le pays. Les candidats de gauche l'emportaient autant et plus qu'aux municipales. Partout où le Front populaire avait présenté des hommes, des votes massifs s'étaient prononcés en sa faveur. 72 sièges pour les communistes, 146 pour les socialistes.

Simon s'abandonna à l'allégresse générale.

Ce Milhas était un homme du pays, un laïque, connu et estimé, mais ce qui importait surtout, c'est qu'il passait grâce aux voix unies des Républicains. Un épi, on le brise comme on veut, mais une gerbe…

L'avril parfumait les jardins. Adèle Mage, la première, arriva un matin portant une énorme brassée de lilas. Lucienne en fit deux bouquets pour l'une et l'autre classe. Le fil tenace du parfum voltigeait de table en table, s'échappait par les fenêtres ouvertes.

En rentrant de récréation, on retrouvait sa finesse accueillante dans la pénombre de l'estrade. Comme si le printemps était venu nicher aussi dans la classe. L'odeur amère du bois brûlé et des galoches boueuses s'effaçait devant la merveille que dispensaient les fleurettes menues. Sur l'appui des fenêtres, des branches de marronniers qui trempaient dans des pots de confiture avaient déplié leurs bourgeons somptueux. Tout à l'heure, sur les cahiers de dessin, on essaierait de copier ce miracle. Le cours préparatoire chantonnait au tableau de lecture : *Voilà le joli lilias d'Adèle, Adèle a porté du lilas.* Dans la classe de Simon, le cours moyen classait les mots du vocabulaire : *le soleil, la chaleur, la lumière, les giboulées, la sève, la verdure, les nids, les gazouillis, les pépiements, le renouveau, l'allégresse, la joie…*

Le maître marchait à pas lents d'une fenêtre à l'autre. Il regardait ses rosiers, puis les toits du village couleur de lilas sombre. Le cours supérieur attendait, la plume en l'air.

« *Jour de printemps.* C'est le titre. *Jour de printemps.* Bon. Vous y êtes ? Je commence à dicter. *Le ciel est clair comme une perle.* Point-virgule. *Avril embaume sous ma fenêtre. Le ciel est…* Camboulives, ne va pas si vite. Tu as le temps. Réfléchis. *Le ciel est clair comme une perle.* Point-virgule. *Avril embaume sous ma fenêtre.* Point-virgule encore… »

C'était une dictée tirée de Paul Arène. À chaque retour d'avril, Simon la reprenait sans se lasser. *Pourtant, quelque chose me manque ; il me semble que ce n'est pas encore tout à fait Pâques. Je vais vous dire : il me manque mes hirondelles…* Une fois de plus, les mots légers glissaient sur les cahiers du jour. Les enfants s'abandonnaient au charme du texte. On les voyait s'appliquer, lire et relire ; et les petits du cours moyen abandonnaient leur problème pour écouter cette chanson pleine de ciel bleu, de cloches et d'hirondelles.

Ainsi commença le printemps de 1936, précieux parce qu'il succédait à un hiver très sombre et que le premier rayon des beaux jours y devenait une merveille.

Tout s'était retardé, les blés, les vignes, les vergers. Le ciel ne se nettoyait pas complètement. À un jour presque chaud succédait un jour maussade. Bon sang, grondaient les hommes, maintenant que tout est prêt à partir, il ne nous faudrait pas une gelée !

La chaleur arrivait pourtant dans une buée verte. Lucienne chantonnait en pensant à son fils qui allait venir pour les vacances. La mère Sermet prenait plus souvent le chemin du village. Elle apportait les premières fraises, les premières cerises, mettait un peu d'ordre dans la maison, s'en retournait à la nuitée d'un pas tranquille et prudent. Simon lui avait proposé de vivre avec eux mais elle avait refusé. Cette maison des collines, c'était toute sa vie et la quitter une seule nuit lui serrait le cœur.

« Va, je suis très bien là-bas, j'ai mes habitudes. Le trajet n'est pas long quand on sait le prendre. »

Le soir, parfois, Masolles poussait une visite. Ils causaient de la situation en buvant un verre de vin blanc. Masolles avait confiance. Blum allait prendre le pouvoir. Enfin, la classe ouvrière pourrait parler.

« Oui, disait Simon, mais c'est l'Éthiopie qui m'inquiète. Les gens n'y pensent pas assez. Badoglio a incendié Harrar et combien de villes sont détruites ! Ces pauvres bougres ne pourront pas tenir bien longtemps. Il paraît même que les Italiens emploient l'ypérite.

– Oui, dit Masolles, pensif, l'Éthiopie… Mais nous, nous tenons le bon bout. Ce n'est pas complètement joué mais, si nous savons y faire, nous mettrons le fascisme à la raison. Regarde en Espagne. Azana est soutenu et ça marche. Ils viennent d'arrêter plus de mille fascistes et les ligues sont jugulées. Tous les Républicains se donnent la main. C'est ça le secret. C'est l'exemple de l'Espagne qu'il faut suivre. Nous ne sommes pas une Éthiopie. »

Mais la semaine d'après, à l'heure de la camionnette des postes, Camboulives courut à la fenêtre de Simon. Le maître d'école debout devant le grand tableau dessinait une carte des canaux français. Il traçait les fleuves en bleu, en rouge les canaux latéraux, en jaune les canaux de jonction. Dans dix minutes, les enfants allaient arriver.

« Ho ! Simon ! cria Camboulives.

– Oui, dit le maître sans se retourner, qu'est-ce qu'il y a ?

– C'est fichu en Éthiopie. Le Négus est parti et je crois qu'Addis-Abeba est tombée. »

Sermet secoua la tête, s'approcha du tableau, rectifia légèrement la courbe de la Garonne.

« Il fallait s'y attendre, mon ami. On se battait là-bas depuis des mois et qui s'en occupait ? Personne… Bon, je sais bien ce que tu vas me dire. Une poignée de gens comme toi. Mais ça ne compte guère. Total, les Italiens sont les maîtres et le fascisme marque un point de plus. La guerre, tu vois, Germain, dans quelque pays qu'elle éclate, ça devrait faire réfléchir les gens. Eh bien ! non, c'est comme si tu sifflais. Ah ! je me demande…

– Quoi, qu'est-ce que tu te demandes ?

– Si nous y arriverons un jour.

– Nous y arriverons, dit Camboulives doucement.

– Qu'en sais-tu ? Prends les paysans d'ici et dis-leur de mettre sac au dos. Ils sont fichus de marcher comme un seul homme. Eh bien ! moi, vois-tu, si on veut mettre un fusil dans les mains du petit, je lui dirai : “Va-t'en, disparais, va où tu voudras, mais refuse ! Refuse !” Et même, j'aimerais mieux le tuer de mes mains que de le voir s'en aller.

« Allons, allons, calme-toi, Simon, nous n'en sommes pas là. Et je te dis même que nous n'en prenons pas le chemin. Les gens n'ont aucune envie de faire la guerre. C'est vivre qu'ils veulent. Un peu partout, ils ont commencé à bouger. »

Un peu partout, en effet, les travailleurs se mettaient en grève. En avril, les mineurs du Nord avaient annoncé qu'ils cesseraient le travail au 1er mai si les patrons des houillères ne rajustaient pas leur salaire. Ils étaient 140 000 prêts à se croiser les bras. Les patrons durent s'incliner. Aux premiers jours de mai, 700 métallos de l'usine Bloch à Paris firent grève à l'intérieur de l'usine. Ce n'était qu'un début. La grève comme une flamme s'alluma de tous les côtés, dans l'Aisne, à Saint-Nazaire, à Marseille, sur les ports, dans les grands domaines agricoles du Nord et de la région parisienne. On racontait que les paysans avaient planté le drapeau rouge à l'entrée des exploitations et qu'ils avaient cessé tout travail jusqu'à satisfaction complète, se bornant à faire boire le bétail et à traire les vaches.

À Toulouse, chez Dewoitine, à Billancourt, chez Renault, la grève s'installa. Puis, suivant une expression de Camboulives, toute la mécanique y passa : Citroën, La Valette, Gnome et Rhône et combien d'autres à Paris et en province. Ensuite, les métallos de Bourges, les maçons de Béziers, ceux des industries chimiques à Saint-Gobain, à Rouen, à Lille… Bientôt, d'étranges chiffres commencèrent à être jetés et publiés. Camboulives brandissait son journal en criant : 17 victoires et 150 entreprises en grève ! 35 victoires et 200 entreprises en grève ! Cela ne cessait de grandir. Aux premiers jours de juin, on comptait plus de 500 000 grévistes.

Alors la fameuse camionnette de Fabre se mit en danse. À l'avant, sur le bouchon du radiateur, Fabre avait fixé un drapeau rouge. Sur les deux portières d'avant, Camboulives avait écrit à la craie :

*Dans l'ordre, pour le pain.*
*Solidarité pour les grévistes.*

Le matin, la camionnette stationnait sur la place un grand moment. Les gens arrivaient avec un sac de haricots, un kilo de pommes de terre, des œufs, des carottes.

« *Millodious !* Il faut qu'ils tiennent, criait le maire. Ils tiendront s'ils ont de la soupe. »

Et Camboulives, en recevant les denrées, donnait les dernières nouvelles et fournissait des explications.

« Il faut que les patrons touchent des épaules. Si c'est bon pour l'ouvrier, ce sera bon pour le paysan. Il y a plus de cent patrons déjà qui se sont inclinés. Et ça continue ! »

– Et qu'est-ce qu'ils ont gagné ? demandaient des hommes.

– Qu'est-ce qu'ils ont gagné ? Dans les mines, 7 % et plus d'augmentation, la reconnaissance du droit syndical. Maintenant, ils discutent pour les quarante heures et le contrat collectif. »

Là, quelques-uns avaient une grimace.

« Est-ce que le paysan a ses quarante heures ?

– Tonnerre ! criait Fabre. Pour nous, c'est une autre histoire. Pour nous, c'est le blé et le vin. Il nous faut des prix stables et des garanties.

– Et la grêle ?

– Oui, la grêle aussi. Il nous faut une caisse d'assurances contre les calamités. »

Camboulives racontait les occupations d'usine. Tout se passait tranquillement, dans la discipline et la bonne humeur. Les piquets de grève montaient la garde. À l'intérieur, les ouvriers surveillaient leurs machines et passaient le temps du mieux possible. Est-ce que, dans les grands domaines, les ouvriers agricoles n'avaient pas pris soin du bétail ? Ce qu'on cherchait, ce n'était pas la pagaïe, mais la justice.

Certains paysans soupiraient. Ce mouvement faisait peur. Et sans doute, quand on leur parlait des grands domaines, ils savaient bien que les patrons n'étaient pas des agneaux, mais ils imaginaient toutes sortes de scènes effroyables : récoltes pourries sur pied, bétail à l'abandon, machines sous la pluie. Et cela faisait mal en dépit de tout.

Alors, Fabre s'emportait.

« Eh ! la classe ouvrière est bien bonne. Elle prend des précautions. Qu'est-ce qui se passerait si on laissait vraiment les choses à l'abandon ? Voulez-vous me le dire ? On ne fait pas une grève pour le plaisir. On la fait pour que les gros comprennent. Mais l'essentiel, allez, c'est que les travailleurs marchent la main dans la main. Les ouvriers ont commencé. À nous de les soutenir ! »

Alors, la camionnette se mettait en route pour les hameaux. Le moteur neuf monté par Camboulives ronronnait hardiment à l'assaut des collines. Les pans de la capote claquaient au vent de la course. La carrosserie gémissait, les portières sautaient sur leurs ferrures.

« *Macarel !* criait Fabre en riant, le moteur va tuer la carcasse.

– Que non ! répondait Camboulives, la carcasse peut tenir longtemps. »

À l'approche des maisons, Camboulives sonnait dans une corne de berger. Les femmes venaient sur les seuils dans un émoi de canards et de poules. Les hommes sortaient des étables, quittaient leurs sillons.

« C'est pour la grève ! criait le maire.

– Ah ! la grève. Et donc, qu'est-ce qu'il en est ?

– Ils tiennent bon. Il faut les aider... Le conseil a déjà voté pour.

– À Toulouse, chez Dewoitine, ça continue.

– Ça continue mais il faut qu'ils mangent. »

À nouveau, il fallait raconter et expliquer, dire ce que les paysans pouvaient retirer d'un tel mouvement. Camboulives, maigre et sec, gardait son calme. Fabre épongeait son front écarlate, réclamait à boire, frappait la table du poing, jurait ses vingt dieux. D'autres, citoyens ou conseillers, les accompagnaient parfois, et à la fin du jour la camionnette gémissante prenait le chemin du canton pour livrer la collecte. Durant le trajet, Fabre poussait une chanson.

Un jeudi et un dimanche, Simon s'en fut avec eux. Fabre le fit asseoir près de lui.

« Hé ! Simon, maintenant tout va bien. Le maire, l'adjoint et le régent. On ne peut pas mieux faire. Et toi, ils t'écouteront plus que nous. Allez, roule carrosse ! »

Avec le maître d'école, le discours changeait de tournure.

« Oui, mes amis, il faut appuyer cette grève. Et s'en souvenir surtout. Qu'est-ce qu'elle signifie ? Je vais vous le dire : elle signifie que le peuple peut beaucoup. Un seul homme, ce n'est rien, mais dix, mais cent c'est une force. Un épi vous le brisez mais une gerbe, ça résiste. Est-ce que vous me comprenez ? Bien. Les gens se plaignent des salaires, des impôts. Ils ont raison et ils protestent. Et si un jour, on voulait les faire marcher pour autre chose, ils protesteraient et ils auraient raison. Et pourquoi les ferait-on marcher ? Eh ! vous le savez bien ! Sac au dos et en route ! Eh bien ! non, ce jour-là, souvenez-vous que vous pouvez beaucoup ! »

Vinrent les jours de victoire. Le 5 juin, Blum forma son ministère. Deux jours après, les délégués des ouvriers rencontraient le haut patronat et faisaient admettre les contrats collectifs, les quarante heures et les congés payés. Le droit syndical était reconnu. Chaque atelier aurait son délégué. C'étaient les accords Matignon. La semaine d'après, la Chambre votait les quarante heures et le reste. Pour les paysans, on créait l'Office du blé qui assurait un prix stable de près de 150 francs le quintal contre 60 francs sous Laval.

Et l'école aussi y avait gagné. La scolarité était prolongée jusqu'à quatorze ans. On avait amélioré les traitements des maîtres.

On dansa le dimanche suivant sur la place de Fontvieille et Fabre, ceint de son écharpe, prit la parole au milieu du bal.

Le vent soufflait de la plaine. Un grand soleil l'avait chauffé. Sous le frisson des feuilles de platanes, les gens s'étaient assis à des tables de bois. L'aubergiste et sa femme trottaient parmi les buveurs, apportant sans arrêt des panachés et des sodas. Simon et sa femme s'en vinrent prendre place. Ce dimanche-là, le fils les accompagnait. C'était maintenant un grand garçon au visage un peu anguleux avec déjà une ombre de moustache.

« Hé ! c'est Louis ! s'écriaient les villageois. Avec ces pantalons d'homme, je ne le remettais pas ! Ah ! vous avez un beau gaillard, monsieur Sermet ! Et il travaille toujours bien, je pense ? Quand est-ce qu'il finira ? Deux ans encore ? Eh bien ! donc… »

Fabre parlait à sa façon, avec des mots rudes et savoureux qui déclenchaient les rires.

« Le Front populaire, mes amis, c'est comme ma camionnette. On a mis un moteur neuf, hé ! Camboulives, et la voilà qui grimpe partout. Mais ce n'est pas fini. Si la carcasse est vieille, on peut la rajeunir. Nous autres paysans, qu'est-ce que nous demandons ? De travailler et d'être payés en conséquence. Pas le Pérou. La justice ! Pour le blé, ça commence à aller. Il y a encore des choses à régler, nous les réglerons. Quoi, nous suons sang et eau pour mettre la récolte en train et si la grêle nous saccage la vigne, il ne nous reste que les yeux pour pleurer ? Et si la fièvre nous prend une vache ? Qu'est-ce qu'il faut faire ? Aller à la foire ? Avec quels sous ? Non, mes amis, ça ne pouvait pas marcher longtemps sur cette musique. Les fermiers et les métayers n'y tiennent plus. Les petits possédants succombent. Mais la musique a changé et les paroles seront autres. »

Le vieux Rouquet s'approcha de la table de Simon et trinqua à la santé de la République.

« Le Fabre a bien parlé, dit-il, et je voudrais bien voir tout ce qu'il annonce. De mon temps on ne causait pas si haut dans les campagnes. Les curés et les châtelains étaient maîtres et, les républicains, on les montrait du doigt.

– Oui, dit Simon, de votre temps, Rouquet, bien peu de gens savaient signer leur nom.

– C'est vrai, régent, l'école a changé les têtes. Oh ! je ne suis pas contre. Les Fournier et autres, je les accrocherais bien à ces platanes. Seulement, je me méfie toujours quand on veut aller trop vite. L'aramon ne mûrit pas dans un matin.

– Quoi ! dit Camboulives qui s'était approché, est-ce que tu trouves qu'on va trop vite, Rouquet ? Justement, tout s'est arrêté sans folie. Les plus raisonnables, dis-moi, ce sont les travailleurs. Leur parole vaut timbre. Moi, je souhaite que les patrons soient aussi honnêtes qu'eux. Le danger n'est pas d'aller vite, mais d'oublier comment on a gagné. Les travailleurs ont gagné parce qu'ils se sont mis ensemble. S'ils se séparent, les gros leur reprendront tout.

– Alors, santé ! cria le vieil homme. Santé ! Et faites m'en voir encore beaucoup avant que je ferme les yeux ! »

Le bel été courut sur les collines. La paix des dernières classes s'empara de l'école. Lucienne s'asseyait à l'ombre des acacias et les petits se groupaient autour d'elle. On révisait les tables de multiplication, on lisait un peu, puis la maîtresse commençait une histoire.

Par la fenêtre ouverte, la voix calme de l'instituteur arrivait jusqu'aux petits. Comme de coutume, en cette époque de l'année, Simon dirigeait les révisions. Pour lui, ce n'était pas un passe-temps de canicule, un travail nonchalant pour remplir les dernières heures avant les vacances. Les élèves du cours supérieur allaient quitter l'école. Et déjà, même les plus grands ne venaient plus que par intermittence. Simon redoutait de les voir partir ainsi, avec en somme un bien maigre bagage. Il eût aimé rassembler tout son savoir et plus encore, en une page ou une demi-page pour le leur donner comme un outil facile à porter.

Il savait bien que c'était un rêve. Déjà, ces enfants le fuyaient. D'une certaine façon, ils se réjouissaient de passer le seuil de la classe pour devenir des grands. Les vieux cahiers iraient s'entasser au fond d'une armoire, dans un coin de grenier ou de cave. Ne resteraient que les mots de la mémoire, les scènes des histoires racontées, des phrases répétées cent fois et qui demeureraient vives jusqu'aux plus lointaines années. C'était beaucoup mais il aurait voulu plus encore. Alors, il s'obstinait à feuilleter une dernière fois avec eux les livres d'histoire et de géographie, il leur faisait copier sur un petit carnet quelques règles de grammaire et des formules de calcul.

La voix tranquille et insistante du maître d'école s'élevait dans la pénombre chaude de la classe.

« Truffié, voyons si tu sais tes quinze dates. Quinze dates, ce n'est pas beaucoup pour toute l'Histoire. Mais avec ça, déjà, tu peux te reconnaître… »

Truffié commençait à réciter : « … 732, Charles Martel bat les Arabes à Poitiers… 800, couronnement de Charlemagne… 987, Hugues Capet roi de France, 1214, bataille de Bouvines… »

Et là, un scrupule prenait à nouveau le maître. Ces dates ânonnées n'allaient-elles pas rester piquées dans la mémoire comme des bâtons dans un désert ? Est-ce qu'elles parleraient vraiment ? Est-ce que les visages du passé revivraient avec elles ?

Simon reprenait la parole. Il recommençait le vieux récit. Les hommes sortaient de la nuit des temps, les Gaulois buvaient l'hydromel, les serfs grattaient la terre, les communes se soulevaient, Christophe Colomb découvrait l'Amérique… Vous me suivez, vous y êtes ?

Il faisait lourd. Une batteuse bourdonnait déjà vers la plaine. Des guêpes valsaient autour du robinet de la cour. Le camp du Drap d'Or, la Saint-Barthélemy, la poule au pot, Colbert et la solliciteuse, les États généraux et les Trois Glorieuses valsaient comme des guêpes dans les esprits indociles.

Allons, tout était dit pour cette année. Quelques colonnes à remplir encore sur le cahier d'appel et, après deux jours de joyeux nettoyage, la classe retournerait au silence estival, avec ses tables soigneusement lessivées, ses encriers tout blancs. Lucienne y rangerait des claies de prunes, de brugnons et de poires. Louis y installerait une chaise longue pour lire.

Ce fut un de ces soirs-là que vint la nouvelle, la dernière nouvelle de l'été 36. Traversant la rumeur des feuilles de platanes, glissant sournoisement dans les arômes d'une fin de jour, fenouil, salades et tomates, elle parvint jusqu'à la vieille école isolée au milieu des jardins. Un bruit d'assiettes et de fourchettes s'élevait des cuisines. Le vent nocturne bavardait dans les rubans parcheminés des maïs.

Cette nouvelle, la radio l'avait dite et quelques hommes la répétaient. On ne pouvait s'en inquiéter beaucoup. Les femmes partageaient des poivrons, préparaient des quignons frottés d'ail pour la salade. Les hommes pensaient à leurs blés. Des filles riaient à leurs amours.

Simon debout sur le seuil de la cour regardait l'ombre s'avancer vers la fontaine. Des ombres tremblaient dans l'ombre. Au ciel, la Voie lactée commençait à frémir, marquant l'antique route de Compostelle, courant vers le sud jusqu'aux montagnes, jusqu'à cette terre espagnole où les combats venaient de commencer.

# XII

LE VENT BOURDONNAIT autour de la maison. Une musique sourde et tenace comme celle des violons avant l'opéra, un froissement de feuilles et de dahlias rouilles qui semblait annoncer on ne savait quelle chanson plus haute. Puis, la romance de cette fin d'automne se perdait au ras des murs et des fossés. Un chien hurlait vers les collines, les pneus d'un vélo écrasaient la terre humide, la porte de l'auberge claquait dans un tintement de vitrage.

Simon, le front au carreau, regardait la nuit descendre. À nouveau, dans le silence du dimanche, le vent courait aux bras des platanes vers les vignes rouges et les dahlias noircis.

« J'ai peur ! » dit Lucienne.

Elle venait de s'approcher de Simon, posant un bras sur ses épaules. Elle se pressait contre lui, elle frissonnait.

« Tu as froid ? demanda-t-il.

– Non, je n'ai pas froid. Je pense à ce petit. Tu lui as parlé peut-être trop… »

Elle chuchota :

« Tu te souviens du soir où tu l'avais grondé parce qu'il jouait avec des soldats ?

– C'est la même chose. Mais maintenant ce n'est plus un jeu. »

Joue contre joue, ils se penchèrent vers la fenêtre. Le vélo avait disparu depuis longtemps.

« Il aura sans peine le car de 16 heures. »

Et il ajouta, baissant la voix à son tour :

« Tu crois que j'ai été trop dur ?

– Je ne sais pas. Tu as peut-être raison. Ce n'est pas pour ça que j'ai peur… J'ai peur pour tout le reste. Je ne sais pas… »

À la nuit tombante, le vent prenait de la force et secouait les acacias de la cour. La brume et l'ombre se confondaient dans les recoins. Alors, Simon se mit à parler d'une voix claire et tendue à la fois, presque une voix de gamin au bord des larmes.

« C'est drôle, les enfants. On croit qu'on les a pétris une bonne fois, que les leçons serviront à quelque chose. Et puis, on s'aperçoit qu'ils changent. Ils vous sortent des mains et ils s'en vont. On ne les reconnaît plus. Ah ! ils sont bien comme les hommes ! Les plus mauvais, on sait bien que c'est difficile. Il faut recommencer cent fois pour qu'ils comprennent, pour que leur mémoire conserve une phrase ou deux. Mais même les meilleurs, même le nôtre, tu vois… Est-ce que pendant des années je ne me suis pas penché vers lui pour lui expliquer ? Et il m'a écouté. Je pensais qu'il avait compris. Et voilà qu'il vient nous parler de galons et d'uniforme ! C'est à se demander… »

Simon baissa la tête. Il connaissait cette crainte qui revenait lui serrer le cœur : une impression de vide, d'effort inutile. On l'éprouvait parfois après une leçon au cours de laquelle on s'était donné sans compter. Peine perdue… Dix minutes plus tard, les écoliers se dispersaient sur les chemins des hameaux. Le maître demeurait seul dans sa classe vide. L'école se cachait dans les feuilles ou dans la brume. Le village semblait très loin. On croyait avoir toutes sortes de pouvoirs mais les hommes comme les enfants n'en faisaient qu'à leur tête. On s'imaginait les avoir convaincus et ils vous échappaient à leur tour. Du sable qui fuit entre les doigts.

Le matin de ce dimanche, Louis, profitant d'une occasion de transport, était venu les voir. Tout allait bien, la santé et le travail. Cette deuxième année d'École Normale s'annonçait pour lui aussi brillante que la première. Il les avait amusés en leur décrivant les tics et les manies des professeurs. Un nouveau surveillant avait fait son entrée à l'école, un petit étudiant qu'on appelait « Bébé Rose » et qui se disait communiste. Certains élèves discutaient âprement avec lui, mais ces dialogues ennuyaient Louis. Ils étaient hérissés de phrases bizarres et de mots abstraits. On se jetait à la face des citations d'économistes. « Selon Ricardo… Pardon, Marx n'a jamais dit ça… L'utopie de Rodbertus… Engels a toujours pensé… »

« J'aime mieux Camboulives, disait Louis en riant. Lui n'y va pas par quatre chemins et il ne se perd pas dans des théories fumeuses. »

Mais ce groupe de théoriciens était peu nombreux. Quelques-uns avaient la carte rouge du parti socialiste et ils avaient essayé un dimanche matin d'entraîner Louis dans un arrière-bar du côté du Capitole. Un étudiant du genre de Bébé Rose donnait une conférence de la même eau. Louis était parti avant la fin. Encore une fois, ces formules ténébreuses glissaient sur lui sans éveiller le moindre intérêt. « J'aime mieux lire un roman… »

Simon avait hoché la tête.

« Tu as assez de travail ainsi sans aller chercher des casse-tête supplémentaires. »

Et il avait pensé avec une joie secrète : « Son père se passionnait pour des discussions de ce genre. À l'époque, c'était moi-même qui refusais de m'en mêler. Moi aussi, je préférais lire des romans… »

Avant de manger, ils prirent les bicyclettes et allèrent saluer la grand-mère Sermet. La bonne femme ne s'attendait pas à la venue de Louis ce jour-là, sinon elle aurait pris le chemin de l'école. Il est vrai que des rhumatismes lui interdisaient de marcher longtemps et Simon insistait de plus en plus pour qu'elle vînt s'installer avec eux.

Ils prirent place tous trois dans la petite cuisine du premier étage où Lucienne avait pour la première fois de l'année allumé sa cuisinière à l'émail jauni. Au-dehors, l'aigre souffle d'automne chassait les feuilles mortes. Dans la cuisine flottait une odeur de rôti et de tarte.

« J'espère bien qu'on ne viendra pas m'ennuyer, dit Simon. Il n'y a rien de pressé pour le moment. Le conseil doit se réunir la semaine prochaine. Il est question d'agrandir le lavoir. Les femmes se plaignent. Ah ! moi, j'ai une de ces faims… »

Louis demanda des nouvelles du village. Une fille Truffié s'était mariée. Elle s'en allait bru du côté de Saint-Ély dans une bonne maison. L'aîné de Fabre aidait son père. Le fils Camboulives était entré en apprentissage chez le charron. On disait même que ce dernier abandonnerait l'atelier et que Camboulives s'installerait à sa place. À part cela, rien de particulier. Toujours quelques querelles entre Fabre et Camboulives. Le communiste reprochait à Blum de ne pas défendre suffisamment les conquêtes du Front populaire, de faire *la pause*. La dévaluation de septembre 36 enlevait aux travailleurs une grande partie des avantages qu'ils avaient arrachés. Ah ! où était-elle, cette campagne électorale de 36 où Vincent Auriol disait aux paysans : « La Bourse, je la ferme, les financiers, je les enferme. » Les gros ne s'en tiendraient pas là. Ils voudraient tout reprendre. Il n'y avait qu'à regarder l'Espagne. Hitler et Mussolini couraient à la rescousse des fascistes espagnols. Ils avaient eu chaud avec ce Front populaire. Ils souhaitaient l'écraser jusqu'aux racines. Selon Camboulives, chaque bombe qui éclatait là-bas, c'était une fêlure dans les maisons de France. Alors, il avait tout laissé pour s'occuper de l'Espagne. Il courait dans les hameaux pour ramasser des vivres et de l'argent.

En vérité, c'étaient des gouttes d'eau. La furie continuait derrière les Pyrénées. Bombardements, incendies, fusillades, populations mitraillées, villes anéanties.

« Oui, dit Simon gravement, personne ne m'écoutait quand je parlais de l'Éthiopie, quand je disais qu'il fallait tuer l'esprit de guerre. Ils me font rire quand ils crient : "Des canons, des munitions pour l'Espagne." Est-ce que c'est ainsi qu'on se sauvera jamais ? Un meurtre entraîne un meurtre. Les canons font leur métier de canons : ils tuent. Les guerres finiront quand les hommes jetteront leurs armes ! Il faut qu'ils le comprennent. Tant qu'ils ne l'auront pas compris... »

La conversation changea de sujet. Ils causèrent de la saison, un automne bien mouillé. Simon avait mis son ail en terre avec beaucoup de retard. Aujourd'hui, il comptait nettoyer ses fraisiers. Mais bah ! il avait le temps, on n'attendait pas après ses talents de jardinier pour faire bouillir la marmite. Il venait de donner les champs des collines à Vidalenc qui les travaillerait à mi-fruit. Cela était plus sérieux. Vidalenc manquait de terre et, grâce à lui, on aurait toujours quelques patates, un peu de vin et de maïs.

Lucienne apporta le café. Le maître d'école rêvait en tournant sa cuillère. Il pensait sans doute aux champs de là-haut, à ces lopins que le vieux Sermet avait soignés jusqu'à sa dernière minute avec tant d'amour. C'est à ce moment que Louis parla de la P.M.S.

« La quoi ? demanda Lucienne.

– La Préparation militaire supérieure. On commence en deuxième année. »

Et il raconta que, quelques jours auparavant, un capitaine et un commandant sanglés dans de magnifiques uniformes étaient venus leur rendre visite à l'École Normale. À tour de rôle, ils avaient prononcé des allocutions pleines d'assurance et de courtoisie. Le pays avait besoin d'officiers. Les instituteurs, par leur sérieux, par leurs connaissances, se trouvaient particulièrement qualifiés. C'était un devoir patriotique, c'était leur intérêt personnel. Les cours avaient lieu deux fois par semaine dans une caserne de la ville. Au bout d'une année préparatoire, le candidat-officier choisissait son arme. Un élève moyen avait toutes les chances de réussir. Après quelques mois dans une école militaire, on sortait avec le grade d'aspirant et une bonne solde. On était nommé sous-lieutenant avant la fin du service. Bien entendu, des facilités étaient offertes à ceux qui souhaitaient rester dans l'armée.

Simon repoussa sa tasse d'un geste brusque.

« Bon sang, ils ne perdent pas de temps, ces messieurs ! Ils ont besoin de chefs de section !

– Ils se sont tous inscrits, ajouta Louis d'une voix timide.

– Et toi ?

– Moi aussi. Mais j'ai dit que je t'en parlerais...

– Tu ne sais donc pas ce que je pense ? »

La main sèche du maître d'école se leva soudain, s'abattit sur le rebord de la table.

« Tu n'iras pas, m'entends-tu ! Tu n'iras pas ! Dis-leur que tu n'es pas entré à l'École Normale pour apprendre ce métier. Tu as le temps d'aller faire l'imbécile dans une cour de caserne. »

Il parut se recroqueviller sur lui-même, les coudes rapprochés, les épaules basses et ils l'entendirent gronder :

« Les brutes ! Ah ! les brutes... »

Louis avait pâli. Il baissait le front à son tour et suivait d'un index machinal les fleurettes de la toile cirée.

Lucienne se leva.

« Simon, voyons. Est-ce que d'un côté ça ne vaut pas mieux ? »

Il lui en coûtait de prendre le parti de son fils dans cette affaire. Mais est-ce qu'après tout l'officier n'est pas mieux que le soldat ? Moins de tracas, une vie plus confortable, une bonne solde. Et même si... oui, même si par malheur, il fallait... Mon Dieu ! qui peut se trouver plus exposé que le simple soldat ? Est-ce qu'il ne supporte pas le poids de la guerre de toutes les façons et à tous les instants ?

« Non, non, dit Simon lentement. Même sur ce point, tu te trompes. Un soldat a plus de chances de s'en tirer qu'un chef de section. Ce sont des chefs de section qu'ils veulent fabriquer avec eux. On en consomme toujours beaucoup. Les sous-lieutenants, ça passe devant !

– Alors, tu ne veux pas ? demanda Louis.

– Est-ce que tu n'as pas compris ? »

Le garçon haussa imperceptiblement les épaules. Simon crut voir passer dans ses yeux une sorte d'éclair sombre, colère ou ironie, on ne pouvait dire.

« Est-ce que je t'ai appris à aimer la guerre et les soldats ?

– Je ne les aime pas, dit Louis en redressant la tête.

– Eh bien ?

– Si je suis seul à refuser…

– Tu seras seul. Il faut bien que quelqu'un commence. »

À nouveau, l'éclair de joie s'alluma dans les prunelles du garçon.

« Et en Espagne alors ?

– Quoi, en Espagne ?

– Il faut donc que les républicains se croisent les bras devant les fascistes ? C'est cela que tu veux ?

– Ce que je veux, c'est qu'on ne parle plus de fusils ni de canons ni de bombes. Je veux que les hommes refusent ce métier. Toute ma vie je l'ai dit à mes élèves et je continuerai à le dire. Le malheur de l'Espagne, c'est qu'on s'imagine que les choses vont se régler par la poudre. Le sang versé ne règle rien. C'est une chaîne sans fin. Mettre le feu, c'est toujours commode. Mais ensuite…

– En attendant, c'est Franco qui gagne ! Si Hitler nous attaque, qu'est-ce que tu me diras de faire ? »

Le feu sombre brillait comme un diamant. Les mains de Louis s'étaient accrochées à la table. Il se penchait vers le maître d'école avec une brusquerie inconnue. Ce n'était plus un enfant. À son tour, il s'éloignait, il oubliait les leçons et la peine du régent. Tout à coup, un soupçon fugitif tordait le cœur de Simon. « J'ai mal travaillé. Je n'ai pas su lui dire. Je lui ai appris à détester le fascisme et la guerre, et voilà qu'il tourne mes mots les uns contre les autres. J'ai mal travaillé. Avec lui comme avec les autres… » La République et la Paix, inséparables déesses, comment arriver à les faire entrer dans l'âme des enfants et des hommes ? La vieille folie terrible les prenait toujours. Voilà que celui-ci à son tour se laissait toucher par le vertige. Une fanfare, un bel uniforme et il se voyait debout sur un champ de bataille comme les héros édifiants des livres de morale d'autrefois.

« Il faut refuser, tu entends, refuser ! Quand tous les travailleurs refuseront, alors… Refuser ! Nous n'avons plus que cette chance. »

Lucienne se taisait. Est-ce qu'il y avait un mot à ajouter ? Simon avait raison. Il faut refuser de se battre. Révignac aurait parlé ainsi. Du bord de la mort, il avait lancé le message et Simon le répétait justement.

Elle s'approcha du petit, prit sa tête contre sa poitrine.

« Ne t'inquiète pas. Occupe-toi de tes études. Tu as bien le temps de faire un soldat. Ton père a raison. Tant pis pour le galon. Et pour la solde, tant pis... Nous n'attendons pas après elle. »

Le garçon lui rendit ses caresses mais il ne semblait pas convaincu. Il suivait du côté des pénombres des images invisibles.

Simon murmura :

« Quand on prend l'habit de soldat, la mort est toujours dans la doublure. »

Alors, Louis tourna la tête et demanda gravement :

« Mais il faut bien apprendre à se défendre. Si on te vole ta maison, tu laisseras faire les voleurs ?

– Ce n'est pas la même chose. Les peuples ne sont pas des voleurs. Ce sont des pauvres gens qu'on a trompés pour les jeter les uns contre les autres. »

Louis avait disparu. La nuit dévalait des collines. Le bourdon de la bise rôdait autour de l'école.

« Je descends, dit Lucienne. Il faut que je termine mon classement.

– Tu as besoin de moi ? Je peux t'aider. Je pense que Fabre me laissera tranquille pour ce soir…

– Non, j'en ai pour dix minutes. Mets des bûches au feu et repose-toi. Il faut donner de la lumière. On n'y voit plus.

– Je vais descendre aussi. J'ai mes tableaux à préparer.

– Tu le feras demain. Repose-toi.

– Prends ton châle. La classe doit être glacée… Ah ! demain, il faut penser aux poêles.

– Tu sais que nous n'avons pas beaucoup de bois.

– J'en ai parlé au maire. Escaich doit livrer cinq stères ces jours-ci.

– Simon… »

La voix de Lucienne n'avait plus le même timbre. Elle reprenait cette inquiétude qui l'avait assourdie tout à l'heure quand ils regardaient mourir le jour derrière une vitre embuée.

« Oh ! Simon, si on nous prenait ce petit… Avec ou sans galons, on peut nous le prendre.

– N'aie pas peur.

– Cette guerre en Espagne…

– La France n'est pas l'Espagne. Ils ne savent pas ce que nous savons. Ce n'est pas pareil. N'aie pas peur… »

La main de Simon se leva lentement, caressa le front pâle de Lucienne, ses lourds cheveux noirs dont quelques mèches s'argentaient à peine. Depuis dix ans, elle semblait ne pas vieillir. Mais ce soir, des cercles d'ombre voilaient les yeux aimés, une pâleur d'amertume courait sur les lèvres. Elle s'efforçait pourtant de sourire.

« Nous n'avons que celui-là, tu comprends, Simon ? »

« Nous n'avons que celui-là, Simon ! » Une voix chuchotait encore. La porte s'était refermée. Le régent était seul dans la cuisine. Lucienne descendait vers sa classe.

Un soir, à Belpech, il avait pleuré en prononçant des mots semblables. Un seul enfant, et dans les veines de cet enfant unique un autre sang que le sien coulerait. Et voilà qu'il était question de le perdre. Il avait dit : « N'aie pas peur », mais, au fond de lui-même, la crainte s'était éveillée depuis des mois. Les nuages s'assemblaient sans cesse. Plusieurs fois, le vieux cauchemar l'avait repris. Au bord de son lit, il avait tendu le bras, croyant toucher un bat-flanc de glaise. Le tintement des barbelés sous la cisaille lui était revenu, et le poids d'un corps porté sous le fracas des bombes.

Il se pencha vers le panier de bûches, gratta le foyer avec soin, le garnit. Les mousses crépitèrent sur les braises. Une âcre odeur d'été brûlant se répandit dans la pièce. Il s'accroupit sur ses talons comme fasciné par le feu qui serpentait lentement dans le chêne sec.

Puis, il pensa à ses tableaux. Repose-toi, avait dit Lucienne. Le meilleur repos l'attendait en bas. Il sentait déjà entre ses mains la caresse rêche de la craie. *Samedi 28 novembre. Morale. La probité. Calcul. Les mesures de surface. Vocabulaire. Les maisons. Une hutte, une cabane, un pavillon, un immeuble de rapport, un bâtiment, une maison délabrée, un mur fraîchement crépi…*

La main glissait sans peine sur le tableau noir, un coup de poignet écrasait les pleins, les doigts se relevaient pour les déliés. Demain, les visages s'offriraient à lui. Il commencerait à raconter d'une voix presque basse pour obliger chacun à la plus grande attention. Il s'arrêterait de temps à autre, goûtant ce silence enfin obtenu.

Quand les tableaux furent garnis, il s'installa à sa table pour préparer le cahier-journal. Il alluma sa pipe.

À ce moment, on gratta au carreau tout près de lui. Il releva la tête. Dans le noir de la cour, il ne pouvait rien distinguer, même pas le doigt qui l'appelait.

On gratta à nouveau et il s'en fut ouvrir la fenêtre. La tête maigre de Camboulives se montra dans l'encadrement.

« Ah ! c'est toi, Germain.

– Oui, c'est moi. Je te salue en passant.

– Eh bien ! tu vois, je termine. Ça va bien chez toi ? Nous avons eu Louis cet après-midi.

– Ah ! bon ? Il est content ?

– Ça va. »

Camboulives toucha le bout de son nez et il eut un rire inhabituel, un rire bref du coin de la bouche qui démentait les phrases banales de ce salut au bord de la fenêtre.

Et soudain, il dit :

« Oh ! Simon…

– Oui.

– Simon, je vais partir en Espagne.

– Qu'est-ce que tu racontes ?

– Que je vais partir en Espagne.

– Est-ce que tu es fou ?

– Non, Simon, je ne suis pas fou. Il y a longtemps que ça me tracasse. »

Le maître d'école leva les bras au ciel.

« Enfin ! Qu'est-ce que ça signifie ? Tu n'es pas un jeune homme ! Et les tiens ? Et ta femme ? Et ton enfant ?

– Justement, Simon, c'est pour le petit que je suis venu. Je voudrais que tu le surveilles un peu pendant que je ne serai pas là. Mon frère est d'accord. Il pourra tenir le coup pendant quelques semaines. Quelques semaines, tu comprends…

– Ce n'est pas possible.

– Et pourquoi ça ne serait pas possible. Quelques semaines, je te dis. Il y en a qui donnent des habits, d'autres de l'argent. Moi, j'irai les aider quelques semaines. Je sais bien que je suis trop vieux pour faire un combattant, mais, pour les moteurs, je peux rendre des services. C'est ma partie. Quelques semaines, je te dis, Simon, pour les moteurs… »

On ne pouvait pas le retenir. La nuit lourde venue des collines l'emportait déjà. La nuit montait autour de Simon Sermet.

# XIII

Et ce soir, il était dans sa maison des collines, dans la demeure des anciens. Sur le sol de la cour, près de l'ancienne écurie du vieux Sermet, l'ombre du tilleul tremblait au bord d'une flaque de lune. Ensuite, le terrain s'abaissait un peu pour remonter parmi les vignes et les maïs. Les vignes des Fabre et des Sermet se trouvaient là, au meilleur du soleil. Le jour où le père était mort, Fabre était en train de sulfater. Après la vigne des Fabre commençaient les acacias et les chênes, des arbres de petite tige, maigres et tordus. Il s'y mêlait des cerisiers et des figuiers sauvages ou retournés à la sauvagerie. Mais ces arbres perdus dans les bois des collines mûrissaient encore des fruits lourds de sucre et d'arôme. Après les journées chaudes, le vent s'y chargeait d'un velours, le conduisait jusqu'à la maison. Les vergers sont durables.

Et ce soir, Simon, assis devant la fenêtre ouverte, accueillait les souffles et mesurait leurs chemins, flairant avec finesse ces ailes de l'été qui venaient de toucher quelques cerises confites, des figues éclatées, endormies sous leurs feuilles velues, une touffe de citronnelle près du puits.

Puis le vent apportait une odeur d'eau et de fenouil. Un bref grelot de grenouille marquait l'espace. Le vent avait tourné. Il touchait l'Essonnelle, l'école, la mairie et le cimetière.

Simon ferma les yeux. Le vent caressait tout un morceau du village. Cette humble géographie contenait l'essentiel. L'Essonnelle, l'école, la mairie, le cimetière. L'eau pour boire et pour laver, la maison pour apprendre la vie, la maison pour en marquer les actes et le dernier lopin pour le repos. Son père et sa mère y dormaient ce soir. Ils s'y étaient rejoints et le vent passait sur eux avant de couler jusqu'à leur maison première.

Les étoiles s'allumèrent sur les crêtes. Une vapeur qui troublait le ciel devant Simon s'était enfuie. Tout était pur. La blancheur de la lune avançait vers le tilleul. L'ombre des feuilles palpitait maintenant au milieu de la flaque.

Le tilleul venait de loin. Simon l'avait toujours connu. Il ne se souvenait pas d'avoir touché un autre tronc que celui-là, si large et doux.

« Tout est pur », murmura Simon.

Il avait parlé pour lui-même, sans s'en rendre compte. Près de lui, Lucienne s'inquiéta.

« Qu'est-ce que tu as dit ?

– Rien, je pense tout haut, je divague.

– Tu ne veux pas dormir ?

– Je n'ai pas sommeil. Va, je te rejoindrai.

– Je peux attendre. Il fait si bon. »

Voilà qu'elle aussi ne pouvait s'empêcher de parler de la douceur de cette nuit d'été. Nuit d'été... Ces mots rappelaient la voix de Camboulives. À son retour d'Espagne, il racontait comment les gens s'inquiétaient devant des nuits pareilles. Quand le ciel était pur, les avions venaient bombarder. La guerre salit tout.

« C'est drôle, se dit Simon, je n'ai jamais fait de leçon sur la nuit. Il faudra que je prépare une fiche. Il y a tout un vocabulaire à rassembler d'une saison à l'autre. La nuit ne doit pas faire peur aux enfants. La nuit peut être belle. Pourquoi en avoir peur ? Elle est nécessaire au rythme de la vie. On parle toujours de l'aurore et du soleil. Mais la nuit existe. Elle éveille mille bestioles qui se réjouissent de l'avoir. Les plantes y respirent à leur aise. Quand on écoute la nuit sur la plaine, on entend les blés, les vignes et pas seulement la chanson de leurs feuilles, mais comme le mouvement des sèves qui se préparent… »

Il écoutait la nuit sur la plaine. Le calme régnait. On aurait dit que le calme régnait. Que se passait-il au village ?

Rien de plus apparemment. Un chien aboyait de temps à autre, un autre lui répondait. Ce n'était pas autre chose que ces abois coléreux ou inquiets comme on en peut entendre dans toutes les nuits des campagnes. Quelqu'un est passé le long d'un mur, le vent a cassé une branche, un bruit insensible pour l'homme a troublé la bête aux aguets. La ronde des abois vient se broder sur la musique des grillons.

Tout était calme et Simon s'étonnait de ce calme au-dehors et au-dedans de lui-même. Le temps de l'angoisse n'était pourtant pas fini. Il est vrai que l'angoisse, c'est quand on ne sait pas, quand on s'avance comme un aveugle, ne sachant si le coup viendra tout de suite, plus tard ou jamais.

Ce soir, on savait. Et peut-être justement parce qu'on savait, la nuit d'été s'enveloppait d'une telle parure de merveilles. Jamais les nuits d'autrefois n'avaient ouvert leurs profondeurs avec tant de clarté et de parfums.

« Je divague, je divague, se répéta Simon. Les nuits, c'est nous qui les faisons. La nuit ne ment ni ne chante. C'est l'homme qui apporte le bien ou le mal. » Toutes les nuits qu'il gardait dans sa mémoire, elles étaient pareilles à celle-ci, mais l'une portait l'horreur et l'autre la joie parce que les mains des hommes s'y étaient meurtries ou jointes. La nuit où Révignac était mort, la nuit où il avait dit son amour, et celle où il avait pleuré de n'avoir qu'un seul enfant et cette autre nuit en juillet 36 où le village chantait et dansait et celle de 38 et celle de 39… Deux nuits qui sentaient la vigne et les figues mûres, mais l'une mentait avec sa joie de bijou faux et l'autre annonçait la plus grande peine.

Il revoyait Fabre, le visage écarlate, hurlant au milieu de la place :

« Mille dieux ! Ça y est ! Ils ont signé ! Il n'y aura pas de guerre. Enfin ! »

C'était Munich, en septembre 38. La France et l'Angleterre avaient signé avec Hitler et Mussolini. Lucienne courait à la grille.

« Mon Dieu ! C'est vrai ? Oh ! je savais bien. C'était trop horrible. Ils ont signé ! »

Et Simon lui-même courait vers Fabre, lui serrait les mains frénétiquement. Ils avaient signé. Le monde sortait de l'angoisse. C'était fini. Le maître d'école rayonnait. On pouvait donc conjurer le péril. On pouvait s'entendre. La preuve était faite.

Il se revoyait au soir de Munich. Près de la porte, Louis baissait la tête. Il ne voulait pas se réjouir. Il l'attendait son galon d'officier ! Il disait : « C'est une paix qui coûtera cher ! » Comme si la paix pouvait coûter plus cher que la guerre !

Et Camboulives jetait son poing sur la table. À son tour, il refusait la paix. « Pas cette paix », disait-il. Il voulait abattre le fascisme. Il croyait le faire reculer en soufflant.

« Mais pour abattre le fascisme, Germain, il faut tuer des hommes. C'est cela que tu veux ? »

Personne n'avait su trouver les mots qu'un maître d'école dit à sa classe quand il veut faire régner le calme.

« Asseyez-vous à vos places, en silence. Restez tranquilles. Croisez les bras. »

Croisez les bras ! Mais les peuples n'avaient pas croisé les bras. Alors, le temps de la folie était venu. Jusqu'à l'ultime seconde, Simon accroché à un espoir pensait : « Non, non, ils n'oseront pas, ils reculeront. » Et qui était ce « ils » ? Il ne savait trop. Quand les hommes commencèrent à partir au rythme des fascicules, le maître d'école s'obstina dans sa croyance. Il rassurait les femmes, les sœurs, les vieux : « Attendez donc, rien n'est joué encore, la France n'est pas une Éthiopie, la France n'est pas une Espagne, chez nous, les gens peuvent encore comprendre... » Mais les femmes secouaient la tête misérablement, mais les vieux pensaient à d'autres départs. Tous se disaient : « Ce sont des mots pour nous rassurer, M. Sermet est bien brave. »

Durant le premier hiver de la guerre, Louis venait d'entrer dans son école d'officiers, le régent de Fontvieille poursuivit sa chanson d'espérance :

« Ça ne durera pas ! Voyez quelle étrange guerre. Personne n'a envie de la faire. »

Il accueillait certaines nouvelles avec une sorte de joie. Du côté de la forêt de la Warndt, les Allemands lançaient des tracts en forme de feuilles mortes pour demander aux Français de se refuser au combat. Des haut-parleurs diffusaient leurs appels. On n'avait jamais vu chose pareille. Est-ce que c'était une guerre vraiment ?

Puis, pendant que Camboulives criait à la trahison et disait qu'il ne plierait jamais, le maître d'école entra dans le silence. Son visage se ferma. Il se bornait aux phrases banales et aux mots les plus nécessaires. Sa mère était morte au temps de la débâcle et on crut que ce nouveau deuil était la seule cause de son mutisme.

Lorsque Pétain prit le pouvoir, Simon parut ne pas broncher. On arrivait à lui faire dire qu'il valait mieux des prisonniers que des morts.

Giono n'avait-il pas écrit : « J'aime mieux un lâche vivant qu'un héros mort » ?

« Ce n'est pas possible ! disait Camboulives, rouge de colère. Tu ne peux pas penser cela ! »

Un matin, Fabre arriva à l'école avec un paquet de circulaires préfectorales. C'était le début des contrôles, des recensements, des enquêtes et des interdictions. Le doigt rude du paysan se posa sur le haut d'une feuille.

« Regarde, Simon. C'est l'État français maintenant. La République, ça n'existe plus…

– Allons donc ! dit le maître.

– Tu peux regarder. Ils l'ont écrit. »

On avait osé supprimer cela. Le vieux talisman des murs et des feuilles officielles : *Liberté, Égalité, Fraternité, République française,* ces mots qui se gravaient dans les mémoires depuis tant d'années, ces mots avaient cessé de vivre.

Et ceux qui avaient porté la main sur ces déesses n'étaient donc pas réduits en poudre ? Était-ce possible ? Oui, c'était possible, et Simon apprenait que les mots n'ont que les pouvoirs des hommes. Fabre le cria dans sa simplicité mais avec un autre sens.

« Ah ! mille dieux ! Simon, qu'ils le mettent sur le papier, leur État français, ils ne le mettront jamais dans ma tête ! »

Fabre fut chassé de la mairie. Un régisseur de Fournier, le propriétaire des collines, prit la tête de la délégation spéciale où l'on essaya de grouper quelques vieux ou quelques coquins. En vérité, même cela fut difficile et l'homme de Fournier et de Pétain resta seul.

Simon abandonna la mairie lui aussi. Il le fit sans éclat, sans bruit, comme si on l'avait effacé en même temps que le mot de République sur les circulaires et les feuilles d'état civil. Il se plaignait de ses poumons. Il avait des crises d'asthme.

Aux approches de Noël, le curé vint à l'école. Très poliment, il demanda au maître d'installer une crèche. « Ici, ici ? dit Simon que l'indignation faisait balbutier. À l'école laïque ! » Le curé, effrayé par son ton et son regard, partit sans insister.

Camboulives disparut. Il était allé travailler en usine à Toulouse, disait sa femme. Où et comment, personne ne savait.

Et d'autres commencèrent à disparaître dans une étrange nuit.

Au moment de l'avance des Allemands en France, Louis réussit à s'échapper. On lui donna un poste d'instituteur dans un petit village proche du Tarn-et-Garonne. Plus tard, il rejoignit un maquis qui venait de se former dans cette région.

Il vint un soir prévenir ses parents. Lucienne essaya de protester. Est-ce qu'on ne pouvait pas rendre des services en demeurant à son poste ? Qu'allaient donc faire ces garçons dans une forêt ? Comment s'abriteraient-ils ? Et le ravitaillement ? Ils n'avaient même pas des armes !

Chose curieuse, Simon prit la défense de Louis, mais sur un pauvre ton de résignation ironique, d'amertume longtemps gardée.

« Eh bien ! oui, l'enfant avait raison. On ne peut pas laisser faire sans broncher. Les autres volent le bétail et le blé. Ils suppriment la République, ils donnent le pas aux écoles de curés. Alors, on prend les armes et l'on se bat. On se bat avec ce qu'on trouve, les fusils de chasse, les couteaux, les ongles s'il ne reste rien… On se bat. C'est la vieille logique. Rien ne peut plus l'empêcher. Quand le feu a commencé, le feu continue. C'est une chaîne plus solide que celle de l'eau. »

Pourtant, ils demandèrent au garçon d'être prudent et de venir les voir le plus souvent possible. Au fond d'eux-mêmes, ils songeaient peut-être que ces caches dans les bois présentaient moins de danger qu'une vraie guerre. C'était comme un camping. Et après tout, Louis restait près d'eux, dans le pays, à quelques dizaines de kilomètres.

Peu à peu, d'autres garçons du village rejoignirent les forêts et les gorges secrètes. Les maîtres d'école en faisaient le compte à leur façon : Rebersat Jules dont le père est prisonnier à Hambourg, Rebersat qui était si adroit de ses mains, Escaich Marcel célèbre pour ses fautes d'orthographe, Truffié Léon un garnement insupportable, Moulis Charles qui s'occupait des poêles, Turini Ange… Dix autres dont les instituteurs évoquaient soudain les yeux d'enfants, la voix trébuchante ou sonore, les doigts tachés d'encre ou du sang violet des mûres.

Le village s'était dispersé sur des routes insoupçonnables. Des hommes qui n'avaient jamais voyagé bien plus loin que les départements limitrophes adressaient des lettres brèves depuis les bords du Danube et de l'Oder.

Simon à la veillée tirait de sa poche une carte d'Europe toute froissée. Son doigt courait de la Garonne au Rhin et du Rhin jusqu'à l'Elbe et la Volga. Il soufflait et toussotait avec peine. Le médecin lui avait interdit les longues marches.

« Alors, monsieur Sermet, demandaient les gens. Quelles nouvelles ? Qu'est-ce que vous pensez ? On en verra la fin un jour ?

– Ah ! je ne sais pas. Sur cette route, on sait bien quand on commence, jamais quand on finit. »

On venait toujours le trouver même s'il n'était plus le secrétaire en titre. Il y avait tant de paperasses à garnir en ce temps-là et notamment pour les déclarations de récolte et de bétail. Il apprenait aux paysans à truquer leurs chiffres et à tromper les contrôleurs.

« Eh quoi ! vous n'allez pas donner votre blé ou vos cochons ! C'est pour la guerre. Il ne faut pas ravitailler la guerre. »

Il disait qu'il n'avait pas de haine pour les Allemands.

« Ce sont des hommes, affirmait-il, et on les a trompés comme nous. »

Une nuit, en 42, Camboulives vint gratter à la porte de l'école. C'était peu après que Louis eut rejoint le maquis. Les Allemands ne s'étaient pas encore montrés à Fontvieille. On en avait vu à Toulouse et à Saint-Ély seulement. Camboulives demanda au maître d'école de se joindre au Front national de lutte pour la Liberté et l'Indépendance de la France, mais il n'obtint qu'une réponse très évasive. « Ah ! laissez-moi faire à ma façon. Je ne suis qu'un maître d'école. Je ne veux pas d'autre métier que celui-là. Et puis, je ne suis plus bon à grand-chose. Je suis presque un vieux... Tous ces enfants qui jouent au soldat me font peur. »

Alors, Camboulives s'était penché vers Simon. Son visage anguleux, tout sculpté d'ombres et de rides, s'était approché des yeux brouillés du maître d'école. Dans la petite cuisine silencieuse, éclairée par une faible lampe, la voix de Camboulives avait dit lentement :

« C'est de toi qu'ils viennent, ces enfants. C'est toi, Simon, qui leur as appris à aimer la République et la paix. Ils ne l'ont pas oublié. Ils défendent ce que tu leur as donné...

– Quoi ? Comment veux-tu ? Jamais...

– Ce sont comme tes fils qui se battent un peu partout. Ils appliquent tes leçons. »

« Écoute, écoute, souffla Lucienne. Quelqu'un a marché dans la cour.

– Non.

– Écoute. »

Elle posa une main sur sa main. Il sentit qu'elle tremblait un peu.

« J'ai dû me tromper. Il nous faudrait un chien. Avec un chien, on est fixé tout de suite. »

Simon se leva, enjamba l'appui de la fenêtre et fit quelques pas en direction du tilleul. La lune caressa ses espadrilles, ses vieux pantalons de jardinier aux genoux largement empiécés. Il fit un pas encore et la blancheur atteignit ses cheveux d'argent.

Lentement, il reprit sa place dans le fauteuil d'osier.

« Il est plus de 9 heures. Il faut aller dormir.

– Un instant encore. »

Cette fois, c'était lui qui commandait le silence.

« Écoute ! Tu entends ?

– Oui. Un moteur du côté du village.

– Deux ou trois moteurs. Qu'est-ce qu'ils peuvent bien fabriquer ?

– Ah ! je ne sais pas, tiens ! Rien de bon de toute manière. »

Elle soupira.

« J'irai chez le boulanger demain. C'est un jour de pain.

– Je peux y aller, si tu veux.

– Non. Il faut que je passe chez Truffié. Ils m'ont promis des œufs.

– Ils ont des nouvelles du gendre ?

– Une lettre, le mois dernier. Il ne se plaint pas. »

Simon répéta :

« Si tu veux, je peux aller chez le boulanger. Je passerai chez Truffié. Le vieux sera content de me voir.

– Non, tu sais bien que la côte t'essouffle trop.

– Je ne suis plus bon à grand-chose, murmura Simon avec un petit ricanement. Ni secrétaire, ni maître d'école… ni même bon à porter du pain ! »

Lucienne dit pensivement :

« En octobre peut-être, ils nous rendront l'école. Il faudra bien que les enfants aillent en classe.

– En octobre, est-ce qu'on sait ? »

À ce moment, Simon pensa aux journaux qu'il avait cachés à l'étage, enfouis à l'ombre d'une alcôve, dans le trou d'une cloison. Masolles lui en avait passé, et aussi Camboulives et Fabre, et d'autres étaient arrivés mystérieusement, marqués de rouge et de bleu par une main lointaine d'instituteur. En tête d'un numéro de *L'École laïque* clandestine, aux pauvres pages mal encrées, on avait souligné des phrases de colère :

*Ce cœur qui haïssait la guerre, voilà qu'il bat pour le combat et la bataille,*

*Ce cœur qui ne battait qu'au rythme des marées, à celui des saisons, à celui des heures du jour et de la nuit,*

*Voilà qu'il gonfle et qu'il envoie dans les veines un sang brûlant de haine et de salpêtre…*

Un autre compte se faisait : celui des maîtres d'école prisonniers, disparus, mutilés, arrêtés, jetés vers la mort… « Ils révoquent les francs-maçons, ils chassent les juifs, les socialistes, les communistes. Bernardet, de Cammas, a été déplacé. Ils ont révoqué celui de Pentedieu. L'institutrice de Mauvert a dû disparaître. Près de Muret, ils en ont arrêté un dans sa classe. On dit que Fournial, de Toulouse, a été condamné à mort en Allemagne. Le maître de Casemajes est mort là-bas. Il écrivait dans une lettre en patois qu'il fallait tenir. Estradère, un normalien, est à la prison Saint-Michel. Chaubet a été tué dans les bois de Saint-Lys… » Les noms et les combats s'entremêlaient. Tenir… « À Paris, l'institutrice Madeleine Marzin, condamnée à mort, s'est évadée d'une voiture cellulaire. Georges Cogniot, rapporteur du budget de l'Éducation nationale du Front populaire, s'est évadé de Compiègne. Maurice Fontvieille est au maquis… Le professeur Pierre Brossolette s'est donné la mort pour échapper aux bourreaux. »

Les mots de braise et de sang poursuivaient leur litanie : « Le comité directeur des sections reconstituées du Syndicat des instituteurs salue toutes les initiatives des instituteurs et institutrices qui ont participé et participent à la lutte contre l'envahisseur. Il s'incline avec émotion devant tous ceux… Roux, instituteur vendéen, trente-quatre ans, trouvé mort dans sa prison, victime de la Gestapo ; Élisabeth Le Port, jeune institutrice de Touraine, vingt-quatre ans, fusillée devant ses camarades au camp d'Auschwitz, en Silésie ; Maumey, fusillé à Bordeaux, et aussi les instituteurs Gokelaert, Damichel, Marchand, Laguesse... »

Jaillissant des ténèbres, la voix de Camboulives martelait les mots :

« Ho ! Simon ! Écoute... À Paris, au Mont Valérien, ils en ont fusillé dix, le 23 mai 1942. Dix. Des ouvriers et des intellectuels. Tu m'entends ? Sur les dix, deux instituteurs, Gaulué et André Pican. Écoute... Ils ont fusillé Félix Cadras, Auguste Henri Daudet, le docteur Bauer, Georges Dudach, l'ingénieur Engros, l'instituteur Gaulué, l'instituteur André Pican, le professeur Jacques Decourdemanche, et Jacques Solomon, et Georges Politzer. Tu m'entends ? André Pican, un maître d'école de Normandie qui menait la lutte depuis le premier jour. Alors qu'on le transférait à la Santé, il s'est jeté dans la Seine pour s'évader, depuis le quai de l'Horloge, menottes aux mains, avec son pardessus. Il était bon nageur mais ce n'était pas possible. Ils l'ont repris et ils l'ont fusillé avec les dix du Mont Valérien. Celui-là, Simon, il avait l'habitude de faire l'impossible. Ah ! Simon, ils veulent tuer l'école et les maîtres d'école. Mais qu'est-ce qu'ils croient ? Qu'est-ce qu'ils croient ? Les nôtres, face aux bourreaux, ont chanté *La Marseillaise*, et, mis en joue, ont crié "Vive la France !" »

Et, plus tard encore, sur le chemin des jours, la voix de Masolles : tous les galets de Garonne, tous les soleils du ciel occitan passaient dans cette voix. Pourtant, elle ne riait plus, elle prenait le ton sourd du vent de novembre dans les longues allées des ramiers d'argent qui bordent le fleuve.

« Ho ! Simon ! Écoute... Le 2 mai 1943, Georges Lapierre a été arrêté avec René Paty et Maurice Dirand, incarcéré à Fresnes, envoyé à Oranienburg et à Dachau. Lapierre, Georges Lapierre. Je l'avais vu, je lui avais parlé. C'était le fondateur et le directeur de *L'École libératrice.* Il avait reconstitué notre syndicat. Un homme digne et calme. Un maître, un vrai. Il aimait la géographie avec passion… Quelle géographie de mort, ils vont lui apprendre. Ho ! Simon ! Ils ont pris Georges Lapierre. Qu'est-ce qu'ils croient ? Qu'est-ce qu'ils croient, Simon ? Ils n'entameront pas l'honneur des maîtres d'école. »

À nouveau, Lucienne prit la main de son mari.

Maintenant, pas de doute possible. On avait marché dans la cour. Aussitôt, ils entendirent ce tic-tic des bicyclettes que l'on conduit au pas.

« Louis, tu crois ? »

Un bref instant, il se demanda ce qu'elle avait voulu dire. Était-ce Louis qui venait les voir ou quelqu'un qui venait à cause de Louis ? Une silhouette apparut dans le cadre de la fenêtre. Lucienne poussa un cri léger.

« Monsieur Sermet, appela l'arrivant, monsieur Sermet, vous me reconnaissez ? Je suis le facteur de Loupiac. J'ai une commission pour vous de la part de votre fils. »

L'homme avait hésité une seconde avant de dire votre fils. Il savait bien que Louis n'était pas le fils de Simon et qu'il s'appelait Révignac et non Sermet.

« Ne craignez rien, ajouta-t-il rapidement, il n'y a rien de grave. Ils ont eu un engagement avec la milice et les frisés du côté de Montbartier.

– Et alors ? questionna Simon, la voix rauque.

– Votre fils s'en est retiré avec une égratignure. Rien, trois fois rien, même pas le bras en écharpe.

– Il a été blessé ! s'exclama Lucienne. Blessé comment ? À quel endroit ?

– Rien, je vous répète. Une balle qui lui a frôlé l'épaule. Elle n'est pas entrée. C'est comme une petite brûlure.

– Vous l'avez vu ? demanda Lucienne, les mains à la gorge.

– Et comment voulez-vous ? Je ne bouge pas de Loupiac. C'est le fils Escaich qui est venu tout à l'heure à moto. Il ne pouvait pas pousser jusqu'ici. Votre fils a dit : "Surtout qu'ils ne s'affolent pas, c'est une bêtise." Même ça ne valait pas la peine d'en parler mais il a eu peur que vous l'appreniez par une autre bouche et que vous vous fassiez des idées. Maintenant, il est en sécurité dans la forêt. Vous aurez une lettre bientôt. On s'arrangera pour la faire passer.

– Est-ce qu'il y a un médecin avec eux ? Comment va-t-il faire ? Cette plaie peut s'infecter…

– Eh non ! n'ayez pas peur. Mazel, de Saint-Ély, est avec eux. C'est un bon docteur.

– Alors, c'est Escaich qui est venu ? dit Simon.

– Oui, Escaich Marcel. Vous avez dû l'avoir à l'école ?

– On l'a présenté au certificat en 37. C'est son père qui livre le bois pour les classes. »

Il pensa encore : « Un bon élève, un peu bavard. En calcul, ça allait très bien, mais quelle orthographe ! Le jour de l'examen, il s'en est quand même tiré. »

Le facteur était toujours dehors, tenant son vélo par la selle et le guidon. Il se pencha vers une pédale, gratta une poussière invisible, puis il toussota comme s'il cherchait des mots.

« Comment ça s'est passé ? demanda Simon. Il y a d'autres blessés ?

– Je… Je n'ai pas beaucoup de détails. Ce n'est pas à Montbartier exactement, mais un peu avant sur la voie de Toulouse à Agen. Ils ont attaqué un convoi. Les autres ont eu beaucoup de pertes à cause de la surprise. Les nôtres se sont retirés en vitesse. Le petit Turini a été touché, mais pas gravement. Un peu comme le vôtre.

– Turini ? Ange Turini ? s'écria Lucienne. Oh ! mon Dieu ! je deviendrai folle, avec tout ça...

– Mais lui non plus, ce n'est pas la peine d'en parler, une écorchure...

– Turini, Ange Turini, répéta Simon. Les parents étaient métayers chez Fournier. Ils sont partis en 38 dans le Tarn-et-Garonne. Tous les Turini, nous les avons eus à l'école... »

Lucienne revit Ange Turini au cours élémentaire, un enfant tout blond avec de grands yeux bleus, des traits fins, un ange véritable. Ils étaient une demi-douzaine de frères et de sœurs. À un moment, on trouvait des Turini dans toutes les divisions. Ah ! ce n'était pas commode pour leur apprendre à lire. Ils arrivaient en bredouillant une sorte de patois lombard. C'étaient de pauvres gens, très pauvres. Les enfants portaient des loques mille fois rapiécées, mais propres, des souliers de toutes sortes qu'ils appariaient du mieux possible. Et les parents venaient mettre en règle leurs papiers d'étrangers, remerciant Simon de ses services avec une gratitude volubile. Ils offraient d'humbles cadeaux : des fruits, une paire d'œufs, un paneton à l'italienne confectionné par la mère...

Les yeux bleus de l'écolier flottaient dans la lumière de la lune.

Simon se secoua soudain.

« Nous vous laissons debout. Vous devez avoir soif après cette course. Entrez un moment...

– Non, monsieur Sermet. Non, il y a à faire encore. Le vôtre et Turini, ce n'est rien... »

La voix du messager semblait traverser un brouillard. Les mots se succédaient avec embarras.

« Qu'est-ce qu'il y a encore ?

– Le fils Vidalenc. Je suis venu surtout pour le fils Vidalenc.

– Vidalenc Jacques, le fils d'Antoine ? Ceux du pont ?

– Oui, pauvre monsieur Sermet…

– Eh bien ? dit Simon brutalement.

– Eh bien ! il…

– Quoi ?

– Escaich m'a dit : va trouver M. Sermet. Il connaît bien les parents. Il t'accompagnera. Ça vaudra mieux.

– Ce n'est pas possible ! chuchota Lucienne.

– Eh si ! c'est possible, pauvre madame Sermet. Il s'est avancé trop vite en terrain découvert. Une balle l'a cueilli tout de suite. Il n'a pas souffert, paraît-il. »

Alors, dans la mémoire de Simon se leva l'image des Vidalenc. Les yeux sombres et brillants se mêlaient aux yeux bleus dans la magie argentée de la lune. Vidalenc le père courait vers l'école aux côtés de Sermet. Ils avaient passé le certificat ensemble. Vidalenc le père riait, les mains pleines de feuilles rouges et de bourgeons mystérieux. Rond, trapu, solide, il se balançait dans sa blouse et tendait ses trésors à M. Bertrandou. Ses yeux étincelaient. Le fils courait derrière le père. La même tête ronde, les mêmes yeux agiles furetant de toutes parts pour découvrir une merveille. Il collectionnait les lucanes et les carabes dans des boîtes. « Vidalenc, qu'est-ce que tu cherches dans ton sac ? Apporte-moi ça. Tiens, passe au tableau maintenant. Tu vas corriger le problème du soir. Dis-moi l'énoncé d'abord. Qu'est-ce qu'on demandait ? La hauteur du… ? Du triangle, très bien. Comment faire pour la connaître ? Réfléchis ! Ne regarde pas les acacias. C'est le tableau qu'il faut regarder. Qu'est-ce qu'on peut connaître ? La surface, bon, très bien. Et comment peut-on la connaître, cette surface ? On te dit dans l'énoncé qu'elle est égale à celle du… ? Du trapèze. Parfait. Alors… ? » Vidalenc se dressait sur la pointe des pieds. Il traçait des chiffres maladroits. Sa grosse lèvre s'avançait. Il fronçait les sourcils… « Tu vois, Jacques Vidalenc, ce n'est pas difficile. Tu peux réussir si tu veux… » L'enfant riait. Il était heureux du moindre compliment. Il revenait s'asseoir à sa place et croisait les bras pour écouter le maître. Il écoutait bien. Au moment des histoires, ses yeux scintillaient comme des perles.

« Alors, monsieur Sermet, qu'est-ce que nous faisons ? demanda le facteur.

– Nous allons partir. Je vous accompagne.

– Tout de suite ? dit Lucienne. Tu ne veux pas attendre à demain ?

– Moi, il faut que je revienne à Loupiac, j'ai du travail là-bas, expliqua le facteur.

– Allons-y, dit Simon, puisque c'est à vous qu'on l'a dit, ils voudront l'entendre de votre bouche. Pour moi, c'est un métier que j'ai fait déjà.

– Oh ! il n'y a pas grand-chose à expliquer… Je sais qu'il n'a pas souffert. Ils l'ont emporté avec eux dans la forêt.

– Quelle horreur ! » dit Lucienne.

Le maître d'école regarda ses vieilles pantoufles rapetassées.

« Et celui-là justement ! Un garçon si doux… »

Il continua sur le même ton sourd.

« Je vais me changer un peu. Lucienne, donne-moi des pantalons propres. Je mettrai mes espadrilles… »

Il se voyait déjà près du pont. Un sentier tournait sur la droite. La borde des Vidalenc s'allongeait à peu de distance de l'Essonnelle. Ils iraient frapper. Antoine viendrait leur ouvrir.

« Ah ! Simon, c'est toi ? »

Il regarderait le maître d'école, puis le facteur et il comprendrait.

« Alors, nous partons, monsieur Sermet ?
– Attendez, vous allez boire…
– Ce n'est pas la peine…
– Mais si, entrez, pendant que je me change.
– Rien qu'un verre d'eau, alors.
– Mais non. »

Simon disparut dans l'alcôve. Le facteur pénétra dans la cuisine encombrée. La cuisinière de Lucienne s'accolait au fourneau noir de la grand-mère. Des caisses de livres s'entassaient près de la pendule à balancier de cuivre. Des chaises cannées et paillées étaient rangées autour de la table paysanne.

« Nous avons dû déménager ici quand ils ont pris l'école en juin, expliqua Lucienne.

– Je sais, dit le facteur. Je suis passé sur la place la semaine dernière. Si c'est pas malheureux, une école entourée de barbelés ! Ils font des dépôts partout dans la région. Et ce soir encore, j'ai entendu leurs camions en bas.

– Vous êtes venu par le chemin des collines ?

– Forcément. J'aime mieux ne pas les rencontrer.

– D'abord, ils n'avaient mis qu'un groupe de soldats. Les hommes couchaient dans les classes et les officiers à l'étage. Maintenant, ils entassent je ne sais quoi, de l'essence et des munitions… Je me demande dans quel état nous allons retrouver tout ça.

– Une école entourée de barbelés, ah ! là, là ! » répéta le facteur.

Simon revint avec une bouteille poussiéreuse.

« Il ne faut pas vous déranger, M. Sermet…

– Je ne me dérange pas. Ce n'est même pas pour trinquer. C'est pour la soif. Trinquer, ce sera pour plus tard. »

Il laissa tomber sa voix tristement.

« C'est du vin de chez vous ? demanda le facteur.

– Oui. Celui-là, mon père l'avait mis en bouteilles.

– Il s'y entendait. J'étais venu le voir dans le temps pour des porte-greffes. Je reconnais la cuisine. Allons, bien. Santé quand même et pas la peine de dire ce qu'on souhaite.

– Maintenant, c'est Vidalenc qui tient cette vigne, murmura Simon, suivant sa pensée. Je la lui ai donnée à mi-fruit. »

Ils trinquèrent sans bruit. La lune avait pénétré dans la pièce.

« Santé », dit Simon du bout des lèvres.

Des larmes brillaient dans ses yeux.

Les messagers s'enfonçaient dans la nuit. Et une autre nuit revenait dans le souvenir du maître d'école. Des souffles d'automne parcouraient le ciel. C'était à Belpech, pour le fils Montané. Ouvrez-nous, bonnes gens, ouvrez-nous...

On marche sur la route. Des feuilles bruissent dans les haies comme autrefois. Une rivière grelotte. On ne dit rien. On ne peut plus rien dire. Chacun s'avance avec son poids de mort. Chacun tient un bout du fardeau. Ouvrez-nous, bonnes gens. C'est lourd, un homme mort. Et le souvenir qu'on porte est aussi lourd que le cadavre.

On ne dit rien. On écoute des rumeurs de branches et de bêtes, la vie qui continue à palpiter dans les ombres. On longe des maisons noires. Des bêtes soufflent sur la paille. Des chaînes tintent. Un chien gronde dans sa gorge. Très loin, un coq trompé par la lune lance son cri déchiré.

Les murs sentent la paille et le vin, le fumier chaud, la prune et le cantaloup. Des machines dorment sous les hangars. La lune argente leurs roues et leurs lames.

Trois fois, dans sa vie, Simon avait porté la mort. Une nouvelle fois, il s'avançait sur cette route de la peine. Ah ! malheur de malheur, est-ce que les hommes comprendront un jour ? Est-ce qu'ils comprendront que ce n'est pas la mort qu'il faut porter mais la gerbe, que ce n'est pas le métier de tuer qu'il faut apprendre mais le métier de semer ?

Quand on marche sur cette route du sang, on ne sait jamais où mèneront les pas. C'est une chaîne sans fin. Les abois des canons sont comme ceux des chiens. L'un commence et l'autre lui répond. Jusqu'au fin fond des ciels, la sombre ronde se déroule.

« Je le leur ai toujours dit, chuchotait Simon dans sa tête. Toute ma vie, je l'ai dit et personne ne m'a écouté. J'ai toujours été seul ou presque. Et c'est si simple cependant de comprendre que le feu appelle le feu, que le sang appelle le sang. »

« Ho ! Simon ! Ho ! Simon ! » répétait le vent.

Vidalenc se dressa sur le seuil. Il avait compris très vite. Quand Simon avait mis sa main sur son épaule et quand les lèvres du maître d'école s'étaient approchées de son oreille, le paysan avait commencé à gronder. Grondements et sanglots se mêlaient dans sa poitrine. Ses poings s'étaient fermés durement sur le col ouvert de sa chemise. Il avait baissé la tête. Il l'avait relevée d'un coup avec un frémissement de tout son corps.

« Ah ! Simon, Simon, ce petit, nous n'aurons pas pu le revoir… »

Le facteur était resté à l'écart, penché sur son vélo.

Vidalenc se retourna soudain contre le chambranle de briques et se mit à pleurer sur ses bras levés. La main du régent restait posée sur son épaule.

Les larmes emplirent les yeux de Simon. Il revoyait dans le passé le fils Vidalenc pleurant contre un acacia. C'était pour un oiseau. Le gamin avait ramassé un nid abattu par le vent. Le nid contenait un oiseau fragile et l'oiseau était mort presque aussitôt. Alors, l'enfant s'était retourné contre un arbre, emporté par une immense peine.

Vidalenc pleurait comme son fils. Combien dura cette première annonce ? Quelques secondes sans doute et Simon eut l'impression d'un temps très long. Puis, la mère et la grand-mère s'avancèrent dans le couloir obscur. Il fallut répéter les mots de mort. Les cris des femmes jaillirent dans la nuit d'été, couvrant toutes les rumeurs d'herbes et d'insectes. Le père maintenant se taisait. Il s'était laissé tomber sur un banc, près de la porte, sous une treille où Simon distinguait des grappes déjà gonflées.

« Monstres de monstres ! hurla la mère. Ah ! maudits ! »

Elle s'était tournée dans la direction de l'école pour jeter sa malédiction. Les mains de Simon se mirent à trembler. Ce n'était pas l'école de Fontvieille que cette mère venait de maudire, c'étaient les meurtriers de son fils.

Le silence glissa sur le groupe. La musique des grillons et de l'eau s'avança vers la borde. Vidalenc se taisait, le front dans ses mains. La grand-mère pleurait avec des sanglots menus.

Le facteur reprit sa route. Le tic-tic du vélo se perdit sur le bord de l'Essonnelle. L'homme ne voulait pas traverser la grand-place. Un nouveau groupe d'Allemands s'était installé à l'école avec un important matériel. C'était l'étape pour les renforts qu'ils envoyaient sur la moyenne Garonne où les maquis passaient de plus en plus à l'action.

Vidalenc releva la tête vers Simon.

« Ils ne veulent pas te la rendre, cette école ! »

Le régent fit un geste vague.

« Ils la rendront, dit Vidalenc violemment. Il faut qu'ils la rendent. Ils ne peuvent pas tout avoir : nos enfants et notre école… »

Le cœur de Simon Sermet se mit à battre la chamade. Vidalenc avait dit : « Notre école ». Il parlait de cette vieille école de village, de ses pauvres murs rapetassés où ce soir habitait la guerre. Ceinturée par des barbelés, bourdonnante de voix étrangères, pleine de fusils et de cartouches, et de barils d'essence pour les camions ennemis… Ce n'était plus une école, ce soir, et c'était pourtant la maison la plus vive. Toutes les pensées volaient vers ses murs blancs. La lune caressait ses tuiles brunes et ce qu'il pouvait rester des rosiers de M. Bertrandou. Quelques tiges foulées, quelques bras meurtris, des racines aussi tenaces que la colère d'un semeur.

C'est peut-être en cet instant que Simon Sermet commença de marcher vers elle.

# XIV

LUCIENNE DORMAIT. Elle semblait morte, parfaitement immobile. Mais Simon savait qu'au premier contact, au moindre souffle près d'elle, elle s'agiterait, se tournerait et se retournerait en balbutiant des mots incompréhensibles. Elle rêvait beaucoup et, chaque nuit, ses craintes du jour revenaient flotter dans les voiles du sommeil. Puis elle se pétrifiait. C'était le calme pour un bref moment. Un meuble craquait, le vent poussait les cadres des fenêtres, Lucienne soupirait, gémissait. Il lui arrivait de se dresser sur son lit.

Au début de ce soir-là, Lucienne s'était agitée. Vers 11 heures, elle avait pris sa potion calmante, mais elle en usait modérément et l'effet ne durait guère.

Simon n'avait pas dormi. Pas une seconde, le sommeil n'avait troublé son esprit. Il se sentait au contraire calme et agile, infiniment lucide.

Il se glissa sur la descente de lit, étendit le bras vers ses habits disposés soigneusement sur une chaise près de la commode. Il s'habillerait en bas. L'important était de sortir de la chambre sans réveiller Lucienne.

Pieds nus, il s'avança vers la porte. Il avait la main sur le bouton de porcelaine lorsque la femme gémit en se retournant d'un flanc sur l'autre. Il attendit. Il sentait le froid de la porcelaine s'effacer dans la chaleur de sa main. Lucienne soupira. Le silence revint dans la chambre, dans la maison et autour de la maison. Simon avait l'impression d'être seul vivant, éveillé dans une étendue immense.

Il tourna le bouton, tira la porte vers lui. Elle grinça à peine.

Il avança dans le parfum familier du logis : une eau de lavande, une odeur de vin, de coing et de paille, une senteur un peu âcre de livres et de papiers. Il descendit vers la cuisine et s'habilla rapidement. Il prit des allumettes près du réchaud de butane, une grosse boîte d'allumettes soufrées.

Il ouvrit la porte de la cour. La lune avait quitté le tilleul. Là-bas, au flanc des collines, invisible, la vigne de Fabre et celle du vieux Sermet dormaient dans les ténèbres.

Il passa près du puits. Les citronnelles mouillées frôlèrent ses espadrilles. Il tendit une main vers les feuilles velues du figuier. Il marcha vers la cahute où son père rangeait ses outils de jardinier. Il se haussa vers une étagère mal rabotée, tira une caisse. À tâtons, il chercha les lourdes cisailles du vigneron disparu. Il sortit du jardin. Le chemin ancien se creusait en direction du village. Une fois de plus, l'enfance le saluait.

L'été, il cachait un roseau près de la mare. Il quittait sa maison en avance pour taquiner les grenouilles. Le chiffon rouge dansait sur la crème verte de l'eau. Le miel de la lumière montait aux flancs des collines. Au dernier instant, Simon jetait sa canne, reprenait son sac et courait vers l'école. M. Bertrandou était debout sur le seuil. Les oiseaux menaient encore leur vacarme dans les acacias. Les cris des enfants, les cris des oiseaux tissaient comme une étoffe claire autour de la vieille classe. La brise matinale racontait les jardins arrosés, le pain du boulanger et le charbon de la forge.

Au temps d'hiver, Simon courait en croquant des châtaignes chaudes. La brume flottait sur la mare. Les figuiers nus tordaient leurs bras de fantômes. Là-bas, dans la classe tiède, le poêle de fonte commençait un profond murmure. Il reviendrait au soir pour retrouver les cendres gonflées de châtaignes. Sous la hotte noire, il déroberait de petites pommes de terre bouillies à la marmite du cochon. Les derniers corbeaux du crépuscule croasseraient dans les vignes et les bois. Il suivrait son père à l'étable. Les bourrasques feraient vaciller la flamme fragile de la lanterne.

Au moment d'arriver à la place, il laissa le chemin des maisons et enjamba avec précaution la barrière du jardin des Truffié. Au bout du jardin, il reconnut un sentier de terre entre des maïs et un champ de luzerne. Il lui suffisait de le longer pour aboutir derrière l'école, au pied du mur où s'appuyaient les rosiers.

Il s'accroupit contre les maïs. Il crut reconnaître le glouglou cristallin de la fontaine. Illusion… La fontaine était trop loin de lui.

Rien ne bougeait, rien ne semblait vivant.

Il se remit à marcher lentement. Après la luzerne il se trouva devant un chaume. Le chaume appartenait à Escaich. Tout au bout, après cinquante mètres de terrain nu, se dressait le mur de l'école. Alors, il se courba en avant et continua de marcher.

À dix mètres du mur, il s'allongea dans les tiges rêches et laissa passer quelques minutes. Il avait cru entendre des voix à l'étage. Il aperçut les barbelés et il crut les entendre tinter au vent. Comme dans une autre nuit.

Avec ses volets clos, la maison s'enfonçait dans le noir. La lune touchait encore le coin du poulailler et du bûcher. Il fallait attendre. La lune glisserait vers un autre jardin. L'école tout entière serait plongée dans les ténèbres.

Simon appuya son front contre la terre. La fraîcheur pénétrait en lui. Toutes les eaux des collines couraient dans les profondeurs du sol jusqu'à ce visage enfoui dans les gramens et les pailles.

Il tendit les bras vers les barbelés. La main gauche tâtait l'espace. La droite se serrait sur les cisailles. Il rampa avec précautions. Les chaumes meurtrissaient ses coudes. Le premier fil craqua sous les lames d'acier. Il s'avança. À nouveau, les vieilles mâchoires solides frayèrent un chemin. Son père avait acheté cet outil. Il l'emportait dans ses vignes pour réparer des clôtures et des espaliers. Et Simon reprenait l'outil du paysan pour ouvrir sa route dans la guerre. Cette nuit silencieuse ressemblait à la terrible nuit d'autrefois. Mais ce soir, le soldat avait des cheveux blancs.

Pendant de longues minutes il poursuivit cette tâche puis il se redressa. La lune avait tourné. Il s'approcha du mur en rampant encore. Il pouvait le toucher. Alors, il se mit debout et ses mains palpèrent les pierres sèches jusqu'à la crête. Le mur n'était guère plus haut qu'un homme et on l'escaladait sans peine. Combien de fois lui-même ou des enfants l'avaient enjambé.

Il s'avança jusqu'au coin du bûcher, chercha de la pointe de l'espadrille les creux entre les pierres, se hissa derrière un lilas qui cacherait son apparition.

Personne dans le jardin. Une demi-douzaine de lourdes motos s'appuyaient au mur. Un amas confus de valises et de caisses se dressait parmi les fraisiers. Les arbres fruitiers, vieux et jeunes, avaient été abattus. Inutile de chercher à reconnaître l'ancien dessin des allées et des massifs.

Il passa une jambe puis l'autre et se laissa glisser avec précaution. Accroupi au pied du lilas, il reprit lentement son souffle.

À ce moment, il entendit le pas lourd de la sentinelle. Elle marchait dans la cour de devant, longeait le préau de la grande classe et venait jusqu'à l'entrée du jardin. Elle s'arrêtait quelques secondes. Les bottes crissaient dans la poussière et la sentinelle reprenait sa promenade vers la grille.

Il la laissa revenir plusieurs fois. À un moment, le soldat parcourut le jardin du regard et s'avança même parmi les caisses. Il se courba pour lire une inscription et repartit sans méfiance.

Simon abandonna l'abri du lilas et gagna l'entrée du bûcher. Là, il se dissimula à nouveau parmi les barils. La sentinelle revint, disparut.

Par la porte entrebâillée, Simon se glissa dans la cahute et craqua une première allumette pour reconnaître les lieux. La flamme s'éveilla au creux de la main, disparut. Dans le fond, ce qui restait du bois d'Escaich s'empilait encore. C'étaient des bûches sciées assez court pour les poêles. Il y avait aussi des fagots très secs. Certains dataient de plusieurs années. On n'était pas arrivé au bout de la provision et les nouveaux avaient recouvert les très vieux dont les brindilles s'écrasaient en poudre sous les doigts.

Simon étendit les bras. Il rencontra divers outils, des pelles et des pioches, des caisses encore. Il rampa vers le dehors.

Le pas de la sentinelle s'éloignait dans la cour. Simon se mit sur pied et marcha sans bruit vers les motos. Il se baissa pour ramasser un bidon et regagna le bûcher. Il se laissa tomber derrière les caisses, les mains autour de la bouche pour étouffer la rumeur de son souffle.

À nouveau, il s'approcha des fagots. Ses doigts se durcirent sur le bouchon de métal. L'odeur écœurante de l'essence chassa le merveilleux parfum du bois sec. Il leva les bras très lentement. Le bidon était lourd. L'essence coula sans bruit sur les fagots.

Le parfum du bois sec rappelait les enfants, les capuches trempées qui sèchent dans le fond des classes, le cuir des cartables où demeurent des odeurs de pain, d'ardoise et de mandarine, le carton bouilli des plumiers noirs ornés de fleurs et de papillons.

C'était un rêve. Les enfants l'attendaient sous les acacias. Il n'y avait pas d'Allemands, pas de barbelés, pas de fusils. Rien que des enfants arrivés du fond des ans et qui se rangeaient en file pour le saluer.

« Bonjour, monsieur Sermet, bonjour, monsieur Sermet… Ça pique, ce matin, monsieur Sermet ! Est-ce que je peux aller boire à la fontaine, monsieur Sermet ?

– Allons, allons, un peu de silence. Truffié, nous ne sommes plus en récréation. Allons, entrez. Prenez vos cahiers du jour, copiez le résumé de morale. Tu ne tueras pas ! Est-ce que vous m'avez compris. Il ne faut pas tuer. C'est le plus grand crime. La violence appelle la violence. Prenez vos cahiers du soir : Charles Moulis, passe au tableau. Tenez-vous tranquilles, le cours moyen. Escaich, porte-moi ce papier. Voilà à quoi tu passes ton temps. Moulis, réfléchis. Qu'est-ce qu'on demande ? Fais un graphique. On te dit que la part de la première personne est égale à deux fois celle de la seconde. Prends de la craie rouge. Là. As-tu compris ? »

Ils étaient venus vers lui au cours des ans, des bruns et des blonds, des roux et des châtains, des nez pointus ou écrasés, des menottes roses, des pattes sales, griffées de ronces, des robes haillonneuses, des tabliers frais repassés, des tignasses, des bouclettes légères, des nattes fleuries de rubans, des yeux prompts au rire et aux larmes.

Et lui, s'était avancé vers eux en cachant son émotion, rêvant de tout ce qu'il allait éveiller dans cette petite pâte d'hommes. Il prenait les mots, les tournait et les retournait avant de les leur donner. Un nom de plus, un adjectif encore, un verbe qui augmente le premier trésor. « M'avez-vous compris ? » À la fin des leçons, il aurait volontiers ajouté : « Hein, vous voilà riches, mes enfants, tous ces mots peuvent sonner dans vos têtes comme des ducats. Voyez comme c'est facile ! Tous les jours, on ajoute un peu dans sa bourse… »

Mais ce n'étaient pas les mots seulement qu'il leur avait donnés, c'était le bruit même de son cœur, la chaleur de ses mains, la fraîcheur de son âme. Tous les hommes sont des frères, il faut s'aimer et non pas se battre. « Écoutez-moi. Ce qu'il faut aux hommes, ce sont des charrues et non pas des canons… »

Ils étaient là. Tous. Ils revenaient. Il les entendait bruire autour de la vieille école comme des abeilles gentilles. Ils avaient pris toutes sortes de chemins mais ils revenaient. Le nom de Sermet sonnait dans leur mémoire fidèle. Leurs yeux gardaient les regards du maître.

Et ils disaient : « Nous sommes vos fils, monsieur Sermet, vos fils et vos filles. Et jamais nous n'oublierons cette école. »

L'allumette craqua sèchement. La flamme bleue du soufre bouillonna autour du bois. Simon allongea le bras. La flamme devint claire et se coula dans les fagots.

Il courut vers la porte du bûcher, la repoussa derrière lui.

Tapi aux creux du lilas, il tendit l'oreille. Des craquements successifs lui annoncèrent que le feu brûlait toujours. Il se hissa au sommet du mur, retomba dans le chaume, chercha le passage dans les barbelés puis, les mains en sang, il prit sa course.

Pour le retour, il avait résolu de couper au plus court. Au-delà du jardin de Truffié, il traverserait les maïs et rejoindrait la mare. En quelques minutes, il serait sur le chemin de sa maison.

Au bord de la mare, il dut s'allonger dans les herbes hautes. Son cœur lui faisait mal. Sa bouche s'ouvrait par saccades. Il ne trouvait plus d'air.

Rien ne bougeait en bas. Est-ce que le feu s'était éteint ?

Soudain, la lueur monta au-dessus des platanes. L'école de Fontvieille brûlait. Le feu suivait le chemin que Simon lui avait marqué. Du bûcher et du poulailler, il avait gagné le couloir et l'escalier de l'étage. Des explosions secouèrent la nuit. La flamme crêtée de suie s'éleva plus haut encore.

Simon Sermet retomba dans l'herbe en sanglotant. Il avait mis le feu à son école ! Mille souvenirs se déchiraient dans le fracas des cartouches et les vapeurs de l'essence. Il avait tué le trésor en même temps que les voleurs.

Il se remit debout. Il croyait entendre depuis la borde des Vidalenc le cri terrible d'une mère : « Monstres de monstres ! Ah ! maudits ! » C'était pour cette mère et pour Vidalenc qu'il avait déchaîné les flammes. Pour un enfant rêveur et curieux, aux mains pleines de bourgeons et d'oiseaux, pour Vidalenc et d'autres, les écoliers du passé et de l'avenir. Pour tous les maîtres tombés.

Le trésor était vif. Ces murs sacrifiés en sauvaient cent et mille.

Le cri de la mère sonnait toujours, éveillant un pays entier. Aux frontières de l'aurore, le vent lançait sa course vers les figuiers, les vignes et les maïs mûrissants.

Simon se mit en marche vers le village. Maintenant, il lui fallait rester avec les siens et détourner d'autres menaces. Mais il se sentait fort et léger. L'air reprenait le chemin de sa bouche. Une voix répétait en lui : « C'est la mort que j'ai tuée, c'est le mal. Mes fils viendront pour bâtir. »

# Partie II

# LA FEMME DE SIMON

# I

LUCIENNE S'AGITA sur sa couche, étendit le bras… C'était comme un matin de chasse, quelqu'un avait tiré au creux des collines ou dans la plaine, elle ne savait où. Elle avait peut-être rêvé. Ces bruits de cartouches appelaient une aube d'automne, la brume et le soleil sur les vignes rouges, des parfums de pommes et de figues mouillées. Un coq chanta. Sa voix venait de plus loin que les ramiers de Garonne. Elle naissait dans une borde invisible dont la lune et le vent caressaient les briques fanées. Une maison paysanne allongée dans l'argile caillouteuse de la vallée laissait partir ce cri vers les campagnes sous la nuit. Le cri franchissait le fleuve et ses peupliers frémissants, frôlait les prés et les maïs, suivait le cours de l'Essonnelle et s'en venait vers Fontvieille pour atteindre la maison des Sermet, une borde de glaise comme les autres, basse et longue et muette dans le calme de l'été.

Le vent balançait les rideaux. Un souffle tiède se déroula dans la chambre. Le silence revint. D'abord, un silence total, sans bruissements d'insectes, sans rumeurs. Le coq se taisait. L'étrange chasseur de l'aube ou du rêve ne chassait plus. Lentement, la brise reprit sa course, les feuillées murmurèrent, le coq lointain appela d'autres coqs.

La main de la régente glissa sur le drap frais, mesura la place vide, atteignit le bord du lit. Elle ne fut pas surprise. Simon se levait tôt. En prenant de l'âge, il perdait le sommeil et, parfois, c'était à la nuit pleine qu'il s'en allait rôder dans sa maison ou son jardin. Lucienne n'entendait pas toujours le frôlement de ses pieds nus sur le plancher. Il s'habillait en catimini et descendait dans la cuisine. Il avalait une tasse d'orge grillée, se débarbouillait devant l'évier, s'asseyait à sa table, un moment.

Le ciel blanchissait à peine que déjà le maître d'école s'avançait avec précaution dans les allées. Il détachait une tomate mûre, picorait une fraise dans le carré des perpétuelles, s'arrêtait devant les rosiers. Il connaissait depuis l'enfance chaque pouce de ce jardin. Après sa promenade, il se dirigeait vers le puits et tournait la manivelle avec lenteur pour retenir la chanson gémissante de la chaîne.

Au jour, Lucienne le retrouvait dans la cuisine encombrée, devant ses registres et ses cahiers. Il ne pouvait s'empêcher de revenir à cette vieille petite table sur laquelle s'entassaient d'anciens dossiers de la mairie, des fiches de préparation, des cahiers de roulement, des journaux pédagogiques, des liasses de photos et d'images pour illustrer les leçons. Il les feuilletait, les reclassait. Ou bien il prenait un volume familier pour y retrouver de chapitre en chapitre des paragraphes soigneusement cochés de rouge ou de bleu, et dans la marge il avait noté d'un crayon fin : *Dictée, cours moyen et sup. Texte d'étude, cours élém.*

Un métier qui ne vous lâche pas. Simon le répétait : on n'est pas maître d'école jusqu'à cinquante-cinq ou soixante ans, on est maître d'école toute sa vie. Quand il lisait un journal ou une revue, il ne s'abandonnait jamais longtemps au seul plaisir de la lecture. On l'entendait marmotter dans sa moustache, il hochait la tête et prenait son crayon. Il marquait le passage, griffonnait une indication. Voilà qui servirait pour une leçon sur le passé composé ou les compléments de nom. Il découpait certains faits-divers qu'il utilisait dans ses leçons de morale. *Imprudence, acte de dévouement...* Ce qui se passait autour de lui, dans le pays ou dans le monde, aboutissait finalement à la petite classe de Fontvieille, à ces livres bourrés de signets jaunis, à ces fiches dont il connaissait la date à la couleur ou à la pâleur de l'encre...

Chaque fois qu'il s'asseyait devant ses papiers, le maître retournait sur la route de sa vie. Cette leçon de vocabulaire datait de Maurines, dans les Pyrénées, de son premier poste. Dans cet endroit perdu, bien des leçons ressemblaient à des histoires merveilleuses. Les enfants n'avaient jamais vu un fleuve, une grande ville, un train. La mer, par exemple, allez donc leur parler de la mer ! Alors, il multipliait les mots et les récits jusqu'à sentir enfin qu'une image un peu sensée s'éveillait derrière leurs yeux. Il n'en était jamais très sûr. Vous jetez un nom ou une phrase : allez donc savoir ce qu'ils deviendront dans la mémoire !

Lucienne l'entendait rire.

« Qu'est-ce qu'il y a, Simon ?

– Je retrouve une rédaction de Feuillerat. Ah ! celui-là ! Tu te souviens de Feuillerat ? Feuillerat Antoine. Hé ! ce n'était pas si mal mais quelle orthographe !

L'orthographe de Feuillerat Antoine, c'était à Belpech, dans une autre école, un autre village, un autre morceau de leur vie. La plaine du blé et de la vigne, les grands automnes pourpres et l'âcre et douce odeur des feux d'herbes qui accompagnait chaque rentrée. Le visage brun et les yeux rêveurs du fils Feuillerat sortaient brusquement des brumes du souvenir, en attiraient d'autres que l'on confondait plus ou moins. Lucienne à son tour partait en voyage parmi ce peuple innombrable des écoliers du passé qu'ils avaient gardé devant eux durant des saisons. Ce que ces enfants étaient devenus aujourd'hui, on ne le savait guère mais ils vivaient au fond des années avec leurs blouses rapiécées ou leurs beaux tabliers noirs à boutons rouges, leurs socques bruyantes ou leurs espadrilles, leurs mèches folles ou leurs nattes, leur turbulence ou leurs sourires craintifs, petits fantômes immortels où la vie des maîtres demeurait attachée…

Feuillerat Antoine, Feuillerat Marinette… C'était Belpech. La régente venait de se monter en ménage. Elle avait acheté des rideaux et des linoléums. La voix aigrelette et gentille de Marinette Feuillerat s'élevait dans un matin d'hiver. Le poêle ronflait sourdement. Les acacias vêtus de givre étincelaient derrière les carreaux. Marinette pointait son nez malicieux vers le tableau de lecture. *Jojo a un joli joujou. Jojo a nagé. Le rouge-gorge de Jojo…*

La paix du village entourait la classe. La mélopée des premières tables de multiplication s'accompagnait d'un roulement de charrettes pleines de raisin et de fanes de maïs. L'enclume du maréchal sonnait derrière les lectures. Les histoires du soir, *La Chèvre de M. Seguin, Le Chien de Brisquet, Guerriot l'écureuil* se mêlaient aux voix rocailleuses des laboureurs et des bouviers sur les chemins d'alentour.

Lucienne tendait l'oreille vers la classe d'à côté, vers la voix de Simon toujours tranquille. *Point final. Je relis. Je vous prie de faire attention ! Feuillerat, la dictée n'est pas écrite sur la vitre mais sur ton cahier… Je commence.*

La voix de Simon, les « arré, aha » des bouviers et des laboureurs, la romance obstinée des pigeons au bord des toits, les tintements de l'enclume, puis la ruée soudaine du vent de la plaine qui s'en venait secouer les tuiles, il suffisait d'un seul nom d'écolier pour répéter une courbe de la vie.

Quand 8 heures sonnaient au temps des vacances, Simon tirait sa montre. À ce moment-là, ce n'était plus un vieil homme en train de pincer ses tomates ou de bêcher ses rosiers. Il oubliait son jardinage, il se revoyait, enfilant sa blouse grise et s'acheminant vers l'estrade aux planches gémissantes. Il ouvrait le registre d'appel. Abadie, Ariès, Astier, Bernadac, Bouzigue, Campistron, Cantecor, Delrieu, Dupouy… Il égrenait la litanie familière. À chaque nom, un visage. À chaque visage, une famille et un morceau du pays. Le maître se levait. Il s'arrêtait un instant au bord de l'estrade pour considérer la classe. « Dupouy, passe au tableau pour corriger le problème. » Le maître descendait, se promenait lentement entre les rangées. « Je cherche d'abord le prix de vente d'une bouteille, disait la voix hésitante de Dupouy. – Bien, écris. Appuie sur la craie, forme bien tes chiffres. » Dans les intervalles de silence, on entendait des gratouillis de plumes. Les galoches raclaient le plancher. « Quand j'ai le prix de vente, reprenait Dupouy, je peux calculer le bénéfice… – Quel bénéfice, mon garçon ? » Dupouy cassait la craie entre ses doigts, fronçait les sourcils. « Heu… Par bouteille… – Très bien, parfait. Écris ! Bernadac, cesse de remuer les mâchoires ! »

Simon aimait cela, l'humble bataille quotidienne avec les visages distraits, les regards lointains, les esprits capricieux. Il ne suffit pas d'obtenir la discipline et le silence. Quand les bras sont croisés et les galoches immobiles, il faut encore gagner les têtes. Alors, on recommence mille et mille fois, on cherche sans cesse des mots clairs et simples… Et les mots, papillons indociles, virevoltent autour des enfants. Vont-ils se poser enfin, et le menu trésor d'un jour sera-t-il saisi et conservé ?

Mais Simon ne s'affolait plus. C'était un maître d'âge et d'expérience. Il savait bien que chaque octobre et chaque matin apportait des questions jamais résolues. « Hé ! disait-il, dans ce métier, on n'a pas affaire à du bois ou de la pierre, ce sont des petits vivants que vous avez entre les mains. Il convient de les travailler longtemps avant qu'ils prennent figure d'homme ! »

Lucienne se souleva et regarda vers la fenêtre. Une nacre orangée luisait dans l'entrebâillement des volets. Le parfum des feuilles humides emplissait la chambre. Le jour allait naître.

La régente tendit l'oreille. La chanson du puits n'avait pas commencé. Un coq dans le poulailler lança un premier coup de trompette. C'était enfin sa réponse aux appels lointains. Les poules gloussèrent. Elles attendaient Simon. Où était-il donc ? D'ordinaire, au réveil, Lucienne retrouvait vite sa présence : un fugitif crissement de gravier, un coup de sécateur près des plants de tomates, une toux légère et vite retenue… S'il s'installait dans la cuisine, elle savait percevoir ses moindres bruits : une allumette frottée, la chaise qui craque, même une page tournée…

Rien ne semblait bouger dans la maison. Elle eut soudain la sensation précise que le logis était vide, que Simon avait disparu. Elle murmura « Simon… » Ce ne fut d'abord qu'un mot prononcé pour elle-même, pour sa tendresse qu'une inquiétude traversait. Elle se leva et trottina vers la fenêtre.

Le jardin désert allongeait ses bandes et ses massifs dans l'ombre grise. Personne auprès du puits et du figuier.

L'arrosoir abandonné formait une tache blanchâtre sur le vert sombre des citronnelles. Elle sortit de la chambre, se pencha vers l'escalier et appela. Personne ne répondit. L'ancienne pendule des Sermet battait le temps au-dessous d'elle.

Une fois encore, la femme appela, d'une voix très basse. Ce n'était pas pour appeler, c'était pour prononcer le nom. Sans qu'elle ne pût rien deviner, l'angoisse lui tordait le cœur.

Mais où se trouvait Simon ? Au village, sans doute. Et dans quelle maison ? Chez les Fabre, chez les Camboulives ou peut-être chez les Vidalenc dont le fils venait de mourir… La mère de Vidalenc avait crié. Le cri de cette mère, Simon le gardait aux oreilles. Il l'avait raconté à Lucienne.

Le maître d'école, depuis plusieurs jours, montrait un visage qu'on ne lui connaissait pas. D'autres yeux, un autre front ridé, une autre façon de sourire ou de se moquer se superposaient au visage habituel. Une sorte de masque naissait de l'intérieur de lui-même, plus grave, plus sarcastique et même plus méchant. Cette dureté lui était née bien avant le moment où le facteur, la veille au soir, avait poussé leur porte. La venue de ce messager, on l'attendait. On savait bien qu'un soir ou un matin, quelqu'un viendrait donner des nouvelles de Louis et du maquis, et que ces nouvelles pouvaient être cruelles.

La blessure de Louis était insignifiante. Le facteur l'avait affirmé sur tous les tons. Et le fils Turini n'était pas en danger, Turini Ange. Le messager venait surtout pour le fils Vidalenc, Vidalenc Jacques qui ramassait les trésors des chemins, les cétoines, les branches aux formes curieuses et les pierres semées de mica… On disait que Vidalenc le père voulait maintenant prendre la route du maquis pour embrasser son enfant avant qu'on le mette en terre. Il se moquait des barrages et des Allemands. Oui, Vidalenc, Simon s'en était allé parler avec Vidalenc…

À la vérité, ce nouveau visage de Simon Sermet, ce visage pâli et méchant, Lucienne le lui connaissait depuis que les Allemands occupaient l'école et que les Sermet s'étaient installés dans la maison des anciens. Cela avait été le dernier coup. Lui prendre l'école, c'était comme lui prendre le passé et l'avenir, son temps d'écolier et son vieux maître, et tous les enfants grandis entre ses mains.

Il essayait lui-même de se dire que c'était normal. Les Allemands ne lui avaient pas pris une école mais un bâtiment commode, où entasser des munitions, où loger des soldats. Pour eux, c'étaient des briques, des pièces vides, une cour et un jardin mais non pas des murs vivants, couverts de regards et de souvenirs.

Lucienne se trouvait maintenant dans la cuisine, entre la table de Simon et l'évier de carreaux rouges où la mère Sermet avait toute sa vie épluché des légumes et lavé la vaisselle.

La régente s'aperçut alors qu'elle était pieds nus. Elle chercha des espadrilles, les noua à la hâte autour de ses chevilles. En se redressant, elle rencontra son visage dans un petit miroir rond accroché entre la fenêtre et l'évier. Elle s'immobilisa quelques secondes. Voilà qu'à son tour elle se découvrait un visage. Une femme triste et lasse la regardait. Des mèches de cheveux gris entouraient un ovale presque crayeux, sans rides nombreuses pourtant, sauf autour des yeux et aux coins de la bouche.

Elle se détourna très vite et ouvrit la porte. Le jardin, dans l'aube d'été, lui apporta ses herbes rafraîchies, un présent de fruits et de fleurs. Dans le gris, au-delà de la barrière, le chemin se dessinait entre les arbres. Le chemin d'écolier de Simon. À toutes les saisons, il l'avait pris. Un grand concert d'oiseaux bruissait au-dessus du chemin. Puis, il y eut de nouveaux coups de feu et les oiseaux cessèrent de chanter. Lucienne leva la tête. Une fumée rougeâtre se gonflait à la cime des arbres. Ce n'était pas l'aurore.

La barrière cria. Simon sortit de l'ombre. Il haletait. Ses pantalons tirebouchonnaient autour de ses jambes grêles. Sa chemise était salie. La sueur plaquait ses cheveux gris et blancs. Tout son visage était couvert de gouttes.

Quand il prit sa femme dans ses bras, quand il se pencha vers elle pour lui dire : « J'ai mis le feu à l'école », Lucienne regardait une rose auprès de la barrière, un bouton à peine défait, une infime tache de couleur sur la verdure et le bois rongé. Elle ferma les yeux. Elle ne voulait pas défaillir. Une étoile fine, un cœur de pétales très légèrement ourlés, se balançait derrière ses paupières closes. La voix du maître d'école répétait sans arrêt : « J'ai mis le feu… J'ai mis le feu… » Pourquoi cette rose et pourquoi cette voix ?

Elle recula vers le mur. Son dos rencontra le tronc de la vigne. Mais l'écorce rude ne pouvait lui faire de mal. C'était comme la main de la maison Sermet qui la prenait à l'épaule. Une main de la femme glissa parmi les feuilles mouillées, chercha le tronc de la vigne, le serra de toutes ses forces. Elle soupira et revint à elle. Simon ne s'était pas rendu compte de son vertige.

« Tu as fait cela, Simon ? »

Elle appuyait sur chaque syllabe. C'était une voix de régente, articulant posément sa phrase. Un métier qui ne vous lâche pas… Ainsi disait Simon.

« Tu as pu ? »

Il ne répondit pas. Il eut seulement un imperceptible haussement d'épaules qui signifiait : à quoi bon se demander cela ?

Ils entrèrent dans la cuisine et Simon regarda autour de lui comme s'il revenait dans ce logis après une très longue absence. Il baissa la tête, flaira ses mains puis, brusquement, se dirigea vers l'évier.

« Je vais me laver, dit-il très doucement. Tu brûleras ma chemise et mes sandales…

– Oui, oui », souffla Lucienne.

Simon prit l'arrosoir, versa de l'eau dans une cuvette. Il ôta sa chemise, la roula en boule et la jeta sur le sol. La pendule noire des Sermet continuait à battre les secondes.

« Ils vont venir ? demanda Lucienne.

– Je ne sais pas.

– Personne ne t'a suivi ?

– Personne.

– Tu étais seul ?

– Oui, j'étais seul.

– Toi, Simon… » chuchota Lucienne.

Elle leva ses deux mains et ses doigts tremblaient.

« Je vais me changer pour redescendre.

– Redescendre ! Tu n'y penses pas ! Il faut que tu te caches !

– Non. On ne comprendrait pas que je reste chez moi quand mon école brûle. De toute façon, je dois redescendre. »

Le soleil atteignait la cuisine. Il pénétrait par les carreaux étroits, accrochait aux solives des grains de vermeil et s'en venait enflammer le disque de la pendule noire.

# II

LES ALLEMANDS ABANDONNÈRENT Fontvieille sur la fin de l'après-midi, mais, quand le dernier grondement de leurs moteurs se fut éloigné vers le pont de l'Essonnelle et la grand-route, l'angoisse planait encore sur le village, et il restait cet étrange silence d'enchantement et de mort qui avait régné tout le jour.

Plus tard, on comprit la hâte de l'ennemi. Les maquis convergeaient vers Toulouse. Ceux du Lot notamment coupaient les voies de fuite de l'occupant. Les S.S. qui se trouvaient à Fontvieille appartenaient à cette fameuse division *Das Reich* que la Résistance intérieure harcela durement et qui chercha sa retraite à l'ouest et au nord-ouest, vers l'aval de la Garonne.

Les Allemands de Fontvieille avaient-ils reçu l'ordre de départ depuis plusieurs jours, ou bien se hâtaient-ils après l'incendie de l'école, s'imaginant avoir affaire à un maquis beaucoup plus puissant ? On ne le sut jamais. Toujours est-il qu'avant de partir ils voulurent punir et terroriser. Dès l'aube, quand l'école brûlait, ils entrèrent dans les maisons, hurlant et cognant, défonçant les portes qui tardaient à s'ouvrir. Des cris de femmes, des pleurs d'enfants se mêlaient aux ordres et aux jurons en allemand. Des caisses de munitions éclatèrent au cœur de l'incendie. La place paisible, avec ses platanes anciens, sa vasque de pierre usée où chantait la fontaine, devint un décor de cauchemar que les flammes semblaient agrandir, que la fumée effaçait tout à coup. À ce moment, les villageois s'attendirent au pire, à un massacre collectif, à un incendie général qui répondrait à l'incendie de l'école. On avait appris que, dans les Pyrénées, quelques jours avant, des actes semblables avaient été commis.

Les Allemands de Fontvieille n'allèrent point jusque-là. Sans doute parce qu'ils ne se sentaient pas assurés, se voyant à l'écart du gros de leurs forces et s'attendant à ils ne savaient quelles attaques nouvelles.

Dans le jour levant, une vingtaine d'hommes jeunes et vieux furent rassemblés sur la place, debout, les mains à la nuque et obligés au silence. Les soldats gris, aux cols marqués des initiales en éclairs, les tenaient en respect. On crut que, d'un instant à l'autre, l'ordre de la tuerie allait être donné.

Ils changèrent d'avis peut-être. Un capitaine trapu et blond, impeccablement habillé, le visage glacé, se promena lentement devant les paysans. Il y avait des vieux à grosses moustaches, avec des braies de velours et des chemises rapiécées, d'autres en salopette et en sabots, des gamins du certificat. Certains avaient peur et d'autres serraient les dents, retenant leur colère, comprenant qu'au premier geste suspect les S.S. pouvaient se déchaîner.

L'officier feuilletait un cahier d'écolier qu'il avait dû prendre à la mairie. On reconnut le cahier où le secrétaire avait recopié la liste des habitants de la commune, classés par catégories d'âges. Cette liste servait à distribuer les tickets d'alimentation et de textile. On ne savait trop ce que cet Allemand pouvait lire et vérifier ainsi. Il regardait les gens, tournait les pages, cochait des noms, semblait-il. Il avait pourtant ses renseignements et on le vit bien par la suite.

On s'attendait à ce qu'il demandât aux coupables de se dénoncer. Il n'en fit rien et se borna à crier en français, en appuyant sur chaque début de mot :

« Nous allons prendre des otages ! »

C'est alors que Léon Daupiac, le maire de l'époque, fit un pas en direction de l'officier et se mit à protester avec véhémence. Celui-là avait peur, on le savait et on le voyait, mais il fallait bien qu'il intervînt, d'une façon ou d'une autre. Il expliqua d'une voix blanche que l'incendie n'avait pas été allumé par quelqu'un du village. Les gens de Fontvieille n'avaient rien à voir dans cette affaire. C'étaient des paysans qui travaillaient tranquillement…

L'Allemand lui accorda à peine un regard et il eut un geste bref de la main comme pour écarter une mouche importune. Un soldat jeta sa crosse vers Daupiac qui reprit sa place, les mains à la nuque.

Le capitaine cria lentement :

« Les personnes… nommées… ne bougez pas ! Les autres, rentrez dans vos maisons. Défense de sortir sous peine de mort. Les soldats… tireront. »

Le premier qu'il nomma fut justement le maire, Daupiac Léon. Puis, il appela Fabre Jean, Mage Pierre et Sermet Simon.

C'est à ce moment-là que le maître d'école apparut, encadré par deux soldats. On venait de l'arrêter à l'entrée du village et on le conduisait avec les autres.

« Votre nom ? demanda l'officier de la même voix lente et dure.

– Simon Sermet. »

L'Allemand hocha la tête et d'un geste sec commanda que Simon fût repoussé vers le groupe.

Les villageois se dispersèrent en silence. Il y avait eu d'abord un flottement et des murmures, mais à cela les S.S. répondirent par une série de cris et de commandements sauvages. Ils pénétrèrent dans le groupe, l'arme en avant. Comme Fabre se détournait vers un voisin pour lui glisser quelques mots, un soldat l'empoigna rudement par l'épaule, déchirant sa chemise, et le jeta à l'écart.

Les hommes s'en allèrent donc et les quatre furent conduits à la maison commune. L'Allemand répéta qu'on abattrait sans avertissement toute personne qui sortirait d'une maison.

Et les soldats se plantèrent aux coins des ruelles et des sentes, braquant leurs mitraillettes vers les façades muettes, les portes closes, les fenêtres claquemurées derrière lesquelles frémissaient fugitivement des rideaux. Il y eut des coups de feu jusqu'au soir. Presque à toutes les heures, une détonation claquait dans l'immobilité déserte des briques, des feuillages, des jardins fleuris. Les sentinelles tirèrent sur des ombres, sur des fantômes, des chiens, des pigeons… Une femme qui sortait de sa cuisine fut blessée au bras et on ne put appeler de médecin.

L'école achevait de se consumer. Les Allemands avaient entassé sur la place, dans l'ombre des platanes, tout ce qu'ils avaient pu sauver, des caisses de munitions ou d'armes, des bidons d'essence, des ballots de vêtements… Ils chargeaient leurs camions. Ils se répandaient dans les jardins d'alentour, abattant des arbustes et des branches feuillues qu'ils disposaient par-dessus les colis et les bâches pour les camoufler. Et c'étaient des branches de cerisier ou de pêcher aussi bien que d'ormeau ou d'acacia. Tout le jour, une lente fumée noire monta vers le ciel éblouissant. Les gens des fermes écartées qui apercevaient ce nuage d'encre, marquant le lieu de l'école, ne purent s'approcher de Fontvieille. Les Allemands gardaient tous les chemins.

Vers midi, le toit de l'école s'effondra. Il ne restait qu'une façade grise et fauve, balafrée de traînées de suie, de lézardes dentelées où saignaient les vieilles briques languedociennes, plates et longues. Le vent ne soufflant pas, la mairie ne risquait pas d'être atteinte par le feu.

Les soldats s'affairaient autour de l'incendie finissant. Ils parlaient peu. Des ordres brefs et gutturaux dominaient le bruit sourd des caisses charriées, les froissements des feuillages entassés. Des poutres craquaient derrière la façade de l'école et les yeux béants des fenêtres.

Plus loin, dans les venelles, dans les ruelles qui sinuaient vers les champs, commençait le silence du village prisonnier. Il s'y brodait des pépiements d'oiseaux, des gloussements de volailles pareils à des cris étonnés ou craintifs. Des pigeons roucoulaient dans les granges. Les chats et les poules allaient d'un mur à l'autre, traversant la clarté aveuglante pour rejoindre l'ombre des bordures, surpris par ce calme de plomb plus vide et plus pesant que la paix habituelle des heures de sieste.

L'été s'étendait sur la plaine, le grand été du pays d'oc qui sent l'argile et le grain sec. Les hampes de maïs se dressaient sans un frisson dans l'air torride. Les terres, les chaumes ocre et les prairies roussies, piquetés de pigeonniers roses, soulignés par les fils blancs des chemins ou les festons légers de quelque ruisseau de saules, ondulaient lentement jusqu'à la Garonne invisible derrière ses peupliers.

Au déclin du jour seulement, une glissée de vent fit palpiter les ramiers de l'horizon, puis balaya la plaine.

Alors, les maïs se balancèrent avec des chuchotements, des rumeurs de papier, les vignes agitèrent leurs feuilles de bronze et de grenat dans la rouge lumière crépusculaire. Les patientes mandolines des grillons couvrirent l'espace et s'élevèrent vers les crêtes des collines, avec le dernier soleil.

Un peu avant ce moment, les moteurs vrombirent sur la place et le cortège des camions s'ébranla. Les Allemands se dirigeaient vers la grand-route.

Malgré l'interdiction, les villageois de Fontvieille se parlaient et se rejoignaient d'une maison à l'autre. Ils enjambaient des murs mitoyens ou des barrières, se hasardaient dans les cours et les jardins. C'est ainsi que les nouvelles finirent par circuler. Il y eut d'abord de la confusion, des erreurs de noms et de personnes. On annonçait comme prisonniers à la mairie d'autres hommes que les quatre. « Mais non, précisait quelqu'un, Truffié n'y est pas. Il est dans sa cuisine avec les siens. » On apprit que Vidalenc, dont le fils venait de mourir au maquis, avait essayé de s'approcher du village. Une sentinelle avait tiré sur lui sans l'atteindre, heureusement, et il avait dû s'en retourner dans sa borde. Lucienne Sermet, folle d'inquiétude, s'était réfugiée dans la maison des Fabre. Elle attendait maintenant avec les autres et ne pouvait rien.

« Allons, disaient certains pour rassurer, s'ils voulaient les fusiller, ils l'auraient déjà fait, pour l'exemple. Ils les gardent en réserve. Au moindre incident, ils les fusilleront… C'est bien cela des otages. »

On pensait aux quatre, enfermés dans la mairie. On voyait cette petite salle aux murs blanchis à la chaux, avec la bibliothèque dans le fond, encombrée de paperasses et de tomes noircis du *Journal des Communes* et que surmontait avant le régime de Vichy une Marianne de plâtre. Au milieu, la table ovale du conseil que l'on recouvrait d'un reps vert pour les mariages, et, dans un coin, dressé contre le mur, le grand plan cadastral relié de carton noir et clouté de cuivre. Devant la cheminée, un poêle de fonte et, derrière le poêle, une réserve de bûches. La salle sentait le plâtre humide, le papier, la pipe froide. Tous les gens de Fontvieille étaient venus là pour un mariage, pour déclarer une naissance ou un décès, et tous les mois, maintenant, ils s'y rendaient pour chercher leurs feuilles d'alimentation.

Il n'était pas question de s'approcher de la mairie. Les Allemands la gardaient bien et sur tous ses côtés. Ils occupaient la pièce de derrière et le hangar où l'on abritait le matériel municipal, le corbillard, des drapeaux et des écussons, les mâts de la fête locale et les outils du cantonnier…

Les gens se rassuraient à cause de la présence du maire. Ce Léon Daupiac n'était pas un maire élu mais un homme de Pétain, une créature du régime, l'ancien régisseur d'un grand propriétaire du pays. On l'avait mis à la tête de la délégation municipale après avoir chassé Fabre. C'était un docile et les Allemands ne pouvaient ignorer cela. Pour Fabre, bien entendu, on ne s'étonnait pas : un socialiste et une forte tête depuis toujours. Et même chose pour Pierre Mage, un ancien conseiller lui aussi, connu pour ses idées avancées. Quant au maître d'école, c'était le maître d'école, un républicain, un laïque, un pacifique. Du point de vue des Allemands, le choix de ces trois était bon : ils représentaient beaucoup et ils n'aimaient pas l'occupant.

Devant les fenêtres de la mairie, masquées de courts rideaux poussiéreux, une sentinelle allait et venait lentement. On ne pouvait rien distinguer à l'intérieur. Sous le soleil, le crépi grenu de la façade paraissait presque blanc.

Le ciment éclaté par endroits laissait voir la rouille des briques. Un feston d'ombre épaisse courait sous les tuiles rondes. D'ordinaire, il y avait là-haut des pigeons et des martinets, mais l'odeur et la fumée de l'incendie les avaient chassés. Autour de la porte, à l'emplacement d'une très ancienne vigne, des traces de bouillie bleue dessinaient de vagues arabesques. On avait arraché cette vigne depuis longtemps. Des conseillers d'autrefois s'étaient arrêtés sous ses bras et ses feuilles, en franchissant le seuil de la mairie... Les pères et les pères des pères de ceux-là qui attendaient aujourd'hui, assis autour de la table ovale, parmi les archives jaunies, parmi les vieux registres de la vie et de la mort.

« Ho ! Simon ! Te voilà ! Ils t'ont pris toi aussi ! murmura Fabre avec douceur.

– Oui, dit le régent, ils m'ont pris. Et moi, ils le pouvaient. Moi, c'est normal. Non pas vous. J'ai essayé de l'expliquer à ce capitaine...

– On ne peut rien leur expliquer, dit Daupiac sourdement. Ils sont comme des bêtes. »

Il serra les poings et respira fortement. C'était un homme grand et maigre, l'air bougon, avec un visage brun aux pommettes hautes, au nez long, aux yeux étroits, le crâne barré de rares cheveux plaqués.

« Voilà que tu parles comme il faut, monsieur le maire ! » remarqua Pierre Mage tranquillement.

Jean Fabre fronça les sourcils, regarda à son tour celui qu'il appelait le faux-maire, ouvrit la bouche, puis se tourna brusquement vers Sermet.

« Que veux-tu dire, Simon ? Toi, ils le pouvaient et non pas nous !

– Eh oui ! Je dis moi parce que c'est moi qui... »

Les joues de Fabre perdirent leur couleur. Il eut un rire saccadé.

« Mille dieux ! Ce n'est pas possible ? Tu ne dis pas vrai, Simon ! »

Les yeux du maître d'école étincelèrent. Et non pas seulement à cause d'un rayon de soleil qui venait toucher l'acier de ses lunettes, mais à cause d'une sorte de colère. Une flamme qu'on ne lui avait jamais connue et qui contrastait avec ses traits fins, sa pâleur, l'argent terni de ses cheveux.

« Toi, Simon !

– C'est moi qui ai mis le feu à l'école, expliqua le régent d'une voix timide, presque chevrotante.

– À l'école ! répéta Mage. C'est toi, Simon !

– C'est moi ! Je n'ai averti personne. Excusez-moi. J'ai agi comme un fou, comme un enfant…

– Oh ! *macarel* de sort ! gronda Fabre. C'est donc toi ! Et moi qui pensais que c'était un coup de Camboulives et de son équipe. Je m'en étonnais. Il y avait une chose en préparation mais on devait me consulter avant…

– J'ai quitté la maison dans la nuit. Je suis entré dans mon école. J'ai craqué une allumette. C'est bien simple.

– C'est de la folie ! dit Daupiac. Maintenant, nous risquons de le payer cher. »

Fabre secoua la tête. Il reprenait ses couleurs. Brusquement, il frappa la table de sa large main ouverte.

« Nous le paierons ce qu'il faudra ! cria-t-il. Il l'a fait et il l'a bien fait, bon sang ! Ils ont plus peur que nous. Ils devront nous lâcher. »

La sentinelle devant la fenêtre s'était arrêtée. Le soldat approcha son visage de la vitre, regarda à l'intérieur. Il aperçut les quatre hommes assis autour de la table et s'éloigna.

« Oui, reprit Simon, c'est moi. Et si quelqu'un doit payer, ce sera moi. Je savais très bien ce que je risquais. Ils vous ont pris et ils peuvent en prendre d'autres. Je leur dirai que…

– Tu ne leur diras rien !

– Tu ne leur diras rien, Simon ! répéta Mage paisiblement. Ils nous relâcheront. Et s'ils nous emmènent en prison à Toulouse ou à Montauban, nous serons dehors plus tôt qu'ils ne pensent. C'est la fin.

– Tu crois qu'on te laisserait dire ? demanda Fabre. Ce que tu as fait, un homme comme Mage ou comme moi aurait pu le faire. Et Vidalenc, et d'autres… Je ne parle pas de Camboulives… Ça va bien. Nous ne les voulons pas ici. Qu'ils s'en aillent ! Remarque, Simon, que ces choses-là, il vaut mieux en discuter avant. Mais quand le diable y serait, nous sommes ensemble maintenant.

– Le diable y est bien ! s'exclama Daupiac à mi-voix.

– Regardez-le, celui-là ! dit Fabre entre ses dents. Tu as peur, je pense ? Tu as peur, hé ! Vichyssois ?

– Eh oui ! j'ai peur. C'est naturel. Vous le savez, ce que nous risquons ? D'avoir la peau trouée !

– Avec toi, dit Mage, nous ne risquons rien. Tu as des appuis au canton et à Toulouse. Tu nous sortiras de là. »

Daupiac haussa les épaules, s'accouda à la table, mit sa tête entre ses mains et regarda du côté de la fenêtre.

Fabre soupira.

« Je boirais bien un coup. »

Mage tira un demi-paquet de tabac et un carnet de feuillets. Il poussa vers Fabre le paquet écrasé et flétri.

« À toi, Jeannot ! Ils m'ont fouillé mais ils m'ont laissé le tabac. C'est la fin de la ration. »

Fabre roula une cigarette. Mage caressait ses moustaches grises, de fortes moustaches embroussaillées bien accordées à son visage placide et rond.

Dehors, on entendait toujours les allées et venues des Allemands. Quelque abeille parfois vrombissait aux carreaux. Aucune voix d'enfant, aucune rumeur du village…

Simon se mit à parler. C'était pour les autres et c'était pour lui-même. En parlant, il retrouvait sa voix, son assurance. Le ton ancien du maître d'école sortait du cauchemar. Après la folie du matin, le décor familier se replantait autour de lui. Il se retrouvait dans la salle de mairie. Une salle de mairie et non pas une prison. Il en connaissait tous les recoins. Des matins et des soirs, il avait travaillé à cette table, rédigeant les procès-verbaux des conseils, recopiant les actes de l'état civil, préparant le budget ou les déclarations de récoltes. Il retrouvait derrière les rideaux le charroi quotidien du village, les piétinements du bétail, les balancements soyeux du foin et de la paille. Les enfants et les moineaux piaillaient autour de la fontaine. Le vent de la plaine passait sur les toits, mêlait les tintements de la forge et les bruissements des platanes, les appels des bouviers et les saccades lointaines des moteurs.

« Moi, je ne suis pas pour la violence, vous le savez bien. J'ai toujours aimé la paix. J'ai toujours dit à mes enfants : ne vous battez pas… C'est une colère qui m'a pris. Cette école est la mienne depuis longtemps, je pourrais dire : depuis qu'elle existe. Mon père y est allé et son père avant lui. Et mon maître, c'était M. Bertrandou. Je lui ai succédé. M'avez-vous compris ? Je me suis dit : Simon, ce n'est pas possible. Tu dois faire quelque chose. Toutes leurs munitions sauteront. Toutes leurs munitions et mon école avec. Mais des écoles, on peut en rebâtir. Celle-là était vieille. Elle appelait le maçon… Le fils Vidalenc ne la verra plus.

Le petit Turini a été blessé. Ainsi que notre Louis. Trois enfants de cette école et de cette commune. M'avez-vous compris ? Je me suis levé. Je n'ai rien dit à Lucienne. J'ai couru vers le village... J'avais emporté des cisailles pour passer à travers leurs barbelés. Comme à la guerre de 14. Je me retrouvais soldat. Moi !

– Tu as bien agi, Simon, murmura Pierre Mage. Tu m'en aurais parlé, je t'aurais répondu : je marche avec toi.

– Quand je pense à cette nuit dernière, je me vois comme dans un rêve, et moi-même, je m'étonne de ce que j'ai pu accomplir.

– Oh ! Simon, tu as bien fait », reprit Fabre comme un refrain.

Le maître d'école levait les yeux vers les fenêtres. Au-dessus des rideaux, derrière les vitres brouillées, il regardait les tuiles des toits, les cimes des platanes, les morceaux éclatants du ciel. Il ne cherchait pas ses mots. Les mots coulaient de sa bouche sans difficulté, comme d'une source faible mais régulière.

« Qu'ils fassent ce qu'ils voudront, maintenant. Je ne dis pas que cela m'est égal, je dis que j'ai la conscience en repos. Les gens parleront de ce régent qui a mis le feu à l'école. Eh bien ! oui, j'ai mis le feu, mais ce n'est pas l'école que je voulais brûler... Comment vous dire ? C'est le feu que je voulais brûler avec le feu. Je ne suis pas un homme de violence. Est-ce que vous me comprenez ? »

Ils auraient voulu ouvrir la fenêtre. La chaleur dans la salle de mairie devenait étouffante. Ils réclamèrent à boire et un soldat finit par leur porter une cruche d'eau. Simon demanda à parler au capitaine mais l'officier ne se montra pas. Ils fumaient et ils parlaient lentement. Daupiac s'était plongé dans une sorte de somnolence hargneuse.

Ils allaient parfois vers les fenêtres, soulevaient les rideaux mais les sentinelles les repoussaient en arrière avec des gestes menaçants.

À un moment, Simon ouvrit la bibliothèque et il se mit à fouiller dans les papiers entassés. Dans le fond étaient rangés les registres de l'état civil. Il retrouva son écriture et celle de M. Bertrandou. Autrefois, les formules, plus longues et compliquées qu'aujourd'hui, prenaient beaucoup de place.

Les autres se penchaient sur son épaule et relisaient les vieux actes aux écritures pâlies. À la fin des actes, ils retrouvaient les signatures souvent tremblées et maladroites de leurs anciens, et les croix de ceux « qui avaient déclaré ne savoir ».

Puis, Mage souleva le plan cadastral, le déposa sur la table et l'ouvrit. Après les noms des hommes, ils répétèrent les noms du pays, les lieux-dits et les sobriquets des écarts. Le fil bleu de l'Essonnelle s'entrelaçait avec les fils noirs des chemins. Le plan datait de plus de cent ans et le dessin des parcelles ne correspondait plus à la réalité. L'index du maître d'école courait sur le fin quadrillage des sections et Simon expliquait une fois encore que la confection du cadastre parcellaire venait d'une loi de 1807. Plus tard, on en avait prévu la réfection mais beaucoup de petites communes reculèrent devant la dépense. On s'y retrouvait pourtant. Les vieux noms duraient sur la terre, les Bordelongue, les Cantemerle, les Prés du Loup, les Rioumage et tant d'autres appellations de champs, de bois, de carrefours que les bouches des anciens de Fontvieille avaient répétées et que leurs successeurs reprenaient une nouvelle fois pour marquer les chemins de leur vie.

Ainsi passa la journée des quatre jusqu'à la tombée du soleil.

À la fin de la journée, ceux qui guettaient derrière les fenêtres de la place virent sortir les otages. On leur avait lié les mains derrière le dos. Fabre apparut le premier, trapu et noir, le visage à peine moins coloré qu'à l'ordinaire, roulant des épaules et s'avançant d'un pas solide.

Avant de monter dans le camion bâché qui les attendait, il regarda la fontaine, les arbres, les ruines de l'école puis les maisons devant lui et les yeux invisibles des gens. Et il eut un sourire avec un mouvement de tête en arrière comme pour dire à ceux qui pouvaient le voir : « Eh ! me voilà, *macarel* de sort ! Ne vous impatientez pas ! Ils ne vous mangeront pas sans boire ! »

Après lui venait Daupiac, le faux-maire, long comme un jour sans pain. Dès qu'il aperçut le capitaine entre deux camions, il se démena et il se préparait à l'interpeller quand Fabre, perdant son sourire, lui murmura quelque chose entre les dents. Daupiac haussa les épaules, parut se résigner et marcha vers le camion.

Pierre Mage, plutôt petit et bedonnant, tout chauve, avec ses sourcils broussailleux et sa forte moustache poivre et sel, s'avançait à côté du maître d'école. Et ce dernier, dans ses pantalons noirs, très propres, dans sa chemise blanche à col ouvert, semblait plus fluet et plus doux que jamais. Ses lunettes brillaient sous les mèches grises en désordre. Il regarda les arbres et les maisons, puis l'école et, avant de monter dans le camion, il dut tourner la tête pour continuer à regarder cette façade noircie, trouée de fenêtres béantes. Lui aussi fit un mouvement vers l'officier mais ses gardiens le poussèrent et il grimpa sous la bâche sans trop de difficulté.

Les gens pensèrent qu'on les emmenait dans quelque prison de Toulouse ou de Montauban. De là, s'ils n'étaient pas délivrés à temps, ils s'en iraient comme tant d'autres vers les camps d'Allemagne.

Simon comprit que le véhicule tournait sur la gauche en quittant les cailloux du vicinal pour le goudron de la grand-route. À chaque détour ou ressaut du chemin, il avait deviné l'endroit et le paysage. Maintenant, ils roulaient dans la direction de Toulouse. Par l'entrebâillement de la bâche, on apercevait le ciel du couchant. Des souffles d'air frais pénétraient dans le camion où les quatre hommes se trouvaient accroupis, l'un contre l'autre, encadrés par deux soldats assis, mitraillettes braquées. Deux autres laissaient pendre leurs bottes à l'extérieur, par-dessous la toile raide.

« Ça va ? chuchota Mage.

– Ça va, répondit le régent.

– C'est la route de Toulouse, dit Fabre. Ça va ! »

Il soupira. Ce n'était pas un soupir mais un effort de respiration. Quand le courant d'air ne venait pas, on étouffait sous cette bâche.

Une auto les dépassa, puis une motocyclette. Le camion ralentit. D'autres le précédaient et il fallait suivre la file.

Le véhicule presque immobile se remit à gronder, vira de nouveau sur la gauche, et des ornières le secouèrent brutalement. Sur le toit, les branches feuillues s'agitèrent. Au changement de vitesse, ils sentirent qu'on abordait une côte dure.

Un frisson glaça l'échine de Simon Sermet. Il observa ses compagnons. Comme lui, ils avaient dû comprendre que le camion, par deux fois, avait tourné sur sa gauche, atteignant la route pour l'abandonner peu après. Ils revenaient donc du côté du pays.

Dans la pénombre, Simon vit Fabre qui mordait sa lèvre inférieure. Mage ne bronchait pas. Sa figure semblait de bois. Daupiac blémissait. Ils savaient tous !

Ce chemin permettait d'accéder à la crête des collines. Après une montée très raide, il circulait à flanc, entre des vignes et des prairies. Plus tard, la pente s'accentuait. On atteignait des bois de petits chênes et d'acacias, des clairières pelées. En cet endroit assez sauvage, les gens de Fontvieille gardaient des moutons et des chèvres. Et c'était un lieu de promenade. De ces coteaux, on découvrait toute la plaine.

Simon se pencha vers ses mains. Il les vit trembler. Il pensa à Turenne. Tu *trembles, carcasse…* Turenne aussi avait peur. Turenne tremblait… Les mots lointains d'un livre de morale jauni passaient dans la mémoire de Simon. La morale… *Morale.* Quand le registre d'appel est refermé, on commence la leçon de morale. Elle ouvre la journée scolaire dans un arôme de café venu de l'appartement des maîtres. Une odeur de café et, suivant la saison, le parfum du bois brûlé dans le poêle, le parfum des jardins sous la rosée. La propreté. La probité. *Qui vole un œuf vole un bœuf.* La tempérance. *Le glouton creuse sa fosse avec ses dents.* Le courage… Honneur au travail. Respecte tes parents. Ton frère est ton meilleur ami. Aime ton école. Le patriotisme…

La vie calme renaissait dans la tête de Simon avec toutes les couleurs des heures. Des joyaux de fleurs et de fruits, un trésor de feuilles brodées et craquantes, l'automne clair et ses tièdes délices, la pomme et l'aubergine, la tomate et le dahlia, les frêles neiges qui saupoudrent les collines, l'autan et le vent d'Espagne, les feux et les rêves de l'hiver, la terre éventrée, les blés mûrs…

Autour du camion montant vers les crêtes, la nuit rapprochait ses manteaux. Un autre camion grondait devant eux. Les dernières lumières glissaient vers les sommets. Le crépuscule évoquait la leçon de chant. La morale du matin, le chant du soir. La vie. Les voix des enfants, acides et joyeuses :

*Adieu l'hiver morose,*
*Vive la rose !*
*Voici venir Colas,*
*On va rire aux éclats,*
*Voici venir Colas,*
*Vive la rose et le lilas !*

Simon reconnut l'odeur des bois, des écorces chauffées par le soleil. Autrefois, son père possédait plusieurs lopins dans ces parages. Il y était venu souvent en sa compagnie. Des crêtes jusqu'à la vieille maison Sermet, plusieurs chemins couraient dans les landes et les bosquets.

Alors, dans la tête de Simon, les visages commencèrent à défiler. Lucienne et le fils, les parents, le fils, Lucienne… Ils se mêlaient et se séparaient. Un seul visage.

« Aïe ! dit Mage, mes amis, je crois que… »

Le camion s'arrêta. Les freins grincèrent. Les soldats sautèrent sur le sol. À chaque chute, la terre sonnait sourdement. Puis ils leur firent signe de descendre. Les quatre descendirent avec lenteur.

La colline se creusait en cet endroit, formant un demicercle de broussaille et de terre rougeâtre que dominaient des arbres obliques. Entre les deux camions, les soldats se rassemblaient.

Au pied des collines, la plaine se déroulait jusqu'à la Garonne, verte et fauve. Une aile de fraîcheur touchait les visages. C'était le salut des champs et du fleuve. Les grillons chantaient partout.

« Adieu, les amis, dit Mage.

– Adieu, les amis », répéta Simon.

Fabre regardait vers Fontvieille et les lèvres de Daupiac tremblaient comme pour une prière.

Dans le creux de broussailles, les quatre furent alignés.

Fabre se mit à chuchoter. On aurait dit qu'il ne voulait pas troubler la paix du crépuscule.

« Ho ! Simon ! Je te salue pour tous. Rassure-toi. En bas, ils ne t'oublieront jamais. »

Il y eut un ordre en allemand et les canons se levèrent.

# III

LES GENS DISAIENT : « Elle ne durera pas, elle va le rejoindre. Ce n'est plus une femme, c'est une ombre. » On la voyait s'avancer sur le chemin de son logis, pareille à un mince fantôme fatigué. Ses cheveux avaient blanchi en quelques semaines et, dans son visage, encore plus pâle qu'autrefois, les yeux seuls semblaient vivre. Mais les paupières s'abaissaient vite sur le feu lointain des prunelles comme pour en protéger la dernière chaleur.

Vêtue de noir, un fichu noir serré autour de la tête, la régente trottinait de sa maison des collines jusqu'au village, jusqu'à la maison des Fabre, des Mage ou des Camboulives… Elle entrait vite, embrassait les enfants, prenait des nouvelles, donnait des siennes, puis s'échappait soudain après un bref salut. On la croyait encore là, elle avait disparu, soulevant la toile de la porte, glissant à pas furtifs le long d'un mur ou d'une haie. Bonjour, bonsoir, et elle reprenait sa route dans le soleil doux, le vent d'automne, la brume ou la pluie. On l'invitait dans la plupart des maisons et elle refusait presque toujours. Si elle consentait à s'asseoir devant une table mise, elle mangeait du bout des dents, parlait à peine, partait en rêverie.

Elle n'avait jamais été très bavarde, il est vrai, vivant à côté de Simon, hochant la tête après lui quand il racontait ou expliquait, et se bornant le plus souvent à ces approbations tranquilles.

Les villageois n'osaient insister. Pourtant, de jour en jour, elle semblait fondre et se taire davantage, on pensait à une de ces feuilles dont les insectes ont dévoré la pulpe et dont il ne reste qu'une dentelle sans poids, un réseau transparent. Certains s'étonnaient. Eh quoi ! Elle n'était pas seule, elle avait son fils et il fallait bien croire qu'il lui reviendrait, que le malheur n'allait pas recommencer pour cette femme. Louis Révignac, le fils de Lucienne, combattait dans l'armée de Lattre avec quelques autres du village, Marcel Escaich, Charles Moulis, Emile Truffié. Louis venait d'être nommé lieutenant.

Il y avait une idylle, croyait-on, entre le fils de la régente et la petite Adèle Mage. Cela était né avant le départ du garçon pour l'Alsace, lors de son bref passage à Fontvieille. Depuis, il lui écrivait assez fréquemment et Lucienne s'en allait aux nouvelles. On savait qu'elle guettait le facteur. C'était donc qu'elle gardait son espérance et ne voulait pas s'abandonner. On le comprit un peu plus tard à propos de l'école.

Dès que le comité de Libération se fut installé, et il était présidé par Antoine Vidalenc, Lucienne commença la tournée des conseillers. On la faisait entrer, on la recevait comme toujours avec beaucoup d'égards.

« Non, non, ne vous dérangez pas, disait-elle. Je viens en passant… »

On échangeait quelques mots sur la guerre qui continuait, sur le temps ou la santé, puis la régente murmurait de sa voix timide :

« Il faudra penser à l'école… Nous avons besoin d'une école pour la rentrée. »

Alors, Camboulives ou Vidalenc ou tel autre approuvaient gravement. L'école, bien sûr… Il n'y avait plus d'école à Fontvieille et, en attendant une neuve, il fallait prévoir un local de remplacement.

Le comité se réunit et on parla de l'école, mais on ne voyait aucun local convenable. Camboulives proposa de mettre en train de toute manière le projet de reconstruction. Il y aurait sans doute bien des papiers à garnir et des délibérations à prendre. Autant commencer tout de suite.

Des jours passèrent et la régente revint, furtive et timide. Camboulives lui annonça qu'il avait téléphoné à la sous-préfecture et à Toulouse. Le projet était en route. Il y avait encore pas mal de désordre dans les bureaux mais la commune avait droit à des crédits et elle les obtiendrait. L'architecte était venu. Il travaillait déjà sur un plan.

« Bien, dit la régente doucement, mais pour la rentrée il nous faut une école. Il y a deux classes à Fontvieille. »

Camboulives se gratta la tête. Deux classes en effet. Il fallait penser à cette école…

« L'aurons-nous ? insista la régente.

– Je l'espère, dit Camboulives. J'irai trouver Vidalenc ce soir et je lui demanderai de réunir le conseil pour en parler sérieusement.

– Il y a autre chose, dit Lucienne. Il faut écrire à l'académie et lui demander un autre maître. »

Camboulives baissa les yeux. Un autre maître évidemment…

« Je ferai la lettre si vous voulez, et je la porterai à Vidalenc pour qu'il signe. »

Camboulives approuva de la tête. La régente le salua et prit la route de sa maison. C'était un matin de brouillard et de soleil pâle. Lucienne Sermet traversait la place de Fontvieille, entre les platanes et les ruines de l'ancienne école. Elle marchait dans le tapis des feuilles mortes et son pas léger n'éveillait guère plus de crissements que le vent qui agitait les dépouilles de l'été.

Un après-midi, vers la fin de septembre, Antoine Vidalenc monta jusqu'à la maison des collines. Il aperçut la barrière béante et la porte ouverte. Il traversa la cour déserte au gravier constellé de touffes d'herbe séchée. D'abord, le silence lui serra la gorge. Rien ne semblait vivre dans cette demeure. Pas un aboiement de chien. Ni poules ni pigeons. Rien que quelques cris d'oiseaux et des tremblements de ramées alentour.

Il faisait bon. Le soleil chauffait la vieille façade et la vigne tordue. Vidalenc n'osait appuyer sur ses semelles. Il s'arrêta un instant, regarda la vigne, toussota. Des grappes pendaient entre les feuilles rouges. Il se remit en marche lentement, parvint jusqu'à l'entrée de la cuisine et vit Lucienne accoudée à sa table, parmi des paperasses amoncelées.

Elle leva la tête vers lui, sourit et se redressa.

« Bonjour, Antoine.

– Bonjour, madame Sermet. La femme vous envoie ceci. »

Il posa sur le seuil un cabas chargé de pêches et de tomates.

« Vous êtes bien gentil, Antoine, mais c'est beaucoup trop.

– Bah ! qu'est-ce que c'est donc ? La peine de le porter et elle n'est pas grande. J'y peux suffire encore. »

Le paysan se tenait sur le seuil, bien planté sur ses espadrilles, pas très grand mais de forte carrure, la tête inclinée, montrant une épaisse toison de boucles grises. Ses yeux petits et vifs ne pouvaient s'empêcher d'aller de tous côtés.

Puis il entra et fit un pas vers la porte du jardin. L'herbe envahissait toutes les plates-bandes. Les carottes et les salades montaient en graines. Des aubergines et des tomates avaient pourri sur pied. Dans le fond, des graminées folles partaient à l'assaut du puits et du figuier. On devinait parmi les herbes les taches bistre des poires et des pommes perdues.

Lucienne ne touchait rien. Les outils du maître d'école devaient dormir et se rouiller dans l'appentis. Elle avait voulu laisser les choses dans l'état, telles que Simon les avait quittées. Elle croyait conserver ainsi sa dernière présence.

Vidalenc retint un soupir. Il comprenait cela mais il en avait froid au cœur. Comment ne pas sentir que Simon aurait été malheureux de ce jardin en friche ! Lui si fier de ses semis et de ses greffes, voilà qu'on lui laissait sa culture à l'abandon. Cent fois, Vidalenc l'avait entendu parler des ronces comme de l'ignorance : *Si vous reculez, mes amis, elles avanceront. M'avez-vous compris ?*

« Ah ! madame Sermet, dit Antoine, il faudra que je monte un de ces matins pour vous retourner cette terre. Elle le demande.

– Et pourquoi donc ? Rien ne presse. Vous n'allez pas vous charger de ça.

– Ce jardin n'est pas grand et la terre s'y remue sans peine.

– Nous verrons plus tard. Quand mon fils sera revenu, nous aviserons. Est-ce que j'ai besoin de ce jardin ?

– Non pas, non pas ! se récria Vidalenc. Pour ce qui est des légumes ou des fruits, tout le monde vous en fournira au village. Il vous suffit de venir chez moi. Seulement, un jardin, c'est un jardin, on ne peut pas…

– Je sais bien que j'ai tort, chuchota Lucienne, mais tout cela est encore trop près de moi. Je n'ose rien toucher. Je ne veux pas. »

Alors, à voix basse, elle lui raconta qu'elle ne pouvait oublier ce matin de l'été où elle avait guetté la présence de Simon. Aujourd'hui, elle en rêvait encore. Elle croyait entendre le claquement du sécateur près des rosiers, les pas du maître d'école autour du puits. Et il lui arrivait de se dire : Simon est là, il n'est pas parti, il va pousser la porte et apparaître…

« Je sais bien que je suis folle de parler ainsi.

– Je vous comprends, madame Sermet. Seulement, il faut vivre et vous avez un fils. Moi…

Lucienne eut un geste d'excuse.

– Moi, poursuivit le paysan, c'est le fils qu'ils m'ont pris. On ne peut pas faire des comparaisons mais tout de même… »

Son regard parcourut la table et les papiers épars. Des papiers de mairie et des cahiers d'écoliers, des feuilles jaunies aux écritures enfantines surchargées de grands paraphes rouges. *Bien, très bien, passable…* La main de Simon Sermet.

C'étaient donc ces vieilles pages que la régente reprenait dans ses longues heures de solitude pour retrouver les traces du compagnon, pour entendre à nouveau sa voix. Parmi ces écritures d'écoliers, il y avait certainement celle de Jacques. Jacques, fils d'Antoine…

Jacques, fils d'Antoine, pensa Lucienne. Le fils ressemblait tellement au père que Simon, lors de son retour à Fontvieille, ne pouvait en croire ses yeux. Il retrouvait dans l'écolier son ancien compagnon de classe et de jeux, un petit campagnard trapu et rougeaud, aux yeux brillants comme des perles. Le même ton de voix, les mêmes gestes mesurés. À la façon d'Antoine autrefois, Jacques arrivait en classe, les bras chargés de racines et de branches curieusement formées, de fleurs premières, de cétoines et de lucanes dans des boîtes.

« Quand le père s'en va, dit Vidalenc, il peut penser que son fils le continuera. C'est comme s'il existait toujours. Moi, je n'ai eu que celui-là. La terre et la maison, je les donnerai à des cousins que je ne vois jamais. »

Lucienne prit la main d'Antoine, la caressa comme celle d'un gamin qu'on veut consoler. En parlant des fils qui continuent les pères, le brave homme oubliait qu'il évoquait une tristesse toujours demeurée au cœur de Simon Sermet. Louis n'était pas son fils véritable. Le maître d'école n'avait jamais eu d'enfant de sa chair. Une fois, il avoua ce regret à Camboulives et ce dernier trouva les mots justes pour lui répondre. Allons donc, est-ce que le maître d'école n'avait pas des dizaines et des dizaines d'enfants qui le continuaient ?

« Chacun porte sa peine, dit la régente. Et moi, je connais cela, pour la deuxième fois. J'ai perdu mon premier mari en 17.

– Je le sais, je le sais bien, madame Sermet. Ah ! malheur de sort, qu'est-ce que nous avons fait pour souffrir de cette façon ? Je vous le demande. Nous avons travaillé tranquillement toute notre vie, sans jamais chercher noise à personne. Et voilà !... Ces Allemands, est-ce que je les ai appelés, est-ce que je leur ai fait du mal ?

– Les Allemands ne portent pas toute la faute. Simon disait : quand on prend l'habit de soldat, la mort est toujours dans la doublure.

– Vous le croyez ! Moi, je voudrais les voir exterminés jusqu'au dernier.

– Ne parlez pas ainsi. C'est la guerre qu'il faut accuser. »

Le paysan haussa les épaules.

« La guerre… »

Il voulait dire : la guerre, ça n'a pas de figure, mais ceux qui ont tué mon fils, je les ai vus.

Comme il pensait à cela, le bruit revint à ses oreilles, un bruit d'étoffe déchirée, un bruit terrible qui descendait des collines et couvrait brusquement, dans cette nuit passée, le murmure des grillons et de la brise dans les feuilles.

Il n'en avait jamais rien dit à personne. Parfois, dans sa maison, à la mairie, sur la place, pendant que les gens causaient autour de lui, le bruit sonnait tout à coup à ses oreilles. Il devait fermer les yeux. Le bruit brisait son tympan.

Le jour où les S.S. encerclèrent le village, il avait rôdé dans la campagne. Une femme rencontrée le matin lui avait dit que le régent et d'autres se trouvaient retenus comme otages. Comme il essayait de s'approcher de Fontvieille, une sentinelle tira sur lui. Il se mit à tourner dans les vignes et les maïs. Un long désir de vengeance faisait trembler ses mains. Il bredouillait des mots de haine. Il pensait au régent et à ce soir précédent où Simon était venu lui annoncer la mort du fils. J'en tuerai un de ma main pour me payer, grondait-il.

Mais Simon était prisonnier à la mairie et si Vidalenc abattait une sentinelle écartée – il savait qu'il pourrait le faire –, les autres fusilleraient le régent et les otages.

Sur la fin de l'après-midi, il s'approcha de la maison Sermet. Rien ne bougeait. La cuisine était vide et la cendre froide dans l'âtre. Puis, Vidalenc entendit des ronflements de moteurs au creux des collines. Il traversa le jardin et se mit à monter vers les crêtes. L'ombre montait avec lui.

Soudain, effaçant le chant des grillons, les tremblements des feuilles et les cris des oiseaux, le bruit descendit vers Antoine. Un seul déchirement et, plus tard, des coups isolés qu'il n'arriva pas à compter.

La nuit gagnait et le bruit recommençait aux oreilles de l'homme. Non, il ne recommençait pas. C'était une illusion de sa mémoire. Alors, il marmotta : « Ils les ont tués. Ils viennent de nous les tuer... » Il lui semblait que son fils se trouvait là-haut, que l'ennemi venait de tirer sur son enfant une seconde fois. Il se jeta dans des ronciers pour couper au plus court. L'illusion du bruit se répétait sans cesse.

La lune apparut. Des moteurs ronflèrent à nouveau, fuyant vers la route de Toulouse. Vidalenc atteignit le chemin des crêtes. Par la suite, il raconta qu'il avait tourné longtemps près de l'endroit sans apercevoir les corps. Quand il découvrit les cadavres des fusillés, les visages blancs dans la neige de la lune, il crut voir quatre fois le visage de son fils. Malheur !

Il courut vers le village pour avertir, les cheveux en désordre, la chemise débraillée, une bave séchée aux coins de la bouche, dans les poils argentés de sa barbe, les pantalons couverts de poussière. Sur ses vêtements, des épines, des tiges et des capitules de bardane mettaient des soutaches sauvages. Son regard flamboyait mais il ne vous regardait pas. Il regardait toujours le creux de la colline et les visages des hommes morts. Il dit que les quatre se trouvaient là-haut et qu'il fallait aller les chercher. Alors, ceux de Fontvieille grimpèrent vers les collines et redescendirent avec les corps. Quelles paroles pourraient raconter cette procession ?

Vidalenc se taisait et la régente respectait son silence. Ils étaient debout à l'entrée du jardin. Derrière le fouillis des herbes montant vers le puits et le figuier, la barrière avait disparu. Au pied des collines, la tendre lumière d'automne caressait des parcelles de vignes et de maïs. Une charrette descendait des bois, chargée de feuilles pour la litière. Une voix aiguë d'enfant ou de jeune fille parvint de très loin, criant après une vache indocile. Et plus loin, sur la gauche, d'autres cris s'élevaient.

« Les Escaich ont commencé la vendange, dit Lucienne. Ils ont une vigne par là.

– Je la connais. Elle est petite mais elle donne toujours la première.

– Et vous, Antoine, quand commencez-vous ?

– Pas encore. Le raisin n'est pas joli. J'ai manqué de sulfate. Mais ce dernier soleil fera du bien. L'an dernier… »

Il n'acheva pas sa phrase. Parler de l'an dernier, c'était ramener le visage du fils.

Lucienne se retourna vers la pièce, chercha une chaise.

« Vous pourriez tout de même vous asseoir, Antoine. Avez-vous soif ? Excusez-moi. Je ne vous ai rien proposé…

– Non, je ne m'assieds pas, je m'en retourne. J'ai des tonneaux à nettoyer.

– Voulez-vous un verre de vin ?

– Allons, une goutte, pour ne pas vous faire affront, puis je m'en retourne. »

Il poursuivit comme s'il pensait tout haut, pour lui-même.

« Du travail, j'en ai mais je n'ai plus de goût à le faire. Nous sommes deux. De quoi avons-nous besoin ? D'un jardin et d'un poulailler ! Dans le temps, j'avais bâti des projets. Camboulives me poussait à acheter un tracteur… Maintenant, je crois que je vais vendre… »

Lucienne lui tendit un verre plein.

« Merci bien. Hé ! vous ne buvez pas ? À votre santé ! Je dis : à votre santé… Qu'est-ce que je peux dire d'autre ? Que Louis revienne au plus tôt. »

Il secoua la tête, regarda le vin rouge dans sa grosse main rugueuse puis l'avala d'un trait, assez goulûment. Il s'en alla poser le verre vide sur l'évier.

« Il faut travailler, dit Lucienne. Quand on travaille, on oublie un peu…

– Vous croyez ? Ils m'ont proposé de venir à la mairie et la femme m'a poussé à accepter, pour me changer les idées. Cela m'oblige à assister aux réunions, à courir chez les uns ou les autres. Camboulives serait un meilleur maire. Enfin bref, j'ai accepté mais cela n'empêche rien. Je pense toujours à ce petit et quand je reviens à la maison, que je sois à la charrue ou à l'étable, je le vois à côté de moi… C'est comme vous…

– Voulez-vous boire encore ?

– Non, non, je vous remercie, je m'en vais. Où est mon panier ?

– Ces tomates sont bien belles, remarqua Lucienne qui commença à vider le cabas, disposant les fruits l'un après l'autre sur un buffet. C'est beaucoup pour moi. »

Elle parlait d'une voix machinale, puis elle releva la tête.

« Au fait, Antoine, et l'école ? Avez-vous trouvé un local ? »

Vidalenc se frappa le front.

« Vous voyez, je n'ai plus ma tête. J'allais oublier de vous avertir. Je suis un mauvais maire, je vous le dis. »

Et il lui expliqua qu'une maison située non loin de la mairie allait se trouver vide. Un couple âgé l'habitait qui allait s'installer à Toulouse chez des enfants. On pourrait mettre une classe en bas et une autre à l'étage, en abattant quelques cloisons. Ces gens ne voulaient pas vendre mais on les déciderait bien à louer. On s'en tirerait sans trop de frais.

« Il faudra des bancs et des tables, dit la régente.

– Nous en trouverons ici et là.

– Et vous pensez que nous pourrons faire la rentrée au jour dit ?

– Au jour dit, je ne sais pas...

– Il le faut, c'est nécessaire », affirma Lucienne.

Sa voix brusquement venait de prendre une étrange force. Son visage s'était animé.

« Bien, bien, nous essaierons, madame Sermet, répondit Vidalenc d'une voix docile.

– Si mon mari pouvait me parler, je sais bien ce qu'il dirait, Antoine, je le sais bien : il faut que cette école continue ! »

Le paysan eut un petit rire au fond de sa gorge. Il leva sa main droite, la laissa retomber mollement contre son pantalon.

« C'est drôle, madame Sermet... »

Il fit un pas vers le jardin, regarda le puits et le figuier.

« C'est drôle... Chacun se cherche une raison de vivre. Moi, je voudrais voir ces Allemands réduits en poussière. Vous, vous ne pensez qu'à votre école...

– Hé ! ce n'est pas seulement la mienne. »

Vidalenc poursuivait sans entendre.

« Quelquefois, au travail ou dans mon lit, je me prends le bras, je me demande : c'est toi, Antoine ? Es-tu là ? Es-tu vivant ? Ou bien as-tu rêvé ? Et que fais-tu donc dans cette vie ? À quoi es-tu bon ? À quoi serviras-tu ? Est-ce que vous-même parfois, vous ne vous posez pas des questions pareilles ? Je sais bien... Vous, vous avez un fils, vous l'attendez ! Et il reviendra. Et vous le marierez avec la petite

Mage... Elle est jolie et gentille, elle lui fera une bonne ménagère... »

Il parlait maintenant d'une voix étouffée, plaintive et qui semblait venir du fin fond de sa mémoire et de sa pensée.

« Puis, quand je m'approche de la radio pour écouter les nouvelles et quand j'apprends que les avions anglais ou américains ont bombardé Hambourg ou Brême ou Berlin, je ne sais pas, qu'ils ont mis ces villes à feu et à sang, alors, là, je me réjouis, je suis heureux. Toutes ces bombes qui les écrasent me font du bien. Elles ne me rendent pas le fils mais elles me vengent. Qu'ils crèvent tous ! Qu'il ne reste même plus la poussière de leurs os ! »

Lucienne secoua la tête.

« Ce n'est pas humain, Antoine.

– Humain ? Qu'est-ce que ça veut dire humain ? Depuis qu'il y a des hommes sur la terre, ils ne cessent de s'égorger.

– Simon disait : le mal appelle le mal. Ce n'est pas avec des bombes que l'on peut faire vivre. Les bombes tuent. Les bombes tuent pour longtemps. »

# IV

APRÈS L'ALLÉGRESSE de la Libération, la guerre s'était poursuivie. Les restrictions duraient encore et on n'en voyait pas la fin. Il fallait des tickets pour les denrées principales, pour l'essence, les vêtements et les chaussures. Le pain demeurait noir, la viande et le tabac manquaient. Les paysans, leur ration terminée, fumaient des feuilles de noyer ou de tilleul, ou d'armoise, ou bien du tabac semé en cachette et hâtivement séché. On portait des souliers à semelle de bois, des sandales en fibre d'ortie qui ne résistaient pas à une journée de fenaison.

Sans doute, durant les années de l'Occupation, on avait mieux mangé à Fontvieille que dans les villes. Les cultivateurs dérobaient du blé aux réquisitions et le broyaient pour cuire des bouillies et des crêpes. De temps à autre, on abattait un veau pour le partager entre quelques familles. Mais le sucre, le lait même étaient rares. Seuls les enfants et les jeunes obtenaient de maigres rations de chocolat. On sucrait le café d'orge avec des pastilles de saccharine. Et ce que l'on avait en surplus, une volaille, un lapin, un porc menu, caché aux inspecteurs du Ravitaillement, on l'échangeait avec des gens venus du canton ou de la ville, contre de mauvais brodequins, des bleus de travail, des sandales faites avec des morceaux de pneus. Les outils ne valaient pas grand-chose. Le fer des bêches se tordait au premier choc. On ne trouvait ni fil électrique, ni clous, ni peinture, ni ciment. Pour obtenir des fers de chevaux, un soc, une scie ou une lime, il fallait des bons. Sans parler des produits nécessaires à l'agriculture, les engrais, le sulfate de cuivre...

On racontait pourtant que, dans certains endroits du bas Languedoc, les gens vivaient plus misérablement encore. Ceux-là n'avaient que du vin, et quand ils ne pouvaient pas troquer, c'était la famine noire. Ils mangeaient des soupes d'herbes.

Chaque mois, à la mairie, les villageois s'en venaient chercher leurs feuilles de tickets. Il y avait une initiale réservée à chaque catégorie de consommateur : A pour les adultes, J1, J2 et J3 pour les jeunes, E pour les enfants, V pour les vieillards, d'autres encore pour les travailleurs de force ou les malades. Les femmes serraient dans leur sac les précieux tickets multicolores que les commerçants collaient ensuite sur de grandes feuilles pour se réapprovisionner.

Ce temps continuait. La guerre continuait. Lorsque les grandes villes avaient commencé à se libérer à la fin du mois d'août 44, on ne se doutait pas que, durant des années encore, les restrictions allaient se poursuivre. La Libération pouvait-elle redonner du blé et de la viande à ce pays saigné à blanc ?

Et les Allemands se battaient toujours. Ils résistaient dans ce qu'on appelait la Poche de l'Atlantique, à La Rochelle, à Saint-Nazaire, Lorient et aussi à Dunkerque. Chassés de l'Alsace, voilà qu'ils menaçaient de nouveau Strasbourg. On crut durant l'hiver qu'ils allaient l'emporter encore. Von Rundstedt reprit l'offensive dans les Ardennes et inquiéta les armées alliées. Alors, dirent les gens, si les Russes craquent de l'autre côté, nous allons revoir les nazis en occupation !

Les villageois se penchaient avec anxiété vers leur radio, se précipitaient sur les journaux, qui étaient à l'époque de simples feuilles, le quart du format habituel, plus petits encore que durant l'Occupation car ils étaient plus nombreux et ils avaient fleuri à la Libération. À Toulouse, on en imprimait six chaque jour, pour chaque nuance de l'opinion.

Vers le printemps, les nouvelles furent meilleures. L'Armée rouge avançait à l'est, de plus en plus vite et fort. Ces coups de boutoir, assommant la bête nazie, soulageaient de plus en plus le front de l'ouest. Les avions alliés écrasaient les villes allemandes sous un déluge de bombes. Puis, on attendit la jonction des Russes et des Américains, des Russes et des Anglais. L'armée française avançait vers l'Autriche. Berlin était menacé.

Et bientôt, malgré le pain noir et les restrictions, on comprit que la guerre pouvait finir d'un mois à l'autre, d'une semaine à l'autre. Pétain avait été fait prisonnier. On l'avait ramené à Paris. Le traître Laval, disait-on, se cachait en Espagne. Et Hitler, où était-il ? On ne savait pas. Hitler passait pour mort. On n'en était pas sûr. Il se cachait peut-être, prêt à reprendre la tête de ses hordes, à un moment plus favorable…

On vota le dimanche 29 avril pour les municipalités et Vidalenc fut élu maire de Fontvieille, en tête d'une liste de la République et de la Résistance où l'on trouvait le communiste Camboulives, le socialiste Escaich, d'autres de leur opinion, plus quelques radicaux et des chrétiens. Certains s'affirmaient comme des hommes de parti mais la plupart ne voulaient voir plus loin que les intérêts de la commune.

La République et la paix, voilà qui les mettait d'accord. Cela obtenu, il conviendrait de s'occuper des affaires de Fontvieille, des chemins et de l'eau, de la lumière dans les écarts, de l'école, du lavoir et du cimetière…

Vidalenc refusa d'abord. Avait-il l'étoffe d'un maire ? Selon lui, Camboulives méritait mieux la place. Camboulives insista. Lui-même menait déjà beaucoup trop de tâches : il militait au Front national qu'il avait aidé à fonder dans la région, au temps des Allemands. C'était un vaste mouvement de résistance groupant toute sorte de gens. Puis les familles des victimes, les combattants… Camboulives ne restait jamais en place. Sa femme avait beau essayer de le retenir. Pour un oui ou un non, il sautait sur sa vieille moto et filait au canton ou à Toulouse.

En fait, il ne portait pas son âge. Il avait des cheveux blancs mais il restait maigre et vif comme un jeune, et toujours ardent à la riposte. Comprenant mal la plaisanterie souvent, et s'emportant au premier prétexte pour se calmer aussitôt comme le lait qu'on retire des braises. Ses querelles avec Fabre, autrefois, demeuraient proverbiales.

Il approchait de la soixantaine et il avait déjà bien roulé sa bosse. D'abord, la guerre de 14 puis, en 36, l'Espagne où il s'en était allé réparer les moteurs des républicains, puis la Résistance…

Il continuait de courir les chemins sur une vieille moto rafistolée, ayant toujours montré plus de goût pour la mécanique que pour le travail de la terre. Au début de la guerre, il s'était installé dans l'atelier de l'ancien charron pour réparer les vélos et les moteurs.

« Voilà bien un travail d'avenir ! avait remarqué sa femme aigrement.

– D'avenir ! Justement, d'avenir ! avait rétorqué Camboulives sur le même ton. Tu ne crois pas si bien dire, ma belle ! L'avenir est à la mécanique.

– On rationne l'essence, on ne trouve plus de pneus, les gens mettent leurs autos sur cales, et toi tu t'installes mécanicien ! Mécanicien dans un Fontvieille, voilà qui nous donnera du pain !

– Ai-je dit que j'abandonnais la terre ? Et d'abord, ce métier me sera un bon prétexte pour circuler.

– Pour circuler ! C'est l'époque vraiment !

– Oui, c'est l'époque. »

Et Camboulives, ayant réponse à tout, avait réalisé son vieux rêve. À la vérité, on ne le voyait jamais longtemps dans son atelier.

Les villages dormaient au fil de la route. L'haleine tendre de la plaine et de la Garonne s'avançait lentement vers les collines obscures, pareille aux vagues tranquilles d'une mer invisible.

Dans la nuit, Germain Camboulives revenait vers Fontvieille. Sec et noir, courbé sur le guidon de sa moto, il roulait entre les platanes, sur la route de Toulouse à Montauban, déserte à cette heure-là. Il rentrait de Toulouse où il s'était retardé à la préfecture et à la fédération communiste. Il rapportait des affiches, des tracts, des idées qui dansaient dans sa tête confusément. Il était fatigué et il se trouvait bien, pourtant, dans cette fraîcheur ténébreuse.

Autour de lui bruissait la nuit de mai, une nuit de feuilles et d'ombres claires, parfumée d'iris et de premier foin.

Les pluies avaient trempé les terres, les jours précédents. Le soleil revenu, sous une brusque poussée des sèves, les branches s'étaient allongées, les feuilles déplissées complètement. Des nuées s'effilochaient dans le ciel mais on sentait à la tiédeur de l'air, à la plus grande force des odeurs végétales que les beaux jours allaient durer, que la plaine allait se couvrir de la chaleur heureuse qui précède l'été.

La lune argentait les blés neufs, les sillons profonds où se levaient les haricots et les maïs mêlés, les vignes multipliant leurs vrilles.

Quand il tourna sur sa droite et prit le chemin de Fontvieille, Camboulives s'engagea sous un plafond tremblant de verdure. Et le village s'annonça par un vaste arôme de jardins : iris, giroflées épanouies, roses et seringas, chèvrefeuilles touffus… On devinait les masses feuillues des lilas pesant doucement sur l'épaule des vieux murs.

Avant le pont de l'Essonnelle, l'homme mit pied à terre et alluma une cigarette. Sa femme ne s'inquiéterait pas. Elle savait qu'il rentrerait tard. Quelle heure ? Il consulta sa vieille montre-oignon. Bientôt 11 heures. Il se dit : « Je passerai en vitesse chez Vidalenc, puis j'irai voir la régente. Ils ne doivent pas savoir… » La régente ne dormait pas. Elle ne se couchait jamais avant 11 heures et demie, minuit. Elle préparait sa classe, s'occupait des papiers de mairie, lisait… Elle avait accepté de prendre le secrétariat. D'abord, on l'avait laissée en paix. Vidalenc et Camboulives s'en étaient chargés. Mais Camboulives rôdait toujours par monts et par vaux, et Vidalenc n'aimait pas écrire. Finalement, ils avaient demandé à l'institutrice de reprendre cette tâche. Le jeune homme qui l'aidait à l'école restait peu à Fontvieille. Il habitait Toulouse. À la première occasion, il s'en allait retrouver les siens.

Camboulives appuya sa moto contre un orme et se mit à fumer tranquillement. Il s'avança vers le parapet, se pencha, écouta le bruissement de l'eau et le bavardage prudent des grenouilles.

Au-delà, accroupi au pied des collines, le village reposait dans la nuit. Avec l'ombre, le décor prenait des dimensions plus vastes. La voûte du chemin s'élevait, s'allongeait. Camboulives se sentait minuscule dans cette grande nuit de printemps. Il pensa à son fils, à sa femme endormis, aux amis dispersés dans la campagne, à ceux du canton et du chef-lieu. Il sourit. Tout cela était bien. La vie reprenait un sens. La nuit devenait la nuit du repos. Les plantes respiraient à l'aise. Par la pensée, il continua sa route, s'avança vers la place, longea les façades blanches et roses aux volets de bois plein, pénétra dans les ruelles qui sentent le foin, le grain sec et le sarment brûlé, salua la maison Mage où la jeune Adèle avait fermé ses yeux noirs, courut jusqu'à la borde des Vidalenc, traversa les vignes, monta vers la borde ancienne des Sermet.

Dans les jardins naissaient les plants de tomates ; les fèves et les pois allongeaient leurs gousses. Les blés verts frémissaient aux souffles de l'ombre. Ceux-là donneraient du pain blanc pour les laboureurs et les semeurs. Et les pêches minuscules et les abricots veloutés qui pointillaient les jeunes feuilles des vergers, ceux-là mûriraient dans la paix.

C'était le mai des eaux et des fleurs, le mai où les fruits s'annoncent. Sous les cerisiers aux fleurs tombées, il rôde déjà une saveur de bigarreau et de guigne, venue des réceptacles séchés où se gonfle un ovaire lourd.

Camboulives jeta son mégot et alluma une nouvelle cigarette. Il n'avait pas sommeil. Il n'éprouvait aucune fatigue. Depuis des années, il ne se souvenait pas d'avoir goûté un instant comme celui-là. Il décida de passer d'abord chez la régente. Il savait qu'elle en serait heureuse.

Deux jours auparavant, elle lui avait fait lire une lettre du fils. Louis annonçait qu'il se portait à merveille et qu'il avançait avec la I^re^ armée, en Autriche, dans le Voralberg, en direction de Feldkirch. Lucienne avait ouvert un vieil atlas et montré Feldkirch à Camboulives, une ville à la pointe de l'Autriche dans les montagnes.

« De la maison Sermet, pensa Camboulives, je redescendrai au village et je m'en irai chez Vidalenc. » Il se remit à rire silencieusement. Eh ! pourquoi riait-il ? Il imaginait Vidalenc, débraillé et joyeux – joyeux malgré sa peine –, attablé devant une bouteille et des verres pleins.

« À toi, Germain ! Cette heure-là, je l'attendais. À toi, mille diables ! Ah ! *macarel* de sort, je suis content ! »

Il frapperait sur la table et sa femme, assise près du foyer, baisserait la tête et s'efforcerait de sourire.

Le village dormait parmi les fleurs de mai, dans l'ancienne et jeune douceur du printemps recommencé. La moto ferraillante et bringuebalante de Camboulives traversait le sommeil des maisons.

Brusquement, l'homme vira de bord. Il tournait le dos à Fontvieille. La moto retrouva la grand-route et fila sur le goudron. Plus loin, Camboulives tourna sur la gauche et prit le chemin des crêtes. Le moteur s'essouffla un peu dans la grimpée. Les bois apparurent. Dans la nuit claire, les silhouettes des chênes et des acacias semblaient descendre vers l'homme solitaire. Après les vignes, la plaine surgit en contrebas. Des traînées de brouillard flottaient sur les parcelles.

« Salut, Simon ! chuchota Camboulives. Salut, les copains ! »

Il s'arrêta au milieu du chemin. Derrière son dos, la plaine glissait vers la ligne sombre des ramiers de Garonne.

Le paysan se pencha au-dessus de sa moto, vers les quatre tombes alignées au creux de la falaise. Une bordure de pierre les entourait, surmontée d'une plaque inaugurée peu après la Libération. Plus tard, on cimenterait tout cela.

Camboulives ne parlait pas à voix haute. Il parlait dans sa tête et, parfois, ses lèvres bredouillaient vaguement. Il s'adressait à Simon, à Mage et à Fabre. Le quatrième, le maire de Vichy, celui-là, on ne l'avait pas séparé des trois. Certains l'avaient demandé, mais quoi ! cet homme avait payé et qui saurait ses dernières pensées quand il était tombé près des autres ? Sa famille avait quitté le village.

« Ho ! Simon ! Je suis venu vous saluer. La guerre est finie. Vous m'entendez, les copains. C'est la paix. Les sirènes vont sonner partout. Et les cloches. Non pas pour les avions, pour la paix ! L'Allemagne a capitulé. Ho ! Fabre, tu m'entends ! Fabre, tu m'entends ? *Macarel* de sort ! Hitler est mort sous les bombes comme un rat quand la maison s'écroule. Fini ! Ces Allemands ont capitulé sans conditions. Les Alliés se sont rencontrés. Les Soviétiques ont pris Berlin. Mage, mon ami, ils ont planté le drapeau rouge sur Berlin. Je suis venu vous l'annoncer, les amis… En bas, ils ne savent pas encore. Ils attendent la nouvelle. Ils dorment sans savoir. Je suis venu vous la dire… Oh ! les amis, je suis venu vous la dire… »

Les quatre tombes s'alignaient dans la nuit claire, quatre morceaux de cette vieille terre couverte des fleurs de mai. Des iris dressaient leurs langues bleues dans la vapeur de lune. Les giroflées et les œillets répandaient leurs miels. Et ce miel, peu à peu, devenait chaud, brûlant. Il rougissait les pommettes de Camboulives. Ce vent de fleurs devenait torride comme la terre sous l'or tremblant des moissons.

Camboulives appuya sa moto contre un arbre. Il s'assit sur un bord de talus à côté des camarades et contempla le pays endormi.

# V

L'Allemagne capitula en 1945, le 8 mai. Dans tout le pays, en l'honneur de la victoire, il y eut des chants et des danses. Et même à Fontvieille, un bal se tint sur la place, autour de la fontaine et devant les palissades qui masquaient les ruines de l'école.

D'abord, à propos de ce bal, certains avaient hésité ou protesté. Camboulives s'en trouvait soucieux. Fallait-il autoriser une fête dans un village qui avait souffert plus que sa part ? Or, Antoine Vidalenc, le premier, se déclara partisan du bal.

« Ah ! bon sang, je veux que la jeunesse danse par un tel jour ! s'écria-t-il en frappant sur la table du conseil. Les jeunes ont envie de danser. Qu'ils dansent ! S'ils ne le peuvent ici, ils iront ailleurs. Ce n'est pas la régente qui protestera, ni la veuve de Fabre ni celle de Mage. Nous autres, nous restons avec notre deuil. Et s'il y a de l'accordéon sur la place, nous n'en aurons ni plus ni moins de peine. Est-ce que je suis triste aujourd'hui ? Non, *macarel* de sort ! je suis heureux. Si je vous le dis que je suis heureux ! »

Et il raconta aux conseillers la séance de capitulation dont il avait écouté une description à la radio. Ceux qui l'avaient entendue comme lui le laissaient parler. On sentait que cela lui faisait du bien. Et il écorchait à peine les noms étrangers.

« Voilà mon Joukov assis à une grande table, au beau milieu, dans une salle de Berlin. Quelque chose comme l'Académie militaire. Ils avaient bien choisi l'endroit. La salle était encore propre et en état. Aux alentours, c'était la ruine, des amas de briques cassées et de poutres brûlées. Donc, voilà mon Joukov installé. À côté de lui, un maréchal Tedder qui représentait Eisenhower, puis Vichinsky, puis un Anglais, un nommé Durrough, puis le général Spaatz et, pour la France, de Lattre… En pleine nuit, c'était. À minuit et huit minutes exactement, on fait entrer les Boches dans cette salle. Ils attendaient dehors qu'on les appelle. Il y avait le maréchal Keitel, l'amiral Friedeburg et le général Stumpf. Tous propres et chamarrés. Ceux-là n'avaient pas bien souffert jusque-là. Ils s'approchent et Joukov leur parle. Sans se presser, impassible, il leur dit : "Nous allons signer la reddition de l'armée allemande. Avez-vous l'acte en question ? L'avez-vous lu et comprenez-vous bien ce qu'il veut dire ?" Alors, Keitel remue la tête et répond : "Oui." Et il tend à Joukov un papier que lui avait donné l'amiral Dönitz, autorisant ces trois à signer pour l'Allemagne. C'est alors que Joukov leur a présenté la capitulation et ils l'ont signée. Après ça, le Russe les a regardés et il leur a dit froidement : "La délégation allemande est priée de se retirer." Voilà bien ce qu'il leur a dit, sans plus. Et eux sont sortis sans un mot en bouche tandis que Tedder offrait à Joukov un drapeau de soie blanche avec l'emblème des Alliés. C'est comme cela que les choses se sont faites. Et moi, je peux bien vous dire que c'est un grand jour quand ces crapules sont obligées de courber la tête. Ils n'en pensent peut-être pas moins mais cela fait plaisir de les voir domptés. Ah ! mille dieux ! ils ont eu des ruines mais ils ne les ont pas volées pour une fois et ils ne sont pas près de s'en relever. On récolte toujours comme on sème… »

Ainsi avait parlé Vidalenc ou à peu près, et on avait décidé le bal. À Fontvieille comme dans tous les villages d'alentour, les cloches avaient sonné pour la défaite de l'Allemagne. On avait ri et chanté aux terrasses des cafés et la jeunesse avait tourné la valse et la java sous le feuillage clair des platanes. Plus tard, on raconta qu'à Toulouse, dès le matin, les gens avaient attendu les sirènes. Et, cette fois, ils ne les attendaient pas comme des clameurs d'alarme et de mort. Les longs cris effrayants des sirènes ne feraient plus sursauter. À leur appel, on n'irait pas s'enfermer dans les caves ou s'entasser dans les tranchées creusées par toute la ville. Quand elles retentiraient, cette fois, cela voudrait dire : fini, c'est fini ! La guerre est morte ! À partir de cette seconde, vous entrez dans la paix, vous retrouvez la vie, vous pouvez être heureux… Les enfants ne vont plus mourir…

Et les gens, comme si l'air tout à coup allait changer de couleur et de goût, comme si brusquement allaient s'effacer les misères, les gens levaient la tête vers le ciel de mai. Ils s'entre-regardaient, ils guettaient le cri libérateur. Et quand ce cri s'éleva interminable et monotone, beaucoup se mirent à rire tout haut, à sauter, à danser sur place comme des fous. Des passants, qui ne se connaissaient pas, s'abordaient et se saluaient en l'honneur de la paix. Les gens s'embrassaient, les mères pleuraient de joie. Des farandoles de jeunes et de moins jeunes se formèrent dans les rues. Tard dans la nuit, les gens chantèrent et dansèrent… Le jour de la capitulation, le jour de la victoire…

Gaston Escaich, qui tenait café depuis quelques années sur la place, aligna des tables et des bancs. Il était conseiller et son fils se trouvait en Allemagne avec Louis Révignac. Comme Lucienne Sermet, Escaich avait reçu de bonnes nouvelles. L'acte signé, il ne redoutait plus rien pour son garçon.

Un vieux drapeau fané flottait sur la maison commune. Camboulives l'avait installé lui-même. Il faisait très beau et très chaud, ce jour-là. Depuis bien longtemps, on n'avait connu cela à Fontvieille. Les très jeunes, nés avant et pendant la guerre, le voyaient pour la première fois. Les autres retrouvaient la lumière ancienne des fêtes locales, un voile brillant de poussière tremblant sur le vert des arbres et le blanc des maisons, une odeur de sucre et de beignet, la ronde gourmande des guêpes autour des cannettes de bière et des gros verres cannelés, le crissement des cacahuètes, puis, sur l'argile sèche de la place, le sourd piétinement des danseurs, les rires et les éclats de voix mêlés aux claquements des bouteilles débouchées. Quand on s'éloignait de la place, au fil des ruelles muettes où l'ombre déjà épaisse tranchait sur les coulées de soleil, alors on se sentait baigner dans la paix d'un dimanche heureux, un dimanche des temps anciens. Des vieilles en coiffe de paille noire chuchotaient sur les seuils, entre des pieds de fuchsias et de géraniums, recueillant des bouffées d'accordéon ou de saxophone. Une fille en corsage clair s'échappait d'un porche de brique. Des arômes de friture et de crème s'ajoutaient à ceux du foin sec, du lait et du vin…

Le matin, on était monté fleurir les tombes des collines. Les familles des morts et tout le conseil assistaient à la cérémonie. Seuls quelques très vieux demeurèrent dans les maisons d'en bas. Puis les parents des fusillés s'effacèrent. Lucienne Sermet regagna sa borde écartée. La veuve Mage et sa fille l'accompagnèrent. La veuve de Fabre se retira avec son fils.

Durant l'après-midi, Antoine Vidalenc apparut sur la place. Il était maire et ne voulait pas s'isoler. Il s'en fut d'abord chez Camboulives se faire offrir un verre de vin, puis tous deux se dirigèrent vers la terrasse d'Escaich pour boire de la bière parmi les groupes. Ils causaient avec les uns et les autres, et Vidalenc reprenait son refrain : c'était un beau jour, les Boches avaient capitulé !

« Eh ! remarquait Camboulives, n'oublions pas que pour certains, la guerre continue. Les Japonais ne se sont pas rendus.

– Oh ! les Japonais, rétorquait Vidalenc, ils se rendront, les Japonais. Ils ne peuvent plus tenir bien longtemps. La guerre s'est terminée à Berlin. »

Les paysans hochaient la tête. Les Japonais étaient loin et on ne voyait pas bien quelle guerre continuait là-bas. On savait cependant que les bombardiers alliés pilonnaient sans répit les villes japonaises. Vidalenc avait raison. Ces Japonais ne pourraient tenir longtemps.

Vidalenc riait haut, fredonnait avec la musique, encourageait les danseurs, apostrophait les uns et les autres.

« Ah ! misère de sort, c'est un grand jour, je vous le dis ! »

Il avait bu depuis le matin et son excitation joyeuse ne venait pas seulement de la défaite de l'Allemagne. Camboulives savait qu'il buvait de plus en plus depuis la mort du fils. C'était venu lentement, et d'abord, sans qu'on s'en doutât. La femme de Vidalenc l'avait raconté à

Camboulives. Elle-même avait mis du temps à s'en apercevoir. Le soir et certains jours, Antoine s'installait dans sa cuisine, face à la fenêtre. Il prenait une chopine et un verre et il regardait la plaine de Garonne, son jardin et ses vignes. Il emplissait son verre, le vidait d'un coup, posait ses deux poings sur la table et relevait les yeux vers le paysage. Il buvait encore, revenait à sa contemplation, vidait son verre une nouvelle fois puis, après d'autres rasades, se levait lourdement et gagnait sa paillasse sans un mot. « C'est façon d'oublier, pensait Germain. Voilà maintenant son seul plaisir. Mais est-ce qu'il oublie vraiment ? »

On ne savait pas ce qu'il y avait dans ses yeux troubles lorsqu'il contemplait l'étendue brillante de la plaine, la coulée des ceps, les hautes vagues rousses des maïs et, tout au fond, la bordure vert et argent des peupliers.

Durant cet après-midi de fête, Vidalenc resta aux côtés de Camboulives. À mesure que la journée s'avançait, il parlait moins, fumant et buvant, dans son attitude familière, tassé sur son banc, les deux bras revenant s'allonger sur le bois rude de la table. Camboulives, lui, causait avec les hommes. De la situation, des récoltes, des bénéfices de la terre et du prix du blé. Il fallait en revenir là.

Camboulives n'était pas un faiseur de discours. Il parlait par phrases sèches, montant le ton sur un mot, s'emportant tout à coup contre quelque ennemi invisible. La guerre était finie. Bon. Mais cette victoire n'arrangeait pas tout comme sur un coup de baguette magique. Les paysans le savaient bien. Voilà qu'on les accusait de s'être enrichis pendant l'Occupation grâce au marché noir et d'avoir rempli des lessiveuses de billets.

« Où elles sont, nos lessiveuses ? demandait Camboulives. Qu'on me les montre ! Nous avons eu moins faim que d'autres, c'est entendu. Mais ceux qui ont vendu quatre lapins ou un cochon, où ils iront avec leurs billets d'aujourd'hui ? Les petits paysans ne vont jamais loin sur le chemin de la fortune. Nous travaillons du matin au soir. Pour quel salaire véritable ? Et nos maisons, qu'on les regarde ! Nos granges et nos maisons tombent en ruine. Des bêtes, nous n'en avons plus assez. Il faut en racheter, il faut en élever. Une épidémie de fièvre aphteuse là-dessus, et toute la fortune s'en va. Les maquignons se sont toujours engraissés sur notre dos. Nous travaillons pour ainsi dire avec des bêches dans cette époque de machines. Des machines, des tracteurs, j'en voudrais voir partout... Est-ce qu'on nous les donnera pour rien ? Il faudra s'endetter, et alors...

– Ça, dit un vieux à ce moment-là, tu parles juste. On ne nous donne jamais rien pour rien. Total, les petits restent petits et les gros s'engraissent. Tu veux changer cela, Germain ? Il y a longtemps que je t'entends causer et où en sommes-nous ? Bien heureux ceux qui restent vifs !

– Il y a moyen, reprit Camboulives. Tenez, prenez le blé et le pain. On vient d'augmenter le prix du pain. Il est passé de 4,90 à 7 et quelques. Est-ce qu'on nous paye le blé en conséquence ? Non pas. Ce sont les minotiers qui empochent. Eux, ils sont autorisés à mettre tous leurs frais dans le prix du quintal. Résultat, le pain est cher et le paysan mal payé. Ce n'est pas une situation. Nous ne sommes plus sous la dictature. Nous nous sommes délivrés. Et de cela aussi, on peut se délivrer. »

Les hommes approuvaient. Pour ce qui était du blé et du pain, Camboulives touchait juste. Et c'était vrai aussi qu'après la victoire on attendait toute sorte de changements. On ne voulait plus voir les mêmes têtes qu'avant-guerre. Les méthodes et les discours d'autrefois, on ne les voulait plus.

« Et de Gaulle, que fera-t-il ? demanda quelqu'un.

– Pour l'instant, il nous fait des discours à la radio, dit Camboulives avec humeur.

– Je le prends pour honnête, dit lentement Escaich le cafetier. S'il le voulait, il pourrait changer bien des choses. Mais le voudra-t-il ?

– Qu'il le veuille ou non, répliqua Germain, je ne crois pas à un homme seul. Et toi, un socialiste, comment peux-tu dire... »

Escaich haussa les épaules. Un demi-sourire un peu goguenard apparut sur ses lèvres.

« Un homme seul ? C'est selon... Et Staline, est-ce qu'il n'est pas seul depuis longtemps ? Remarque que ce que j'en dis...

– Non pas ! Non pas ! s'emporta Camboulives. Tu ne peux pas séparer Staline du peuple soviétique. Un homme sans le peuple, ce n'est rien... La providence, ça n'existe pas, c'est le peuple qui existe. »

Et soudain, Germain se rendit compte que cette dernière phrase lui venait de loin, du fond des années, de la bouche de Simon Sermet, le maître d'école. Il l'avait entendu parler ainsi lorsqu'il évoquait les révolutions et la conquête de la République, la longue marche des hommes dans l'histoire, depuis les croquants d'autrefois jusqu'aux paysans d'aujourd'hui. Oui, Simon Sermet avait dit cela, que toute la puissance de la nation réside dans le peuple. N'est-ce pas la logique, mes amis ? M'avez-vous compris ? Germain revoyait le visage grave et patient penché vers les enfants ou les hommes, l'éclair frémissant des lunettes sur les yeux pâles, les mains sèches et blanches qui semblaient construire dans les airs la taille et la figure de la République idéale. Nous autres, maîtres d'école, nous devons enseigner la République, disait Simon. Il l'avait enseignée toute sa vie à sa façon, et du fond des temps sa voix revenait encore. Les Français sont des citoyens. Ils ne doivent pas l'oublier. Il faut le leur dire sans cesse. M'avez-vous compris ?

La nuit coula sur la plaine. Le fleuve tranquille de l'ombre gagna les collines vertes. Sur les tuiles rondes des maisons, avec l'aile légère des premières ténèbres, glissèrent les ombres des derniers oiseaux voletant vers la nichée. Depuis les peupliers de Garonne, depuis les galets blancs et les touffes violettes des saponaires, le vent poussa sa fraîcheur vers les acacias et les chênes, jusqu'à la maison Sermet.

Lucienne avait éteint la radio. Jeanne Mage continuait de tricoter dans le clair-obscur. Les deux femmes prenaient le bon du soir, assises côte à côte, près du seuil, sur le banc vénérable. Il avait fait si doux ce jour-là et les briques de la borde gardaient tant de chaleur que l'on pouvait demeurer là, comme par un soir d'été.

« Si nos enfants s'unissent, murmura la régente, cette maison leur reviendra. Elle est solide. Nous la fîmes réparer, attendez donc, ce devait être en 37…

– Ce sera comme ils voudront, dit Jeanne Mage. Notre maison du village n'est pas bien belle. Elle peut leur être utile.

– Ici, reprit Lucienne comme si elle continuait à parler pour elle-même, ici, c'est une bonne maison. Elle n'est pas loin du village et elle regarde les champs. On s'y repose bien.

– C'est la vérité », chuchota Jeanne Mage.

Petite et menue, le visage rond et peu marqué de rides bien qu'elle fût plus âgée que Lucienne, elle souriait en dodelinant de la tête. Un dernier reflet de lumière courait sur son lourd chignon blanc. Ses mains se soulevèrent pour approcher le tricot des yeux. La clarté les toucha. C'étaient des mains de paysanne, étrangement lourdes pour ce corps fluet, durcies de corne, avec des ongles vitreux et noircis.

Lucienne détourna son regard, se remit à contempler le débouché du chemin.

« Quand mon fils reviendra, dit-elle, je crois qu'il sera heureux de retrouver cette maison. Comment vous expliquer ? Il me semble qu'elle le lavera de toute sa fatigue...

– Je comprends. Mais peut-être aurait-il mieux valu pour lui de choisir une institutrice plutôt qu'une simple ménagère comme ma petite. Les régents aiment se marier entre eux. »

Lucienne haussa les épaules et elle eut un rire amical.

« Eh ! ce n'est pas une loi, tout de même ! Il faut bien que l'amour commande un peu. Ces enfants se sont déclarés. Maintenant, qu'ils aillent leur vie. Régente ou pas, c'est Adèle qu'il a voulue. »

Elle songea tout à coup qu'elle ne connaissait pas son fils, cet homme lointain, ce soldat perdu en Allemagne qui allait lui revenir un de ces jours. Il l'avait quittée alors qu'il sortait de l'enfance, la bataille le lui avait pris. Que savait-elle de lui depuis des années ? D'après ses lettres, d'après les récits qu'il lui faisait de sa vie dans l'armée, au fil des villes traversées, elle essayait de se le représenter. Elle ne pouvait jamais trouver un visage d'homme. Elle n'apercevait que des yeux et une figure de gamin, un sourire d'écolier dans le tumulte des charrois, des ruines et des fumées.

Un écolier qui trottinait parmi la folie confuse de cette Allemagne assaillie de toutes parts.

Et c'était un homme maintenant, un homme fait. La raison disait que cette génération serait plus mûre et vieille que les autres. L'occupation et la guerre l'avaient durcie comme la braise une pointe d'aiguillon. Quel serait ce visage ?

Lucienne se réjouissait cependant du choix de Louis. Oui, sans doute, il aurait pu trouver une régente. Mais quoi, Adèle était une fille calme et sérieuse, intelligente et jolie. Elle aurait pu continuer des études si les parents l'y avaient poussée. Mais Mage aimait la terre et cette enfant lui était venue tard. Il comptait la marier à un gendre qui lui succédât. Mage ne pouvait pas savoir. Mage était mort, ignorant que cette union se ferait. Mais il en aurait été fier.

« Où est-elle donc ? demanda Jeanne. Je ne l'entends plus.

– Dans la cuisine. Je crois qu'elle lit. »

La régente se leva, se pencha vers l'entrée. Elle aperçut la jeune fille au creux d'un fauteuil d'osier, un très vieux fauteuil craquelé et déformé où Simon faisait la sieste.

Adèle lisait. L'ultime lumière dorait la page d'un volume qu'elle tendait vers le seuil du jardin. Lucienne aperçut le flot de cheveux noirs coulant contre l'osier luisant, la courbe très pure du visage, le livre et la main. Adèle ne bougeait pas. Elle s'abandonnait au repos dans le fauteuil du maître d'école.

Lucienne fit un pas encore, s'accota contre la brique fraîche du couloir. Cette enfant, il est vrai, était la sienne depuis longtemps. Elle lui avait appris à lire. Elle lui avait mis en main le crayon et la première plume d'acier. Elle la revoyait traversant la place, portant des brassées de pivoines et de lilas. Une gamine, une petite fille, une adolescente... Louis jouait avec elle. Louis se promenait avec elle dans la campagne...

« Que fait-elle ? » demanda la voix de Jeanne, du côté de l'ombre.

Lucienne ne répondit pas. Elle avait fermé les yeux. Un vague et chatoyant tournoiement de saisons se levait dans sa mémoire. Adèle, Louis, les enfants du passé, la romance monotone des tables de multiplication et des lectures dix fois reprises, la vapeur des capuchons mouillés, les rires dans la neige, le calme traversé par les rosiers du matin... Brusquement, cette tendresse devenait amertume... Lucienne pensa : « Voilà ce que nous faisons, les mères, toute notre vie, nous nous penchons vers un enfant, nous rêvons sur son sommeil ou son repos... Et nous les régentes, nous sommes mères deux fois, dix fois, cent fois... Nous nous penchons vers un enfant endormi, nous voulons l'éveiller et nous tremblons de le faire. Dès qu'il s'éveille, il s'échappe ou on nous le prend. Il ne reste que ce visage d'un écolier, rien qu'un visage d'enfant fragile... Un souvenir... »

Adèle, la fiancée aux yeux noirs, dormait dans le fauteuil de Simon. La nuit couvrait la plaine large. Quelque pigeonnier, quelque peuplier solitaire se levaient encore sur le ciel vert et bleu. Les cris des insectes commençaient de tisser patiemment le cadre du silence. Il n'y avait plus de vent, presque plus...

Les deux mères s'avancèrent dans la cuisine sombre. La lune éclairait le seuil du côté du jardin et touchait le corps de la jeune fille. Sa gorge haute et ses bras baignaient dans l'argent du ciel. Des étincelles de lune brillaient dans ses cheveux. Ce n'était plus une enfant, ce n'était pas une femme, c'était une promesse de femme endormie par un soir de mai, une fleur première et tranquille.

Les deux s'approchèrent sans bruit, sans un mot. Adèle entrouvrait les lèvres. Il fallait tendre l'oreille pour percevoir son souffle. Une roseur marquait ses pommettes. Sa gorge se gonflait et s'apaisait au rythme du sommeil.

« Elle prendra froid, il faut l'éveiller, dit Jeanne.

– Vous n'allez pas repartir. Vous coucherez ici. Je peux vous loger.

– Mais non, je vais l'éveiller. Nous rentrerons doucement. »

Lucienne prit son châle de laine noire et le posa sur les épaules de l'enfant.

Lucienne se souvint de ce moment. Le papillon noir de l'amertume avait replié ses ailes. Une sérénité montait de la plaine. Dans la nuit paisible, deux mères se penchaient vers la fille promesse. Les étoiles s'allumaient. Les cris enroués des crapauds ponctuaient le frisson imperceptible des arbres, des vignes et des blés. Un soldat marchait depuis le fond du temps et de l'espace. Il s'en venait rejoindre sa belle. Une vieille histoire et qui devenait réelle par ce soir de vaste paix.

Plus tard, Adèle s'éveilla. Elle étira ses bras, caressa ses cheveux. Sa jeune gorge se gonfla sous le frôlement du souffle nocturne. Sa mère l'invita à partir et la régente les accompagna jusqu'au village. On dansait toujours sur la place. Les trois comme des ombres longèrent la palissade de l'école sans s'attarder. La maison Mage se trouvait du côté du pont.

Elles rencontrèrent Camboulives tenant Vidalenc par le bras. Vidalenc gesticulait gauchement et Germain le ramenait chez lui. Ce n'était pas une lourde ivresse mais une gaieté un peu hoquetante. Un grand jour, c'est un grand jour, je vous dis, les Boches sont écrasés…

Lucienne pensa à Simon. Simon disait : « La haine appelle la haine. »

Une fois encore revint l'heureuse brûlure de l'été. La sourde trépidation des batteuses monta vers le ciel profond. Le blé jaillit dans les sacs, et les hommes blanchis de poussière empoignèrent les fardeaux de la récolte pour les hisser dans les greniers. Il y eut sous les hangars, à l'ombre des platanes et des tilleuls, de grands repas de dépiquage où les poulets et les plats de poisson circulaient en nombre.

À la fin de la première semaine d'août, la régente s'en vint trouver Jeanne Mage et sa fille dans une maison où elles aidaient au travail. Vidalenc était là. La machine battait aussi son blé.

Lucienne arriva vers le soir. Elle apportait la nouvelle du retour de Louis. Un de ses camarades avait téléphoné depuis Toulouse. Dans moins de huit jours, il serait là... Vidalenc voulut aussitôt porter une santé. Il avait bu déjà. Pas seulement à cause de la fête du blé. La radio venait d'annoncer les premières bombes atomiques sur le Japon. Il y avait 300 000 morts à Hiroshima. Vidalenc se balançait pesamment d'un pied sur l'autre.

« Santé ! *macarel* de sort ! Santé ! C'est fini.

– 300 000 ? s'étonnait Jeanne Mage. Vous aurez mal entendu, Antoine. Ce serait donc toute une ville ?

– Toute une ville, je vous le dis. Il n'en reste que le dessin sur la terre. Santé ! Ces Japonais auront compris. »

Écrasés, écrabouillés en une minute. La bombe atomique, c'est quelque chose ! Les Américains y auront mis le temps mais à la fin des fins...

« Ça ne nous rendra pas les nôtres », dit Jeanne Mage.

À la nuit, Vidalenc et sa femme rentrèrent vers leur maison, accompagnant une petite charrette de blé. La femme menait les bœufs.

Vers l'horizon de ramiers, Lucienne vit s'éloigner la silhouette titubante du vieil homme. Et soudain, elle vit dans l'ombre surgir la frêle silhouette d'un enfant japonais…

# VI

Un matin de décembre 46, Lucienne s'éveilla plus tôt que de coutume. Il devait être 5 heures. Elle trottina jusqu'aux volets et se pencha vers les persiennes. La campagne blanche de gelée brillait sous la lune. Entre les arbres nus, le regard portait loin. On apercevait la terre du chemin menant au village, un serpent d'acier bleu entre deux talus blancs, puis le départ de la plaine, un miroitement froid, bossué de taches sombres qui étaient des pigeonniers, des granges accroupies. L'air lui-même semblait saisi. Pas un souffle n'agitait les branches. Tout le pays se figeait dans un bloc transparent.

La régente frissonna. Ce n'était plus un pays vivant mais une image abstraite et théorique. Cette terre demandait du soleil et de l'eau. Sous le gel et la lune d'hiver, elle n'existait plus. Au lieu des fauves ondulations du maïs et des blés, au lieu des verts clairs ou profonds de la vigne et des figuiers, cette robe de gelée pâle, ces lignes de gris et de noirs… Les coqs chantaient pourtant mais avec des cris rapides et peu fréquents et qui rendaient plus étrange le silence de ce pays sans chair, sans couleur. Les bûches dans la cheminée consumées depuis longtemps, le froid gagnait la pièce. La régente tendit l'oreille vers la chambre des enfants. Ils dormaient encore. Du reste, Lucienne s'éveillait toujours la première, puis sa belle-fille la rejoignait.

Le silence. La main qui écartait le rideau retomba. Dans les ténèbres de la chambre, la femme se courba un instant, attentive, écoutant elle ne savait quelles rumeurs du dehors ou du dedans. Elle ressentait une nouvelle fois, mais ce matin-là plus que jamais, une impression de solitude. Il n'y avait pas d'enfants, pas de village. Tout était mort ou disparu. Elle se trouvait seule devant un paysage de songe. La lune glacée, la terre dure et nue… Autrefois…

Elle ne pouvait s'empêcher de rappeler le passé, de rapporter constamment sa vie présente à sa vie ancienne. Autrefois, à l'aube, quand elle s'éveillait dans sa maison, elle éprouvait une douceur de sécurité et de bonheur. Elle attendait les humbles joies du matin : la première flamme réchauffante, l'arôme des brindilles et des carottes de maïs brûlées, le parfum du café chaud, puis le pas tranquille de Simon en marche vers sa table. Les maisons d'alentour, elle ne les voyait pas comme des taches de nuit ou de neige mais comme des cuisines illuminées où les hautes ombres des hommes vont et viennent sur les solives brunes et luisantes, des granges pleines où les pommes dorment dans le blé… Des ténèbres naissait la tiédeur des étables aux poutres entoilées d'argent. Sous son manteau de glace noire, le village découvrait sa vie : les graves meuglements du bétail réclamant l'abreuvoir, les craquements du chemin givré sous les sabots, les cris brefs des chiens et des hommes, les coups de hache fendant les bûches…

Lucienne occupait l'ancienne chambre de son fils. Louis et sa femme, depuis leur mariage, dormaient dans l'autre pièce de l'étage, la chambre des époux Sermet. Les époux

Sermet, cela voulait dire non point seulement Simon et la régente, mais les Sermet du passé, les parents et les grands-parents qui s'étaient succédé dans cette chambre vaste, meublée d'un haut lit de noyer, d'une armoire paysanne et d'une commode vénérable. Rien n'y avait beaucoup changé depuis des temps lointains. Simon avait repeint les murs et verni les solives, Lucienne avait installé des linos.

D'abord, Louis ne voulait pas. « Hé ! disait-il à sa mère, tu as tes habitudes. C'est ta chambre. » La régente avait répondu avec un sourire furtif : « Ta chambre à toi me suffit. Il vous faut plus de place. Tu pourras travailler tranquillement. » Ainsi, Lucienne revenait dans la chambre de son fils, la chambre où Simon avait grandi. Dans une autre armoire et sur des rayons de sapin, elle retrouvait les livres et les cahiers d'autrefois, ceux du fils et ceux du mari, deux passés confondus. Elle-même conservait dans la cuisine la petite table de travail de Simon. Elle y préparait ses leçons et y corrigeait ses cahiers.

La mère et le fils enseignaient maintenant à Fontvieille. Louis avait demandé et obtenu sans peine le poste de Simon. Les gens en parlaient avec une fierté émerveillée : les Allemands avaient fusillé le maître d'école mais le fils revient pour lui succéder et la régente continue… C'est une famille de bons maîtres !

Il est vrai, l'école neuve n'existait pas encore. On pensait l'inaugurer au printemps suivant mais rien n'était moins sûr. Malgré les colères de Vidalenc et l'obstination de Camboulives, les crédits avaient tardé, les entrepreneurs se faisaient tirer l'oreille. Tout manquait encore : le ciment, les briques, le bois. On croyait qu'à l'automne le toit se trouverait en place. Les pluies étaient venues et les tuiles restaient chez le marchand. Alors, Camboulives avait enfourché sa moto pour courir à la préfecture où on lui avait prodigué mille assurances. Les classes se faisaient toujours dans ce local provisoire, proche de la mairie, avec des tables et des sièges de fortune. La régente en bas, avec les petits. Louis au premier étage, avec les cours moyens et supérieurs.

Il y avait une cuisine où ils pouvaient manger à midi.

Dans les moments de silence, Lucienne entendait la voix de son fils, plus sèche et nerveuse que celle de Simon. Son pas rapide faisait craquer les lames du vieux plancher. Il commençait sa vie de maître d'école, il manquait de calme et d'expérience. Est-ce qu'à ses débuts Simon n'avait pas agi de cette façon ? On fait deux pas pour un, on parle beaucoup trop, on ne sait pas encore choisir les mots qui portent et les phrases qui resteront dans les mémoires, on multiplie les explications... Le soir, elle le voyait las et enroué, se plaignant de la nonchalance et de l'instabilité des enfants.

Elle chuchota : « Mon fils... » et elle se pencha machinalement vers le dur miroir de la plaine, luisant entre les lames des volets. Un pays désert, un espace inconnu... Par un effort têtu, elle y cherchait le pays aimé, elle y rallumait le soleil, elle y faisait sonner la romance douce et confuse des oiseaux et des grillons. Le nom de son fils ramenait cette lumière.

Par un soir d'été, il avait marché vers ses bras. Dans une tendre gloire de crépuscule, un jeune homme maigre et hâlé s'était dressé sur le ciel de la plaine. Louis revenait, il était vivant, la guerre le lui rendait. Rien ne comptait que cela. Un fils vif, un enfant tout entier. Les mains, les bras, les yeux, tout ce corps venu d'elle, lui demeurait intact, sans mutilations ni blessures. La maigreur et la fatigue s'en iraient. Il restait vivant et il marchait à sa rencontre dans cette lumière rouge et profonde où s'enflammaient les vignes, les lignes fauves des platanes, les toits des bordes dispersées, couleur de miel et d'iris.

À cet instant, le passé remontait lui aussi vers la régente. Le soldat au mince et brun visage, aux habits fripés et poussiéreux, rappelait un autre soldat, son père. Presque trente ans auparavant, un poilu sortait d'un autre soleil et d'une autre guerre pour marcher vers Lucienne : Louis Révignac, le père de celui-là qui portait son nom et son prénom. Encore une fois, le temps jouait étrangement à la tromper. Le présent et le passé se rejoignaient, se séparaient pour se fondre à nouveau.

Le soir ancien où elle avait accueilli un homme échappé à la mort, où elle s'était donnée à lui, où ils avaient conçu cet enfant, ce soir renaissait et le fils se levait pour recommencer le père : la même silhouette agile, le même sourire marqué de lassitude, des yeux de braise noire, des plis de moquerie aux coins de la bouche… Mais cette fois, le fils entrait dans sa vie pour y rester. L'habit de soldat qui couvrait ses épaules, il le laisserait pour ne plus le reprendre. Tandis que l'autre…

L'autre… Celui que les femmes appellent leur premier. La gorge de Lucienne se souleva. L'autre, elle l'avait à peine connu. Un étudiant, un adolescent, puis un soldat. Dans la coulée de sa vie, ce premier amour luisait faiblement. Un incertain bijou perdu au creux des années, dans un matin de Toulouse. Les marchandes de fruits et de légumes chantaient leurs appels au pied du Capitole rose. Un canot sautillait sur la Garonne, dans la courbe des quais brûlants où naissait un chant de pêcheur de sable. Des rendez-vous sous les platanes, dans le frais des vieilles rues nobles et crasseuses… Puis la guerre et l'attente, et cette ultime nuit où elle avait appris la couleur de la mort. Alors, elle était lourde de son enfant.

Simon demeurait le compagnon de sa vie. De lui, elle connaissait tout. À la moindre lueur de ses yeux, au moindre geste, elle savait ce qu'il pensait, ce qu'il allait dire. L'autre flottait dans les demi-ténèbres d'une douceur déchirée, un avril aussitôt meurtri par l'automne. Mais il lui revenait. Au même âge et alourdi de la même fatigue : c'était son fils.

À tâtons, elle descendit dans la cuisine, cherchant les marches les moins gémissantes. Rajustant son châle, elle se pencha vers la cheminée. Le feu dormait. Les mains paysannes d'Adèle savaient préparer le feu. Couvert d'un manteau de cendres, il couvait jusqu'au matin. Le soir, elle laissait l'âtre net, soigneusement balayé, bûches et fagotins rangés dans les coins, avec seulement cet amas de cendres claires d'où s'échappait un patient filet.

La régente étala avec précautions les braises toujours vives, y jeta quelques tortillons de papier, des branchettes de buis et de pêcher. La fumée s'épaissit puis tout s'enflamma. L'arôme des feuilles grillées envahit la pièce.

Lucienne rapprocha le pot de café et se pelotonna dans le fauteuil de Simon devant le feu ressuscité. Cette chaleur blanche et soudaine lui ramenait le bonheur des matins. Les enfants dormaient, la plaine dormait sous le gel… Elle se leva, prit un bol, un morceau de sucre, une cuillère, rajouta des branches plus lourdes au foyer. Les mousses grésillèrent. La vieille pendule des Sermet battait dans le silence. Rien ne bougeait dans la maison hormis ce disque de cuivre où palpitaient les flammèches. Elle pensa : « C'est le cœur de la maison, un très vieux cœur. Simon l'entendait battre quand il était enfant, et le fils de mon fils l'entendra. »

Maintenant, elle buvait son café, par menues gorgées gourmandes, assise au bord du fauteuil, penchée vers les bûches ardentes. Simon disait : « Quand j'allume le feu, je ne puis m'en détacher d'un long moment, il me fascine. » Et en effet, il lui arrivait de demeurer immobile devant les flammes, perdu dans une vague songerie. Elle tenait sa tasse dans ses deux mains rapprochées, elle dodelinait de la tête. Le sommeil la reprenait. Elle se rejeta en arrière d'un mouvement brusque. Elle se voyait soudain comme une vieille femme chauffant ses mains froides au bord de l'âtre, une menine rêvant sur sa jeunesse devant la magie du feu. Elle secoua la tête en signe de refus, abandonna le fauteuil et trottina vers le miroir rond accroché près de l'évier. Elle revint s'asseoir avec l'image de ses joues blanches et fanées, de ses yeux noirs et des longues mèches d'argent qui marquaient ses cheveux. Ses lèvres tremblèrent. Elle ne pouvait s'empêcher de murmurer : « Je ne suis pas une vieille, je ne suis pas... »

La pendule sonna la demie de 5 heures. Elle avait le temps. À 6 heures passées, elle réveillerait les petits. Cela suffisait bien. C'était un jeudi. Gaston Escaich, le cafetier, les avait invités. Il tuait un porc et la tradition voulait qu'on se rendît dès la première heure dans la maison. Les hommes donnent la main à l'abattage, les femmes aident à la cuisine. C'est une fête. Et pour Escaich ce l'était doublement puisque son fils se trouvait en permission. Marcel Escaich, un camarade de Louis, avait rengagé pour suivre des pelotons. Il allait passer lieutenant. Le père en était heureux et malheureux. Il en avait parlé à la régente. De voir son fils faire carrière dans l'armée ne lui souriait pas beaucoup. Mais quoi, ce n'était plus l'armée d'autrefois.

La guerre était finie. Le voilà lieutenant bientôt. Il peut finir dans une retraite de commandant ou de colonel, et s'en revenir au pays, tranquille comme Baptiste. Le travail de la terre ne lui convient pas et il ne sait pas d'autre métier…

« On prend la goutte et on y va », dit Gaston Escaich. Il aligna des petits verres sur le comptoir et versa le marc.

Camboulives empoigna son verre rapidement, tendit son bras dans la direction de Marcel.

« À ta santé, lieutenant !

– À la troisième ficelle ! » s'écria Léon Truffié.

Avant de boire, il eut un rire en coin qui découvrait une dent manquante sur le côté de sa bouche. Il était petit, maigre, vif, de caractère moqueur, il mijotait toujours une plaisanterie.

« La troisième, la troisième, dit le fils Escaich. Laisse venir la seconde… Je ne l'ai pas encore. Oh ! à quoi tu penses, Léon ? Qu'est-ce que tu nous prépares ?

– Rien. Je pense à rien. Respect à l'armée et santé !

– Santé ! » répéta le gros Charles Moulis accoudé au comptoir dans une posture placide.

Une lourde canadienne râpée lui donnait encore plus d'épaisseur. Un béret descendait sur son front. Son nez arrondi et rouge s'approcha du verre plein.

« Canaille de Dieu ! C'est du bon !

– C'est du bon, reprit le cafetier. Il le faut.

– C'est pour le fils et pour le cochon ! dit Truffié en s'esclaffant.

– Charles, tu as encore grossi, remarqua Marcel en regardant son camarade. Le ravitaillement est bon chez toi. Truffié, lui, ne bouge pas. Toujours maigre comme un lézard. Sacré Léon !

– Et toi donc ! répliqua Moulis. Tu ne te portes pas si mal. L'armée t'embellit. Quand je t'ai vu arriver, je me suis dit : “Hé ! on les habille bien maintenant ! C'est bon, l'armée !”

– C'est vrai ça, dit Camboulives en s'adressant à Escaich. J'ai l'impression qu'il a grandi et grossi. »

Gaston hocha la tête en souriant. Il regardait son fils et il en était fier. Un beau garçon en vérité et l'uniforme lui donnait de la prestance. Il avait gardé ses culottes de cheval et ses bottes. Un gros pull un peu râpé moulait son torse long.

« Tout ton portrait, Gaston ! dit Léon. Brioche en moins !

– Oh ! la brioche… la brioche… Avant-guerre, tu aurais pu en parler. Maintenant… Vingt kilos, j'ai perdu depuis 39 !

Escaich s'accouda au comptoir de bois sombre tout rayé et mâchuré et rêva un instant. Une faible ampoule brillait au-dessus de son crâne chauve. Deux touffes blanches s'ébouriffaient de chaque côté de sa large face colorée. Le nez plutôt petit plongeait dans l'épaisseur des moustaches poivre et sel.

Il répéta :

« 39… Il me semble que c'était hier. Ho ! Camboulives, tu ne crois pas que c'était hier ? Ces enfants, on les voit encore à l'école.

– Et le tien, Germain, où est-il ? demanda le fils Escaich.

– À Toulouse, dans un garage, chez un ami à moi. C'est façon de se former. Il part au service l'année prochaine.

– Et toi donc, tu ne pouvais pas le former ! En voilà un instructeur ! s'écria Truffié.

– Moi, je pouvais, mais en ville, il verra plus de mécaniques.

– *Macarel* ! reprit brusquement Truffié, tu te souviens, Germain, de la fois où tu nous apprenais à démonter le F.M. dans la grange de Vidalenc ? Voilà Antoine qui s'amène en criant : "Les gendarmes, les gendarmes !" J'avais de la graisse jusqu'au nez. Et toi, impassible, tu me dis : "Continue, continue, remonte-moi ça correctement." Je commençais à avoir la tremblote, et je me perdais dans tous ces ressorts. Vidalenc ne comprenait plus. Le gendarme s'approche de la porte et il te fait le salut en t'appelant : "Commandant Camboulives…"

Camboulives hocha la tête. Il sourit vaguement puis regarda le fond de son verre. Il pensait au fils Vidalenc. Il voyait le fils Vidalenc accoudé à la table, devant lui, attentif et curieux. Et à côté de Vidalenc, il y avait Truffié, à côté de Truffié, Moulis et Escaich et d'autres… Il avait été leur régent à sa façon. Un régent de guerre, un régent pour apprendre à manier les armes et à se battre. Le sourire triste de Simon Sermet passa dans sa mémoire. « Oh ! Germain, je ne t'en veux pas, tu fais ce que tu crois bon. Mais ce n'est pas ce métier-là qu'il faudrait leur apprendre… »

Le gros Moulis toussota. Le silence qui venait de s'établir tout à coup le gênait.

« Bon, dit-il. Il faudrait peut-être commencer. On y va ? Quelle heure est-il ? Le couteau est aiguisé, Gaston ?

– Il l'est, il l'est bien mais on attend les régents, répondit Escaich. Louis m'a dit qu'ils viendraient de bonne heure. Le jour est encore petit. Il faut laisser chauffer l'eau.

– Ils viendront tous, les régents ? demanda Marcel Escaich.

– Bien entendu, dit le père. J'ai invité Mme Sermet, mais aussi Louis et Adèle.

– Elle est bien mignonne, cette petite Adèle », dit Moulis, songeur.

Ils tendirent l'oreille vers la cuisine. Par la porte entrebâillée arrivaient des bruits de vaisselle et des murmures de voix féminines. Un grand feu pétillait sous les chaudrons d'eau qui serviraient à ébouillanter le porc. L'éclat capricieux des flammes s'en venait illuminer parfois la salle ténébreuse du café. On entendait le rire haut de la mère Escaich et des voisines.

« On boit un autre coup, ajouta Escaich, et on passe à côté. Ici, il ne fait pas chaud. »

Il empoigna la bouteille et versa une nouvelle tournée de marc.

Des pas rapides firent craquer le verglas devant la maison. On frappa aux contrevents.

« Les voilà ! » dit Marcel.

Lucienne Sermet se glissa dans la salle, suivie d'Adèle et de Louis. Il y eut des saluts et des embrassades. La mère Escaich vint accueillir les arrivants.

« Ça pique, dit la régente. Avez-vous commencé ?

– Non pas. L'eau n'est pas chaude. Nous vous attendions, dit Escaich. Maintenant, on peut y aller.

– Moi, je ne veux rien voir, s'écria Adèle. Je me cacherai dans la cuisine et je me boucherai les oreilles. C'est une chose cruelle. »

Marcel Escaich traversa la cour. Le jour commençait à luire. Des reflets blanchâtres tremblaient sur le sol glacé et on pouvait se demander si cette lente lumière traînante naissait de la terre ou descendait du ciel à travers les ténèbres. La haute silhouette du garçon se profila sur l'étendue du jardin proche. Au-delà, derrière un cerisier nu, le ciel se pointillait de rouge.

Les bottes écrasaient les plaques de glace. Le garçon se dirigeait vers l'appentis. Soudain, le porc se mit à grogner.

D'abord, d'une façon timide et sourde, puis de plus en plus fort.

« Oh ! attends-moi ! cria Moulis. Ne le laisse pas sortir sans le tenir. Si tu le lâches, ce sera une vraie corrida.

– Attendez ! cria Truffié à son tour. Je vais lui serrer la queue. »

Le bruit du verrou tiré se mêla aux grognements de la bête. Marcel poussa la porte basse d'un coup de pied. Une odeur de fumier frais parcourut la cour, s'en vint jusqu'au groupe demeuré sur la porte de la cuisine : Escaich le père, Louis Révignac, Camboulives, Lucienne…

« Allons, dit la régente en se retirant vers l'intérieur, faites vite. Que cette bête ne souffre pas ! »

Marcel Escaich s'était courbé et il avait pénétré dans la cahute. Il ressortit aussitôt tenant le porc par les oreilles. Ses grandes mains rouges blanchissaient sous l'effort. Il riait. Le porc, une très forte bête, un cazérien au museau court, l'entraînait.

« Olé ! cria Truffié. Olé ! torero ! »

Au milieu de la cour se trouvait déjà l'auge renversée où il fallait coucher l'animal pour le saigner. Moulis, d'un pas tranquille, vint se placer devant le porc, lequel fit un crochet et essaya de regagner son appentis.

« Hé ! dit le soldat, laisse-moi-le ! Je vais le mener seul.

– Il va se sauver. »

Adèle réapparut sur le seuil.

« Vous êtes cruels, dit-elle. Cette bête sait bien ce qui l'attend. Pour elle, ce n'est pas un jeu. Allons… Faites vite ! »

Elle avait parlé sur un ton de colère, puis elle se mit à rire gentiment et elle secoua la tête avec indulgence. Marcel, tenant toujours le porc, releva la tête et regarda la jeune femme en souriant.

« N'aie pas peur, ma belle. C'est fini. »

Du genou et de la cuisse, il poussait le flanc de la bête et l'amenait lentement vers l'auge.

Louis Révignac, les mains aux poches, s'était planté devant le seuil. Une cigarette au coin de la bouche, il fumait par petites bouffées.

« Hé ! régent, lui dit Truffié. C'est le moment de tenir le fauve. »

Escaich le père apparut et déplia le torchon qui enveloppait le couteau. Il l'avait soigneusement aiguisé la veille au soir. C'était une lame usée, fine et longue, couleur d'argent.

« Ce couteau en a fait naître, des boudins ! expliqua-t-il au régent. C'est mon père qui me l'a passé. Mon père était saigneur et il en faisait métier. Dans le temps, le saigneur courait la campagne. À cette époque, on le payait et il emportait les soies, plus un morceau de viande... C'était un vrai métier et à la saison, il nourrissait bien son homme. Ho ! Marcel, tu le couches, ce cochon ? »

Le soldat luttait avec la bête lourde et rose. Dans le jour levant, c'était une étrange mêlée. On entendait souffler l'homme, et le porc grognait par à-coups. Il soufflait aussi. Ses pattes cognaient sèchement la terre dure et les plaques de gel.

« Allons, dit Moulis, tu n'y arriveras pas. C'est moins commode qu'un veau.

– J'y arriverai ! »

Et d'une habile poussée, il renversa la bête. Déjà, tous se jetaient sur elle. Marcel pesait sur l'épaule. Moulis se couchait presque sur le milieu du corps massif. Louis Révignac avait pris la patte arrière. Truffié avait saisi la queue et il mimait comiquement un terrible effort. Camboulives s'approcha.

« Et moi donc, je ne sers à rien ?

– Ça va, dit Marcel. Maintenant, il ne bougera plus. »

Escaich s'accroupit. Il posa le torchon sur la terre, caressa la gorge du porc un instant, essuya une fois de plus son couteau.

Derrière le cerisier, la pourpre du ciel s'agrandissait. La mère Escaich vint rejoindre son mari. Elle portait une bassine d'émail blanc qu'elle inclina pour la tenir prête à recevoir le sang. Escaich approcha le couteau.

Et, comme il arrive à ce moment-là, le porc, qui n'avait cessé de gémir et de grogner sourdement, se mit à crier avec une sorte de voix enfantine. Le cri s'enflait parfois, devenait vraiment un cri de bête puis, après des gargouillis et des reniflements, reprenait sur un ton suraigu. Une vapeur montait au-dessus du museau, se déchiquetait. Les souffles des hommes mêlaient aussi leurs vapeurs au-dessus de la masse couchée, agitée de soubresauts vite réprimés. La bête hurla plus fort encore. Le couteau s'enfonça d'un coup rapide et sûr.

Escaich s'écarta aussitôt. Sa femme prit sa place et tendit la bassine vers le jet rouge et fumeux qui sortait de la carotide.

Le cri s'était brisé. La bassine posée sur la terre accueillait le sang. La femme y avait plongé aussitôt ses mains et ses avant-bras, et elle battait à toute vitesse la masse écumeuse pour l'empêcher de se cailler.

Le corps inerte fut poussé de côté. On retourna l'auge et le porc y fut allongé. Déjà, les femmes arrivaient avec l'eau bouillante. Escaich distribua des raclettes de fer et tous s'employèrent à la toilette. Les soies jaunâtres tombaient dans l'eau chaude. La bête rose et grise devenait une large masse blanche. Les femmes se succédaient pour verser l'eau chaude.

« Écartez-vous, madame Sermet, dit la mère Escaich. Nous sommes assez nombreuses.

– Hé ! Adèle, doucement ! se plaignit Truffié. Aïe, c'est chaud ! Ne verse pas sur mes pattes. Je ne suis pas le cochon. »

Marcel Escaich se redressa, essuya les soies de sa raclette dans l'eau grasse, puis il se campa devant le groupe, les mains aux hanches.

« Hé ! dit-il, il était fort. Il m'a donné du mal. »

Adèle lui jeta un bref regard.

La pourpre du soleil montait au-dessus du cerisier, touchait l'appentis, la façade de la maison, les bras noirs d'un rosier.

Le régent se releva à son tour, examina le ciel. Ce serait une belle journée claire et froide.

« Beau temps pour les charcutiers ! dit-il lentement.

– Plus de 150. Il dépassera les 150, expliquait le père Escaich à Camboulives. C'est mon premier convenable depuis la guerre. Celui-là, je ne lui ai pas mesuré le maïs.

– Les porcs sont honnêtes, remarqua le régent de sa voix sèche et moqueuse, ils vous rendent toujours ce que vous leur donnez.

– Dans un porc, ajouta Moulis placidement, rien n'est perdu. Du boyau au museau, tout est bon.

– Vous me donnez faim », dit Truffié.

Il se tourna vers Escaich le père.

« Hé ! charcutier, ouvre-le vite et mets-le au frais. Après ça, nous irons casser la croûte, pendant que les dames feront le boudin. Et toi, lieutenant, à quoi tu penses ? Tout à l'heure, quand tu mangeras la carbonade, tu vas regretter la vie de paysan. La vie de paysan, tu l'avais oubliée ! Un bon feu, une bonne grillade, les pieds au chaud et le blé qui pousse tout seul dans la terre. Voilà ce que tu perds, canaille de sort !

– Ouais, dit Marcel en riant. Il faut bien choisir. Moi, j'ai choisi. »

Son regard rencontra de nouveau celui d'Adèle, puis alla se perdre vers le soleil levant, au-dessus de la plaine embrumée. Les scintillements du gel et les coulées blanches de la brume s'entrelaçaient jusqu'au brasier de l'horizon. Une petite bise agitait les branches du cerisier.

Escaich considérait son fils et le trouvait plus beau que jamais, droit et solide, bien campé sur ses bottes, l'œil noir et le cheveu noir, une moustache gaillarde au-dessus de la lèvre. Le soleil le touchait et il ne semblait toucher que lui.

# VII

La graisse bouillonnait dans des chaudrons de cuivre, au-dessus d'un monceau de braises. Plus tard, quand tout serait fondu, on la viderait dans des pots de grès blanc et ocre où elle se figerait peu à peu, prenant sa couleur de neige vierge, et dans les passoires resteraient les fritons, savoureux débris de chair rissolée. Le boudin frais pendait déjà aux solives, en guirlandes noires et luisantes. Une chaleur épaisse emplissait la vaste cuisine où tout semblait frotté de gras, le buffet chargé de vaisselle, les tables, le bois des portes et le plâtre des murs.

Ils mangèrent au début de l'après-midi et le repas se poursuivit jusqu'à la nuit. Peu à peu, les hommes s'étaient débraillés et avaient pris leurs aises autour de la longue table centrale. Les femmes allaient et venaient, se groupaient parfois devant le feu pour causer à leur convenance, retournaient s'asseoir parmi les hommes. La mère Escaich et une voisine avaient commencé la charcuterie.

Le givre coulait aux fenêtres. Après le soleil rouge du matin, le ciel s'était couvert puis dégagé de nouveau. À midi, il y eut un étincellement rapide sur les toits et les jardins d'alentour. Les plaques de gel mollissaient sous les pas. Quand vint le crépuscule, de nouvelles fleurs de pourpre brûlèrent aux fenêtres de l'ouest, et à mesure que le soleil déclina la morsure du froid redevint plus sèche. Lorsque quelqu'un sortait dans la cour, on entendait la glace crisser sous ses sabots.

Escaich n'avait pas lésiné. Et il s'était débrouillé de diverses façons pour la circonstance, donnant de l'argent ou quelques bonnes bouteilles qu'il possédait encore pour obtenir de la viande, de la farine et du sucre.

Ce fut un grand repas et plus que le repas habituel de la fête du cochon. Ni la volaille ni la viande ne manquèrent : des escalopes, d'épaisses côtes de veau, un fort gigot, des poulets, des lapins, une daube parfumée d'ail et de thym, avec une sauce épaisse et sombre où les convives trempaient longuement leur pain. Il y avait même du pain blanc, du pain blanc véritable, des madeleines et des coques qui sont ces vastes couronnes teintes de jaune d'œuf et poudrées de sucre qu'on mange habituellement pour les Rois. Du pain blanc ! Grandes merveilles que ces rondes miches paysannes encore toutes frottées de farine pure. Chacune pesait dans les trois kilos et les garçons les soulevèrent avec admiration.

« Hé ! Camboulives, s'écria Escaich en riant, on ne voit pas souvent les pareilles ! J'espère que tu n'iras pas me dénoncer au Ravitaillement ! »

La mère Escaich trancha la première. Elle l'appuya contre sa poitrine, fit la croix de la pointe du couteau sur le ventre du pain et le partagea en deux. Tous s'extasièrent sur sa blancheur. C'était du pain réussi, bien levé et cuit à point.

« Bon Dieu ! gronda le gros Moulis en adoration devant les miches, si ceux qui ont sué pour faire venir le blé ne mangent pas un peu de pain blanc de temps en temps… »

Camboulives haussa les épaules.

« Tous ceux qui travaillent ont droit au pain. Je sais bien que pour quelques kilos on ne nous pendra pas… »

Moulis se rebiffa.

« Le paysan qui a vu pousser son blé, tu ne lui permettrais pas d'en moudre quelque peu !…

– Tous les jours, je ne dis pas, reprit Escaich. Le blé, il faut le livrer, je le comprends. Mais personne ne m'empêchera de donner du pain blanc à mon fils, une fois en passant. Son pain, il l'a gagné, et moi aussi. Ah ! malheur de vie ! Manquer de pain dans cette plaine !

– Vous pouvez dire : dans ce pays ! ajouta Louis Révignac. La France manquer de blé, c'est incroyable, et pourtant… »

Germain Camboulives se pencha en avant, prit son morceau à deux mains, flaira doucement la croûte fauve et grise.

« L'affaire du pain est une affaire grave. Et du pain, il faut bien comprendre qu'il y en aurait pour tous si l'on voulait agir. On a supprimé les cartes en octobre. À ce moment-là, c'était de la folie. Je pourrais même dire : du sabotage. Supprimer les cartes sans rien prévoir, cela mène à quoi ? Il a bien fallu les rétablir. Et maintenant…

– J'ai lu quelque part, dit la régente, qu'on pourrait revenir bientôt à 350 grammes par personne. »

La mère Escaich soupira.

« Deux ans ont passé depuis la Libération et nous en sommes toujours là !

– On peut même donner 400 grammes, continua Camboulives, si l'on prend les mesures nécessaires. D'abord, contre les fraudeurs. Je ne parle pas des petits. Je parle des trafiquants en gros, les marchands de fausses cartes et les stockeurs, ceux qui accaparent. Du blé, il y en a dans l'Oise, en Beauce... Qu'est-ce qu'ils attendent, ceux-là, pour battre et pour livrer ? Les gros minotiers entassent le blé pendant que les villes crèvent de faim. Et les Américains ? Ils avaient promis de nous livrer du blé pour nous aider. On pourrait leur demander d'activer. Avec tout ça, on aurait les 400 grammes. Les aurons-nous ? Il ne faudrait pas craindre de faire mal aux gros. Sinon, nous resterons trois ans avec cette ration.

– Trois ans, Germain ! Vous plaisantez ! s'écria Adèle. En 48, nous aurons de tout.

– Non pas. Je sais bien ce que je dis.

– Germain, tu parles trop ! intervint Marcel Escaich d'une voix tranquille. Mange un peu et laisse ta politique pour aujourd'hui. À la tienne !

– La politique, je veux bien la laisser, dit Camboulives en s'efforçant de rire, mais c'est elle qui ne nous laisse pas. »

Les plats et les bouteilles circulèrent. Il y avait des vins blancs, des rosés et des rouges du pays, plus quelques flacons de qualité pour accompagner les viandes.

« Le pain blanc, murmura la régente avec un air rêveur, c'est le signe du bonheur pour les gens de ce pays. Il est vrai que les garçons de cette génération ne l'ont guère connu. Dans les campagnes, de temps à autre, nous en avons pu voir la couleur. Mais dans les villes... »

Truffié hocha la tête.

« Moi, je me souviens de ma grand-mère me parlant du pain blanc à l'époque de sa jeunesse. Dans ces années-là, je parle d'avant l'autre guerre, les paysans ne mangeaient du pain blanc que les jours de fête. C'était comme du gâteau. Remarquez que ce qu'ils appelaient le pain noir valait mieux que celui de cette guerre-ci. Ce n'était plus du pain que nous mangions.

– En 43, dit Gaston Escaich, il n'a jamais été plus affreux. Du son, de la farine de fève, de petits pois, d'arachides, de je ne sais quoi... Il aurait mieux valu n'en pas manger. Mais comment se priver de pain ? Dans certaines familles, ils pesaient tous les matins les rations de chacun pour la journée. »

Louis Révignac eut son petit rire sarcastique.

« Je ne sais pas où j'ai lu cette boutade d'un journaliste : quand on passera un seul jour chez nous sans parler de pain ou de ravitaillement, alors la guerre sera bien finie. »

Adèle Révignac se tourna vers Marcel Escaich.

« Et en Allemagne, comment êtes-vous nourris ? »

Le jeune homme expliqua qu'il n'y avait pas à se plaindre. Ils avaient touché d'abord des rations américaines. Il se trouvait maintenant dans une petite ville à la frontière autrichienne. Il mangeait au mess, le cuistot était bon et débrouillard.

« Les conserves américaines, je connais, dit Truffié. C'est commode mais je n'aime pas ça. Une fois, on a touché des saucisses sucrées ! Les Ricains, on ne peut pas dire, ils ont des goûts bizarres mais ils sont bien organisés. On a sa ration complète pour la journée, y compris le pain, la boisson, de la citronnade en poudre, les cigarettes et même... »

Il se pencha à l'oreille du père Escaich et lui chuchota quelques mots. Gaston s'esclaffa.

« Hé ! mon garçon, faut ce qu'il faut !

– Et le civil, comment vit-il ? » demanda Camboulives.

Marcel Escaich fit la grimace.

« Ce n'est pas encore fameux pour la nourriture et le vêtement. Ça s'améliore petit à petit. Ça n'est plus aussi terrible, remarque bien, qu'en 45 ou au début de 46. Ils commencent à reconstruire.

– En 45, dit Moulis, avec un bout de chocolat ou une pomme de terre, on pouvait les faire courir longtemps.

– Et qu'est-ce qu'ils ont dans la tête ? insista Camboulives. Tu as l'occasion de parler avec eux ? »

Le soldat eut une moue embarrassée.

« Faudrait causer la langue, et encore. De toute façon, ils ne font jamais beaucoup de confidences. »

Gaston Escaich se leva, empoigna le plat de gigot et le présenta à la régente.

« Madame Sermet, vous ne mangez pas ! Faites-moi plaisir ! Nous n'aurons pas une aussi belle table tous les jours...

– Doucement, doucement, Gaston, protestait l'institutrice, servez donc les jeunes. Moi...

– L'Allemand, continuait Moulis, tu le prends à part, c'est le brave homme, sérieux, travailleur, pas exigeant pour la table. Tu en mets trois ensemble et le premier venu les fait marcher au pas. Ils l'ont dans le sang. La discipline, ils ne connaissent que ça. C'est un peuple militaire.

– C'est bien vrai, approuva Léon Truffié. Moi, quand j'étais là-bas, je parlais pas mal avec les civils, Pas un n'en tenait pour Hitler, bien entendu. Tous des petits saints. *Hitler, nicht gut ! Krieg, nicht gut !* Et alors, où ils étaient, les nazis ? Tu leur poussais une pointe pour savoir. Ils te répondaient : "Moi, pas faire de politique, moi, pas savoir. La *politik, nicht gut.*" Tous des agneaux. Je suis allé à Dachau une fois en mission avec le commandant. J'ai vu la gare où on faisait descendre les déportés. C'est là que les wagons plombés arrivaient. Bon. Et alors, les gens du pays, ils savaient ou ils ne savaient pas ? Et s'ils te disent maintenant qu'ils ne savaient pas, où avaient-ils leurs yeux dans ce temps-là ? Les tortures, les atrocités, toutes les morts, ça se passait dans la lune ? Un copain déporté m'a raconté qu'à Dachau, justement, les enfants allemands leur criaient des injures dans les rues, leur crachaient dessus et les appelaient juifs !

– Oh ! tais-toi ! » dit la régente brusquement.

Louis Révignac se pencha un instant vers sa mère puis, comme pour se donner une contenance, il prit son verre, but une gorgée, le reposa devant lui avec lenteur.

« C'est un problème, dit-il. J'y ai réfléchi souvent. Là-bas, quand je voyais un Allemand quelconque dans la rue, dans une boutique, je ne pouvais m'empêcher de penser : “Qu'est-ce qu'il a fait celui-là ? Où se trouvait-il pendant la guerre ?” Et dans dix ans ou quinze ans, si je retourne en Allemagne, je sais bien que, quand je verrai un homme d'âge convenable, je penserai la même chose : “Où était-il celui-là, à ce moment-là ? Qu'est-ce qu'il a sur les mains ?” D'un autre côté, peut-on accuser tout un peuple ? Est-ce que c'est juste de les accuser tous ? Et peut-on dire : “Ils nous ont fait tout ce mal parce qu'ils étaient allemands ?”

– Bien sûr que non, approuva Camboulives. Ne me dites pas que les Allemands sont militaristes. Et les Français ? Prenez l'Histoire de France et voyez combien de fois les Français ont fait la guerre. Pas un siècle sans guerre. Mme Sermet dira si je me trompe. Dans cette guerre-ci, il y a eu des Français pour servir la Milice et la Gestapo, des Français pour torturer. Oui, parfaitement, il y a eu des Français bourreaux, des Français pour torturer. C'est la vérité vraie. Alors ? Je n'accuse ni le Français ni l'Allemand, j'accuse ceux qui causent les guerres.

– Ceux-là, mon ami, dit le père Escaich, bien fin qui leur verra leur museau. Ceux qui tirent les ficelles se cachent toujours.

– Ce n'est pas si difficile, bougonna Camboulives. Les temps ont changé. »

Il y eut du bruit à la porte. Quelques voisins venaient pour les coques et le vin blanc. On ajouta des chaises à la tablée. Adèle disposait les tasses à café. Après les embrassades et les nouvelles santés que l'on portait à l'intention du jeune officier, la conversation se dispersa. Le père Escaich s'était levé pour rajouter des bûches, il allait d'un groupe à l'autre, proposant un morceau de gâteau, un verre de vin ou de marc. Sa large face rougeaude dominait l'assemblée confuse des têtes, des bouteilles, des plats de viande et de pâtisserie, elle flottait dans la vapeur bleue du tabac, dans la première pénombre du soir.

Les femmes parlaient de couture et de cuisine, échangeaient des recettes de conserves économiques, se plaignaient de la mauvaise qualité des tissus. Les jeunes groupés autour de Camboulives en étaient vite revenus à leurs souvenirs du maquis et de l'Allemagne. À un moment donné, le jeune Escaich se trouvant du côté de la cheminée avec les femmes, la conversation tomba sur lui et sur la carrière qu'il entreprenait dans l'armée.

« Il faut que ça plaise, dit Moulis. Moi, j'en suis sorti dès que j'ai pu. »

Il se tourna vers Louis Révignac.

« Et toi, régent, tu aurais pu y rester. Tu serais capitaine à l'heure qu'il est. »

Louis haussa les épaules.

« Nourri, logé, une bonne solde, dit Truffié en ricanant. À cinquante-cinq ans, on se retire au pays et on se fait bâtir une villa.

– Il faut que ça plaise, répéta Moulis. Marcel, ça lui convient. Il n'aime pas le travail de la terre. Que ferait-il ici ? Ce café ne peut pas nourrir deux familles. Dans l'armée, il verra du pays.

– L'Allemagne, c'est vite vu, dit le régent.

– Il m'a parlé de l'Indochine, expliqua Moulis en baissant la voix. Il paraît que la solde est fameuse là-bas. Il n'en a pas encore causé à ses parents, je crois… »

Le régent fronça les sourcils.

« L'Indochine, ce n'est pas tout calme.

– Ils ont quelque chose comme double solde, plus toute sorte de primes, dit Moulis. Il faut supporter le climat. »

Camboulives secoua la tête.

« La belle vie coloniale, c'est fini. Toutes les colonies sont en train de craquer. Un peu plus tard, un peu plus tôt, elles craqueront. L'an dernier, en Algérie, il s'est passé des choses terribles. On m'a parlé de 45 000 morts…

– 45 000 ! s'étonna Moulis. Tu ne dis pas vrai, Germain ?

– Ici, on n'en a pratiquement rien su. »

La nuit posait aux carreaux ses doigts bleu et noir. Quand on s'approchait d'une fenêtre, on apercevait un paysage pâle et velouté, des fantômes d'arbres dressés sur des plaques de gel encore rutilantes de couchant. Lucienne Sermet s'éloigna du groupe de femmes, abandonnant la trop grande chaleur de l'âtre pour regagner sa place à la table. Sur l'insistance de Gaston Escaich, elle croqua un bout de gâteau, avala une gorgée de vin blanc, une autre… Ses pommettes s'étaient enflammées tout à coup et la pièce, autour d'elle, avait vacillé. Les lourdes solives, les murs blanchis ornés de vieux calendriers-réclames, l'évier en carreaux de briques et même le sombre moutonnement des têtes dans la fumée, tout s'était mis à virer bizarrement. « Je suis grise », chuchota Lucienne.

L'hiver s'éloignait, laissant la place à la canicule. La chaleur des bûches rappelait les bouffées torrides d'un vent de juillet sur la plaine. La rumeur des convives devenait un bourdonnement de guêpes ou d'abeilles derrière le rideau de jute d'une porte de métairie. Le soleil baignait les maïs craquants. Sur la lisière fraîche d'un champ, dans le mince îlot d'ombre des acacias ou des saules, montait une senteur de menthe et de fenouil. L'acier bleu et les scintillements du soir d'hiver brillaient comme les miroirs du fleuve d'été entre les ramiers, dans la vaste palpitation rousse des moissons et des chaumes. Les belles saisons.

Adèle se pencha vers sa belle-mère.

« Vous êtes fatiguée ?

– Ce n'est rien. Nous rentrerons bientôt… »

Elle se reprit aussitôt.

« Je peux revenir seule. »

La cuisine s'immobilisa. Lucienne retrouva le brouhaha des voix paysannes. Escaich le père parlait d'une recette pour faire sécher le tabac. Truffié plaisantait avec une voisine. Camboulives expliquait, elle ne savait quoi, en frappant la table du plat de la main. Camboulives avait toujours raison. En tout cas, il voulait toujours sa raison bonne. On ne l'imaginait pas perdu, incertain. Il connaissait constamment sa route, les embûches de la route et les promesses du port lointain. La régente sourit. « Pauvre Camboulives… » Elle s'interrogea aussitôt. Pourquoi pensait-elle : « Pauvre Camboulives » ? C'est qu'elle se moquait affectueusement de cette trop grande certitude.

Le fin profil d'Adèle se dessinait sur le rectangle de cuivre et d'incarnat de la cheminée. La masse noire de ses cheveux se confondait avec la suie des côtés, et, parfois, un flamboiement faisait naître cette chevelure pesant derrière le visage clair. Le nez menu de la jeune femme frémissait comme celui d'un petit lapin. Sa bouche s'entrouvrit et se referma. La pourpre des braises se posa sur les lèvres. Elle souriait. À qui souriait-elle ? À une plaisanterie d'Escaich le père ou de Truffié ? Au visage du garçon penché vers elle, de l'autre côté de la table, les avant-bras nus posés sur la toile cirée, parmi des débris de gâteaux et des verres demi-pleins, la chemise kaki ouverte sur son jeune cou puissant.

Lucienne chercha son fils, et une douleur incertaine naquit au creux de sa poitrine. Le régent fumait tranquillement en écoutant Camboulives discourir de la situation nationale et internationale, des Américains, des Allemands, de De Gaulle qui avait démissionné en janvier 46 parce qu'on l'empêchait de gouverner à sa guise. Et comment avait-il laissé le pays ? Pas de pain. Une Allemagne qui produisait déjà deux fois plus d'acier que nous… Des mots voltigeaient jusqu'à l'institutrice : les capitalistes, les militaristes, Constitution, démocratie véritable… Des papillons abstraits. Camboulives ne savait pas encore que les mots ne vont pas seuls leur chemin jusqu'aux esprits. Il faut les prendre et les reprendre, les pétrir et les relancer dix fois avant qu'ils s'en aillent au but.

Camboulives parlait de la Constitution. Fallait-il garder le vieux Sénat conservateur d'avant-guerre ? Les communistes étaient partisans d'une seule Assemblée souveraine, laquelle élirait le président du Conseil, et les ministres seraient responsables devant les élus du peuple. Cela semblait convenable et juste, et Camboulives en était totalement convaincu.

Lucienne imaginait Simon Sermet présent. Il se serait penché vers Camboulives, touchant son épaule d'un coup léger : « Attends un peu, Germain… » Et il aurait expliqué à son tour, prenant les choses de très loin, parcourant les siècles de l'Histoire. « Écoutez-moi bien, mes amis… Une Constitution, qu'est-ce que c'est ? D'où vient-il, ce mot ? D'où vient-elle, cette chose ? Je prends un exemple… »

En vérité, l'ancien maître d'école de Fontvieille avait maintes fois tenu ce langage, et devant ceux-là mêmes qui écoutaient Camboulives aujourd'hui, et c'était peut-être pour cela qu'ils l'écoutaient. Mais il faut constamment prendre, reprendre, pétrir. Ainsi naît le bon pain. Lucienne entendait la voix du passé : le plus difficile, mes amis, c'est d'être un citoyen, c'est d'apprendre à devenir citoyen, de ne point se laisser entraîner pour un homme seul, une idée toute faite, de savoir qu'on porte un brin de pouvoir dans ses mains…

Louis Révignac ne disait rien. Il écoutait Camboulives. Il l'écoutait respectueusement, comme son aîné. Était-il d'accord avec tout ce que disait le communiste ? Un jour, peut-être, il ressemblerait à Simon et ce serait vers lui que l'assemblée se tournerait. Il ressemblerait à Simon, non pas par les traits du visage mais par la façon de modeler les hommes. Personne n'échappe à son métier. Et ce métier de maître d'école apporte à ceux qui l'ont pratiqué, longtemps et avec sincérité, une certaine façon de réfléchir et de discourir, de regarder et de comprendre les gens.

Lucienne regardait le soldat et ce dernier, la tête immobile, semblait un instant plongé dans une rêverie. Adèle souriait. Elle aussi gardait sa tête immobile. Dans les balancements des visages, dans la vapeur de la pièce, il n'y avait que ces deux visages comme pétrifiés. Est-ce que Marcel Escaich souriait aussi ? Ils échangeaient tous deux un sourire. Eh bien ? Personne ne s'occupait d'eux. Ils étaient seuls dans le désordre bruyant de la salle. Puis Marcel se pencha en avant. Ses mains durent glisser sur la table. La jeune femme, de son côté, semblait se pencher sur lui. La régente avait l'impression de surprendre une complicité. Louis écoutait Camboulives et ne s'occupait pas de sa femme.

La mère Escaich s'approcha à son tour de la régente, elle sortit de la vapeur bleue et du ronron des voix pour parler de son fils. Elle avait un visage un peu plat, le nez petit, des yeux clairs. Des veinules violettes couraient sur ses pommettes autour des yeux, jusqu'au front bordé de cheveux blancs en bandeaux. Lucienne se souvint de ce visage autrefois, lorsque la bonne femme venait trouver Simon et s'enquérir du travail scolaire du petit Marcel. Un bon garçon un peu dissipé, tête en l'air... En calcul cela pourrait aller mais l'orthographe n'est pas très sûre. S'il voulait se donner un peu de peine... C'était hier, avant-hier, c'était tout près. Simon Sermet dans sa blouse grise arpentait la cour de récréation. L'autan secouait mollement les ramures et emportait les sequins des acacias. L'automne et ses odeurs de vin frais, de fumée et de cuir environnait l'école. Les marmots piaillaient. Le gros Moulis comptait ses agates. Adèle jouait avec Louis et Marcel. Le fils Vidalenc cherchait d'étranges silex. C'était hier mais les cheveux des mères avaient blanchi et les écoliers s'éloignaient de leurs bras.

L'incertaine douleur revint dans la poitrine de la régente. Qu'allait-elle donc s'imaginer ? Parce qu'elle voyait sa bru en conversation avec le jeune officier, devait-elle croire à quelque intrigue ? Ils se connaissaient depuis l'enfance et ils étaient heureux de se retrouver. Marcel Escaich chuchotait on ne savait quoi. Adèle renversait sa tête en arrière et riait à petits coups. Ses épaules frémissaient et les braises cuivraient ses boucles noires. Y avait-il eu un roman entre eux autrefois ? La régente cherchait dans sa mémoire.

La nuit faite. Des voisins prenaient congé. Des hommes s'en allaient soigner leur bétail. Par la porte ouverte, l'air âpre du dehors venait lécher les jambes. Les femmes cherchaient leurs châles de laine et les croisaient frileusement sur leur gorge. Escaich proposa un vin chaud pour terminer la soirée. Il n'avait pas ouvert la salle de café et il ne l'ouvrirait pas. Lucienne voulut s'en aller. « Allons donc ! protesta le bonhomme, il gèle à pierre fendre, une gorgée de vin cuit vous donnera du cœur… Avec un peu d'orange et de cannelle. La femme en trouvera bien quelques brins dans une boîte. » Il retenait ceux qui pouvaient rester, les faisaient asseoir en rond autour du feu. On eût dit qu'il ne souhaitait pas rester seul, par cette nuit, avec sa femme et son fils.

La régente sortit dans la cour. Toute frissonnante, elle contempla l'ombre glacée. Des étoiles s'allumaient dans le ciel net. Une bise maigre et dure rasait le sol. Tout autour de la maison, dans le village, des coups sourds montaient des bûchers. Des vaches meuglaient pour l'eau ou le fourrage du soir. Elle regarda vers la plaine, du côté de la maison Vidalenc. Plus tard, elle se souvint de cela comme d'une coïncidence étrange. Elle s'était tournée vers la borde invisible dans la nuit d'hiver au moment même où les pas sonnaient le long de la façade, en direction de la porte de la cuisine, les pas de la messagère.

Qui avait prononcé le nom de Vidalenc auparavant ? Il est vrai que, durant l'après-midi, Gaston Escaich avait parlé de lui, expliquant qu'il l'aurait volontiers invité mais que ce n'était guère possible. Comment l'inviter à une fête dont le héros se trouvait le fils Escaich ? Vidalenc aurait retrouvé là tous les camarades de son enfant. « Si tu l'avais invité, avait dit Moulis lentement, il serait venu tout de même, histoire de boire un coup. » Et durant quelques instants, on avait causé de ce malheureux qui ne pouvait s'arrêter de boire pour échapper au souvenir de son deuil.

Les pas tournèrent donc autour de la maison, longèrent les volets clos du café, s'en vinrent jusqu'à la porte de la cuisine. Lucienne entendit les pas mais n'y prêta guère attention. C'était quelqu'un, qui arrivait pour la veillée, un passant. Puis, les sourdes exclamations des hommes, les cris apitoyés des femmes firent se retourner la régente. Elle courut jusqu'à la porte demeurée entrouverte. Toute l'assemblée debout écoutait la femme de Camboulives et cette dernière ne venait point pour rejoindre son homme comme on l'avait cru d'abord.

« Oh ! misère de sort, ce n'est pas possible, grondait Gaston Escaich les yeux exorbités.

– Elle est venue chez moi à bicyclette, racontait la femme de Camboulives. Elle m'a demandé de vous avertir et elle est repartie aussitôt. J'ai fait téléphoner au docteur.

– Qui ? demanda la régente devenue toute blanche. De qui parlez-vous ?

– De Vidalenc. Sa femme l'a trouvé pendu dans le fenil.

– Il faut y aller, dit Camboulives rapidement.

– Mort ? questionna Lucienne.

– Je ne sais pas. Elle m'a dit qu'elle avait eu la force de le dépendre et de l'étendre sur le foin. Elle est repartie comme une folle. »

Camboulives demanda au régent de l'accompagner. Ils passeraient chez lui prendre la moto et, en trois minutes, ils seraient chez Vidalenc. Lucienne déclara qu'elle les suivrait à pied en compagnie d'Escaich le père.

« Ce n'est pas la peine, madame Sermet, murmura Camboulives d'une voix basse et qui semblait sortir difficilement de ses dents serrées. Vous attraperez du mal. Il fait froid. Je vous promets de revenir aussitôt pour vous dire ce qu'il en est. »

Il se tourna vers Escaich.

« Et toi non plus, ce n'est pas la peine que tu viennes. »

Sans insister, il fit un signe de tête à Louis et les deux, ayant boutonné leurs grosses vestes et noué leurs cache-nez, s'éloignèrent dans la nuit.

« Il a raison, dit la mère Escaich, attendez un peu. Il ne faut pas s'effrayer encore. Il n'est peut-être pas… »

Jeanne Mage, la mère d'Adèle, arriva. Elle s'était rendue au canton pour la foire, elle venait d'apprendre la nouvelle et elle avait couru aussitôt pour savoir.

« Je dois y aller », dit la régente en cherchant son manteau.

Elle rencontra le regard de Jeanne Mage.

« Je vais avec vous… »

Adèle à son tour s'habillait.

« Il n'y faut pas toute une troupe, dit la mère Escaich. Vous dérangeriez plutôt. »

Mais les garçons avaient déjà enfilé leur canadienne.

« Nous vous accompagnons. Nous resterons dehors si cela doit déranger », expliqua Moulis.

Les étoiles pâles brûlaient au ciel d'hiver. La bise sifflait dans les fils électriques, dans les bras misérables des arbres. La troupe s'enfonça dans le chemin creux, puis se profila sur les durs miroitements de la plaine en direction de la maison lointaine, de la vieille borde aux murs d'argile et de galets où rôdait la mort. Les jeunes chuchotaient. Escaich soufflait dans sa moustache. La régente pensait à des nuits du passé que cette marche dans l'ombre lui rappelait. À Belpech, autrefois, dans les années 24 ou 25, dans ce village où ils avaient pris leur premier poste en commun. Un soir de novembre, le maire et l'instituteur marchaient ensemble sur une route de campagne, vers une maison accroupie. À l'heure de la soupe, quand les femmes taillent le pain dans les lourdes assiettes de faïence, ils avaient frappé à la porte. « Ho ! la maison ! » Il s'agissait en ce temps-là du fils Montané, mort au Maroc. Vingt ans plus tard, sur ce même chemin, le maître d'école avait repris sa marche. C'était une nuit d'été. Cette fois, il portait sur ses épaules le corps invisible du fils Vidalenc. Au retour, dans la cuisine, il avait posé sa main légère et lasse sur l'épaule de Lucienne. « Ah ! mon amie, voilà bien ce qu'il faudrait apprendre aux enfants. Au bout de la guerre, il y a cela, quelque maire de campagne, quelque secrétaire comme moi qui s'avancent vers une maison en portant le papier de mort... Me comprends-tu ? Tout le reste est de la fausse dorure ! Toutes ces douleurs, les livres d'histoire oublient de les raconter. On parle des batailles, des princes, des héros, des traités. La mort d'un paysan et tout ce qui s'ensuit, on ne les raconte pas... »

Accrochée au bras de sa bru, Lucienne baissait la tête. Comme si elle avait cherché sur la terre gelée les pas anciens du compagnon disparu. Vidalenc avait donc perdu courage. Elle l'imaginait montant vers le fenil, par l'échelle roide qui conduit aux monceaux d'herbe sèche. Par les trous ménagés au-dessus des crèches s'élève la douce chaleur humide du bétail. L'homme prend sa fourche, l'enfonce dans le foin bruissant. Une pauvre ampoule éclaire cette solitude. Il pousse l'herbe vers les vaches en attente. Il s'arrête, il se repose sur le manche de frêne luisant. La bise bourdonne sous les tuiles, entre les lourdes poutres noires toutes veloutées de toiles d'araignées. Il regarde les chevrons et le faîtage. Il songe au fils qui venait autrefois bavarder autour de lui, pousser le foin de l'été vers l'étable chaude. Le frisson de la mort agite son cœur, le goût de la mort monte à sa bouche et ses lèvres bredouillent on ne sait quel salut. Alors…

Ils approchaient de la maison lorsqu'ils entendirent bourdonner la moto de Camboulives. Germain revenait vers eux comme il l'avait promis. L'éclat du phare s'augmentait peu à peu. Gaston Escaich s'arrêta au milieu du chemin.

« S'il revient si vite… »

Moulis haussa les épaules. Lucienne vit sa pesante silhouette s'avancer à la rencontre de la moto. Il leva un bras pour avertir le conducteur de leur présence.

La moto ralentit. Germain était seul. Louis Révignac, le régent, ne l'accompagnait plus.

« Eh bien ? cria Lucienne sèchement.

– Le médecin est là-bas. Ça va. Une minute de plus et c'était trop tard. Il s'en sortira. Ne venez pas tous. »

Et il expliqua que la femme de Vidalenc, s'étant douté de quelque chose, l'avait suivi dans le fenil. Antoine avait passé sa journée au coin du feu, buvant et fumant. Heureusement, il n'était pas sûr de ses gestes. Sans cela, il y suffisait de quelques minutes. La femme avait trouvé la force de le soulever sur un tas de foin et de défaire le nœud mal assuré. À la vérité, il ne s'était pas pendu, une syncope l'avait pris au dernier moment.

« Il vous a réclamée, dit Camboulives en s'adressant à l'institutrice. C'est pourquoi je venais vous chercher.

– Moi ? »

Louis se trouvait dans la cuisine en compagnie du médecin. Ce dernier boutonnait sa canadienne. Sur la longue table noire rangée contre un mur, on apercevait une ordonnance griffonnée, deux assiettes vides, une bouteille entamée, un verre rougi.

La régente se dirigea vers l'escalier menant à l'étage. On avait transporté Vidalenc dans sa chambre. Une chambre paysanne comme tant d'autres. Des murs de plâtre. Une commode et une armoire de noyer sombre. Un crucifix et un brin de laurier séché. Le feu éclairait la pièce.

Cette chambre sentait le bois brûlé, le foin, la pomme de terre. La fenêtre regardait la plaine. La régente se souvint d'être venue dans cette même pièce pour rendre visite au fils Vidalenc. Quelque rougeole, quelque maladie enfantine, douze ans auparavant peut-être… Elle se penchait vers les yeux noirs. Rien n'avait changé dans cette chambre. C'était la même odeur de bois et de récoltes.

La femme de Vidalenc, assise au chevet du malade, se leva sans bruit pour accueillir Lucienne. Antoine semblait dormir. De rudes mèches de cheveux blancs couronnaient son visage rond et crayeux. L'institutrice s'approcha sur la pointe des pieds. Les yeux s'ouvrirent. De grands yeux noirs humides. Elle se souvenait de ce regard. Celui du fils Vidalenc, celui du père.

L'homme couché ébaucha un sourire.

« Pardonnez-moi, madame Sermet. Je… »

Il sourit encore, d'un sourire d'enfant.

« Je ne le ferai plus. Simon disait… Il faut donner la vie, non pas la mort. »

# VIII

DANS CETTE NUIT DE GLACE et d'étoiles dures, où Vidalenc avait voulu se pendre, le vent ronflait sournoisement sur la plaine. Il secouait les bras tordus des platanes d'où s'éparpillait une poussière de gel, une fausse neige ; il sifflait dans les fils électriques et grognait aux creux des granges isolées, leur arrachant des poignées de foin et de paille.

La lune pendait dans le ciel clair, au-dessus de la maison Vidalenc. Les ombres de ceux qui marchaient sur le chemin du village se découpaient parmi les ornières pâles. Lucienne rentrait en compagnie de son fils, de Camboulives et d'un paysan venu aux nouvelles, un nommé Jean-Baptiste Mercereau. Ce Mercereau appartenait à la même classe que Vidalenc et, dès qu'il avait appris le malheur, il s'était mis en route vers la borde de la plaine.

Lorsque Camboulives avait su que Mercereau se trouvait au chevet de Vidalenc, il avait froncé les sourcils et il avait grondé sourdement du côté de la régente :

« Hé ! celui-là, il lui amènerait bien un prêtre, s'il osait…

– Allons, allons, Germain, qu'allez-vous chercher ? Ils sont camarades de leur temps de service. Mercereau vient par amitié. »

Jean-Baptiste Mercereau était un neveu de l'ancien maire, celui qui avait accueilli les Sermet lors de leur retour à Fontvieille. Il appartenait à une famille de catholiques très croyants. Des dévots de ce genre, on n'en connaissait plus beaucoup dans le village et ils se montraient d'autant plus acharnés à la religion qu'ils étaient moins nombreux. Une fille de Mercereau rassemblait les enfants dans l'ancien presbytère, le jeudi ou le dimanche matin, pour le catéchisme.

En sortant de la cuisine des Vidalenc, Lucienne avait demandé :

« Où sont donc les jeunes ? Où est Adèle ?

– Ils sont repartis en troupe, avait répondu Germain. Ils n'ont pas osé entrer de crainte de déranger. Le docteur leur a dit que tout allait bien. Ils seront revenus chez Escaich.

– Adèle ne nous a pas attendus ?

– Allons ! » avait commandé Louis de sa voix sèche. C'était sa voix d'humeur et de colère, une colère froide et rentrée. Alors, il serrait les lèvres et ses yeux se fermaient à demi. Son visage pâlissait.

Il avait pris le bras de sa mère. Mercereau reniflait. Il lissait ses grosses moustaches d'un geste mécanique. On n'aurait su dire s'il pleurait ou s'il s'enrhumait. Au bout de son corps étiré comme un échalas, sec comme un sarment, se dressait une tête longue, un peu chevaline, avec des yeux globuleux.

Lucienne regardait vers le bout du chemin. On n'apercevait aucune silhouette. Le sol poudroyait sous la lune.

Camboulives suivait en poussant sa moto. Le verglas crissait sous les pneus.

L'institutrice se retourna.

« Rentrez, Germain. Inutile de se geler tous. Votre femme vous attend.

– Je n'ai pas froid. Je peux bien vous faire conduite.

– Tout va bien maintenant et je suis en compagnie. Cette moto est lourde à pousser. Allez-vous-en ! »

Camboulives haussa les épaules puis, réflexion faite, se mit en selle et poussa sur la pédale de démarrage. Il dut s'y reprendre à plusieurs fois. Ils l'entendirent sacrer derrière eux. Il grommela un bonsoir et disparut.

Lucienne se mordit les lèvres. Camboulives lui obéissait bien vite. Et pourquoi ? Pour rejoindre le groupe des jeunes. Lui aussi avait remarqué le manège du fils Escaich et de sa belle-fille.

La régente regardait les toits et les granges amoncelés au pied des collines. Elle imaginait un couple s'avançant sur ce chemin. Elle essayait de chasser l'image et l'image revenait. Ses mains se crispèrent dans ses vieux gants de drap noir. Non !... Adèle, Adèle presque une enfant, la naïveté, la pureté, une enfant innocente qui dormait dans sa maison... Ce n'était pas possible. Elle voulut évoquer Vidalenc, ne penser qu'à Vidalenc. Il reposait maintenant au creux de sa couette chaude. Il dormait. Son visage couleur de chandelle se renversait sur l'oreiller. La main du paysan abandonnait celle de Lucienne, glissait sur le drap, retombait dans le vide. Elle l'avait bordé. Et la femme de Vidalenc, debout au pied du lit, regardait faire la régente.

L'image de Vidalenc disparaissait et le visage d'Adèle sortait de la nuit. Des yeux noirs, des lèvres luisantes, d'un rouge de fleur de grenade. Autrefois, Simon avait planté un grenadier près du puits. Le gel d'un hiver avait tué le grenadier. Dans ce Midi, les hivers sont parfois rudes…

« Je suis folle », se répétait Lucienne. Par la pensée, elle suivait la route, pénétrait dans le bourg. Truffié et Moulis avaient dû prendre congé. Les deux étaient restés seuls. La nuit, dans le village noir, une ampoule clignote au coin de la place. La rue conduisant à la place est déserte. Les gens ont serré leurs volets. La lune froide ne touche qu'un côté des façades. Les maisons se taisent. Le vent bourdonne le long des murs aveugles. Rien que ce couple dans la nuit. Le soldat se penche vers la jeune femme. Demain, il s'en ira, demain… Aujourd'hui, une femme marche à son bras. Elle est jeune. Il sent la chaleur de son flanc contre le sien.

Lucienne s'interrogeait : est-ce que Louis s'entend bien avec sa femme ? C'est un garçon doux mais il est revenu de la guerre avec une sorte de dureté, un air de mépris et de raillerie. À quoi pense-t-il ? Il lit, il s'éloigne, il se plonge dans des songes qui le séparent des siens, des voisins… Adèle a revu le fils Escaich. Ce soir, le fils Escaich ne rêve pas… Elle chuchotait dans sa tête : ce n'est pas vrai, ce n'est pas possible !

Mercereau parlait et Louis répondait d'une voix lente. Que disaient-ils ? Lucienne s'arracha à son angoisse pour écouter leur conversation. Le paysan racontait son travail de la journée. Il avait charroyé du bois depuis un lopin qu'il possédait dans les collines, et pas loin justement d'une parcelle de Vidalenc. Seulement, le bois de ce pauvre Antoine appelait la serpe et la faux. Il aurait fallu l'éclaircir plus tôt. Maintenant, ce serait tout un travail.

« Le bois demande du soin, expliquait gravement Mercereau. Si vous ne nettoyez pas, si vous laissez pousser la ronce par-dessous, vous étouffez la bonne tige. Dans ce pays, nous ne pouvons prétendre à de la futaie, mais tout de même… Il ne faut laisser que le bon. »

Le régent soupira.

« Je lui ai dit souvent : “Antoine, un de ces jeudis, nous irons là-haut, et je vous donnerai la main…” Et puis…

– Chacun sa tâche. Vous êtes dans les livres. Un peu de jardinage par-ci, par-là vous suffit bien. Votre pauvre père en était féru. Et vous-même ?

– Je n'y ai pas tellement de goût, répondit Louis.

– Chacun sa tâche, bien entendu. Dans le temps, M. Sermet avait de beaux rosiers… Il faut l'aimer et il faut l'expérience. Je comprends bien que, la journée finie, vous cherchiez du repos. Les enfants sont fatigants. Au jour d'aujourd'hui, ils le sont plus qu'avant-guerre, me semble-t-il. Je sais ce que c'est. Ma fille leur fait le catéchisme. Elle est bien douce et patiente, remarquez… C'est une autre époque. »

Mercereau renifla. Il frotta son nez et sa moustache d'un coup d'index.

« Avez-vous froid, madame Sermet ?

– Non, ça va bien, dit la régente. C'est supportable. »

Le paysan se retourna tout en marchant, regarda dans la direction de la maison Vidalenc. Il renifla encore.

« Je me souviens, le jour du conseil, j'ai raccompagné Vidalenc par ce même chemin en chantant. Nous étions tout un groupe de conscrits. Le père Vidalenc, je parle de l'ancien, le père de celui-ci, nous a payé la goutte. Eh ! ce n'était pas hier. À l'époque, les conscrits se fleurissaient la boutonnière. On se mettait des rubans et des médailles. On était tout fiers d'être reconnus bons… Il faisait un temps magnifique, ce soir-là. Ce devait être en avril ou en mai. Un temps splendide. Je m'y vois encore. Ce devait être en mai. La veille, j'avais fauché tout un carré avec mon pauvre père... Nous avons tourné dans les maisons du village puis nous avons raccompagné Antoine... Je parle d'avant l'autre guerre... »

Camboulives approchait de sa maison lorsqu'il retrouva le couple. Moulis et Truffié avaient disparu. Marcel Escaich tenait le bras d'Adèle et ils s'en allaient à pas lents, serrés l'un contre l'autre, le long des façades silencieuses.

Camboulives avait ralenti avant de tourner dans cette longue rue qui conduisait à la place. À cinquante mètres des deux jeunes gens, il remit des gaz. Il vit que Marcel abandonnait brusquement le bras de sa compagne. Ils se retournèrent. La moto glissa obliquement vers le trottoir caillouteux. La semelle de Camboulives racla le sol durci.

« Vous voilà tous les deux ! » dit-il à mi-voix, comme s'il se parlait à lui-même.

Il n'avait pas crié. Il avait articulé les mots avec soin mais sur un ton très bas.

Il distinguait le visage d'Adèle, tout pâle, tout blanc de froid ou de lune, ou d'une crainte soudaine. Il vit que sa bouche s'ouvrait pour répondre, se refermait sans un mot, avec un rapide tremblement des lèvres.

« Les autres sont rentrés, dit le soldat. Nous allions à la maison. Il fait froid, eh ! Germain ? »

Sa voix tremblait. Le même furtif tremblement qui avait agité les lèvres d'Adèle. Il essaya de rire.

Camboulives se renversa en arrière. Ses mains dans les gros gants déchirés demeuraient pourtant agrippées aux poignées du guidon. Il avala sa salive.

« Oui, il fait froid, très froid. »

Il articulait avec peine maintenant mais les deux ne le sentaient pas. En chemin, il s'était dit : « Voilà comment les choses se font. Ce régent ne s'occupe pas assez de sa femme. Marcel est beau garçon. Avec Adèle, ils ont causé toute la journée sans se rendre compte, ils se sont rapprochés. Voilà comment les choses… C'est la vie. Ce n'est pas compliqué. Pauvres enfants ! Si vous saviez comme ce n'est pas compliqué ! »

Il avait roulé afin de les rejoindre et il souhaitait pourtant se tromper. Peut-être allait-il rencontrer tout le groupe rentrant tranquillement se chauffer, rassuré sur le sort de Vidalenc ; et non pas ces deux se cachant dans le noir, avançant hanche contre hanche. Et puis, il les avait découverts et il se dressait devant eux comme un grand qui surprend deux gamins fautifs. Il grogna d'abord en lui-même : « Ils auraient pu choisir un autre soir ! » Là-bas, le bonhomme Vidalenc venait d'échapper à la mort, et ces deux profitaient de la circonstance pour se caresser dans un coin… Eh bien ! quoi ! Fallait-il vraiment choisir un autre soir ?

« Où est Louis ? demanda Adèle timidement.

– Avec sa mère et Mercereau. Ils arrivent. Dans dix minutes, ils seront là.

– Et Vidalenc ? interrogea le garçon.

– Ça va. Il dort. Il n'y a rien à craindre, rien.

– Germain, reprit le soldat, tu nous accompagnes à la maison ? On boira un coup de vin chaud…

– Non, je vous laisse. Je rentre. Je suis fatigué. »

Quand il avait dit : « Je suis fatigué », sa voix était tombée, elle s'était achevée dans un sifflement triste et las.

« Vous n'êtes pas loin du chaud, ajouta-t-il. Dépêchez-vous. Louis et sa mère vont vous rejoindre. »

Les regardant s'éloigner, il se laissa choir, le buste en avant sur son guidon, le menton sur les bras. Il pensait : « Est-ce que nous avions besoin d'une histoire pareille ?

La vie est déjà assez difficile ! La fille de Mage ! Je ne le permettrai jamais ! »

Dans l'ombre, tout seul, il respira profondément. La fille de Mage ? Et puis après ? La fille de Mage était une fille comme les autres.

Le couple marchait à pas rapides vers le café Escaich. Quelqu'un les croisa. Il y eut des paroles échangées. Une porte s'ouvrit et une lueur coula vers les platanes. Ils étaient rentrés. Tout reviendrait dans l'ordre.

Il poussa la moto vers sa maison puis s'arrêta, fouilla ses poches, cherchant une dernière cigarette. Il en avait un paquet de toutes cousues. Il aspira une bouffée avec délice. Une phrase revenait bizarrement dans sa tête. « À boulets rouges contre la gabegie, l'esprit bureaucratique, la paresse, le marché noir… » Une phrase de Thorez. Elle lui plaisait par sa vigueur et parce qu'elle résumait bien toute la lutte à mener. À boulets rouges, contre… Il l'avait déjà employée et il l'emploierait encore.

« Je suis fatigué, pensa-t-il, tout se mélange dans ma cervelle… » Il réfléchit un moment et secoua la tête. Non, tout ne se mélangeait pas.

Il arriva devant chez lui. Une lueur filtrait entre le joint des volets. Sa femme l'attendait. Elle avait dû mettre le moine. Il pensa à son lit, à la merveille des draps réchauffés par la braise. Il poussa la porte de l'atelier, rangea son engin. Il se dit : « Dans deux jours, le fils Escaich aura regagné l'armée. Je prendrai Adèle à part. Je lui causerai gentiment… Et puis non, non, je ne lui dirai rien. C'est réglé… »

Il revit les deux silhouettes dans le noir de la place, entre les platanes et le café. La fille trotte-menu dans son manteau râpé. Le garçon bien planté sur ses bottes et roulant lentement des épaules. Un beau soldat…

Il pensa à son fils à lui qui devait venir les voir le dimanche suivant.

La neige tomba vers la fin de janvier, au moment où on ne l'attendait plus. Les jours s'allongeaient. Après le temps des glaces était venue une période de douceur. Les langues humides de l'autan avaient parcouru la plaine. Certains soirs, à la sortie des classes, on pouvait croire au printemps. Une lumière bleuâtre et fine luttait longuement contre la nuit. Les enfants ne se dispersaient pas aussi vite qu'aux crépuscules de froidure. Alors, ils courent se renfermer dans les maisons. Les mères les appellent ou se hâtent avec leur nichée. Les portes claquent. Les ruelles retrouvent vite leur silence. Les derniers chars de fumier ou de bois gémissent entre les murs gris. Tout s'éteint.

Sous l'haleine trompeuse de l'autan, les bourgeons de lilas s'étaient gonflés plus vite. Les branches et les feuilles mouillées évoquaient une sève proche. Dans ces soirs de tiédeur, la régente s'attardait sur le seuil de la vieille maison d'école, bavardait avec les parents, prenait des nouvelles de tous. Louis, déambulant dans sa blouse grise, surveillait la sortie, échangeait quelques mots rapides avec les villageois et remontait dans sa classe provisoire. Il avait accepté enfin de s'occuper du secrétariat de la mairie et il avait toujours une écriture en train.

Les enfants disparus, la régente revenait dans sa classe, préparait son travail du lendemain puis appelait son fils. Ils prenaient lentement le chemin de leur maison. Adèle s'avançait à leur rencontre. Parfois même elle arrivait jusqu'au village. Cette vie changerait bientôt. Camboulives avait juré ses grands dieux que l'école neuve serait terminée avant la fin de l'année.

La neige tomba au milieu d'une matinée. Le ciel s'était plombé peu à peu, le vent avait viré. Soudain, les marmots levèrent le nez vers les fenêtres. Derrière les vitres troubles sautillaient les premiers flocons. Les enfants souriaient et se dandinaient sur leurs bancs.

« Madame, madame, c'est la neige…

– Eh ! Je le vois bien. C'est de la neige. Et puis après ? Je vous prie de vous tenir tranquilles. La neige ne doit pas nous empêcher de travailler… »

Elle cogna de sa baguette sur le tableau de lecture.

Au-dessus de sa tête, dans la grande classe, il y avait eu de l'agitation. Les galoches avaient raclé le plancher vétuste. Le pas rapide de Louis s'était approché de la fenêtre. Lui aussi avait dû regarder un instant la chute voltigeante des premiers flocons puis se retourner vers ses élèves. « Un peu de calme, s'il vous plaît ! Continuons… »

Les enfants ne changeaient pas. Du fond des années, à chaque apparition de la neige, ils gardaient cet émerveillement. Et même ceux qui habitaient les écarts et qui devraient marcher longtemps dans la boue froide riaient au soudain miracle de la blancheur, de la légèreté. Dans ce pays, la neige s'efface vite et se garde intacte peu de temps.

Voilà que la régente elle aussi se réjouissait de la neige. Pendant que les petits épelaient leurs mots, elle suivait du coin de l'œil la valse gracile des flocons. Déjà se poudraient la terre noire de la place et les ocelles grises des platanes. Les pas au-dehors sonnaient plus sourdement. Dans le village, elle sentait couler déjà ce silence mystérieux et velouté qui appelle les histoires, le coin du feu, la tendresse du nid.

Elle revint à ses enfants et les considéra avec une affection renouvelée. Ils étaient groupés autour d'elle, craintifs ou délurés. Elle les corrigeait machinalement. « Annette, veux-tu répéter… *Attention, Martial a bu la potion…* » Elle les regardait. C'étaient des enfants. Charmés par la neige et purs comme la neige. « Jean-Paul, continue… *Martial a bu la potion. Étienne a une punition…* »

Dans un coin de la classe, le cours élémentaire recopiait un résumé. Les plumes grattouillaient les pages. Le poêle ronflait. Du côté des collines, on devinait un moutonnement d'arbres grisâtres et les carrés déjà blanchis des prés et des vignes.

À 11 heures, Adèle arriva de la maison des collines, portant des bottes pour son mari et des souliers de caoutchouc pour la régente. Elle riait, les joues rouges de plaisir et de froid. Une crête de neige ornait son capuchon.

« Tu es bien gentille, ma fille, dit Lucienne. Je pensais bien que tu viendrais. Déshabille-toi. Approche-toi du poêle. Je vais appeler Louis. Tes cheveux sont mouillés. Attends, j'ai une serviette. Viens par ici. Te voilà mise comme un barbet ! »

Lucienne éclatait de rire à son tour. Elle frictionnait les cheveux noirs de la jeune femme. Elle avait oublié ses soupçons d'un soir. Comment avait-elle pu imaginer que cette petite Adèle… C'était sa fille, sa fille depuis longtemps.

« Je me demande ce que fait Louis. Va le chercher. Je vais débarrasser ma table. Nous mangerons dans cette salle. La cuisine est petite mais on n'arrive pas à la réchauffer. Avec cette neige ! »

Louis descendit enfin, les mains colorées de craie. Il venait de terminer une carte au tableau noir pour sa géographie de l'après-midi. Lui aussi riait, à cause de la neige, à cause de la présence d'Adèle. Il raconta les incidents de la matinée. Le cours du certificat n'était pas très fort. Pas une dictée sans fautes. Le jeune Moulis était toujours impossible. Il faudrait en parler à son père et à son frère aîné.

« Les miens, dit l'institutrice, ne pensaient qu'à la neige. Avec la neige, on ne peut plus les tenir. »

Adèle écoutait paisiblement. Elle avait maintenant l'habitude de ces conversations. À chaque repas, les régents parlaient des progrès ou des fautes de leurs élèves. Et quand ils ne parlaient pas de leurs élèves, ils parlaient du travail et des méthodes d'enseigner.

Elle s'efforçait de s'habituer à ces conversations et de s'y intéresser. Les paysans parlent de terre et de bétail. Les maîtres d'école parlent de leurs semailles à eux.

Ils terminaient leur repas lorsqu'on frappa au carreau. C'était Thérèse Camboulives portant comme un trésor un plat de crêpes enveloppé dans un torchon.

« La neige appelle les crêpes, dit-elle. Il me restait un peu de farine blanche. Posez-les sur le poêle. Le temps de les apporter, les voilà froides. Je pensais bien qu'Adèle serait descendue. »

Ils la remercièrent et l'invitèrent à s'asseoir.

« Comment va Germain ? demanda la régente.

– Il trotte toujours. Malgré cette neige, il est allé voir Vidalenc. Il l'avait décidé. Je n'ai pas pu le retenir. »

Thérèse Camboulives était une femme replète, encore brune, avec des mains courtes et des pieds minuscules, des traits jolis malgré l'empâtement de l'âge. On la connaissait comme fort vive de caractère, ayant sans peine le mot pour répondre. Elle restait difficilement en place. Assise près de Lucienne, elle s'efforçait de demeurer tranquille mais ses mains voltigeaient sans cesse depuis le creux de son tablier de satinette, jusqu'à la porte du poêle, jusqu'au verre posé devant elle, jusqu'à son fichu qu'elle rajustait promptement.

« Et Vidalenc ? interrogea Adèle.

– Oh ! celui-là, dit Thérèse soudain attristée, la première fois que je l'ai revu, il m'a semblé que je rencontrais un autre homme. Et du reste, ce n'est pas un homme qu'il faut dire, c'est un enfant, une sorte d'enfant. Il n'est plus violent comme autrefois. Il semble heureux. Il a maigri. Il est tout blanc, blanc de peau, blanc de cheveux. Il paraît qu'il ne boit plus.

– Non, dit Louis, il ne boit plus. Mais il ne s'intéresse guère au travail de la mairie. S'il n'y avait pas Germain…

– Le plus curieux, c'est son allure, sa façon de parler. Il ne jure plus, il ne crie plus, il a une voix douce… »

Thérèse s'interrompit, prit le bord de la table à deux mains et se pencha en avant.

« Vous savez que Mercereau s'est remis à le fréquenter ? Germain ne vous en a pas parlé ? Ce Mercereau, un de ces matins, il les emmènera à la messe. Ce serait tout de même un peu fort. Vidalenc à la messe ! Un joli maire que nous aurions !

– C'est à cause du fils, dit Louis avec un demi-sourire un peu sarcastique.

– Comment ça, à cause du fils ?

– Un noyé s'accroche à tout ce qu'on lui tend, expliqua le maître d'école. Vidalenc ne pense qu'à son fils. Or, Mercereau lui a promis ce que nous ne pouvons pas lui promettre : qu'il reverrait son enfant.

– En paradis ! s'exclama Thérèse avec un petit rire amer.

– Exactement ! »

Le maître d'école hocha la tête à plusieurs reprises.

« D'abord, Antoine s'est mis à crier contre les Allemands. Cette haine le soutenait. Puis il s'est mis à boire. Et puis, il a essayé de mourir. Et voilà maintenant Mercereau qui lui dit : ton fils, tu peux le retrouver un jour... Dans une autre vie.

– Il faut le comprendre, murmura l'institutrice.

– Je le comprends. N'empêche que ce n'est plus le même homme. Sa tête a faibli.

– C'est difficile, c'est difficile », chuchota Lucienne.

Adèle s'était levée. On l'entendait préparer le café dans la petite cuisine.

« Ce Mercereau ne m'a jamais plu, dit Thérèse sèchement.

– Je le prends pour un honnête homme, dit la régente.

– Honnête à sa façon. »

Lucienne sourit.

« Chacun est honnête à sa façon. »

Un moment de silence. Dehors, les flocons s'abattaient par lignes épaisses et serrées. Une vaste masse de blancheur habillait les collines, effaçait dans la plaine les têtes des saules et des pêchers. La neige crêtait les murs de brique et les barrières vétustes. On n'entendait rien que le frôlement obstiné des flocons. Une farine molle garnissait les coins des vitres. Les maisons du village s'accroupissaient confusément dans la neige.

« Hé ! Louis, s'écria Thérèse, tu n'aimes pas mes crêpes ? Tu ne les touches pas ! Peut-être as-tu trop mangé de pain !

– Non pas, non pas ! » répliqua le régent en riant.

Puis, la femme de Camboulives courut vers la fenêtre.

« Je croyais avoir entendu la moto... Non, ce n'est rien. Cet homme me fera mourir ! Avait-il besoin d'aller courir dans cette neige ? Je voudrais bien le voir les pieds au feu de temps en temps. Toujours par voies et par chemins. Le dimanche, il vend les journaux ; le soir, il trotte à ses réunions. Il n'arrête jamais et il est souvent seul. Les autres ne l'aident pas assez. De temps en temps, Moulis et Truffié l'aident pour coller des affiches ou pour distribuer la presse…

– Mais non, Thérèse, il n'est pas seul, dit la régente.

– Vous croyez ? Pour voter, on l'écoute encore, mais pour le travail… À la Libération, tout le monde voulait travailler. Des amis, il y en avait partout, on attendait monts et merveilles… Maintenant, les jeunes ont d'autres idées en tête et les vieux se renferment. Quelle heure est-il ? Cette neige ne cesse pas. Demain, les autos ne pourront pas rouler. Adèle, mange encore une crêpe ! »

La couche augmentait sur le rebord des fenêtres.

Dehors, on ne distinguait plus rien. Le blanc mouvant de la neige. Un cri d'enfant au loin. Dans quelques minutes, ils piailleraient devant la porte. Les mères s'efforçaient de les garder au chaud.

Lucienne, à son tour, crut entendre la moto de Camboulives. Et c'était bien vrai qu'à tout instant il pouvait apparaître sur un de ces chemins, n'importe où, par n'importe quel temps, courbé sur son engin bringuebalant aux sacoches bourrées de dossiers, de journaux, de brochures. Sa femme le disait fatigué. On ne s'en doutait guère : ces hommes secs ne semblent pas vieillir. La moto de Camboulives, c'était comme un grelot, oui, une sorte de grelot têtu et patient qui sonnait d'un bout à l'autre de la plaine. Parfois, Lucienne lui disait en riant :

« Ah ! Germain, vous êtes toujours sûr de tout ! Je vous envie. »

Il secouait la tête et bougonnait :

« Sûr de tout ? Ce n'est pas vrai. Je sais où je veux aller mais, durant le trajet, il peut se passer bien des choses. Et il s'en passe ! »

Certains s'écriaient : « Si tous les communistes étaient comme toi ! » Cela le mettait en fureur. « D'abord, rétorquait-il, si tous les communistes étaient comme moi, le monde serait bien ennuyeux. Il en faut de tous, des gras et des maigres, des tristes et des gais. Est-ce que je suis exceptionnel ? Je veux ce que veulent beaucoup : la paix et la huche pleine, la justice… »

Simon disait : « Communiste, je ne le serai jamais… Non. Seulement, des hommes comme Camboulives, il faut le reconnaître, c'est le bon pain, c'est l'or pur… »

La neige et le silence. Thérèse et Adèle parlaient de tricotage. Le régent lisait son journal, appuyé contre le mur, non loin du poêle, sur sa chaise en équilibre. Cette vieille maison semblait perdue au bout d'un monde, dans un pays immobile où les vieilles forces sombres du passé demeuraient enfouies comme les racines longues du chiendent. Simon disait : « À force de lire, à force d'apprendre, les hommes s'élèveront, se libéreront. – Les livres n'y suffiront pas, monsieur Sermet », répondait Germain. La patience de Simon, la sèche colère de Camboulives arriveraient-elles jamais à vaincre le vieux chiendent ?

La neige tomba jusqu'au soir et le ciel était lourd encore. Tous les jardins, toutes les haies avaient disparu. On ne reconnaissait plus les arbres. Bien avant la sortie des classes, les mères piétinèrent sous les murs de l'école, les bras chargés de capes et de cache-nez.

La nuit coula vite dans les ruelles désertées. Les hommes s'affairaient dans les bûchers, traînaient jusqu'aux âtres des troncs et des souches, de ces billots qu'on ne peut pas débiter et qu'on garde pour les soirées de grand feu. Ils datent souvent de plusieurs années, ils sont secs, poussiéreux et vermoulus. La flamme les prend tout entiers et ils nourrissent le foyer jusqu'au matin.

Les régents décidèrent de ne pas rejoindre, ce soir-là, leur maison des collines. Ils s'en iraient manger et dormir dans la maison Mage où la mère d'Adèle serait bien heureuse de les accueillir. Les chambres étaient petites mais la cuisine était vaste.

Les voisins vinrent pour la veillée et aussi les deux Camboulives. Jeanne Mage fit cuire une cruche de vin parfumé d'une vieille écorce d'orange.

« Eh ! s'écria le vieux père Moulis d'un air réjoui en regardant Lucienne, Louis et Adèle, voilà nos régents au village. C'est mieux ainsi. Les instituteurs, on aime les avoir sous la main. »

Lucienne répondit sur le même ton :

« Cela dépend de vous, mon ami. Bâtissez-nous cette école et nous n'en bougerons plus. »

Camboulives expliqua que les travaux reprendraient à la fin des froids. Avant les grandes vacances, l'école serait sans doute habitable. Il faudrait penser à l'inaugurer vers mai ou juin…

On parla de la neige et du temps puis, une nouvelle fois, du grand sujet de cette époque qui était la question du pain. Augmenterait-on enfin cette ration ? Auriol et Ramadier, qu'allaient-ils faire ? Vincent Auriol, un enfant du Midi, venait d'être élu président de la République. Et Ramadier, nouveau président du Conseil, avait succédé à Bidault. Ce dernier avait succédé à de Gaulle après sa démission.

« Auriol, dit un ancien, je l'ai entendu causer à Toulouse autrefois. Je vous parle de longtemps. Ce n'était qu'un petit avocat socialiste… Depuis, il a fait du chemin. »

Camboulives parlait peu. Il s'était approché du feu et il fumait en écoutant les uns et les autres.

« Vous semblez soucieux, Germain ? lui dit la régente. C'est Vidalenc qui vous inquiète ?

– Non pas. Ça va bien, ça va très bien… »

Lucienne lui trouva tout à coup une allure de vieil homme. Son profil se détachait sur le fond des braises. Le nez un peu courbe et le menton avancé, le cou ridé, semé de poils blancs.

Gaston Escaich et sa femme arrivèrent un peu plus tard. Camboulives parut se réveiller à ce moment-là.

« Et le fils ? demanda-t-il.

– Le fils ? répondit le cafetier en riant, celui-là ne peut pas rester en place. Il nous a écrit de Marseille. Il va embarquer un de ces jours pour Madagascar.

– À Madagascar ? Qu'est-ce qu'il y a à Madagascar ? questionna Jeanne Mage.

– Il n'y a rien à Madagascar, dit Escaich. C'est histoire de voir du pays. L'armée, c'est ça. On voyage. »

La mère Escaich soupira.

« Voilà tout de même un grand voyage sur l'eau.

– C'est un beau pays, paraît-il », murmura la régente.

Camboulives ouvrit la bouche comme pour commencer une phrase. Il ne dit rien. Ses yeux regardèrent le père et la mère Escaich presque à la dérobée. Il tira une cigarette de sa poche, l'alluma avec un tison puis se pencha vers le feu, les coudes sur les cuisses. On pouvait croire qu'il oubliait l'assemblée pour contempler les braises pourpres et les flammes bleues et violettes qui dansaient légèrement sur les bûches.

## IX

LA NUIT MONTAIT autour de la régente. Des confins de la plaine, l'ombre roulait vers Fontvieille, gagnait les collines, dévorait les dernières flaques de jour bleuâtre demeurées entre les arbres.

Un souffle d'ouest, lent et vaste, poussait les nuages de pluie. Des rayures de pourpre marquaient encore le couchant, dessinant d'étranges montagnes incendiées. Des gouttes voltigeaient. Des perles d'eau luisaient sur le fichu de la femme immobile, debout devant la plaine silencieuse que l'ombre envahissait, où des rideaux de pluie et de brouillard naissaient et se dispersaient sans cesse.

Le vent était mou, parfois presque caressant. Une rafale plus violente s'élevait de temps à autre ; on la sentait venir de loin, précédée au fil des crêtes par des craquements, des murmures, des plaintes. Alors, la bourrasque s'approchant, Lucienne Sermet rentrait la tête dans les épaules et se recroquevillait comme un passereau devant la tempête. Le vent l'entourait brusquement. Les bruits se multipliaient, les grondements jaillissaient de partout, des routes de l'air comme des tréfonds de la terre. Mais dans tous ces cris et ces rumeurs, il restait un frisson de feuilles, une chanson cristalline de gouttes ; on pensait aux mains vertes des platanes qui venaient de se déplier, aux tendres feuilles premières des acacias, au printemps...

La femme se tournait vers la droite et la gauche de l'horizon, flairait le vent, cherchait dans la bourrasque l'incertaine et délicieuse odeur des feuilles.

Après la sortie de l'après-midi, elle avait décidé de monter jusqu'aux collines. Cela lui arrivait assez souvent en dépit des observations de son fils. Elle partait seule, tournait très vite le dos au village, traversait des prés derrière l'école, puis trottinait par des raccourcis et des raidillons jusqu'à la terrasse où se trouvaient les tombes.

Par ce soir d'averses, elle savait bien que Louis aurait grogné de la voir s'en aller à travers champs. Elle ne lui en avait rien dit. Elle l'avait laissé partir pour une réunion du conseil municipal. La porte claquée, elle avait rangé ses affaires et s'était hâtée vers les sentiers boueux, serrant dans sa main un bouquet de violettes apporté par les enfants, des fleurs pâles et fragiles, premières nées dans les bordures des jardins.

Dans cette saison, on plaçait le conseil à la fin de l'après-midi. Ainsi, il se poursuivrait jusqu'un peu plus tard que l'heure du repas et la soirée resterait libre. D'abord, Louis lui avait proposé d'y assister. Elle avait refusé. Elle savait que les hommes ne tenaient pas tellement à la voir présente. Et puis, elle voulait monter aux collines. Elle arriverait avant la nuit pleine. Elle redescendrait aussitôt.

La plaine s'assombrissait de plus en plus. Une épaisseur de ténèbres soulignait la bordure des ramiers. Cette étendue sentait l'eau. Tous les ruisseaux s'étaient gonflés. En bas, l'Essonnelle jaune et crémeuse rongeait ses berges et filait sournoisement sous l'arche du pont. Au milieu de la plaine, la Garonne s'était élargie. Ses eaux clapotaient déjà au pied des peupliers. Le fleuve escaladait lentement les talus, s'avançait dans les ramiers, emplissait les fossés, mordait les chemins et les prairies basses.

C'était le temps des crues et, à chaque fois, on évoquait les inondations anciennes, celles de 1875 à Toulouse qui rasa tout le quartier Saint-Cyprien ou de 1931 dans la région de Montauban et de la moyenne Garonne. Et ces dernières avaient ravagé affreusement le pays, noyant les hommes et détruisant les maisons par milliers. Il est vrai que, sur les terres de Fontvieille, les dégâts restaient toujours minimes. Le village lui-même n'en avait jamais pâti. La crue roulait devant lui sans le toucher, écornant à peine les frontières de la commune. En aval, vers Montauban, c'était une autre histoire.

Dans ces jours-là, les gens descendaient jusqu'à la Garonne pour examiner la montée des eaux. Mais ce n'étaient que des promenades de curiosité. De loin déjà, on entendait le frémissement doux de la masse liquide, ses frissons veloutés contre les souches nues. Elle se mêlait à l'herbe et à la terre, devenait flaques ou mares peu à peu élargies. Des filets circulaient au gré des pentes. Plus loin, la Garonne tendait son ventre large et terreux, ponctué par les lents entonnoirs des remous, par la neige rouillée de l'écume et des feuilles mortes. Des troncs glissaient en surface, dressant quelque bras maigre vers le ciel plombé, puis des planches, des bêtes crevées, des formes indistinctes ourlées de débris et de boue.

Alors, on racontait des histoires de crues, comiques ou terribles : un homme longtemps perché sur un peuplier, des maisons de torchis fondant comme sucre dans les eaux montantes, les gens surpris par le galop de Garonne dans la nuit, écrasés contre leurs murs ou leurs planchers ; et d'autres, grimpés sur les toits et attendant la délivrance, et les vieux se refusant à quitter leur maison de toujours... Et ce Roques de Blagnac qui avait abattu les murs de son étage, gardant le plancher comme radeau, en attendant les sauveteurs...

La régente se retourna, abandonnant la contemplation de la plaine. Dans l'ombre, elle apercevait encore les quatre tombes des fusillés : quatre dalles blanches que les maçons venaient de poser. Les travaux venaient de reprendre en cet endroit ainsi qu'à l'école d'en bas. Ici, on avait prévu une allée de gravier plus une bordure de ciment et quelques bornes soutenant une chaîne qui séparerait l'humble monument de la route. Au-dessus des tombes, on avait scellé une plaque dans le rocher nu. Or, cette plaque s'était fendue et il faudrait la remplacer. D'abord, Camboulives avait pensé à un acte de vandalisme. Mais non, à l'examen, on voyait bien que ce n'était pas cela. Un caillou jeté ou un coup de marteau auraient laissé d'autres traces. Il devait y avoir un défaut dans la plaque, et un coup de gel là-dessus... Lucienne s'approcha, contourna la tombe du maître d'école et se haussa vers la plaque. Elle caressa, de l'index, la fente irrégulière de la marmorite. Son doigt passa sur les noms gravés, les dates de naissance... Elle recula, baissa la tête, regarda la tombe de Simon, puis les autres.

Les maçons avaient abandonné une brouette, une auge, des planches et des ferrailles tordues qui donnaient à cet endroit une sorte de familiarité, lui enlevaient sa nudité mélancolique. Elle s'accroupit, remit machinalement en ordre les corolles des violettes sur le ciment clair.

Il fallait rentrer. Les bourrasques s'apaisaient mais une pluie fine crépitait autour d'elle. On ne la voyait pas, on l'entendait à peine, un rideau de tulle impalpable et froid, une confidence que la nuit tambourinait imperceptiblement…

Louis revint assez tard dans la soirée. Il soufflait en se déchaussant dans le vestibule. Il semblait fatigué.

« Alors ? demanda sa mère.

– Alors, dit-il lentement, quelle séance ! Camboulives et Escaich ont failli se battre…

– Ah ! il y a longtemps qu'ils se cherchent, ces deux-là ! dit la régente.

– Pourquoi ? s'écria Adèle. Pourquoi, mon Dieu ? »

Louis haussa les épaules et alla s'asseoir devant le feu.

« Tout a commencé par le presbytère. Mercereau a remis la question du presbytère sur le tapis. La maison tombera en ruine un de ces matins. Remarquez, c'est la vérité… La cheminée est inutilisable. Les plafonds s'en vont en plâtras. On voit les lattes. Pour le catéchisme, les enfants se gèlent.

– De mon temps, dit Adèle, la maison n'était déjà pas bien belle.

– Camboulives a commencé à grogner. Il semblait déjà de mauvaise humeur. Il a parlé de l'école neuve. "D'abord l'école, a-t-il dit. Le presbytère après l'école. Terminons avec notre école. Pour l'instant, les régents travaillent mal et les enfants sont dans de mauvaises conditions."

– Bien sûr, approuva Lucienne, la commune ne peut pas prendre en charge la question du catéchisme. L'école d'abord !

– Mercereau a eu un bon argument. Il a dit : "Beaucoup d'enfants vont au catéchisme, c'est un fait. Ils ont froid dans ce local ouvert aux quatre vents, c'est un fait. Est-ce que la commune va laisser les enfants risquer du mal ? Ou bien qu'on fasse le catéchisme dans l'école, ou ce qui tient lieu d'école, le jeudi et le dimanche matin..."

– Jamais ! s'exclama la régente en levant sa main droite. Jamais de la vie ! Ce n'est pas l'école véritable mais c'est l'école. Je n'y veux pas le catéchisme. Où irions-nous ?

– Bien entendu. À ce moment, Camboulives et le vieux Moulis ont fait un beau tapage. Ils ont crié, cogné sur la table. Escaich a demandé à parler. J'ai cru d'abord qu'il voulait appuyer Germain. Mais tu connais sa manière ? On ne sait jamais trop où il veut en venir. Pour ramener le calme, il en arrivait à défendre le point de vue de Mercereau. Camboulives a protesté encore. Ils ont commencé à s'attraper. Escaich a sorti Staline, la dictature, tout ce que tu voudras...

– Et le maire ?

– Vidalenc ? Il n'a pas ouvert la bouche.

– Et toi ? demanda lentement la régente en fronçant les sourcils.

– Moi, je n'ai pas eu à intervenir beaucoup. Camboulives menait la danse. »

Lucienne pensait à Simon. Au temps de Simon, personne n'aurait osé discuter sur ce point. Et lui, il restait intraitable : l'instituteur à l'école et le curé à l'église. En fait, il n'y avait plus d'église à Fontvieille, seulement une vieille petite chapelle adossée au presbytère et en piteux état elle aussi. On y disait la messe une ou deux fois par an, pour Pâques, pour la communion solennelle...

La régente secoua la tête, poursuivant sa pensée. Je suis injuste. Au temps de Simon, rien ne fut jamais réglé une bonne fois. Cette école, il fallut la défendre bien souvent.

« Ils ont failli se battre, répéta Louis. Escaich parlait de Staline et Camboulives parlait de Blum, de l'Espagne, de la non-intervention, de Munich, enfin, tu sais bien… Ils sont allés chercher toutes les vieilles histoires. »

Lucienne ferma les yeux un instant. Elle prit cet air patient et résolu de la maîtresse qui recommence une fois de plus son explication.

« Est-ce qu'il s'agit de ça ? Il s'agit de l'école.

– Camboulives n'avait pas le conseil avec lui. Beaucoup qui ont des enfants au catéchisme approuvaient Mercereau.

– Hé ! la religion n'est pas en cause. Est-ce qu'il s'agit de la religion ? Est-ce qu'on a jamais empêché quelqu'un de croire ? Il s'agit de l'école. Il n'y a qu'une école dans la commune. Qu'on s'occupe d'abord de celle-là. L'argent de tous ne peut pas aller à quelques-uns.

– Que viens-tu me raconter ? dit Louis sèchement. Je le sais.

– Le leur as-tu dit ?

– Bien sûr.

– Tu n'es peut-être pas assez patient, Louis. Ce sont des hommes à qui il faut répéter longtemps les mots. Il faut recommencer. Ces choses nous semblent claires. Pour eux, elles ne le sont pas. Camboulives est brutal quelquefois. Je me souviens, avec ce pauvre Fabre, ils avaient des discussions terribles, à s'arracher les yeux. Pas sur l'école laïque, cependant. Fabre était laïque.

– Tu aurais dû venir. Je savais bien que tu aurais dû venir. Tu leur aurais parlé mieux que moi.

– Asseyez-vous à table, dit Adèle déjà installée devant son assiette. Vous parlerez tout en mangeant. »

Elle se leva, alla chercher sur le coin du fourneau un plat de pommes de terre rissolées.

« Pourtant, je leur ai parlé, murmura Louis radouci, je leur ai parlé plus que tu ne crois. Et ils m'ont écouté. À services publics, fonds publics, à services privés, fonds privés. Je leur ai dit : “Pensez à l'école. C'est là que les enfants commencent leur vie. Beaucoup de leur vie se fait là, dans cette école. Le catéchisme vous regarde, comment dire ? *privément*. C'est bien le mot. En tant que conseillers, vous devez penser à tous les enfants. Tous…

– C'est bien, dit la régente. C'est juste. »

Elle baissa la tête, souffla sur les pommes de terre dans son assiette.

« Mercereau est malin, intervint Adèle. Ma mère m'a raconté qu'il fait sa propagande dans le village sans en avoir l'air. Il se rend en visite chez les uns et les autres. Il paraît qu'ils veulent un prêtre à demeure à Fontvieille. Et Mercereau explique qu'un village sans prêtre, ce n'est pas possible. Ils auraient écrit à l'évêché et l'évêché aurait répondu : il faut une église et un presbytère.

– C'est leur affaire, dit la régente. Mais l'argent de la commune doit aller d'abord à l'école. Je parle de l'école laïque. J'imagine qu'on n'en verra jamais d'autre par ici. »

Elle eut un petit rire moqueur.

« Du moins, avec notre argent. »

Louis parla d'un bourg voisin où une école libre venait de s'ouvrir.

« Libre, ne dis pas libre, rectifia la régente. C'est la nôtre qui est libre. »

Ils mangèrent un moment en silence. Le fourneau ronflait discrètement. Des rafales assez rares grondaient dans la cheminée. Il pleuvait toujours mais il fallait tendre l'oreille pour percevoir le fin picotis des gouttes contre les volets de bois plein. Il faisait bon dans cette cuisine, bon et doux comme d'habitude. La pendule à balancier luisait dans un coin, l'évier était net, le buffet sans désordre. Il flottait un parfum de saucisse et d'oignon.

La main du régent glissa sur la toile cirée. Il cherchait machinalement un morceau de pain.

« Il n'y a plus beaucoup de pain, murmura Adèle sur un ton d'excuse, mais on peut finir celui-ci. Demain, c'est jour de boulanger. »

Elle poussa vers son mari un quignon visiblement rassis.

« Il m'en reste un morceau, dit Lucienne. Moi, le pain…

– Le pain, dit Louis, c'est encore une question. Ça devient de plus en plus inquiétant. Camboulives m'a dit qu'il y a eu des incidents à Paris et à Toulouse devant des boulangeries. On parle encore de réduire la ration…

– Ce n'est pas possible », chuchota Adèle.

Lucienne Sermet écoutait la chanson lointaine de la pluie. La pluie la ramenait à la campagne déserte, à la nuit confuse du printemps et aux tombes de là-haut. Autour des tombes s'assemblaient les nuits anciennes. Elle entendait rire Simon. Il s'accoudait à la table, il riait en hochant la tête, il parlait avec un maire d'autrefois, ce M. Béziers qui prétendait que les maîtres laïques avaient tué la religion à Fontvieille. Simon s'exclamait :

« Tué, M. Béziers ? Comme vous y allez ! »

Les maîtres laïques avaient-ils jamais empêché les enfants de croire et les parents de donner à leurs enfants la religion de leur goût ? Ceux-là avaient au contraire l'esprit de tolérance. L'esprit de tolérance, m'avez-vous compris ? Celui qui respecte justement les croyances de chacun. Les autres veulent imposer leurs croyances. Ils n'admettent rien d'autre que leur foi. Ce sont des mœurs d'inquisition. M'avez-vous compris ? La voix de Simon…

Simon s'était toujours inquiété des heures de catéchisme, même en dehors du jeudi, jour légal. Il ne retardait jamais un enfant dans ces heures-là. Au moment de la communion et des retraites, il s'efforçait de leur laisser quelque facilité. Mais cela dit, il n'aurait jamais imaginé qu'un prêtre ou son émissaire pût venir parler dans son école. Et sur les principes, il demeurait intraitable.

Adèle soupira.

« Cette pluie ne veut pas finir. On dit que le Tarn est haut à Montauban.

– Au printemps, c'est toujours dangereux, expliqua Louis. Toutes les eaux dévalent vers nous, depuis les Pyrénées et le Massif central. Il pleut depuis le début de l'année. La terre est imbibée.

– Et au bout du compte, demanda la régente, qu'avez-vous décidé ?

– Ils ont fini par voter un petit crédit pour le presbytère, trois fois rien. Avec quelques milliers de francs, où veux-tu aller ? Une fois l'école neuve terminée, le local où nous sommes pourrait être laissé au catéchisme.

– Je n'aime pas cela, dit la régente entre ses dents. On manque d'argent pour l'école neuve et voilà que... »

Adèle se dirigea vers le fourneau où une poêlée de saucisse se tenait chaude. Elle prit la poêle, écouta un instant le vent gronder dans la cheminée. Le bruit s'apaisa, revint. En vérité, ce n'était pas un très grand vent. Le vent, dans cette maison, on le connaissait. Il accourait de la plaine jusqu'à elle et la secouait parfois, des fondations au faîtage.

« Camboulives pense que l'inauguration pourrait se faire à Pâques, au plus tard à Pentecôte.

– Je ne m'habitue pas à cette idée d'un appartement neuf, dit Adèle en souriant. Moi, je n'ai jamais habité une maison neuve.

– Quand nous sommes arrivés à Belpech, raconta la régente, la mairie avait fait un effort. L'appartement était remis à neuf. Hé ! ce n'était pas désagréable. Tu t'y habitueras sans peine, ma fille. »

Louis mangeait sa saucisse de bon appétit. C'était un présent. Une famille qui avait tué un porc tardivement et qui n'avait pas oublié les maîtres d'école.

« À Belpech, nous étions bien, raconta Lucienne. Au moment du porc, les cadeaux affluaient de tous les côtés. Nous en étions même dans l'embarras. Ces choses changent. La guerre est passée par là... Et Simon m'écrivait, quand il enseignait dans les Pyrénées, son premier poste, les enfants lui portaient le présent du cochon. Il en avait trop, il ne savait qu'en faire ! La saucisse, il la mettait à sécher au grenier de l'école.

– C'était le bon temps », dit Louis.

La régente était lancée dans ses souvenirs. Louis connaissait toutes ces histoires et Adèle commençait à les connaître. L'installation à Belpech, le premier certificat, des anecdotes d'inspection, des aventures de collègues... En 29, le jour du certificat, il pleuvait à torrent et l'inspecteur... Non, pas en 29, en 32, oui, en 32, l'inspecteur avait disparu. On le cherchait partout. Il avait eu une panne...

La régente commençait à se répéter un peu mais ils l'écoutaient sans trop sourire. Ces récits lui ramenaient le visage de Simon et les heures d'un modeste bonheur. À les répéter, le bonheur revivait dans ses yeux. C'était le bonheur d'autrefois, le même ; il n'avait point pâli, il n'avait pas de ride. Elle le tenait pour ainsi dire dans ses mains comme une fleur intacte, un oiseau vif, et elle le contemplait, elle en goûtait le parfum et la palpitation légère.

« Oui, répéta-t-elle, la guerre a changé beaucoup de choses. Et les maîtres, dans nos villages, on les respecte moins.

– C'est selon, dit Adèle.

– Je sais bien ce que je dis. D'abord, on commence à manquer de maîtres. Pendant la guerre, on a pris des jeunes qui n'avaient pas toujours une bonne formation. Eh ! Pétain savait bien ce qu'il faisait en voulant supprimer les Écoles Normales. Autrefois, des hommes comme M. Bertrandou ou Simon, il leur suffisait de lever le petit doigt, tout le monde restait attentif. On les écoutait comme des oracles. Un maître doit se mêler à la vie du village, il doit tout savoir… Aujourd'hui, on commence à recruter n'importe qui. On oublie que c'est un métier qui doit s'apprendre avec soin et qui est difficile. Sans bons maîtres d'écoles, un pays ne vaut rien. »

Adèle se leva.

« Voulez-vous du fromage ? Il reste un petit morceau de cantal. Louis, veux-tu une pomme ?

– Une pomme, je mangerais bien une pomme… »

La jeune femme s'approcha de la fenêtre et tendit l'oreille.

« Vous avez entendu ? »

Elle souleva le rideau, approcha son visage du carreau que masquait le volet plein.

« Le vent », murmura Lucienne.

Puis, on frappa.

« Je savais bien », dit Adèle.

La porte d'entrée s'ouvrit aussitôt. Une profonde rumeur de bise s'engouffra dans le vestibule. Quelqu'un essuyait ses pieds sur le seuil. Louis s'en fut ouvrir la porte de la cuisine. Les deux femmes l'entendirent s'exclamer.

C'était Mme Mage, la mère d'Adèle. Elle se débarrassait d'un fichu trempé, voulait essuyer encore ses semelles de bois.

« Je vais vous apporter de la boue.

– Entre donc, maman. Ne reste pas au courant d'air.

– Quoi ? Quoi ? Que se passe-t-il ? questionna la régente.

– L'eau, répondit la femme. J'ai pris la bicyclette pour vous avertir…

– Quoi ? L'Essonnelle ? demanda Louis.

– Pas l'Essonnelle. L'Essonnelle est grosse mais la Garonne davantage. Elle arrive jusqu'à la maison Vidalenc…

– Ce n'est pas vrai ? Les pauvres gens ! Il leur manquait cela ! »

La maison Vidalenc se trouvait la plus avancée dans la plaine. Comme une sentinelle au-devant de la ligne des peupliers. Jamais, de mémoire de villageois, le fleuve ne s'était élargi aussi loin.

« Jusqu'à la maison ! répéta Adèle. Elle la touche ? Sont-ils en danger ?

– Je le crois. Moi, je n'y suis pas allée voir. Ce sont les gendarmes qui ont donné l'alerte en passant dans le village. Il paraît que plus bas, dans le Tarn-et-Garonne, plusieurs fermes déjà sont isolées. On transporte les gens en barque. J'ai pris la bicyclette, j'ai cru bon de venir avertir Louis.

– Vous avez très bien fait, dit le maître d'école. Je vais aller me rendre compte. Je prendrai le raccourci de la plaine. Où est la lampe électrique ?

– Oh ! Louis, fais attention ! » s'exclama Adèle.

Il haussa les épaules.

« Je ne crois pas qu'il y ait beaucoup de danger pour eux. L'eau atteint peut-être la maison mais elle ne doit pas l'entourer. Et de toute manière, elle ne sera pas profonde.

– Il suffit d'un peu d'eau pour un accident, dit Lucienne.

– Et si j'allais avec toi, Louis ? demanda la jeune femme.

– Non, reste, nous serons assez nombreux, j'imagine.

– Garonne jusqu'à la maison Vidalenc ! dit Mme Mage sourdement. C'est la première fois qu'on parle d'une chose pareille !

– La crue passe dans cette plaine sans rencontrer de résistance, expliqua la régente. D'ordinaire, elle ne s'arrête pas ou elle pousse plutôt sur la gauche. Cette fois, elle aura été arrêtée en aval, je ne sais pourquoi. Il y a des projets, paraît-il, pour régulariser… Simon m'avait expliqué… En 31… »

Louis se chaussait, nouait son cache-nez. Il les salua rapidement et s'en fut chercher son vélo.

Lucienne pensa : « Voilà qu'il prend le pli. À chaque fois qu'il se passe quelque chose dans le village, le maître doit être présent. »

# X

Un groupe d'hommes marchait sur le chemin. De loin, Louis aperçut les feux de leurs cigarettes. La nuit n'était pas complète. La pluie avait cessé. Parfois, le vent chassait les nuages et découvrait un morceau de lune. Le sentier que venait de prendre l'instituteur rejoignait le chemin principal venu de Fontvieille après un détour. Il se remit à pédaler plus vite.

Quelqu'un se retourna dans le groupe et dit :

« C'est le régent. »

Il y avait une quinzaine d'hommes chargés d'outils et de cordages et deux qui poussaient un canot de pêche sur une remorque de vélo. Louis reconnut Camboulives, Escaich, la haute silhouette maigre de Mercereau, la plupart des conseillers, des jeunes gens.

Le vent secouait les platanes. On entendait bruire la masse des arbres entourant les maisons, au pied des collines. Et, dans le fond du décor, mais sur la gauche, le vent agitait les ramiers.

Cette longue chanson de vent et de feuilles emplissait l'espace, de la terre au ciel. Louis tendait l'oreille. Derrière le frisson des arbres, il cherchait le bruit de l'eau.

Un cri sortit de l'ombre, devant les hommes qui marchaient.

« Hooo ! Hooo !

– Que se passe-t-il ? » se demanda le régent.

Personne ne lui répondit. Ils regardaient tous du côté de celui qui criait. Louis reconnut la silhouette massive du jeune Moulis qui avait dû s'avancer en éclaireur et qui venait de se retourner pour avertir les autres. Pour les avertir de quoi ?

« L'eau ! cria Moulis. L'eau est là ! »

Il tenait une torche électrique qu'il projeta vers la surface, découvrant de lents bouillons brunâtres.

Il y eut un moment de silence. Les hommes immobiles découvraient l'ennemi. Le fleuve était là, tout près d'eux. Il bruissait à leurs pieds.

Puis du groupe s'éleva un concert de jurons et d'exclamations étonnées. *Macarel* ! Quoi ! Pas possible ! Il ne dit pas vrai !

– Garonne ? demanda la voix haute de Truffié.

– Mille dieux ! Je ne le sais pas. L'eau ! J'ai l'eau sous les pieds.

Ils coururent tous vers Moulis.

« Hé ! que veux-tu que ce soit ? grogna quelqu'un. Ce ne peut-être que Garonne. Ce n'est pas l'Ariège par ici !

– Ce pourrait être une mare. Il n'y a pas une mare dans le coin ? » questionna une autre voix.

Louis avait suivi les hommes en poussant son vélo. Il se débarrassa de la machine sur le bord du chemin et marcha vers l'endroit de l'eau.

Moulis frappait l'eau avec un bâton. Toutes les voix s'arrêtèrent. Ils écoutaient le clapotis de l'eau battue, puis le lent cliquetis d'une roue de vélo qui tournait encore, puis le bruissement qui s'élargissait autour d'eux. Le bruissement ne venait pas seulement des arbres. La Garonne était là.

Le faisceau de la torche caressait sa robe inquiétante. Les regards des villageois s'en allaient, des pieds de Moulis jusqu'aux ténèbres de l'horizon. La Garonne était là. Elle avait comblé cette partie de la plaine. La rumeur monotone venait de la glissée des eaux. Ces reflets pâles qui s'allumaient de-ci, de-là, ce n'étaient ni quelque arbuste, ni quelque pied de maïs oublié, mais des clartés sur l'eau. Garonne miroitait devant eux.

« Avec cette eau, je ne reconnais plus rien, dit Truffié. Où est la maison ? »

Camboulives tendit le bras vers un bouquet d'arbres.

« Là derrière. Nous ne pouvons pas la voir. Hé ! nous sommes au dernier tournant avant la maison. L'eau coupe le chemin.

– Ouais, ouais ! s'exclamèrent plusieurs voix. C'est bien ça. »

Moulis se remit à crier.

« Hooo ! Hooo ! »

Il s'arrêta puis gronda.

« Qu'est-ce qu'ils foutent ? Ils devraient m'entendre !

– Bon sang ! dit Escaich, quand les gendarmes sont passés, ils n'avaient pas l'air tellement inquiet…

– L'eau arrive à toute vitesse, quelquefois, expliqua Mercereau. Les gens ne se doutent jamais de cette vitesse. »

Camboulives criait à son tour et d'autres joignirent leurs voix à la sienne.

« Je vais y aller, dit Moulis. Je suis déjà trempé.

– Oh ! Charles, es-tu fou ? Il y a le canot. »

Le canot claqua sur l'eau puis le fond heurta des cailloux.

« Ce n'est pas profond par ici », dit Moulis.

Déjà, il s'était installé dans l'embarcation et il empoignait une perche.

« Sors-toi de là ! commanda Camboulives. Tu es trop lourd !

– Macarel, les Vidalenc ne pèsent pas. Ce canot en porte quatre et même plus.

– Avec un vélo ou une moto, on devrait pouvoir passer, dit Léon Truffié. On en aurait à peine jusqu'aux moyeux.

– Et les Vidalenc, tu les ramènerais comment ? » demanda Camboulives avec colère.

Il tira Moulis par une manche et le garçon obéit à contrecœur.

Le régent s'approcha.

« Je vais monter avec Truffié. Nous sommes légers tous les deux. Moi, je connais bien l'endroit et Léon sait se servir d'une perche.

– Si tu veux. Bien. Allez-y ! »

Camboulives se courba pour maintenir l'embarcation. Malgré son âge, il restait souple. Ses mains blanchies par l'effort se crispaient sur le bordage.

Truffié, leste comme un chat, sauta dans le canot. Les Truffié aimaient la pêche, on le savait, et le garçon filait souvent sur la Garonne pour taquiner le chevesne à la volante.

Louis Révignac le rejoignit, écarta le bateau d'un coup d'aviron.

« Il n'y a pas de courant, ça va, dit Léon comme le canot démarrait.

– Hooo ! cria encore Moulis.

– Tais-toi maintenant ! dit Camboulives. Pas la peine de crier. Ils y seront dans un moment... Les Vidalenc ne doivent pas entendre. »

Il réfléchit.

« Quand les gendarmes sont passés, est-ce que cette route était coupée ? Peut-être pas… C'est en aval qu'il y a du danger… »

Il cita des noms de fermes et de villages qui se trouvaient menacés de près ou même bloqués presque chaque hiver.

Mercereau poussa un long soupir.

« Ils dorment peut-être. Ils ne se doutent de rien. Leur chambre est assez haute. L'eau vient leur lécher les murs et ils dorment. »

Il fit lentement un signe de croix.

Mage le regarda, ouvrit la bouche comme s'il allait jeter une plaisanterie, se tut.

Dans le silence, on entendait les brodequins et les sabots claquer sur la crème argileuse du chemin.

« C'est incroyable, murmura une voix dans le groupe. Jamais, au grand jamais, on n'a causé de ça. Même en 75. J'avais un grand-père qui se souvenait de 75. Il m'en parlait. À Toulouse, ce fut terrible. Tout le quartier de Saint-Cyprien… Et en 31, par ici, nous sommes restés en dehors, il me semble. Les Vidalenc n'en ont jamais parlé. Jamais ils n'ont redouté la crue.

– La maison Vidalenc date de 80, remarqua Camboulives. C'est écrit sur la porte.

– Tout de même, cet endroit n'a jamais dû être bien menacé, dit Escaich. Les gens n'y seraient pas allés bâtir une maison !

– Tu crois cela ! maugréa Camboulives. Les gens ne comprennent pas toujours. En aval, il y a des fermes qui prennent tous les ans le bain de pieds. Les gens s'habituent. On leur dit : "C'est dangereux, allez-vous-en !" Ils ne veulent pas écouter. Ils regardent s'il y a du pain dans le buffet pour passer deux ou trois jours et ils attendent. Quand l'eau s'est retirée, ils enlèvent la boue dans la cuisine et les étables, et ils continuent. Jusqu'au jour où... »

Le canot s'éloignait sur le miroir ténébreux. Sans peine, semblait-il, Louis Révignac et Léon Truffié le dirigeaient vers le bouquet d'arbres qui masquait la maison Vidalenc. Truffié tenait la perche et le maître d'école dirigeait par petits coups tranquilles, à l'aide d'un bout d'aviron. La couche paraissait peu profonde.

« Il paraît qu'il y a eu un projet dans le temps, raconta quelqu'un.

– Pour quoi ? demanda Moulis.

– Pour élargir le lit à certains endroits et pour retenir les eaux.

– Des projets, on sait bien en faire. Ce qu'on ne sait pas faire, c'est l'argent ! »

Il y eut quelques grognements approbatifs, puis le silence revint dans le groupe. On n'entendait plus que le sourd murmure de la Garonne, des grésillements de cigarettes et, au loin, les claquements de l'aviron que maniait le régent.

Avant de disparaître derrière les arbres, ce dernier se retourna vers les villageois rassemblés au bord du fleuve grandi. Il pensa : « Tout le conseil est là, mis à part quelques vieux qui ne se déplacent pas. Le conseil et les principales familles... »

« Je vois la maison, souffla Truffié. Il n'y a pas une lumière, bon sang de bois ! »

Le régent regardait le groupe. Les feux minuscules des cigarettes brillaient au-dessus de la nappe. Et encore, pardessus les têtes rassemblées des paysans, le ciel vaste et confus où se rejoignaient les dessins obscurs des nuées et les lignes boisées des collines.

« L'eau, c'est plus terrible que le feu, marmotta Truffié. Contre le feu, on peut se défendre mieux. L'eau vous arrive de tous les côtés… Elle prend sa place sans s'occuper de vous… En 31, du côté de Moissac, mon père a vu un pont s'écrouler. L'eau venait sur lui comme un bélier… Qu'est-ce que je dis, un bélier, dix, cent, tout un troupeau… »

« L'eau, le feu, les cataclysmes, pensa le régent. Tout ça, c'est la même chose. Si on n'a rien prévu, on succombe… »

« L'homme est bien petit », dit Truffié, comme s'il avait suivi la pensée de son compagnon.

Celui-ci regardait toujours du côté des paysans. Un groupe serré au bord de l'eau. Maintenant, on ne se disputait plus…

Le canot racla un fond dur, s'arrêta et vira.

« Hé là ! Où sommes-nous ? s'écria Léon. Malheur ! Nous sommes sur le mur du jardin… Il y a plus de un mètre d'eau. Je sens les pierres au bout de la perche. »

Il manœuvra un moment, dégagea le canot qui fila soudain vers la masse sombre de la maison.

Aussitôt, un cri aigu partit du haut de la façade, un étrange cri jailli soudain des ténèbres et dont on ne savait dire s'il exprimait la terreur, la surprise ou la joie.

« C'est la femme de Vidalenc », dit Truffié.

Il lui répondit aussitôt et brandit sa perche.

« Nous sommes au premier, cria la femme. L'eau passe par-dessus la fenêtre de la cuisine. La lumière est coupée.

– Et Antoine ? demanda le régent.

– Je suis là, l'eau ne m'a pas emporté », répondit le paysan avec un gros rire.

Sa voix calme et lente contrastait avec celle de sa femme. Le canot se trouvait maintenant au-dessous de la fenêtre. La lumière de la torche que tenait l'instituteur éclaira les gros volets fermés de la cuisine. Les deux sauveteurs entendaient la voix tremblante de la femme qui répétait :

« Mon Dieu ! Mon Dieu ! Vous arrivez enfin ! Je mourais de peur… Mon Dieu ! »

La torche éclaira les deux époux penchés à la fenêtre du haut, tout blêmes, engoncés dans des cache-nez.

« Nous vous avons appelés, raconta Truffié. Vous n'entendiez pas ?

– Non pas. Il y a le bruit de l'eau. Et le vent porte vers les collines, répondit Vidalenc.

– Les autres nous attendent sur le chemin, derrière les arbres.

– Qui ça ?

– Et qui veux-tu ? Tout le monde est là. Les hommes du village.

– Bien, bien, dit Vidalenc penché à la fenêtre. Mais il ne faut pas s'affoler. Garonne ne nous emportera pas cette fois. La maison n'a pas bougé.

– *Macarel !* jura Truffié. C'est bien la première fois qu'elle vient ici, cette Garonne.

– Antoine ! cria le régent, il faut que vous sortiez de là. Comment pouvons-nous faire ? Nous avons des cordes. Vous pourriez les attacher à la barre d'appui. La descente ne sera pas difficile. Ce n'est pas très haut.

– À moins de passer par la cuisine, proposa Truffié. Seulement, il faudra se mouiller. L'escalier doit baigner dans la flotte.

– Jamais je ne pourrai entrer dans cette eau, chevrota la femme.

– Eh ! dit Vidalenc, pourquoi bouger ? Portez-nous un bout de pain et nous attendrons. Cette crue ne durera pas trois jours. Demain…

– Non, non, reprit la femme, il faut s'en aller… »

Ils comprirent qu'elle se tournait vers son mari pour lui répéter d'une voix chuchotante :

« Antoine, Antoine, je t'en supplie, il faut partir ! »

Le courant venu de l'amont glissait devant la façade et faisait danser le canot. Comme si le fleuve avait jeté un bras vers elle, pour l'étreindre et l'attirer. Les deux hommes debout s'accrochaient aux volets de la cuisine. Plus loin, l'eau pénétrait dans le hangar, entre les piliers de briques. Des touffes de foin, de paille, des fagots dansaient de-ci, de-là.

« La maison ne bougera pas, dit Vidalenc. Je ne crains que pour le hangar. Il y a deux piliers tout rongés dans le fond.

– Justement, approuva Truffié, il faut évacuer. Vous risquez de prendre du mal.

– Nous sommes couverts. Ça va. Il ne fait pas tellement froid.

– Antoine, répéta le régent, ne faites pas l'imbécile. Nous sommes venus vous chercher. Vous serez aussi bien au village. Demain, nous reviendrons voir les dégâts. Il ne sert à rien de rester là. Je vais vous jeter un bout de corde. »

Il avait pris sa voix dure, sèche, sans réplique.

Les deux époux se mirent à chuchoter. La femme bredouillait toujours des « Mon Dieu ! » d'une voix que la peur rendait comme enfantine. Puis Vidalenc grogna.

« Eh bien ! donc, on fera ce que tu dis. Mais quelle gymnastique ! Est-ce que nous y arriverons ?

– Mais oui, ce n'est pas si haut. »

Truffié se pencha vers le fond du canot.

« Retiens le canot, régent. Je vais leur lancer la ficelle. Hop ! Tu la tiens, Antoine ? Fais un bon nœud. »

Vidalenc demanda à sa femme de passer la première. Truffié avait réussi à se hisser. Il tenait la corde et présentait ses épaules aux pieds de la femme.

« Allez-y ! N'ayez crainte, je tiens bon ! »

La femme gémissait. Elle se laissa descendre enfin et toucha le canot. Elle releva la tête vers la fenêtre.

« La valise, lance la valise, Antoine ! »

Il devait y avoir dans cette valise leurs économies, leurs papiers et leurs plus chers souvenirs.

Louis pensa aux photos du fils Vidalenc. Toutes les photos du fils se trouvaient dans cette valise. Et sans doute, un paquet de lettres, des cahiers d'écolier, les trésors de l'enfant…

Antoine lança la valise que le régent recueillit adroitement. Le paysan empoigna la corde et réussit à descendre sans trop de peine.

« Ne bougez pas ! recommanda Truffié. Le retour sera moins commode que l'aller. »

La perche s'enfonçait dans une vase molle qui semblait avoir recouvert la cour et le jardin. Gagnant sur le courant, le canot s'approcha des arbres. Il se dandinait lourdement.

« Malheur de vie ! Malheur de vie ! s'écria Antoine. Est-ce que nous avions besoin de ça ? »

Il regardait vers l'arrière, vers la maison, le hangar, le poulailler, tout rabougris au-dessus des eaux.

« J'ai le blé, là-dessous, chuchota-t-il. Le blé et une vigne. Sans parler du jardin et de la maison. Je venais de semer…

– Toute cette boue dans la maison, dit la femme.

– J'ai toutes les semailles là-dessous. Qu'est-ce qu'il en restera ?

– Hooo ! criait Truffié en levant sa perche.

– Hooo ! Hooo ! » répondirent les hommes groupés au bord de l'eau.

Ils avaient aperçu le canot chargé. Ils agitaient joyeusement les bras. Des faisceaux de torches électriques s'entrecroisaient pour saluer les arrivants.

« Toute cette boue… » répéta la femme.

Le régent contemplait l'eau sombre. Par la pensée, il essayait de chasser l'invasion du fleuve et de retrouver le paysage de cet endroit. Il y était venu souvent en compagnie du fils Vidalenc. Il marchait dans la poussière blanche du chemin. Le père fauchait un carré de trèfle. À l'entrée de la cour se dressait un pigeonnier de briques roses, au toit plat. Derrière les ormeaux s'allongeait un champ de maïs. La mère Vidalenc cueillait les haricots qui s'enlacent aux hampes jaune et vert. Le soleil descendait derrière les ormeaux. Les pintades s'étaient déjà perchées. Le vent du soir portait un parfum de pêche. Le père s'en revenait, poussant sa brouette de trèfle.

Ce soir-là, les fumées du village montaient tranquillement dans le ciel. La Garonne murmurait très loin, derrière le rideau des peupliers. C'était la paix.

Un soir perdu au fond des soirs et des années. Une tranquille image du travail et du repos des hommes. Sur les chemins tiédis, les paysans s'en retournaient vers leurs logis, marchant devant leurs bœufs, debout dans des charrettes de sainfoin. Des vieilles et des enfants arrachaient de l'herbe à lapin au revers des fossés. Des hommes aux braies poussiéreuses, aux chemises délavées s'avançaient par longues enjambées, la bêche ou la faux à l'épaule, vers le vin frais et la soupe du soir. L'enclume du maréchal tintait encore. Le maître d'école était seul dans sa classe devant le tableau noir. Sous les platanes, la première ombre de la nuit sentait l'anis et la fraise mouillée.

Cela ne semblait pas compter et c'était toute la vie.

# XI

Les hommes marchaient lentement le long de la route. Maintenant, ils tournaient le dos à la Garonne et ils s'en revenaient vers le village. Le cortège s'étirait peu à peu. En tête, Escaich, Mercereau et quelques conseillers entourant les époux Vidalenc, puis Louis Révignac, le régent, poussant son vélo, puis les jeunes traînant la remorque et le canot.

Il ne faisait pas froid, il ne pleuvait plus. À mesure qu'ils s'approchaient du village, que les toits se dessinaient au-dessus des arbres, les voix prenaient un ton plus haut, des rires et des jurons énergiques s'échappaient de la file. C'était une réaction après la crainte et l'angoisse, et une façon aussi de rassurer les époux Vidalenc.

« Oh ! Antoine ! cria le jeune Truffié, ça va ?

– Ça va ! répondit Vidalenc d'une voix qui s'efforçait de rester allègre. La maison est solide. Elle nous attendra, les pieds dans l'eau. Mais la récolte ne sera pas brillante, ah ! non…

– La maison ne s'enrhumera pas ! reprit Truffié.

– Oui, elle est solide, elle est bien solide, marmotta la femme. »

Moulis inspecta les ombres derrière lui.

« Où est Camboulives ? Oh ! Germain !...

– Oh ! »

Camboulives fermait la marche. Il s'était arrêté deux ou trois fois pour rallumer son mégot. Il s'était retourné pour se protéger des coups de vent. À un moment donné, comme le chemin virait, il s'était trouvé seul. Le brouhaha des autres s'éloignait. Et la rumeur du fleuve en crue disparaissait elle aussi, devenait un simple frisson perdu dans les bruits du vent et des feuilles. Mais la lune brillait sur le vaste miroir des eaux immobiles.

Camboulives pensa : « Maintenant, ils se rassurent et ils s'en vont vers leurs maisons, ils tournent le dos à Garonne... Comme s'ils ne voulaient plus la voir. Mais elle est toujours là... »

C'était un paysage de rêve. Le ventre blanc et noir de la surface, des lambeaux de brume ou de lumière de lune, des courbes de buissons ou des têtes d'arbustes surgissant de la terre et de l'eau... Il pensa encore : « Ils sont venus tous. C'est bien. Et quand ils marchaient vers la crue, au secours des époux Vidalenc, ils ne voyaient plus leurs disputes, leurs querelles... Et moi-même... »

Il répondit à l'appel de Moulis et se hâta après un dernier regard vers l'étendue liquide.

« Malheur de sort ! cria Moulis. Elle n'ira pas plus loin ? Hé ! Germain, tu ne vois pas Garonne au village !

– Non, je ne la vois pas, répondit Camboulives lentement. Pourtant...

– Qu'est-ce que tu penses ?

– Je pense que Vidalenc se croyait en sûreté. Jamais, on n'avait vu l'eau toucher sa maison. Et puis... On ne peut jamais dire : cela ne sera pas. »

Ils allaient entrer dans Fontvieille quand un autre groupe vint à leur rencontre. C'étaient surtout des femmes, des jeunes, quelques hommes qui n'avaient pu se déplacer au moment voulu.

« *Macarel !* » criait Truffié sur un ton de victoire.

Et il annonçait :

« Les Vidalenc sont là. L'eau ne les a pas emportés. On les ramène après une partie de canotage. »

Les femmes s'exclamaient, demandaient des détails. La mère Vidalenc riait.

« Ma pauvre ! Ils m'ont fait descendre par la fenêtre.

– Et la maison ?

– L'eau est dans la cuisine. La maison ne bougera pas. Mais quelle boue je vais trouver demain ! Enfin, nous sommes là. Antoine ne voulait pas partir. Il serait resté dans sa chambre.

– Nous avions du pain pour deux jours, dit Antoine. Cela suffisait.

– Et la volaille ?

– Le poulailler est surélevé. Les bêtes auront peur mais elles pourront attendre demain pour la pitance. L'étable est pleine d'eau. Si j'avais eu des vaches dedans, vous imaginez ! »

Il avait vendu son bétail quelques semaines auparavant.

Lucienne Sermet arriva en compagnie de sa belle-fille et de Jeanne Mage. Cette dernière proposa aussitôt aux époux Vidalenc de venir loger chez elle.

« J'ai allumé un grand feu avant de partir.

– Hé ! nous ne sommes pas mouillés. Ça va bien. J'ai eu peur sur le moment. Maintenant, ça va. Cette maison est solide.

– Elle est solide, oui », répéta Antoine en leitmotiv.

Les gens se dispersèrent peu à peu. Dans les rues et ruelles, on entendait des fenêtres s'ouvrir et se fermer. Les sabots claquaient sur la terre grasse. Les fenêtres étoilaient les façades grises, s'éteignaient, revivaient çà et là. À des coins de porche et sur les seuils, on se racontait le sauvetage.

Un groupe pénétra dans la maison Mage accompagnant les rescapés. Escaich courut chez lui et revint avec deux bouteilles de rhum. Adèle et la régente préparèrent des grogs.

Jeanne Mage avait installé les époux devant le feu, dans deux vieux fauteuils recouverts de cretonne fanée qu'elle avait descendus de sa chambre. Antoine se laissait dorloter en protestant un peu.

« Hé ! ma belle, je ne suis pas malade, je n'ai rien de cassé.

– Ne bougez pas, rétorquait Jeanne. Restez tranquilles. Vous avez eu la peur. Toute cette eau vous arrivant dessus…

– On ne l'a pas entendue venir, expliqua la femme. Il y a eu sans doute une grande poussée mais qui n'a pas fait tellement de bruit. Je suis allée voir par la fenêtre de derrière et j'ai dit : "Antoine, Garonne est là." Il s'est mis à rire : "Garonne, tu plaisantes !" Je lui ai dit : "C'est Garonne. Je la vois briller." »

Camboulives hocha la tête.

« Oui, oui, c'est toujours comme ça, dit-il entre ses dents. On ne sait pas voir le danger. Il y a des endroits par en bas où l'eau arrive comme une muraille. Elle ne fait pas toujours beaucoup de bruit mais elle écrase tout.

– Cette fois, répéta la femme, elle est venue sans bruit, comme une hypocrite. »

Les verres de grog circulèrent. Les femmes s'étaient groupées devant l'âtre, les hommes autour de la table. Camboulives faisait face à Escaich. Ce dernier roulait une cigarette. Il posa son maigre paquet froissé sur la table, donna un coup de langue et piqua la cigarette au coin de sa bouche. Adèle poussa un verre vers lui. Il la remercia d'un clin d'œil.

La vapeur du grog chaud s'éleva entre les têtes. Camboulives empoigna lentement son verre et le porta à la hauteur de ses yeux :

« Santé !

– Santé ! répéta Mercereau à côté de lui.

– Et que vous retrouviez votre maison en état ! » dit Jeanne Mage en se retournant pour poser sa main sur l'épaule d'Antoine.

La mère Vidalenc eut un petit rire grelotté.

« En état, cela m'étonnerait. Il y aura de la boue partout. Et les meubles, comment les reverrons-nous ?

– Pour le nettoyage, nous vous prêterons la main. Eh ! que diantre ! vous n'êtes pas seuls ! »

Les regards de Camboulives et d'Escaich se croisèrent.

« À quoi tu penses, Gaston ? » demanda lentement Camboulives.

Les femmes bavardaient autour du feu mais les hommes se taisaient. Dans le groupe des têtes grises et des grosses moustaches, la question de Camboulives venait de faire naître une sorte de silence craintif. On évoquait la dispute de la mairie.

« Hein ! à quoi tu penses ? »

Le régent se baissa, cogna sa pipe contre son talon. Il se redressa, s'accouda à la table et gratta on ne savait quoi sur le bois nu.

« Je pense, répondit le cafetier, je pense que tout est bien comme ça. La soirée finit mieux qu'elle n'a débuté. Cette maison, on aurait pu la trouver en miettes. »

Le gros Moulis s'ébroua.

« Misère de sort ! Qui nous dit que la Garonne ne va pas recommencer, cette année ou une autre ? Il faudra qu'on prenne des mesures...

– Ouais ! grogna Escaich, quelles mesures ?

– Puisqu'on dit qu'avec des travaux...

– Nous n'en sommes pas là, mon ami. »

Le régent tournait le dos au feu. Il faisait face à un buffet noir qui s'appuyait au mur, de l'autre côté de la table.

Moulis avala le fond de son grog. L'alcool et le feu empourpraient son large visage.

« Il le faudra bien. Pendant des années, la Garonne, on la voyait de loin. Et brusquement, elle se met à balayer la plaine.

– C'est exceptionnel », dit Mercereau.

Le régent se mit à parler. D'abord, on n'avait pas compris les mots qu'il disait, de sa voix sèche, un peu sifflante.

« La Garonne, c'est comme la guerre. Durant des années, on pense que tout ira bien. On se trouve tranquille. On sème et on bâtit. Brusquement, la terre est balayée. C'est comme la guerre. La crue ne vous prévient pas. On ne sait pas la voir. Camboulives disait bien... »

Il s'arrêta, gratta encore le bois de la table et haussa les épaules. Puis un frisson parcourut son échine, monta vers sa nuque. Pourquoi parlait-il ainsi ? Il lui sembla que ce n'était pas lui qui parlait. Il entendait sa voix comme sortie de la bouche d'un autre. La Garonne... La guerre... L'idée lui en était venue soudain. Il avait revu la théorie des villageois sur le chemin. Ils trottinaient entre l'eau et les ombres, entraînant avec eux les deux qu'ils avaient arrachés au malheur. La Garonne grondait dans le lointain comme les canons d'un ennemi invisible. Les humbles soldats, couleur de terre et de nuit, regagnaient le gîte. Le vent dispersait les plaintes et les soupirs des femmes, le bourdon des voix mâles, les claquements des souliers et des sabots sur l'argile. Mais le fleuve restait menaçant. Une autre nuit, il pouvait s'enfler et courir pour ravager les murs. La mort pour ceux qui dorment.

Il se dit : « Qu'est-ce qu'il me prend ? Qu'est-ce que je leur raconte ? » Personne n'avait bronché. Les femmes hochaient la tête devant le feu. Moulis examinait le fond de son verre vide. Mercereau paraissait dormir. Camboulives fumait sans bruit et Escaich regardait le régent.

Lucienne abandonna son escabeau, rapprocha les pans de son châle :

« Maintenant, mes amis, il faut se reposer.

– Oui, dit Mercereau, allons… »

Il déplia son grand corps au-dessus de l'assemblée, noua son cache-nez. Les jeunes l'imitèrent, puis chacun s'en fut serrer la main des Vidalenc. Escaich et Camboulives sortirent ensemble.

Le régent n'avait pas bougé. On échangeait des salutations autour de lui. Truffié plaisantait comme d'habitude. Il s'en allait vers une alcôve au fond de la pièce où les Vidalenc devaient coucher. Il tapait sur un gros édredon rouge qui garnissait le lit.

« Antoine, tu seras mieux là que dans l'eau ! »

Louis se mit debout lentement. Personne ne faisait attention à lui. Il contourna la table, se glissant entre les sièges dispersés. Il s'approcha du buffet noir où se trouvait une photo de Pierre Mage, le père d'Adèle, des tasses et des sous-tasses rangées sagement, une boîte à sucre en métal ornée d'une image écaillée.

Derrière la boîte à sucre, appuyée au bois du buffet, se trouvait une lettre à l'enveloppe déchirée.

Soudain, pour le jeune régent, tout venait de s'effacer : la crue de Garonne, les Vidalenc sauvés, les paysans rassemblés.

Il ne voyait plus que cette lettre, cette enveloppe plus ou moins dissimulée, cette maudite lettre dont l'image venait brusquement de lui tordre le cœur.

# XII

LUCIENNE SE PENCHA vers le mur et son oreille frôla le papier de tapisserie. Elle reconnaissait les voix sans pouvoir distinguer les mots. Entre sa chambre et celle des enfants, une sorte de pièce-placard qui servait de penderie étouffait ce qu'ils se disaient. Louis parlait en hachant ses phrases et chaque mot formait comme un coup martelé, écrasé, suivi d'un sifflement. Il devait retenir sa voix.

Adèle répondait dans un murmure un peu plaintif où la régente retrouvait la voix tendre de l'écolière ancienne. Une voix humble, patiente. Un fil de voix. Que disait-elle ? Était-ce une protestation ou un aveu ?

Un sanglot traversa les cloisons. Ce n'était pas la pluie dans les larmières mais un sanglot d'homme ou de femme, on ne savait pas, glissant dans l'épaisseur des vêtements et des briques.

Lucienne se redressa. À quoi bon écouter ? Elle ne pouvait rien saisir de la querelle. Les mots demeuraient incompréhensibles et elle imaginait d'autres mots que les véritables. Au bout du compte, il ne lui restait qu'une musique triste et chuchotante, semée d'accents de colère ou de haine.

Tout avait commencé avec cette lettre aperçue derrière la boîte à sucre, sur le buffet noir de Mme Mage. Le régent s'était levé lentement. Ses yeux ne quittaient plus le papier jaunâtre de l'enveloppe surchargée de tampons gras. Les gens prenaient congé. Les époux Vidalenc allaient dormir. Louis regardait l'enveloppe et Lucienne regardait son fils. Personne ne s'occupait d'eux à ce moment-là. La lettre venait de Madagascar où se trouvait le fils Escaich. Une lettre en franchise militaire.

Dans la chambre, derrière les cloisons, les voix s'éteignirent. La régente recula d'un pas. Dehors, la pluie tambourinait finement. Ce n'était même pas une averse mais une série de gouttes lentes, régulières et fragiles. Des coups d'épingle sur le bois des volets. Pas de vent. Rien ne bougeait. Toute la plaine se taisait. Et les arbres des collines devaient se dresser, immobiles sous les fleurs noires et délicates de la pluie. Là-bas, la maison Vidalenc reposait au milieu des eaux, sombre et vide, dans la rumeur hypocrite de la crue.

« Non, non, ce n'est rien, pensa la régente, cela s'expliquera… » Elle revit la lettre et l'encre épaisse des tampons militaires. Elle ne pouvait pas douter, elle avait lu. Le fils Escaich écrivait à Adèle, non point à Adèle Sermet mais à Adèle Mage. C'était le nom de la jeune fille qu'il avait tracé sur le papier jaunâtre de l'enveloppe :

*Mlle Adèle Mage*
*Maison Mage*
*Fontvieille*

Il avait écrit *Maison Mage* pour que le facteur n'eût aucun doute et portât bien cette lettre au village et non pas à la maison des collines. Et la mère d'Adèle l'avait donc reçue avant de la transmettre à sa fille ? Depuis combien de temps cela durait-il ? Combien de lettres le soldat avait-il adressées à la jeune femme ? Et la mère était donc dans le secret ?

Le fils Escaich avait débarqué à Madagascar à la fin de l'hiver. On avait su par ses parents qu'il avait quitté l'Allemagne pour Marseille. De Marseille, on l'avait dirigé sur Madagascar. Il se trouvait près d'une ville appelée Nosyvara. Personne ne connaissait cette ville. Lorsque Gaston Escaich, le cafetier, lui en avait parlé, la régente avait cherché dans sa mémoire. Nosyvara, cela ne lui disait rien. Plus tard, Camboulives avait parlé de troubles à Madagascar, de populations soulevées contre la France. Les journaux étaient fort discrets à ce sujet. La régente n'y avait pas prêté une grande attention. Escaich le père, lui, ne savait rien. Au premier moment, il s'était inquiété de savoir son fils au diable vauvert, puis quelques lettres l'avaient rassuré. Tout allait bien. La solde était bonne. Le garçon voyait du pays. Il s'en tirerait avec un galon de capitaine. La retraite avant cinquante ans. Le retour au pays. Un soir, Lucienne avait ouvert une géographie du cours supérieur à la page de Madagascar. Elle avait vainement cherché Nosyvara.

Dans la cuisine Mage, alors que les visiteurs s'étaient retirés et qu'il ne restait plus que les époux Vidalenc, la régente et les siens, Louis s'était avancé vers le buffet noir. D'un geste rapide, il s'était emparé de la lettre derrière la boîte à sucre.

En trois enjambées rapides, il s'était dirigé vers le feu et il avait jeté la lettre dans le brasier. Lucienne se souvenait des doigts de son fils serrant l'épaisseur de l'enveloppe et du papier. Qu'est-ce qu'il y avait donc dans cette lettre ? Un soldat ne peut-il écrire à une amie d'enfance ? Un soldat s'ennuie, un soldat aime recevoir du courrier. Mais pourquoi écrire à *Mlle Mage*, à la *Maison Mage* ? Il n'écrivait qu'à elle seule, pas aux autres.

Dans l'âtre, le papier s'était consumé avec un grésillement bref. Les débris noirs s'étaient envolés sous le manteau.

Une flamme méchante brillait dans les yeux du régent. Son visage mince avait pâli. Ses lèvres se serraient en blanchissant. Tout cela n'avait pas duré longtemps, quelques secondes, et les regards de Lucienne allant de l'un à l'autre avaient aperçu Adèle près des larmes et portant ses mains à sa gorge.

Puis, Louis avait appelé sa femme sèchement. « Viens ! » Il avait salué les époux Vidalenc. Le couple avait disparu dans la nuit.

« Attends-moi, Louis ! » avait crié la régente.

Alors, le fils était revenu sur le seuil. Il avait hésité. Adèle attendait au-dehors. Sans un mot, ils s'étaient dirigés vers la maison des collines. La régente marchait derrière le couple.

La lettre s'était anéantie dans le feu. Nosyvara, elle devait venir de ce Nosyvara. Le nom était doux et chantant. Lucienne revoyait Madagascar sur la carte écolière, un pain rose allongé dans le bleu de la mer. Madagascar, le rafia, le café, le poivre, le cacao et la vanille.

Derrière le mur, tout à coup, la voix d'Adèle surgit avec une force douloureuse :

« Tais-toi ! Tais-toi ! »

Puis, le bourdon haletant de la voix de Louis.

La régente approcha son oreille, se recula. Elle avait honte et elle voulait savoir.

Elle pensa au fils Escaich. Il avançait dans une cour gelée, au soleil levant. Le verglas se brisait sous ses bottes.

La nuit se dispersait. La haute silhouette vigoureuse se découpait dans l'or rouge du matin. Adèle le contemplait avec admiration. Que s'était-il passé entre eux ? Est-ce qu'ils s'aimaient ? Depuis quand ?

Une colère secoua la régente. Elle s'écarta du mur, le repoussa de la main et elle eut un geste tremblant pour effacer des images devant ses yeux. Non, non... Mais des détails oubliés lui revenaient. C'est toujours ainsi. Elle revoyait le fils Escaich durant son temps de permission. Il se promenait dans le village, rendait visite aux camarades et aux familles amies.

Le voilà qui s'éloigne de sa maison. Il parcourt la rue, passe devant l'école. Il se promène. Il s'avance sur le chemin des collines. Hein ! pourquoi pas ? Il grimpe vers les collines. Louis est dans sa classe. Sa femme est restée au logis.

Des injures grossières montèrent aux lèvres de la régente. Elle maudit cette fille qui s'était jouée de son fils. Chienne, salope !

Le fils Escaich marchant sur un chemin d'hiver... Un après-midi, il sera monté vers la maison Sermet. Adèle est seule. Il frappe à la vieille porte. Il appelle. Adèle répond. Adèle entend l'appel. Un proverbe dit : femme seule qui ouvre sa porte ouvre sa robe... Il l'a prise et il est revenu avant la chute du jour. Qui a pu le savoir ?

« Ce n'est pas vrai ! » chuchota la régente. Elle se retourna vers la chambre. Une ampoule faible éclairait l'oreiller. Des livres de classe et quelques vieux romans s'entassaient sur la table de nuit. Le lit n'était pas défait. De minces tortillons de lumière marquaient le mince relief du couvre-pieds de satin bleu passé. Un coin de la descente de lit râpée se trouvait vaguement éclairé. Les livres et les papiers de Simon dans l'armoire. La descente de lit représentait une mosquée entourée de palmiers verdâtres. Trois chaises cannées, un petit fauteuil recouvert d'une étoffe écrue. La chambre est étroite. La pluie tinte au-dehors, sonne et murmure. Lucienne voudrait rester là, ne plus bouger, ne plus jamais sortir de ce nid gris et tiède, avec le fantôme éternel du compagnon. Simon, Simon…

Il apparaît tout à coup, avec sa chemise blanche et ses pantalons tirebouchonnés. Il marche posément vers la fenêtre, repousse les volets grinçants et se penche vers la lune ou l'aurore pour deviner le temps.

Elle porta une main à sa gorge. Une douleur naissait au creux de sa poitrine, étirait son fil ardent vers une épaule, une étoile de douleur cruelle et souple. Elle avait déjà éprouvé cette douleur.

La pluie monotone battait autour du nid. Il fallait oublier le reste du monde. Le fils dormait. On n'entendait plus sa voix. Simon marchait dans la pièce, s'inclinait vers un livre. Elle voyait ses épaules frémir. Sa tête se penchait davantage. D'un coup d'ongle, il cochait un passage, se retournait. « Lucienne, viens voir… »

Une odeur de framboisiers naissait dans le matin. Les pas mesurés du maître d'école suivaient l'allée entre des touffes d'œillets d'Inde. L'odeur de poivre des œillets et l'âme délicieuse des framboises mouillées. La pureté de l'aurore.

Simon revenait toujours. Il arrivait dans une aube d'été, les habits imprégnés d'herbe et de feuille. Ses doigts avaient froissé des anis et des fenouils. Ses espadrilles étaient lourdes de rosée. Dans ses cheveux, dans la roseur de ses pommettes et le gris de ses yeux vivait la même lumière tranquille. Cette lumière sèche et fine que le matin dépose à la cime haute des arbres, sur la courbe des collines et les flancs de brique des maisons.

Au loin, on entend un cri de laboureur. C'est Vidalenc qui retourne une parcelle. Il avance sur là terre brune en roulant sur ses brodequins, le torse tendu vers l'arrière. L'acier pénètre dans le gras de la terre comme dans un gâteau crémeux. Les moineaux et les corbeaux virevoltent au-dessus du sillon ouvert. Les « ha ha » et les « arré » de Vidalenc passent sur la plaine. Au bout du champ, il vire sa charrue et allume une cigarette. Les bœufs, pattes obliques, balancent lentement leurs mufles sous le joug, d'un même mouvement. De longs filets de bave rejoignent la terre ouverte.

Lucienne caressait sa gorge. La douleur s'en allait, revenait, s'en allait. Elle s'était assise au bord du lit, tournée vers la fenêtre close d'où s'échappaient les images angéliques du passé. Cette douleur au creux de sa poitrine était comme une autre douleur de gésine. Mais c'était son enfant d'autrefois que la douleur faisait surgir, et les heures qui s'attachaient à son visage.

La chambre redevint silencieuse et vide : des livres scolaires s'alignaient sur la cheminée entre deux flûtes de verre sans fleurs. Un peignoir aux ramages fanés coulait du dossier d'une chaise. Devant les livres, il y avait des photos de Simon et de Louis. Une photo de Louis en blouse noire de normalien, une autre en uniforme d'officier. Un portrait de Simon sans rides. Des photos d'identité où peu à peu ses cheveux s'argentaient.

Elle entendit craquer une marche de l'escalier. Quelqu'un descendait avec précaution. La porte de la cuisine grinça puis la porte de la maison. Puis, le silence. Puis, le bruit de la pendule dans la cuisine. La porte étant restée ouverte, le tic-tac montait jusqu'au palier.

Sous la fenêtre, un pas poussa le gravier, une fois, deux fois. « C'est Louis », se dit la régente. Il était descendu. Que faisait-il ? Elle voulait ouvrir et l'appeler mais elle n'osait pas. S'il avait souhaité lui parler, il serait venu la trouver dans sa chambre. Elle ne devait pas se mêler de leur querelle. Il fallait attendre.

Il avait ouvert la porte de la cour. Il était là sous la fenêtre, sous la vigne ancienne des Sermet. Il devait regarder la nuit en fumant sa pipe. Il lui arrivait de descendre certains soirs de cette façon et de passer un moment à rêver. Il allait prendre froid...

Elle se retourna brusquement. On avait gratté à sa porte et la porte s'était ouverte aussitôt. Adèle courut vers la régente.

« Que se passe-t-il ? Tu n'es pas déshabillée ? Vous ne dormez pas ? »

Adèle pleurait sans bruit. Dans le visage enfantin, on ne voyait plus que deux grands yeux sombres et luisants, une bouche humide dont la lèvre inférieure tremblait. Ses épaules frémissaient sous les mains de Lucienne et cette dernière, sans la repousser vraiment, ne pouvait s'empêcher de la tenir à distance. Cette fille avait-elle trompé Louis ?

« Que se passe-t-il ?

– Il croit que je l'ai trompé avec Marcel. Ce n'est pas vrai.

– Ce n'est pas vrai ? répéta doucement Lucienne.

– Il ne veut pas me croire. Il ne veut rien croire.

– Il est descendu, dit la régente sur un ton machinal.

– Il a bâti toute une histoire à cause de cette lettre. Il n'y a rien. S'il avait lu cette lettre...

– Qu'est-ce que c'est, cette lettre ? demanda Lucienne sur le même ton.

– Une lettre de Marcel Escaich. Appelez-le. Dites-lui de venir et de me croire. Il n'y a rien. Je le lui ai juré. Il ne m'écoute pas. Il s'imagine toutes sortes de choses.

– Une lettre de Nosyvara ?

– Je ne sais pas... Oui, peut-être. Enfin, une lettre de Madagascar, de l'endroit où il est. Marcel m'a écrit chez ma mère, à mon nom de jeune fille. Je ne sais pas pourquoi il a fait cela. Je vous jure qu'il n'y a rien entre nous. Marcel, c'est un camarade. Louis s'imagine...

– Et que disait-il, Marcel Escaich, dans cette lettre ? »

Lucienne parlait de la même voix neutre, avec pourtant une nuance de sévérité. Comme une institutrice interrogeant une élève.

« Il me parlait de sa vie de soldat et il me disait qu'il pensait à moi. C'est tout.

– C'est tout ?

– Je ne sais pas pourquoi il m'a écrit cette lettre.

– C'est la première ?

– C'est la seule. Je ne sais pas pourquoi...

– Quand il est venu en permission...

– Je vous jure qu'il n'y a rien entre nous, dit la jeune femme en serrant les bras de Lucienne.

– Calme-toi. Assieds-toi. Viens. »

Elle la conduisit vers le lit, la fit asseoir, la prit dans ses bras. Elle avait senti sur ses mains l'eau fraîche et chaude des larmes qui roulaient sur les joues pâles.

« Raconte-moi.

– Que voulez-vous que je raconte ?

– Ce que tu sais. Il faut me dire.

– Je ne sais pas. Il n'y a rien.

– Écoute-moi, quand Marcel Escaich est venu en permission, il s'est passé quelque chose...

– Il ne s'est rien passé.

– En es-tu sûre ? »

Adèle soupira longuement.

« Il ne m'a rien dit.

– Qui ?

– Marcel, Marcel Escaich. Il ne m'a rien dit, il ne m'a jamais rien dit. Vous savez bien que je le connais depuis toujours, comme d'autres du village. Quand il est venu en permission, quand nous sommes allés chez eux, il m'a semblé en effet qu'il me regardait d'une autre façon, d'une façon nouvelle. Il m'a parlé, il s'est approché de moi souvent. Est-ce que je pouvais lui faire affront ? Il était soldat, il allait repartir...

– Il ne t'a rien dit, mais quelquefois les yeux parlent mieux que la bouche. C'est bien cela ?

– Il n'y a rien entre nous, je vous le jure ! »

Lucienne serra la jeune femme contre son sein. Elle ne pouvait résister à ce besoin d'enfermer dans ses bras le corps tiède, secoué de faibles sanglots.

« Il n'y a rien, je vous le jure...

– Ne jure pas, je te crois... »

La régente secoua la tête et une sorte de sourire glissa rapidement sur ses lèvres. Une vague d'indulgence montait en elle. Où commence le mal ? On ne le sait pas très bien. Adèle disait la vérité, ce qu'elle croyait la vérité. Jusqu'à un certain matin d'hiver, Marcel Escaich n'avait été pour elle qu'un camarade. Il ne l'avait jamais regardée autrement que comme une compagne d'école, une compagne de jeux. Un matin, un après-midi, un soir – on ne savait pas –, alors que le soldat était revenu en permission, ses yeux d'homme s'étaient posés sur une femme faite, sur une femme…

Il avançait dans la cour gelée, bien planté sur ses bottes luisantes, le torse moulé par un chandail. Le premier soleil d'hiver commençait à l'éclairer. Leurs regards s'étaient croisés sans doute et il était passé en eux ce qui passe parfois quand un homme et une femme se regardent : un désir fugitif ou appuyé, une songerie à la fois incertaine et précise, une sorte d'aveu commun qu'on oubliera ou qu'on n'oubliera pas… Le mal, ce qu'on appelle le mal, commence ainsi. Il s'efface ou il dure.

La régente pensa : un soldat… Il était venu, il allait repartir. Il retrouvait son village et son enfance. Pour lui, tout s'était rassemblé sur le visage de cette jeune femme. Elle était petite et bien faite, la peau blanche, les cheveux pesants et noirs. On admirait son profil pur et ses yeux sombres.

Marcel Escaich était reparti en gardant cette image.

« Ne pleure pas, calme-toi ! »

La main de Lucienne caressa la nuque de sa bru, lissa les cheveux noirs, frôla les tempes veinées de bleu.

« Il faut aller dormir.

– Est-ce que vous me croyez ?

– Je te crois. Je vais appeler Louis. Je lui parlerai. Tu vas retourner dans ta chambre.

– Où est-il ?

– Il est là sous la fenêtre. Il doit fumer sa pipe.

– Est-ce qu'il pleut toujours ?

– Je ne crois pas. »

Elles tendirent l'oreille pour essayer de saisir la chanson sautillante des gouttes. Il n'y avait plus rien. Ni pluie ni vent.

Puis le gravier craqua.

« C'est Louis.

– Je te l'ai dit. Il fume sa pipe. La pipe le calmera. »

Lucienne eut un petit rire. Sa main revint caresser les cheveux noirs.

« Il est violent parfois et il invente des histoires. Cette lettre chez toi, que pouvait-il en penser ? Je lui parlerai tranquillement. Je vais descendre. »

Adèle soupira. Elle appuya sa tête contre l'épaule de la régente et ferma les yeux un instant.

Tout allait se calmer. Tout serait simple. Lucienne ne doutait pas de son pouvoir. Elle appellerait Louis et elle trouverait des mots pour le convaincre. « Louis, tu es fou. Que vas-tu chercher ? » Ce n'était qu'un petit drame, une affaire de quelques instants... Quelle importance dans le poids de toutes les affaires du monde ?

Ce fut au tour de Lucienne de soupirer. Elle venait de penser : ils sont tous mes enfants. Louis, Adèle, Marcel... Tous étaient passés entre ses mains. Ils venaient, ils s'en allaient. Ce Marcel Escaich, que faisait-il en ce moment ? Est-ce qu'il pleuvait à Nosyvara ? Elle n'arrivait pas à se représenter ce pays. C'était le bout du monde, de l'autre côté de l'Afrique. Il paraît que le climat est bien humide. Tout se moisit. Le parfum de l'île, ce n'est pas la vanille ou le café, comme on croit. C'est la moisissure.

Au matin, quand Lucienne s'éveilla, un rayon de soleil éclairait les solives de sa chambre. La pluie avait cessé pour de bon. Les volets ouverts, une longue bouffée tiède pénétra dans la pièce. C'était l'haleine d'un printemps déjà mûri. On y devinait des prairies gonflées et vertes, des branches lourdes de feuilles. En une nuit, semblait-il, les sèves étaient devenues chair.

Une coulée de brume brillante indiquait le chemin de l'Essonnelle, mais le soleil trouait les vapeurs avec une impérieuse fermeté. Sur les bords des sentiers semés de flaques jaunes, l'herbe avait doublé.

Près de la barrière, des giroflées couleur de pain cuit, des tulipes désordonnées mêlaient leurs taches vives. Les pousses neuves des buis et des prunelliers jaillissaient d'une masse grise ou rouillée. L'odeur d'hiver, l'âcre arôme des terres nues, des eaux froides et du bois mort, avait disparu. Dans la buée chaude de l'horizon, les parfums du mai se déployaient, évoquant des entrelacs de graminées, les tiges rêches des jeunes tomates, les haricots et les maïs. La lumière matinale appelait les miellées des tilleuls et les feuillaisons des vignes, tout un peuple de feuilles neuves aux nuances d'émeraude, de mauve et de bronze. Sur la terre recommençait la richesse de la vie.

# XIII

LE GROS MOULIS, jambes écartées, les poings aux hanches, regardait travailler Camboulives. Ce dernier disparaissait sous le capot relevé d'une vieille camionnette Renault. On l'entendait pester et jurer à mi-voix tout en vissant et dévissant quelque boulon dans les entrailles fatiguées du tacot.

« Charles, passe-moi la petite clé anglaise. Je l'ai laissée sur l'établi. »

Moulis cracha son mégot d'un air méprisant et s'en fut chercher l'outil dans l'atelier. Il secoua la tête en regardant le véhicule.

« *Macarel !* Si tu la remets en état celle-là, Germain, tu seras fort ! Moi, je voulais en faire un clapier. C'est mon père qui a insisté... »

Thérèse Camboulives apparut sur le seuil de la cuisine proche.

« Voulez-vous un peu de café ?

– Un moment ! grogna Camboulives.

– Germain, reprit Moulis, laisse-moi tomber ça. Si tu écoutes mon père... Tu vas te crever pour rien. Cette ferraille ne le mérite pas...

– Je vous le sers, ce café ? »

Thérèse laissa retomber le rideau de jute qui la séparait de la rue. Moulis se mit à rouler paisiblement une cigarette.

Une femme s'approcha, poussant un vélo.

« Hé ! Germain, cria-t-elle, tu pourras me regarder ce vélo avant ce soir ?

– Qu'est-ce qu'il y a ? demanda Moulis.

– J'ai un frein cassé et je crois que le pneu de devant est crevé. »

Camboulives se redressa avec une grimace. Il était resté longtemps courbé. Il essuya son front d'un coup de poignet et se retourna vers le vélo. La paysanne le regardait en souriant.

« Je le voudrais pour demain matin. Je veux aller à Saint-Ély.

– Bon. Je vois, il faut changer le câble… »

Il se pencha vers le pneu, lui donna un rapide coup de pouce.

« C'est dangereux, un pneu pareil. Il est usé jusqu'à la toile.

– Hé ! donne-m'en un neuf, répliqua la femme vivement.

– Des pneus, je n'en aurai pas avant la semaine prochaine. À Toulouse, ils m'en ont promis quelques-uns.

– On ne trouve rien de rien, dit Moulis entre ses dents.

– Le pire, c'est le pain, dit la paysanne. Au poste, ils viennent de répéter qu'on va mettre la ration à 250 grammes. »

Camboulives haussa les épaules.

« Passe dans la soirée. Ce sera prêt. »

La femme s'en fut à ses affaires. Un vieil homme s'avançait au milieu de la chaussée, la faux à l'épaule, se dirigeant vers le pont de l'Essonnelle. Il les salua sans s'arrêter. Puis s'en vint un garçon de l'âge de Moulis devant une charrette de fumier traînée par deux vaches. Il ralentit le pas en apercevant la camionnette.

« Hé ! cria-t-il en riant, c'est la Rolls-Royce du père Moulis. Vous l'avez tirée du garage ? Qu'est-ce que vous voulez en faire ?

– Un poulailler à moteur ! répondit Moulis sur le même ton. Avec de la patience, on y arrivera. »

Du côté de l'école, il y eut une soudaine explosion de cris. Camboulives tendit l'oreille. C'était la première récréation des petits. 10 heures n'allaient pas tarder à sonner. Il faisait très doux. L'air sentait l'iris et la giroflée. Au bout de la rue, les feuilles fraîches des platanes baignaient dans le soleil. La lumière touchait l'atelier et la maison de Camboulives.

Il s'approcha du moteur, l'air perplexe. Il gratta sa tignasse blanche. Il était vêtu d'un bleu délavé, vingt fois rapiécé en plus clair ou plus sombre.

Moulis secoua la tête.

« Tu veux que je te dise une bonne chose, Germain ? Laisse-moi cette guimbarde. Tu vas y passer des heures et nous n'en serons pas plus avancés. C'est un paquet de rouille. Elle est restée sur cales pendant des années. Déjà qu'elle n'était pas jeune… À mon père, je le lui ai dit : “On peut en faire un clapier, pas autre chose.” Si tu l'écoutes… Elle roulera deux kilomètres et nous laissera choir. Tout s'en va. La caisse est pourrie. S'il y met un veau, il le sèmera au premier virage… »

Camboulives ne répondit pas et se pencha une fois de plus sur le moteur. Il se redressa au bout d'un moment.

« Où est la manivelle ?

– Ici. Attends, je vais tourner.

– Vas-y sans forcer. »

Charles embrocha l'avant de la camionnette et donna un premier tour, un autre. Le moteur chuchota vaguement.

« Recommence.

– Elle est bonne pour la casse, je te le dis.

– Il y a quelque chose que je ne comprends pas. Il faut que je redémonte tout.

– *Macarel !* Tu veux recommencer ! Tu ne m'écoutes pas...

– J'en ai dompté de plus récalcitrantes. En 36... »

Il eut un petit rire. Moulis était trop jeune. Il ne pouvait pas se souvenir. En 36, Camboulives avait acheté une carriole de ce genre. C'était hier, semblait-il, avant-hier... Il entendait sonner à ses oreilles d'autres voix moqueuses : « Hé ! Germain, que veux-tu faire de cet engin ? » Elle avait pourtant duré jusqu'à la guerre, cette machine. Au moment des grèves de Toulouse, en 36, il s'en servait pour le ramassage des légumes dans les campagnes... Les légumes, les paysans les donnaient pour la soupe des grévistes.

Thérèse souleva le rideau.

« Je vous ai servi le café. Vous avez fini ?

– Non pas, dit Moulis. On n'a pas commencé.

– Hé ! dit la femme en s'adressant à Germain, tu penses à la moto de Griffoulet ?

– Elle est prête.

– Venez boire votre café. »

Moulis eut un rire gourmand.

« Je ne refuse pas, Thérèse. Seulement, je ne peux pas rester longtemps. Les miens m'attendent. Nous allons faucher un bout de pré.

– Déjà ? demanda la femme. Vous n'êtes pas en retard.

– C'est notre pré des bords de l'Essonnelle. L'herbe y pousse vite. Cette année, remarque bien, l'herbe pousse vite partout. Il y aura plus d'herbe que de vin.

– Ton père veut se lancer dans l'élevage, à ce qu'il m'a dit ?

– Oui. Des idées qu'il a. Et il veut transformer ce tacot en bétaillère. Il a toujours dix projets en train.

– Ça prouve qu'il ne vieillit pas. »

Ils parlèrent du fils Camboulives qui était toujours placé dans un garage à Toulouse. La mécanique lui plaisait de plus en plus. Le régent disait que c'était dommage de ne pas l'avoir envoyé dans une école professionnelle. Il proposait de lui donner des leçons si on le faisait revenir.

Camboulives entra et ils prirent place autour de la table ronde couverte d'une toile cirée fanée, aux carreaux effacés. Thérèse proposa des gâteaux secs dans une boîte de fer-blanc. Une dizaine de petits-beurre.

« Ce n'est pas bien présentable, mais c'est tout ce que j'ai.

– Ne te dérange pas, dit Moulis. J'ai cassé la croûte ce matin. »

Il croqua cependant un biscuit et se tourna vers Camboulives.

« Alors, les nouvelles, qu'est-ce que ça dit ? Ce Ramadier, il nous trouvera du pain ?

– Figure-toi !

– À Paris, dit Thérèse, on a interdit la vente de la farine, et en Corrèze, le poste l'a annoncé, on vend du pain quatre jours de la semaine seulement. »

Camboulives fronça les sourcils.

« Les accapareurs, on les connaît, on pourrait les trouver sans peine. N'allez pas me dire qu'on ne les connaît pas.

Si on ne les touche pas, ils continueront à cacher leur farine.

– Ce Ramadier pourtant, murmura Thérèse, il me semblait sérieux. Il n'a pas une mauvaise tête. Avec sa petite barbiche…

– Je n'ai pas écouté hier soir, dit Moulis, mais mon père m'a dit que le gouvernement risquait de tomber. »

Camboulives frotta les poils de son menton d'un air soucieux.

« C'est selon. Ramadier veut bloquer les salaires. Il va poser la question de confiance là-dessus. Bloquer les salaires, oui. Bloquer la vie chère aussi. Sinon, les travailleurs paieront tout.

– Ouais, dit Thérèse, tu crois qu'on fera autrement. Ce serait bien la première fois. Tu as beau dire, mon ami, les gros s'en tireront. »

Camboulives sursauta violemment. Son poing s'abattit sur la table.

« Non pas ! Non pas ! Ne me répète pas des mots pareils. Les choses ont changé. Les têtes des gens ne sont plus ce qu'elles étaient.

– Tu le crois.

– Je le crois parce que c'est la vérité.

– Germain a raison, intervint Moulis. Depuis la guerre, il y a du changement. Est-ce qu'ils n'ont pas pris des communistes dans le gouvernement ?

– Ils ne les ont pas acceptés de bon cœur. À la première occasion… »

Camboulives avala son café rapidement puis il resta accoudé, les épaules tombantes, regardant le fond de sa tasse.

« Oui, c'est vrai, ils ne les ont pas acceptés de bon cœur. Ils n'acceptent jamais rien de bon cœur. Ce qu'on obtient, il faut le gagner, il faut le prendre... »

La clarté dorée du matin coulait dans la cuisine. Le soleil à travers les petits rideaux de la fenêtre s'en venait caresser un pan de mur et la tablette où Germain entassait des journaux, des brochures, des cahiers d'écolier où il prenait des notes, tenait ses comptes.

« Tu es impatient, Germain, dit Moulis. Cette maudite mécanique t'a mis les nerfs en pelote.

– Ne crois pas ça, ajouta Thérèse en souriant. La mécanique le calme au contraire. »

Les cris des enfants à l'école venaient de s'effacer sur un coup de sifflet.

« Comment ça va, chez les régents ? » demanda Moulis lentement.

Le gros Moulis n'avait plus son air goguenard.

La main de Camboulives tambourina un instant sur la toile cirée. Il semblait toujours penser au gouvernement et à ce qu'il faudrait prendre si on voulait vivre tranquille... Moulis toussota.

« Chez les régents... Comment ça va ?

– Ça va.

– Il y a une histoire qui se raconte à propos d'une lettre du fils Escaich.

– Je sais, dit Thérèse un peu sèchement, le fils Escaich a écrit à la petite. Il lui a écrit chez sa mère. Il n'y a rien de plus. »

Camboulives releva la tête.

« Il t'a écrit à toi, Charles ?

– Une carte de Marseille. Depuis, rien. Je me souviens... Le jour où on a tué le cochon chez son père, cet hiver, Marcel regardait cette petite...

– Et puis après ? Qu'est-ce que ça veut dire ?

– Ça ne veut rien dire, d'accord. Il y a toujours des commérages.

– Adèle est une fille très sérieuse, murmura Thérèse.

– Je n'ai jamais dit le contraire.

– La jeunesse », dit Camboulives, pensif.

Et il répéta : « La jeunesse… » sans qu'on pût savoir ce qu'il voulait dire exactement.

Autour d'eux, le village était silencieux. Un paysan en espadrilles passa le long de la maison, en direction du ruisseau. Un chien aboya ; les gens se dispersaient dans les champs pour faucher un peu d'herbe, pour butter les pommes de terre, pour soigner la vigne. Il ne restait au village que des femmes devant leur soupe, quelques artisans, des vieux qui s'occupaient du potager…

La paix du matin. Les bruits les plus forts venaient de l'école et ils marquaient la glissée des heures. Récréation des petits, récréation des grands, sortie générale. Avec quelques bruits de moteurs – la camionnette du laitier, une camionnette d'épicier –, c'étaient les seules rumeurs.

« Ce soir, j'irai à Saint-Ély, dit Camboulives. J'ai des affiches à prendre.

– Et l'école ? On n'y travaille plus ? demanda Moulis.

– Les plâtres sont faits. Il reste les finitions, la peinture, l'aménagement. On pourrait l'inaugurer vers Pentecôte.

– Ce n'est pas malheureux. On en voit le bout.

– Les ouvriers viendront au début de la semaine prochaine. Il faut que je m'occupe de la plaque.

– Quelle plaque ? »

Moulis se mordit la lèvre.

« Oui, je suis bête.

– La plaque des fusillés, dit Thérèse.

– Je sais bien.

– On en a discuté au conseil, reprit Camboulives. Même pour une chose pareille, il a fallu discuter. Moi, je la veux sur la façade, à côté de la porte, pour que les enfants la lisent bien. Pour qu'ils la regardent et qu'ils l'apprennent par cœur. Mercereau ne voulait pas.

– Celui-là ! s'exclama Moulis. Pourquoi il ne voulait pas de plaque ?

– Je n'ai pas dit qu'il n'en voulait pas. Il la veut à un autre endroit. Il dit que de la mettre à hauteur des enfants, ça sera triste.

– Il a peut-être raison, dit Thérèse. On ne vit pas avec la mort.

– Par principe, je la veux en bonne place.

– Par principe, répéta la femme.

– Oui, par principe. »

Thérèse haussa les épaules.

« On peut passer à côté sans la voir. Ce qu'il faut, c'est que le souvenir reste dans les têtes, que ces pauvres gens ne soient pas morts pour rien. »

Une poule se promenait devant la porte, derrière le rideau de toile. On apercevait son ombre sautillante devant la clarté. On entendait ses « cô » tranquilles. Elle picorait au bord du trottoir caillouteux. Elle disparut brusquement et lança des cris affolés. Quelqu'un courait vers elle. Un pas léger et rapide s'approcha de la maison. C'était plus qu'un pas, une course. Une main souleva le rideau. Un gamin se montra.

« Qu'est-ce qu'il y a, Daniel ? demanda Thérèse. Tu n'es pas en classe ? »

Moulis se leva.

« Il faut que je me sauve. Quelle heure est-il ? »

Puis ils virent que l'enfant haletait. Il avait couru très vite. Daniel Marini, un garçon mince et brun, aux cheveux frisés. Il habitait sur la route de Montauban, dans une ferme éloignée. Son père était d'origine italienne. Soir et matin, il passait devant l'atelier, regardait travailler le mécanicien.

« C'est le régent qui m'envoie. Sa mère est malade. Elle est tombée… En classe, elle est tombée…

– Quoi ? »

Camboulives se dressa.

« On a fait appeler le docteur depuis la cabine de l'épicerie.

– Qu'est-ce que c'est ?

– Je ne sais pas. M. Révignac m'a dit de venir chez vous et de vous prévenir.

– Allons, dit Camboulives, nous étions trop tranquilles ! »

Moulis vit le vieil homme marcher vers la route. On pouvait dire : le vieil homme. Il se courbait dans son bleu rapiécé. Le soleil touchait sa tignasse et la rendait plus blanche encore. Allait-il lui aussi se laisser choir et tomber en syncope ?

« Où est-elle ?

– Dans la cuisine d'en bas, sur un fauteuil, répondit le garçon.

– Il faut la transporter ici, s'écria Thérèse. Ici, c'est le plus près. Est-ce qu'on peut la transporter ? »

Le garçon ne savait pas. La sueur perlait sur la peau fine de ses tempes.

Déjà, Camboulives et Moulis couraient vers l'école. Thérèse galopa derrière eux en compagnie de l'enfant.

Il y avait quelques femmes devant la porte. La nouvelle se répandait. Sur les seuils d'alentour, on apercevait des vieux, des mères avec des marmots sur les bras. Et tous regardaient le seuil de la maison qui servait d'école. Les femmes chuchotaient. On n'entendait aucun cri d'écolier. L'école restait muette.

La bicoque était vieille. Le crépi de la façade s'en allait par plaques irrégulières, laissant voir les longues briques plates de la construction.

Thérèse prit le bras de la première femme rencontrée.

« Qu'est-ce que c'est ?

– Il paraît que ce n'est pas grave. Une syncope. Pas autre chose. De la fatigue.

– Le médecin est là ?

– Pas encore. »

La régente était assise dans un fauteuil d'osier. Son visage blême, entouré de mèches de cheveux gris en désordre, se renversait en arrière. Elle respirait très lentement, avec une sorte de bruit de sifflet vite éteint. Sa bouche semblait un peu tordue. « C'est une attaque », pensa Thérèse.

Louis était debout près de sa mère en compagnie de Mme Mage et de Mme Vidalenc qui se trouvait au village, ce matin-là.

Camboulives était resté près de la porte d'entrée. Il contemplait l'institutrice sans dire un mot. Ses bras pendaient le long de son corps et il se penchait en avant, dans une attitude d'hésitation, de gaucherie. Il avait salué d'un hochement de tête en entrant et, maintenant, il ne bougeait plus et il ne disait rien. Il croyait peut-être que la régente dormait.

Thérèse s'avança sur la pointe des pieds, s'en vint caresser le front de Lucienne et remit de l'ordre dans ses cheveux épars.

« Lucienne », murmura-t-elle très doucement.

Les joues pâles de la malade furent parcourues par un frémissement.

« C'est vous, Thérèse ? »

Les yeux de Thérèse eurent un éclat soudain. Elle retint un soupir de soulagement. La régente la reconnaissait. Elle avait donc toute sa tête.

« Comment ça va, Lucienne ?

– … sais pas ce qui m'a pris. Ce n'est rien… Fatiguée…

– Non, ce n'est rien », répéta Thérèse.

Camboulives s'approcha sans bruit de Louis. Et ce dernier lui dit à voix basse.

« On a pu atteindre le docteur. Il ne va pas tarder. Je ne sais pas ce que c'est. J'ai eu très peur…

– Que dis-tu, Louis ? demanda la voix sourde de la régente.

– Je dis que le docteur va arriver. Il vaut mieux.

– Ce n'est rien. Dans un instant, je pourrai… »

On l'avait assise non loin de la fenêtre entrouverte qui donnait sur le jardin et le paysage des collines.

Dans cette pièce étroite et encombrée, les régents préparaient leur cuisine de midi et entreposaient du matériel scolaire : des piles d'anciens cahiers mensuels, de vieux manuels aux cartonnages rongés, des bouteilles d'encre noire et rouge et des boîtes de craie. On apercevait des bols et des assiettes sur la cheminée et, au-dessus, rangée sur le plâtre nu, une série de casseroles. Une table, quelques chaises de paille, une bibliothèque sans vitres formaient le mobilier.

Une moto ronfla dans le lointain, se rapprocha. C'était sans doute le médecin.

Lucienne semblait respirer mieux mais son visage gardait une teinte crayeuse. Ses paupières battirent. Elle découvrit Camboulives.

« Hé ! vous êtes là, Germain ? Je... Vous êtes venus bien nombreux ! Est-ce qu'on croyait que... Ça va passer, ce n'est rien...

– Vous allez venir vous reposer à la maison, dit Thérèse.

– Je me trouve très bien ici. Où est Louis ? Ah ! tu es là... Et les enfants ?

– Ils sont en classe. Tout le monde a du travail. Ils sont sages.

– Ils ne font pas de bruit, c'est étonnant. »

On la vit tendre l'oreille avec effort vers les classes pour saisir les rumeurs des écoliers.

La moto s'arrêta devant la maison.

Le médecin entra. Un homme d'une cinquantaine d'années, cordial et toujours pressé. Il inspecta la pièce rapidement puis vint se planter devant la régente.

« Alors, madame Sermet, qu'est-ce qu'on me raconte ? Vous tournez de l'œil maintenant ? »

Il lui prit la main, la caressa, chercha le pouls.

Lucienne ébaucha un sourire.

« Je ne sais pas ce qui m'est arrivé, docteur. Nous étions en classe, nous avions commencé une dictée. J'ai eu un malaise. Tout s'est mis à tourner...

– Bon, bon, nous allons arranger ça. Ce n'est rien... »

Il s'en fut vers la table, ouvrit sa trousse.

Louis s'approcha et dit à voix basse :

« J'ai mis de l'eau à bouillir, docteur. Je pensais que pour une piqûre...

– Fort bien. »

Camboulives se retira vers le corridor.

Thérèse se penchait vers la régente.

« Vous n'avez pas froid ?

– Non, je suis très bien. »

Les regards de l'institutrice demeuraient attachés au paysage lointain des collines. Au-dessus des feuillages proches, la courbe verte des chênes et des acacias se déroulait sur le ciel bleu.

Thérèse pensa : « Elle regarde du côté de Simon. »

* *
*

Gaston Escaich lisait le journal. Il s'était accoudé au comptoir devant la salle déserte et il lisait en attendant la camionnette de la bière. Le livreur était en retard.

Il avait commencé bien entendu par la rubrique régionale. Quinze lignes en tout pour le canton de Saint-Ély. La place était mesurée mais il ne se passait pas grand-chose. Trois communiqués de sociétés, une auto volée, un accident de vélo.

Maintenant, il s'attaquait à l'éditorial de première page. L'auteur parlait des problèmes de la France d'outre-mer, du grand espoir des populations, de la France généreuse et fraternelle. Escaich fronçait les sourcils et lisait avec soin. Ses lèvres bredouillaient les mots en silence. Il revenait en arrière, reprenait les phrases, s'efforçait de comprendre toutes les allusions. L'auteur faisait état de certains actes de banditisme à Madagascar.

À travers les vitres de la porte glissait une lumière verte et dorée. La terre nue, entre les platanes, se couvrait de taches de soleil. Une radio chantait quelque part.

Qu'est-ce qui se passait donc dans cette île ? Marcel n'avait jamais parlé de ça. Le journaliste parlait d'une ville : Mananjary. Mananjary ? Il y avait eu des troubles à Mananjary. C'était réglé. Depuis fin mars, des forces militaires étaient en voie d'acheminement. C'était réglé du côté de Mananjary.

Dans la colonne à côté, il était question du pain. Toujours le problème du pain. Pour la Haute-Garonne, on évaluait le déficit à 50 000 quintaux. « Mille dieux ! ce n'est pas possible, ils doivent se tromper... 50 000 quintaux dans un pays à blé ! »

« Gaston ! Tu es là ? »

La femme l'appelait de la cuisine.

« Je suis là.

– Le livreur est passé ?

– Non pas. Je l'attends.

– Je te croyais sorti. Tu ne bouges pas. »

Escaich alluma une cigarette. 50 000 quintaux ! C'est un chiffre ! Dans certains départements comme les Landes, des boulangeries fermaient faute de farine.

En bas de page, un petit article sur l'Indochine. Hô Chi Minh avait proposé un accord à des conditions impossibles. Hô Chi Minh, c'est le chef communiste de là-bas. Il est venu en France l'an dernier. On n'y comprend rien. Tantôt, tout semble réglé et puis on vous raconte que ça ne va pas fort. Qu'est-ce qui se trame dans cette Indochine ?

Il haussa les épaules et revint à cette phrase sur Mananjary. Est-ce que Marcel se trouvait près de ce Mananjary ? Il n'avait jamais écrit ce nom... Ramadier allait poser la question de confiance sur le budget. Les communistes n'étaient pas d'accord. Ceux-là...

La camionnette de la bière s'arrêta devant le café. Le chauffeur descendit et se mit à empiler les caisses pleines entre les pots de fusain. Puis il chargea les vides qu'Escaich lui avait préparées.

« Tu veux un coup de gnôle ? demanda Gaston.

– Je n'ai pas le temps. J'ai déjà pris du retard. Je dois être à Saint-Ély avant midi.

– Rien de neuf à part ça ?

– C'est la chaleur. Salut ! »

Le cafetier transporta les caisses de bière à l'intérieur. Il ouvrit la trappe de la cave. Avant de descendre, il alluma une cigarette. C'était une bonne cave, à la fois sèche et fraîche. La boisson s'y tenait bien. Avec ça, pas besoin de frigo.

Il descendit les caisses, remonta, referma la trappe. Il avait chaud. Il but un demi-verre de vin. La femme de la cuisine lui cria :

« Qu'est-ce que tu fais, Marcel ?

– Je viens de descendre la bière. Je vais aller butter les patates au bout du jardin. »

Quelqu'un marcha sur la place et une femme apparut soudain comme si elle sortait d'un platane. Elle semblait effrayée. Escaich fit un pas vers le seuil et la salua. La femme ne répondit pas au salut et elle murmura :

« Je cours chez Mage. La régente vient de tomber dans sa classe.

– Qu'est-ce que tu dis ?

– Oui. La régente… Elle faisait sa classe, elle s'est évanouie. C'est peut-être une attaque. Je vais prévenir Mme Mage.

– On a appelé le docteur ?

– Oui. »

La femme d'Escaich, de sa cuisine, avait entendu. Elle apparut derrière son mari, frottant ses mains à son tablier.

« Qu'est-ce que c'est ? La régente ?

– Elle est tombée pendant une leçon. »

Sur les collines, le soleil régnait encore. Des coulées de miel et de grenat se mêlaient au long des pentes. Sur la plaine s'étendait une brume fine couleur d'argent à peine noirci. Le couchant baignait dans le rouge. Pas de vent. Des flèches d'hirondelles fusaient dans le dernier bleu du ciel, avec de rapides piaillements. L'ombre s'avançait entre les maisons, douce comme velours. C'était un de ces premiers soirs des beaux jours, où l'on aime rester sur le seuil de sa maison pour regarder le crépuscule et pour se laisser caresser par les voiles tièdes de l'air.

Thérèse Camboulives attendait son mari. La moto ronronna enfin du côté de la place puis glissa avec un chuintement jusqu'à la maison.

« Alors ? demanda la femme.

– Ça va bien. Elle repose.

– Elle dort ?

– Elle vient de s'endormir. Le docteur n'est pas inquiet. Mais elle a le cœur fragile. »

Des voisins sortirent de l'ombre et firent le cercle autour des époux Camboulives.

« Alors ? » demanda quelqu'un.

Camboulives répéta ses explications vagues mais lui-même paraissait rassuré.

« Il lui faudrait la retraite maintenant », dit un paysan aux cheveux gris qui roulait lentement une cigarette.

Il ne regardait pas ses doigts. Il regardait au-delà de la place vers les collines, du côté de la maison Sermet.

« C'est une bonne maîtresse ! s'écria une jeune fille. Elle n'a jamais battu personne. Je me souviens qu'on l'écoutait…

– C'est une femme laborieuse et qui n'a jamais fait de bruit, reprit le paysan. Du temps de Simon, on aurait dit qu'elle n'existait pas. Elle menait pourtant sa tâche.

– Elle la mène encore ! dit Thérèse vivement.

– Oui, mais il faut penser au repos. Vient un jour où il faut y penser. »

Le paysan alluma sa cigarette. Le tabac grésilla. Des brins enflammés se dispersèrent dans l'ombre.

« Simon lui manque, murmura une femme. Depuis qu'il a disparu, elle a bien changé.

– Elle est plus forte qu'il ne semble, dit Camboulives. Seulement, c'est le cœur…

– On peut vivre vieux avec une maladie de cœur, dit le paysan. J'ai eu un oncle qui est arrivé jusqu'à ses quatre-vingts… Il se ménageait. Il ne portait pas des poids, il ne montait pas les escaliers… »

La jeune fille se tourna vers ses compagnes. Il y avait trois adolescentes dans le groupe.

« Vous vous souvenez ? Elle récitait bien les poésies. Le samedi après-midi, quelquefois, elle nous lisait des histoires ou des poésies. Nous l'écoutions sans broncher. »

Thérèse hocha la tête.

« Elle a du goût et de la patience. Avec les petits, il faut en avoir. Moi, je ne pourrais pas. Tous ces marmots me rendraient folle.

– Les petits, c'est le plus délicat, remarqua Germain. Par la suite, je ne dis pas que c'est facile mais quand un enfant est débrouillé…

– Vous imaginez, poursuivit Thérèse, le b.a. ba, on le leur répète vingt fois, cent fois, et pour certains, ça ne suffit pas. Tous les ans recommencer. Je n'aurais jamais pu faire ce métier !

– À chaque métier sa peine, dit le paysan. Enfin bref, la voilà au repos pour plusieurs jours, j'imagine… On nous enverra bien quelque remplaçant.

– Justement, dit Camboulives, elle se tourmentait à propos du remplacement. Elle parlait de se remettre en route demain. Figurez-vous si on la laissera faire…

– Des remplaçants, il n'y en a pas trop.

– Il faudra bien en trouver. »

Les trois jeunes filles s'étaient éloignées sur le chemin. On apercevait les taches claires de leurs tabliers dans la nuit bleue. Elles marchaient lentement du côté du pont de l'Essonnelle. Elles reviendraient du même pas tranquille. C'était une promenade habituelle. Elles jacassaient à mi-voix, pouffaient, riaient plus fort, se coupaient la parole. Leurs tabliers pâles se balançaient dans la pénombre. De quoi parlaient-elles ? Les aînés n'y prêtaient guère attention. Ces chuchotis et ces éclats légers, c'était leur façon coutumière de se raconter leurs secrets, de plaisanter sur l'un ou sur l'autre, d'égrener la chronique du village.

Camboulives salua la compagnie et rentra chez lui. Il n'avait pas encore mangé. Les voisins se dispersèrent.

La table était mise. Un abat-jour de perles descendait assez bas au-dessus de la toile cirée. Un grand saladier de laitue luisait dans la clarté de la lampe.

« Tu as soif ? demanda Thérèse. Tu veux une goutte d'anis ? Il en reste.

– Une goutte d'anis ? Oui, au fait… »

En entrant, il avait rangé sur une chaise un paquet de brochures et un rouleau d'affiches.

« Alors, à Saint-Ély, quelles nouvelles ?

– Par ici, rien de particulier. Toujours l'histoire du pain. Ramadier va poser la question de confiance.

– Ah ! oui…

– Nous voterons contre.

– Ah ! »

Camboulives expliquait. Thérèse allait et venait autour de la table ronde, sans bruit, sur des chaussons de feutre. Elle apportait la bouteille d'anis, une cruche d'eau fraîche, des pommes de terre bouillies, un morceau de saucisse sèche. Les cheveux blancs de l'homme brillaient dans le cône de lumière. Le reste de la pièce restait dans une pénombre. Il parlait de Ramadier, du blocage des salaires, des crédits militaires. Deux cents milliards, tu imagines ! On pourrait les baisser d'au moins cinquante milliards. On ne peut pas payer les gens et acheter des canons. C'est la logique.

Thérèse versa l'anis, puis l'eau fraîche.

« Ça suffit comme ça ?

– Oui, merci. »

Il reprit le fil de son raisonnement. Il parlait pour elle et pour on ne savait qui. Des gens qu'il supposait devant lui, autour de lui, des interlocuteurs, des amis ou des adversaires. Elle ne l'interrompait pas. Elle savait qu'il aimait parler ainsi.

Thérèse pensait à la régente endormie, là-bas, au pied des collines, dans la nuit claire et paisible. Son fils et sa bru devaient surveiller son repos. Dehors revinrent les voix des jeunes filles. Des rires aigus puis des chuchotements. Elles ne se décidaient pas à rentrer pour se coucher.

« Qu'est-ce que c'est ? demanda Germain.

– Les petites. »

À son tour, il écouta les jeunes voix. Celles-là ne pensaient ni à Ramadier, ni aux salaires, ni aux crédits militaires, pour l'instant. Elles profitaient du bon de la nuit.

Les rires sonnèrent plus fort et Thérèse ne put s'empêcher de rire à son tour, sans comprendre. Et aussitôt, pendant que Germain parlait, elle plongea dans une rêverie sur sa jeunesse.

À l'époque, on allait au canton à pied. Il n'y avait pas beaucoup d'autos. Des paysannes en coiffe de paille noire marchaient sur les chemins blancs de poussière. On n'avait pas de radio. Les nouvelles venaient lentement. Puis, elle pensa au temps de guerre. Les visages de ses vingt ans sortaient de la brume des souvenirs. Germain apparaissait, maigre, sec et vigoureux, les cheveux très bruns. Fabre riait en compagnie de Moulis le père, et des autres, Pierre Mage, Simon Sermet, le maître d'école…

Elle se reprit, rouvrit les yeux, regarda son mari. Germain poursuivait son discours : le gouvernement, les crédits pour l'armée, le blé, les accapareurs, la démocratie…

« Mange, dit Thérèse doucement. Tu parles et tu ne manges pas. »

Les voix des jeunes filles s'éloignèrent. Une porte claqua. Il y eut un dernier rire. Un souffle de fraîcheur agita les rideaux de la fenêtre et fit tinter les perles de l'abat-jour.

# XIV

LA LUMIÈRE BAIGNAIT LA PLAINE. De la Garonne aux collines, l'eau dorée du soleil coulait sur les champs et les maisons. Au pied des peupliers et des pigeonniers, l'ombre courte prenait sa teinte bleue des grandes chaleurs.

Lucienne ouvrit les yeux et soupira de plaisir. La lumière l'enveloppait et elle se sentait comme bercée par de vastes mains de verdure presque brûlante. La grisaille, l'eau froide, le vent acide, c'était hier, ce matin, tout à l'heure. Soudain, le soleil avait gagné. Sa balle ardente avait jailli jusqu'à la méridienne et il avait bu les larmes des arbres, tous les iris de la rosée.

Adèle chantait. Sa voix allait et venait dans la maison Sermet entre les murs d'argile épaisse. La régente l'avait d'abord entendue à l'étage, glissant d'une chambre à l'autre comme un oiseau. Un oiseau frêle mais bien vivant dans les chambres anciennes de la demeure paysanne. La voix s'était assourdie dans l'escalier. Elle vibrait maintenant dans la cuisine, s'échappait vers le soleil du jardin et la tonnelle de roses où rêvait la régente. À quoi peut-on comparer une voix ? À une source, un ruisseau, un oiseau… Un oiseau sans doute, un merle noir et brillant, une preste merlette grise, un ramier bleu, une hirondelle d'encre…

Lucienne regardait les collines et, au pied des collines, les tilleuls, les acacias, les sureaux et le figuier autour du puits, les planches de pois et de carottes.

« Hé ! murmura-t-elle en souriant, il y a beaucoup d'herbes dans notre jardin. Il y faudra le jardinier.

– La chaleur vient ! dit la voix d'Adèle à la fenêtre de la cuisine. On se croirait en été.

– On se croirait en été », répéta Lucienne.

La voix disparut. Un frelon tranquille lui succéda. Des bruits de chaises poussées. Le froissement sec du balai sur le carrelage. Le vieux carrelage rouge des Sermet. Adèle balayait la cuisine. Sur les carreaux d'argile cuite, sous les solives noires et tordues, la silhouette claire de la jeune femme qui balayait en chantonnant. Lucienne se retourna et l'aperçut. Elle pensa : « Un oiseau dans la maison… L'avenir dans le passé… »

La verdure moutonnait autour d'elle. L'épaisse feuillée des tilleuls et des ormeaux environnait la tonnelle et la lumière y accrochait des chenilles étincelantes. Il restait des grappes séchées dans les lilas. Les parfums du chèvrefeuille et du seringa effaçaient sans peine celui des roses. C'étaient des roses roses au cœur serré et qui sentaient peu.

Une volée de moineaux vint crépiter dans les rameaux du tilleul puis s'échappa en direction du toit. Au-delà des planches de légumes, une haie de vendangeuses cernait le puits. Les mains plates et velues du figuier protégeaient la margelle.

Un pigeon raya le ciel bleu au-dessus des vignes lointaines. Il changea de route brusquement, fila vers les chênes des collines.

« Louis ne tardera pas, dit Adèle à la fenêtre. Il sera là avant midi sonné. »

Elle s'était interrompue dans ses tâches pour s'accouder et contemplait le paysage. La régente pensa : « Au fait, c'est jeudi… »

Dans le calme, quelque faucheur ou vigneron criait derrière les arbres. Il appelait on ne savait qui, un compagnon, sa femme, il criait après son chien… Elle avait entendu mille fois ce cri de paysan solitaire, montant dans la transparence matinale.

« Il passera à la mairie. Il ira ensuite chez Vidalenc pour la signature. Il n'y retournera pas ce soir. Vous n'avez pas froid ?

– Tu plaisantes ! C'est un vrai jour d'été.

– Oui, c'est un jour d'été. La saison est en avance. »

La régente se mit à rire.

« Bientôt les vacances ! À la rentrée, nous habiterons le village. Et peut-être avant. Il va falloir acheter des meubles, ma belle ! Toutes les économies y passeront.

– L'inauguration se ferait donc bien à Pentecôte ?

– C'est ce qu'ils disent tous. Mais tant que je ne l'ai pas vue… Camboulives m'a parlé de la peinture. Il faudra s'entendre pour les couleurs.

– La peinture des classes ?

– Et aussi la peinture des logements. »

La voix d'Adèle s'éloigna vers l'intérieur, revint.

« J'avais cru entendre un vélo… Avez-vous faim ?

– Hé ! ma foi…

– Louis ne tardera plus. Voulez-vous le journal ?

– Je te remercie. J'ai un livre. Un livre que je ne lis pas. »

Les grillons chantaient dans la plaine. À intervalles réguliers, s'élevait le cri du paysan. « C'est quelqu'un qui laboure au pied des collines », se dit la régente. Qui pouvait bien labourer, ce matin-là ? Elle essaya d'imaginer cette parcelle invisible. La voix montait droit vers le soleil, comme une alouette. L'homme commandait ses bœufs. « Ha, haha, haaa... » Quelle était cette terre qui exigeait encore un labour ? Simon, lui, l'aurait deviné aussitôt. Il connaissait le cadastre par cœur.

De la cuisine arrivait un bruit de hachoir. Un parfum d'ail et de persil venait se mêler aux haleines du jardin. Le soleil chauffait les mains et le visage de la régente. Elle ferma les yeux. Son corps était léger. Rien ne lui faisait mal. La pensée de l'école neuve lui revint. « J'enseignerai encore quelques années ici. Puis, la retraite et le retour dans cette maison tranquille. Les fleurs, les cris des paysans, les matins limpides... Fontvieille est un poste double. Louis devra céder la place à un couple. Il demandera un poste à Saint-Ély ou dans les environs. L'essentiel est de voir cette école rebâtie. Il y viendra des jeunes et je les conseillerai... Tout va bien. »

Autour de la femme immobile, la plaine grésillait doucement. Les pigeons ne volaient plus. Ils avaient regagné de-ci, de-là les pigeonniers de tuiles roses, aux toits obliques, semés parmi la mer frémissante des vignes.

La voix d'Adèle :

« Bientôt midi. Louis se sera retardé. »

Vers midi moins le quart, le régent, qui travaillait à la mairie, entendit ronfler un moteur devant l'atelier de Camboulives. Le moteur ralentit puis s'accéléra. Il y eut des rires et des exclamations joyeuses. Louis reconnut la voix perchée de Truffié et le bourdon de Moulis. Le moteur s'arrêta.

« *Macarel*, ça y est ! cria Truffié. Il n'est pas mort.

– Passe-moi la manivelle !

– Il ronfle comme un neuf ! »

Le moteur se remit en marche.

Le régent posa sa plume avec un sourire amusé. Camboulives avait réussi. Le moteur tournait.

« Je ne le croyais pas possible ! s'exclamait Moulis. De toute manière, le moteur est meilleur que la carcasse. On va toujours l'essayer. En avant ! »

Le véhicule passa en ferraillant devant l'école et la mairie, s'en fut virer sur la place devant le café Escaich. Moulis tenait le volant et Truffié gesticulait comiquement à son côté. Camboulives planté au milieu de la route, observait l'expédition avec une grimace ironique.

Le régent repoussa les imprimés amoncelés devant lui, bourra sa pipe et se dirigea vers la porte. Camboulives l'aperçut et le salua de la main.

« As-tu terminé ?

– À peu près.

– As-tu besoin de moi ?

– Non. Je vais passer chez Vidalenc pour quelques signatures...

– Mais non. Rentre chez toi tranquillement. La signature, je m'en occuperai. Il faut que j'aille le voir. Rentre chez toi. Les femmes t'attendent. »

Le tacot de Moulis revenait vers l'atelier dans un grand fracas de tôles. Il s'arrêta un peu plus loin. Les deux jeunes gens descendirent.

« Magnifique ! s'écria Truffié. On peut pousser jusqu'à quarante ! »

Thérèse Camboulives apparut sur le seuil de sa cuisine.

« Ça marche enfin ?

– Si ça marche ? répondit Truffié. Un vrai bolide !

– J'en suis bien contente. Germain en aura passé des heures sur ce moteur ! »

Le régent s'approcha du groupe.

« Comment va ta mère, Louis ? demanda Moulis.

– Aussi bien que possible. Le docteur a donné un traitement pour le cœur.

– J'imagine qu'elle ne reprend pas demain ?

– Non. Deux semaines de repos, puis on verra.

– Pas d'imprudence, surtout. »

Thérèse regarda le ciel.

« C'est la chaleur. On croirait un matin de juillet. Hé ! les hommes, vous n'avez pas soif ?

– Moi, je n'ai pas très chaud, dit Louis. J'ai passé la matinée à la mairie. La pièce est fraîche.

– Une proposition, dit Moulis. Je vous emmène à la maison dans ce carrosse. Mon père sera si content qu'il offrira un coup de vin blanc.

– Je voulais rentrer de bonne heure, dit le régent.

– Il y en a pour cinq minutes. Histoire d'essayer cette mécanique. Je te ramènerai ici, régent, nous prendrons ton vélo et nous irons chez toi.

– Tu avais donc beaucoup de travail à la mairie, ce matin ? demanda Thérèse au régent.

– Les imprimés du ravitaillement à renvoyer à la préfecture. Des dossiers d'étrangers à préparer. Des paperasses, il y en a toujours. »

Moulis s'installa au volant.

« Jusqu'à chez moi, il n'y a pas cinq cents mètres. On y va ? »

Truffié prit la manivelle.

Le moteur ronfla au premier tour. Camboulives et le régent s'accroupirent à l'arrière sur une vieille caisse. Les ailes cabossées du tacot tremblaient frénétiquement.

« En voilà un bel équipage ! » s'exclama Thérèse.

Pour arriver à la maison des Moulis, il fallait suivre un chemin de terre qui débouchait sur la gauche, avant le pont de l'Essonnelle.

« Ne reste pas longtemps, cria Thérèse à son mari. Je sers la soupe. »

Le véhicule se dandinait pesamment entre les ornières. Malgré les cahots, Camboulives s'efforçait de rouler une cigarette entre ses gros doigts noircis de cambouis.

« Ce moteur n'avait pas tourné depuis quatre ans, dit-il. Avec de la patience…

– Patience et longueur de temps… murmura le régent.

– Si nous arrivons entiers, l'expérience sera bonne ! cria Moulis. À nous quatre nous pesons plus qu'un veau ! Mon père va être heureux !

– Accélère un peu ! suggéra Truffié.

– Tu es fou ! Le moteur tiendra mais la caisse restera en route. Du moteur, j'en suis sûr ; de la caisse, non ! »

Louis pensa : « Camboulives, doigts de fée. » On l'appelait ainsi autrefois. Simon Sermet admirait beaucoup cette habileté manuelle. Il avait dit une fois : « Camboulives pense avec ses doigts. »

Moulis ralentit. Ils arrivaient dans le chemin de terre et les ornières y étaient profondes.

« Quelles nouvelles, ce matin ? demanda Louis.

– Je n'en sais rien, répondit Germain. Je n'ai pas écouté la radio et je n'ai pas déplié le journal. Je me suis occupé de ce moteur. Je voulais en finir une bonne fois.

– On discute les crédits militaires, dit le régent d'un air soucieux.

– C'est ça, dit Truffié. Les canons sont neufs et nos guimbardes s'en vont en morceaux ! »

La maison Moulis s'allongeait derrière un rideau de poiriers. Une façade de borde languedocienne à un seul étage. La maison des hommes, le chai, l'étable et le hangar à piliers de briques rouges. Des poules se débandèrent. Un chien aboya. Un vieil homme à grosses moustaches blanches sortit de l'étable, une fourche à la main. Il brandit sa fourche pour saluer.

Thérèse Camboulives retira sa soupe du feu et la déposa dans les cendres chaudes. Elle prit son tricot et s'installa sur le seuil. Elle salua quelques voisines, des paysans qui rentraient chez eux pour le repas de midi.

Des bruits d'assiettes s'échappaient des maisons proches avec des craquements de brindilles qu'on destine à la flambée, des rires et des chansons de jeunes filles. L'école et la mairie étaient muettes. Des enfants jouaient sous les platanes de la place. Vers l'Essonnelle, la route étirait son ruban de poussière éclatante.

Thérèse se dit : « Je vais mettre la radio pour les informations. » Elle ne bougea pas, maniant les aiguilles avec agilité tandis que ses regards glissaient tranquillement sur la route et les maisons.

Une femme qui revenait du lavoir, portant un panier de linge essoré, s'arrêta un instant pour souffler.

« Tu prends le frais ?

– J'attends Germain. Il est allé chez Moulis avec cette fameuse voiture.

– Hé ! c'est vrai, je les ai vus passer. A-t-on des nouvelles de Mme Sermet ?

– Elle va très bien.

– Au revoir, dit la femme, la soupe m'attend. »

Elle s'éloigna à pas lents, l'épaule tirée par le poids du panier.

Puis s'en vint Mercereau le père, la houe à l'épaule et sa haute taille courbée en avant. Il semblait plongé dans ses pensées et faillit passer sans apercevoir Thérèse. Il s'arrêta pourtant et se planta au milieu de la route. Il avait chaud. La sueur mouillait ses tempes blanches.

« Comment ça va chez les régents ?

– Bien, ça va bien. Mme Sermet doit se mettre au repos pour quelques jours.

– Où est ton homme ?

– Chez Moulis, pour un moteur.

– Adieu. Je m'en vais à la soupe. Il fait bien chaud. J'ai travaillé à la vigne tout ce matin. »

Mercereau se remit en marche à grandes enjambées. Il regarda l'école vieille et la mairie. Thérèse fronça les sourcils. Le bonhomme pensait sans doute à son local pour le catéchisme.

Elle se souvint d'une phrase prononcée autrefois par Simon Sermet : “Les petits paysans de chez nous, ce ne sont pas des évêques.”

Elle oublia Mercereau et regarda du côté du pont. Une auto se dirigeait vers le village. On ne la voyait pas encore. Elle n'avait pas franchi l'Essonnelle. Le bruit se rapprocha. Thérèse dressa la tête, comme une poule curieuse. Une auto à cette heure-ci ? Les commerçants étaient passés. Qui pouvait bien venir ?

Un peu plus tard, elle se dit : « Ce n'est pas une auto, c'est une moto. » Elle pensa au médecin. Le bruit devint moins fort. Et pourtant, il se rapprochait. Comme si celui qui conduisait voulait pénétrer dans le village sans se faire trop entendre. Elle aperçut une tache sombre filant en bordure de la route, sur le vert tendre des arbres et des haies. Un gendarme. Un gendarme s'en venait vers Fontvieille. Quelques secondes plus tard, il s'arrêtait devant la maison de Camboulives. Il la salua avec une figure étrangement inexpressive. Il ne riait pas, il ne souriait pas. Son visage rougeaud était immobile. Avec ses sourcils en broussaille et sa moustache étroite, on aurait dit un masque de carton. Il rejeta son képi en arrière. Le képi avait marqué un trait presque violet sur son front.

Le soleil passait entre les volets rapprochés. La cuisine des Moulis n'avait qu'une fenêtre petite et carrée, ménagée dans l'épaisseur des briques. Un rayon de poussière lumineuse touchait les solives noircies, la cretonne rouge qui bordait la haute tablette de la cheminée. Les mouches bruissaient autour de la fenêtre et au-dehors. L'une, parfois, s'en venait briller dans le rayon. On avait rapproché les volets comme par un matin d'été.

La table, aussi sombre et tailladée que les solives, garnissait toute la salle. Une ancienne table qui évoquait de grands repas paysans. Comme d'ordinaire, dans les cuisines de ce pays, une pendule à caisse et un saloir complétaient le mobilier. Autour de la table, quelques chaises de paille et des bancs.

Les hommes s'installèrent. Le père Moulis prit sa place du bout, devant la porte du chai, entre la cheminée et la pendule. Il se frottait les mains avec satisfaction. On le voyait tout heureux de cette guimbarde qu'on lui amenait en état de marche.

« C'est une bonne chose de faite, Germain ! Tu me prépareras la note.

– Ouais, dit le fils, prépare-lui la note, Germain. Et compte largement. Tes heures à toi comptent double !

– Du diable si je m'attendais à ce que tu la fasses marcher, reprit le vieux Moulis en tiraillant sur ses moustaches. Est-ce que ça vaut le travail que tu y as mis ?

– Mais oui, mais oui, dit Camboulives.

– Remarque, si je les avais écoutés, les miens voulaient que je la transforme en clapier… Mais pour aller à la foire et pour rouler dans les chemins de par ici, c'est juste ce qu'il me faut. »

Il continuait à fourrager dans ses lourdes moustaches. Ses yeux riaient dans des nids de rides. Il était presque chauve. Des fils blancs s'entremêlaient sur son crâne rose.

Truffié se pencha vers lui avec son air de pince-sans-rire.

« Hé ! monsieur Moulis, quand vous irez à la foire, suivez bien le moteur !

– Et pourquoi ?

– Il pourrait vous laisser en route ! Il entrerait tout seul sur le foirail de Saint-Ély quand vous seriez encore sur le pont de l'Essonnelle.

– Plaisante, plaisante, mon garçon, n'empêche que ce tacot nous rendra encore des services. »

Il abattit sa main à plat sur la table.

– Les vieux, ça peut encore servir ! Et puis, ai-je de quoi m'en payer un neuf ?

Derrière lui, sa femme poussa la porte du chai, serrant deux bouteilles poussiéreuses contre sa poitrine vaste. C'était une paysanne corpulente, au visage rond et placide surmonté d'un haut chignon blanc.

« Hé ! Charles, dit-elle à son fils, tu aurais pu mettre des verres. »

Charles se leva docilement et s'en fut prendre des verres sur le buffet. Il les essuya avec un torchon avant de les placer en file devant son père. La femme posa les bouteilles à portée du mari et s'en alla regarder sa soupe sur le feu. Elle gratta les braises puis se retourna, plantée devant la cheminée, les mains sur le ventre, considérant les hommes attablés.

Le vieux Moulis déboucha la première bouteille.

« C'est du blanc, dit-il. De la vigne vieille. »

Il s'adressa au régent.

« En as-tu déjà bu de celle-là, Louis ?

– Il me semble.

– Peut-être en compagnie de ton père. C'est la vigne qui est là, derrière la maison. Elle se trouve dans la famille, comment je te dirais ? depuis toujours. De père en fils, elle nous vient de loin. Ton père expliquait que les Moulis sont une des plus vieilles familles du pays. Cette vigne nous a toujours accompagnés. Quand on a fait le cadastre, elle appartenait déjà à un Moulis. Ton père la connaissait et il est venu plusieurs fois dans cette cuisine pour boire de son vin. Ton père avait le goût bon. On a changé le plant plusieurs fois mais le plant, ce n'est pas tout. La terre compte. Et celle-ci est bonne.

– Oui, approuva Louis, la terre compte. Et aussi le soleil, l'exposition, l'air, enfin…

– Et la façon ! intervint Camboulives. Mettez la même vigne entre les mains de deux vignerons. Le vin changera suivant que l'un sera plus ou moins attentif, plus ou moins habile…

– C'est juste, dit le vieux. Ces choses-là s'apprennent lentement. Les anciens nous les ont enseignées. »

Il leva la bouteille avec précaution et la plaça devant la lumière de la fenêtre.

« Peut-être, il se sera troublé. Nous allons bien voir.

– Ne nous faites pas trop languir ! s'écria Truffié. Il fait soif.

– Moi, dit le régent, je ne voudrais pas me retarder trop. »

La femme s'assit près de lui.

« Il paraît que ta mère a passé une bonne nuit.

– Oui. Elle a dormi comme un ange.

– Donc, ce ne sera rien.

– Son cœur reste fragile mais le médecin m'a rassuré.

– Quand vous habiterez au village, tout sera plus facile. Hé ! Germain, cette école, nous l'aurons donc avant l'été ?

– Oui. Et l'inauguration se fera vers Pentecôte. »

Les verres pleins, Moulis prit le sien et se tourna vers l'instituteur.

« Alors donc, régent, je bois à ton école neuve.

– Hé ! ce n'est pas la mienne seulement.

– *Macarel !* dit Truffié, c'est bien toi qui vas essuyer les plâtres. Ce sera la plus belle maison du pays. Tu en as de la chance, *moussu* le régent ! À la tienne !

– Je voudrais, dit Camboulives, qu'on fasse comme une fête ce jour-là, qu'on en parle un peu partout. »

Le père Moulis hocha la tête.

« Il le faut, mon ami, il le faut. L'école, c'est sacré, et elle ne sera jamais trop belle. Ce jour-là, il nous faut les inspecteurs et les autorités, des articles dans les journaux, enfin bref… »

Ils choquèrent leurs verres et burent en savourant. Le vin était bon, avec la fraîcheur convenable.

« Te souviens-tu d'en avoir bu, Louis ?

– Il me semble. En tout cas, mon père m'en avait parlé.

– Il est sec mais il a de la souplesse. On y sent la terre pas loin.

– Gardez m'en trois hectos, dit Truffié. Charles me les portera avec la guimbarde. Quelle heure est-il ? Midi passé. Les miens doivent m'attendre. »

Le vieux Moulis avala les dernières gouttes de son verre puis essuya ses moustaches du dos de la main.

« C'est du bon. Malgré tout ce qui a manqué pour la vigne, celui-là peut se comparer à ceux d'autrefois. Je vous dirai que cette vigne vieille, je l'ai soignée plus que les autres. Par sentiment. À cause des anciens. Ah ! misère, quand je pense à tout ce qui a manqué et ce qui manque encore. En 42, pour le sulfate… Tu te souviens, Germain ? »

Dehors, le chien gronda. La femme s'en fut vers la fenêtre. Le régent se leva à son tour pour prendre congé.

« Hé ! dit le vieux, il faut finir ces bouteilles. Rassieds-toi, Louis. Une minute ! »

Il versa une nouvelle rasade.

« En 42, le sulfate m'a coûté cher. Mais j'aurais donné ma chemise pour m'en procurer. Une vigne qui a souffert, le vin en porte longtemps la trace.

– En 42, dit Truffié, votre chemise ne devait pas valoir très cher.

– Non. C'est façon de parler. Quelle époque ! »

Il trempa ses lèvres dans son verre puis releva la tête brusquement.

« À propos, Germain, tu n'as pas parlé de cette nouvelle ?

– Quelle nouvelle ?

– Il paraît que les communistes ne sont plus au gouvernement. Officiel !

– Le poste l'a annoncé ?

– C'est le boucher qui me l'a dit. Il venait de Saint-Ély…

– On ne peut pas le savoir encore. Ce n'est pas fait.

– Mille diables ! Cet homme semblait sûr de lui. Ramadier aurait remanié tout son ministère. Des communistes, il n'y en a plus.

– Il y en a encore, dit Camboulives avec un ricanement.

– Je veux dire dans le ministère. Hé ! cette nouvelle n'est pas bonne. »

Truffié leva son verre.

« Que ça ne nous empêche pas de boire !

– Cet homme semblait sûr, répéta le vieux. Il me l'a donné comme une chose faite.

– Tu as un poste ici ? Il doit y avoir une émission maintenant. »

Charles se leva pour mettre en marche l'appareil. C'était un vieux poste au vernis écaillé, installé sur le buffet entre deux piles d'assiettes, dans un grand fouillis de boîtes et de sachets de semence.

À cet instant, le chien aboya et ils comprirent que quelqu'un arrivait par le chemin de terre, vers la maison. Il n'y avait pas d'autre maison au bout de ce chemin.

Moulis se détourna pour aller vers la fenêtre. Et sa mère se dirigea vers la porte à demi tirée devant laquelle un rideau de toile pendait, immobile.

Dehors, un pas lourd écrasait la terre sèche et on percevait en même temps un frottement, une traînée.

« Qui peut bien venir ? » demanda la femme.

Elle souleva le rideau dans un grand frisson de mouches.

« C'est quelqu'un qui pousse une moto », dit Camboulives.

Louis posa brusquement son verre et se dressa. Les autres comprirent son idée. Il pensait au médecin. Il croyait que le médecin venait le chercher. Sa mère allait donc plus mal ?

Le rideau soulevé, une vive lumière emplit la cuisine. On avait frappé au volet. Ils entendirent la voix de la femme qui saluait quelqu'un. Qui était cet invisible ?

Ils virent enfin celui qui arrivait. Dans le rectangle éclatant de l'ouverture, un gendarme se présentait. D'abord, ils ne distinguèrent qu'une silhouette épaisse et noire, le képi à la visière relevée, les épaules lourdes, le renflement des culottes, un reflet de chaque côté des leggings.

« Ho ! M. Camboulives, vous êtes là ? » demanda le gendarme.

Tous reconnurent l'homme et la voix. Celui-là n'était pas un mauvais diable, et sous l'Occupation il avait rendu des services.

« Vous êtes là ? »

La voix était forte et cependant mal assurée.

« Oui, je suis là. Qu'est-ce que c'est ? »

Le gendarme entra dans la pièce. Il aperçut l'instituteur.

– Ah ! vous voilà, monsieur Révignaç. Je comptais passer à la mairie. On m'avait dit que vous y travailliez ce matin. J'ai parlé avec Mme Camboulives… Elle m'a expliqué que vous étiez tous par ici… Cette moto vient de me tomber en panne à trois cents mètres. Je ne sais pas ce qu'il y a. J'ai dû la pousser.

– Tu viens pour la moto ? demanda Germain.

– Non, non. Je ne viens pas pour la moto. Pour autre chose… »

L'homme soufflait. Il avait très chaud. La trace violette du képi barrait son front suant.

« Pour ce que j'ai à vous dire, il valait mieux ne pas aller trouver Vidalenc.

– Et pourquoi ? » interrogea Camboulives très doucement.

Le gendarme haussa les épaules. Il baissa la tête et regarda la sacoche de cuir qu'il tenait à deux mains. Il avait une étrange posture. Il semblait protéger une sorte d'oiseau dans ses mains.

« Putain de vie ! dit-il entre ses dents.

– Quoi ? Quoi ? Qu'est-ce qu'il y a ? » bredouilla la femme.

Dans le bref silence qui suivit, le vieux Moulis proposa au gendarme de boire un verre de vin. Et on sentait que le vieux demandait cela pour dire quelque chose, pour meubler le vide pendant que l'homme soufflait et cherchait ses mots.

« Eh non ! il faut d'abord faire le travail. Monsieur Camboulives, je viens pour le fils Escaich… »

Camboulives chuchota :

« Le fils Escaich ? Qu'est-ce que… ?

– Pour annoncer ça, je ne pouvais pas aller trouver Vidalenc. Sûrement pas Vidalenc !

– Mille dieux ! Ce n'est pas vrai ! gronda Charles Moulis.

– Si. C'est vrai », répondit le gendarme.

Et il montra d'un coup de menton la sacoche qu'il tenait entre ses mains.

« Le fils Escaich ! cria la femme.

– Celui qui est à Madagascar. La nouvelle vient de là-bas. Il faut avertir le père. »

Camboulives fit un pas. Il empoigna le gendarme par les épaules, et l'homme se laissait faire sans broncher. Son gros crâne rouge ballottait à droite et à gauche.

« Hé ! tu ne veux pas dire que le fils Escaich… ? »

Le gendarme hocha la tête.

Camboulives poussa un énorme soupir. Ses bras retombèrent le long de son corps tandis qu'il tendait le cou vers le haut, la tête se dressant comme celle d'un chien qui hurle. Et il serrait les poings.

Le vieux Moulis posa son verre. Le verre allait lui échapper. Ses mains tremblaient. La femme s'était mise à pleurer. Les deux jeunes ne bougeaient pas. Le régent restait debout, planté, regardant la fenêtre et les étincelles dorées que les mouches allumaient en voltigeant dans le rayon poussiéreux.

La femme sanglotait.

« Ce n'est pas Dieu possible ! Dans ce pays, nous avons eu notre part… »

Le régent regardait la lumière autour de la fenêtre. Tout l'or d'un beau jour s'en venait flotter autour des briques fanées. Qu'est-ce qu'il voyait encore, le régent ? Un garçon qui marchait dans un matin d'hiver, un beau garçon dont les femmes suivaient les gestes. Un garçon qui cherchait à aimer quelqu'un… La voix d'Adèle monta dans les ombres d'une nuit. Elle pleurait sans bruit, elle répétait : « Louis, Louis, ce n'est rien, il n'y a rien… Dans cette lettre, il n'y avait rien, je te le jure… »

Le gendarme avait ôté son képi. Il épongeait son front à l'aide d'un grand mouchoir à carreaux bleus.

« On a eu un télégramme, dit-il. À Madagascar, c'est plus dur qu'on ne croit. Les gens ici ne savent rien. Celui-là, ce n'est pas le seul. »

Il tamponnait son cou, essuyait une bave séchée aux coins de sa bouche.

La femme lui tendit un verre. Il but d'un trait, goulûment.

« Maintenant, il faut avertir les parents. Pour ça, je ne pouvais pas aller chercher le maire. »

Il répéta :

« Est-ce que je pouvais aller chercher le père Vidalenc ? »

Il se tourna vers Germain.

« Monsieur Camboulives, vous allez m'accompagner ? Mille dieux ! j'ai la moto en panne. Je vais la laisser ici, je la reprendrai au passage.

– Prenez le tacot, dit le vieux Moulis. Vous le laisserez avant la place. Avec le tacot, vous irez tout de même plus vite. »

Camboulives haussa les épaules. Est-ce qu'il était question d'aller vite ?

Moulis insista.

« Il vaut mieux prendre le tacot. Si les gens vous voient traverser le village à pied, à cette heure-ci, ils vont se demander…

– Et puis après ? questionna Camboulives sèchement.

– Je veux dire… Il ne faut pas que les parents soient les derniers à savoir… »

Camboulives haussa les épaules une nouvelle fois. Il marcha vers la porte et souleva le rideau.

« J'aimerais mieux qu'on prenne la voiture, marmotta le gendarme en le suivant. Je suis en nage. »

Le régent pensa à sa mère. Elle était assise dans son jardin, devant la beauté du jour. Elle rêvait d'un temps nouveau et d'une école neuve.

Le cri de la femme éclata sous les platanes. Dans le silence et la chaleur, le cri monta vers les hauteurs du ciel. Il fraya sa route entre les mains tièdes des arbres, comme un oiseau qui cherche la liberté. Et il bondit au-dessus de l'école, en direction des collines. On aurait cru qu'un écho lui répondait parmi les acacias immobiles. Le cri frôla les toits couleur de sang pâle, de géranium et de mauve. Il vola vers la plaine et le fleuve. La Garonne, verte ce jour-là, coulait avec un soyeux bruissement entre les peupliers aux feuilles laiteuses. Le cri planait sur les blés neufs, sur les vignes de bronze clair. Les haricots s'enlaçaient aux maïs. Des grillons chantaient dans les mottes épaisses. Ce cri d'une pauvre femme gagnait tous les horizons. Il couvrait les maisons et les récoltes, toute la terre.

C'était la mère Escaich qui criait. Elle revenait de la fontaine quand la guimbarde des Moulis s'était arrêtée à l'autre bout de la place. La femme avait posé son seau. Les mains sur les hanches, elle reprenait son souffle et elle considérait curieusement le véhicule. Camboulives descendit, puis le gendarme, puis le régent. Eux ne la voyaient pas encore. Ils s'avançaient entre les platanes. Ils ne parlaient pas. Le gendarme essuyait son front. Le régent baissait la tête comme Camboulives.

Sous les platanes, il y avait déjà de l'ombre. Sur les bordures tremblaient des ronds de soleil. Vers le milieu, autour de la fontaine, là où se trouvait cette femme, l'ombre devenait plus épaisse et plus fraîche. On entendait les moineaux pépier et couler la fontaine avec un bruit égal, un bruit fin de perles agitées dans un flacon.

Le village à la méridienne. Un silence qui sent l'argile, l'herbe et le vin. Les gens mangeaient dans leurs logis, dans les cuisines ténébreuses, derrière les volets rapprochés.

Gaston Escaich s'était assis devant son assiette. Il attendait sa femme. Il venait de butter tout un carré de pommes de terre, et lui aussi avait chaud. Le parfum des feuilles et de l'eau fraîche traversait la salle du café, arrivait jusqu'à la cuisine Escaich.

Le gendarme dit entre ses dents :

« Regardez qui est là. Malheur ! C'est sa mère.

– Elle nous a vus, dit le régent. Elle nous attend. »

Ils continuaient à marcher du même pas vers la femme debout, près du seau, les mains aux hanches. Il n'y avait personne sur la place. Personne que cette femme et ces trois hommes qui marchaient vers elle. Elle les avait vus, elle les attendait.

À deux mètres d'elle, Camboulives s'aperçut que son visage était blanc comme cire. La femme se pencha en avant. Ses mains se soulevèrent et se rejoignirent.

« Oh ! malheur de malheur, pensa Camboulives, voilà le moment arrivé ! »

« Tu viens chez nous, Germain ? » murmura la femme.

Il la regarda sans répondre. Il essayait de lui parler avec ses yeux, comme pour lui dire : « Comprends sans que j'ouvre la bouche, comprends sans que je dise les mots ! »

« Qu'est-ce que c'est, ce gendarme ? demanda-t-elle de la même voix à peine perceptible. Il est avec toi ? »

Camboulives la prit aux épaules.

« Écoute-moi. Il faut que tu sois courageuse… »

Alors, la femme se mit à crier. Le vieux cri des mères déchirées passait sur ce pays, on aurait dit, depuis les arbres des hauteurs jusqu'aux flots d'argent vert de Garonne. Le cri de la mort, le cri de la vie perdue, le cri du ventre inutile et qui cherche la chair qu'on lui a prise à jamais.

Le père vint sur le seuil de sa maison. Il vit le groupe. La femme qui criait, les hommes qui l'entouraient. Le régent avait croisé les bras. Une affreuse grimace tordait son visage doux. Camboulives avait mis les mains dans ses poches et il regardait la terre. Le gendarme s'était adossé à un platane. Il tenait à deux mains une sacoche de cuir.

« C'est le petit, hurla la femme vers son mari. C'est le petit, c'est le petit, c'est le petit… »

Elle ne trouvait pas d'autres mots. Rien qu'un cri de douleur, rien que cette phrase monotone qu'elle jetait vers le père :

« C'est le petit, c'est le petit… »

Camboulives recula d'un pas, prit le bras du régent.

« Oh ! Louis, je croyais bien ne plus entendre ça. »

Il pleurait. Sur son maigre visage brun, les larmes glissaient dans les creux des rides. Son menton tremblait et sa main tremblait autour du bras qu'elle s'efforçait de serrer.

« Quoi, le petit ? Quoi, le petit ? » hurla Escaich.

Il regarda le gendarme et sa sacoche. Le gendarme cherchait un papier. Il prit le papier, il s'avança vers le père.

« Non, non, dit la femme, les yeux exorbités et les mains en avant. Ce papier, je ne le veux pas. Non, non... »

Escaich s'en fut vers un platane et il pleurait, le front sur son bras levé. Les sanglots secouaient ses épaules.

« Gardez-le, votre papier, gardez-le... Ce n'est pas vrai. Non, non, ce n'est pas vrai... »

Le régent s'ébroua tout à coup, presque brutalement, échappant à la main de Camboulives. Puis il fit quelques pas comme au hasard. Il allait avec lenteur, la tête inclinée sur un côté, pareil à un homme qui rêve. Il s'avançait entre les platanes, tournant le dos à cette scène de douleur. Le soleil le touchait par moments. Des parcelles d'or luisaient sur ses cheveux, sur ses épaules.

Il arriva devant l'école neuve et s'arrêta à l'entrée de la cour semée de gravats, devant la façade blanche coiffée de tuiles fraîches.

Camboulives le regardait s'éloigner dans un voile de larmes. Il voulut l'appeler. Pas un mot ne sortit de ses lèvres. Il pensa : « C'est insupportable, insupportable, il ne peut pas le supporter... » Il voulut lui dire encore : « Attends, attends, Louis, ne le dis pas à ta mère... »

Le régent marchait dans un brouillard. Il longeait la façade de l'école neuve. À l'endroit de l'ancien préau, il s'arrêta encore. Il revoyait des bûches amoncelées, des fagots de sarments, des piles de cahiers anciens dont on se servait pour allumer le poêle. Un octobre écolier sortait du passé, dans une odeur de cuir et de vin. L'école ancienne renaissait de l'ombre. Le sifflet de Simon Sermet. Le sifflet déchirait le silence. Il appelait les enfants au travail. Le maître venait de sortir. Le vent d'automne gonflait sa blouse grise. Et Louis sentit le poids brûlant de sa main sur son épaule. Où sont-ils tous ? Où est ta mère ? Tu es seul ?

La chaleur écrasait la plaine. Les époux Escaich étaient rentrés dans leur maison. La femme ne criait plus. On n'entendait plus son cri. Le gendarme avait disparu dans le poudroiement de la route. Les gens allaient et venaient sur la place. Maintenant, le village savait. C'était fini. Était-ce fini vraiment ?

Le régent était debout devant son école. Une paysanne lui parla et il resta sans répondre, avec des yeux demi-fermés. La femme ne savait pas quelle lumière il regardait derrière ses paupières closes.

Dans les platanes, les oiseaux avaient repris leur chant.

# Table des matières

**Dans la même collection**

Les textes de la collection Terre de poche nourrissent la mémoire collective à travers des histoires fortes, des récits de voyage, des documents historiques ou des chroniques intimes.

AGUILLON Arlette
*La Maîtresse du moulin*

ALIA Josette
*Le Pensionnat*

ANGLADE Jean
*Le Pain de Lamirand*
*Les Mains au dos*
*L'Ivraie et le Bon Grain*
*Le Pays oublié*
*Le Chien du seigneur*

AUBARBIER Jean-Luc
*Les Démons de sœur Philomène*

AUDIDIER Robert
*Les Sentiers de traverse*

BATUT Maryse
*Les Monvalan*

BESSON André
*La Grotte aux loups*

BICHELBERGER Roger
*Les Années buissonnières*

BORDES Gilbert
*Le Chat derrière la vitre*

BOUCHET Maurice
*Les Souliers ferrés*

BOUDOU Josette
*Le Printemps d'Antonia*
*Les Grillons du fournil*

BOURGEADE Justin
*Tintinou, paysan*

BOUSSUGE Micheline
*Adieu lou païs*
*La Maison d'Anaïs*

BOUTET Gérard
*La Belle Ouvrage*
*Les Forestiers*
*Nos grands-mères aux fourneaux*
*Mémoires de femmes*
*Métiers insolites*
*Saisons paysannes*

BRIAND Charles
*La Batteuse*
*Le Seigneur de Farguevieille*

CABROL Laurent
*L'Enfant de la Montagne noire*

*Les Disparues*
*de la Saint-Jean*
*Le Crime de la Noël*

CALLEROT Geneviève
*Les Cinq Filles*
*du Grand-Barrail*

CAPPEAU Marie Nicole
*Le blé germe en hiver*
*La Mule blanche*
*Chantemerle*

CASTELAIN Anne-Marie
*Le Loup des marais*

CHALEIL Léonce
*Léonce,*
*la mémoire du village*

CHAMOUX Simone
*La Passe-Vogue*

CHANTELAUZE Jean-Louis
*Clémentine*

CHAUSSIDIÈRE Patrick
*Pauvre Bougre*

CHAUVIGNÉ Jean
*Le Secret de Marie*

CLÉMENT-MAINARD Michelle
*La Fourche à loup*
*La Foire aux mules*

COATMEUR Jean-François
*Des croix sur la mer*

COMBE Rose
*Le Mile des Garret*

CORNAILLE Didier
*Les Gens du pays*
*Le vent des libertés*
*soulevait la terre*
*Le Forgeron d'Éden*

COSMOS Jean
*La Dictée*

DECK Olivier
*La Neige éternelle*
*L'Auberge des Charmilles*
*Les Rumeurs du Gave*

DIMITRIADIS Dicta
*Le Nid de la hulotte*

DODANE Michel
*Les Enfants de la Vouivre*
*Les Herbes noires (Les*
*Enfants de la Vouivre**)*
*La Malédiction des*
*Mouthier (Les Enfants*
*de la Vouivre***)*

DOURIAUX Hugues
*La Saison des vendanges*
*(Les Gens de la Paulée*)*
*Le Bois des Auriottes*
*(Les Gens de la Paulée**)*

DUFOUR Hortense
*Le Bois des abeilles*
*La Fille du saulnier*
*Ce que l'océan ne dit pas*

DUPUY Daniel
*Les Quatre Jeudis*

DUTRONC Robert
*La Maison des Chailloux*

ÉVRARD René
et VIELZEUF Aimé
*Comme le scorpion sous la lauze*

EXBRAYAT Charles
*Rachel et ses amours*

FABRE François
et RICHARD Jean
*La Bête du Gévaudan*

FABRE Jean-Luc
*L'Été des Fontanilles*

FEUILLERAT André
*La Clef des champs*

FOURNIER LA TOURAILLE Jean-Pierre
*Le Troisième Prétendant*

FRONTENAC Yvette
*L'Étoile rousse*
*La Soupe des autres*

GAMARRA Pierre
*Le Maître d'école*

GARDI François
*L'Atelier du vannier*

GENEVOIX Maurice
*Le Jardin dans l'île*

GÉRAUD Roger
*Le Pré derrière la grange*

GIMBERT Yveline
*L'Ombre des chênes*

GLEIZE Georges-Patrick
*La Vie en plus*
*Le Forgeron de la liberté*
*Un brin d'espérance*
*Le Sentier des pastelliers*
*Le Destin de Marthe Rivière*

GOURGAUD Joseph
*La Vallée des forges*

GREMBERT Francis
*Le Dernier Regain*

GRIFFON Robert
*Le Dernier Forgeron*
*Le Bedeau de la République*

HEURTÉ Yves
*Le Pas du loup*

JAILLER Isabelle
*La Ferme des hautes terres*

JEURY Michel
*La Classe du brevet*
*Le Crêt de Fonbelle*

JUDENNE Roger
*La Maison d'en face*
*Drôle de moisson*

JULIEN Henri
*La Bâtisse aux amandiers*

LABORIE Christian
*Le Chemin des larmes*
*L'Arbre à pain*

LARDREAU Suzanne
*Orgueilleuse*

LAURENT Jean-Paul
*La Ferme aux loups*
*L'Autre Montagne*

LAVAL Henri
*Le Chemin des souvenirs*

LEMAIRE Philippe
*Le Chemin de poussière*

LE ROY Eugène
*Jacquou le Croquant*

LIMOUZIN René
*Les Cèpes de la colère*

LOUTY Pierre
*Léonard, le dernier coupeur de ronces*
*Les Fiancés de la Briance*

MALAVAL Jean-Paul
*Les Encriers de porcelaine*
*La Rosée blanche*

MALROUX Antonin
*La Dernière Estive*
*Le Soleil de Monédière*

MAMÈRE Noël
*Les Forçats de la mer (Gens de Garonne*)*
*Le Combat des humbles (Gens de Garonne**)*

MARCON Christian
*Le Refus*

MAURY Martial
*Le Secret des Restiac*

MAXIMY (DE) Hubert
*Le Bâtard du Bois noir*

MAXIMY (DE) René
*Le Puits aux corbeaux*

MAZEAU Jacques
*Mensonges*
*La Ferme d'en bas*
*La Rumeur du soir*
*La Dénonciation*
*Le Retour de Jean*
*Le Pré aux corbeaux*

MOUCHEL Jean
*La Robe bleue d'Hélène*
*Le Fils d'Hélène*

NÉDELLEC Gérard
*L'École de monsieur Paul*

NIGREMONT Georges
*Jeantou le maçon creusois*

NIQUET Gilberte-Louise
*Le Destin des Vanbergh*
*Les Enfants du beffroi*

PALET (DE) Marie
*Le Sentier aride*
*La Tondue*
*L'Enfant oublié*
*Retour à la terre*
*Amandine*

PERRÈVE Paul
*Les Galoches rouges*
*La Burle*

PEYRAMAURE Michel
*Le Bonheur des Charmettes*
*Le Château de la chimère*
*Les Flammes du paradis*

POURRAT Henri
et L'OLAGNE Jean
*Sur la colline ronde*

PÉLISSIER Patrice
*L'Ange et le Loup*

PINCE Jacques
*Les Blouses grises*

PLUCHARD Mireille
*Le Petit Bâtard*

PRORIOL René
*Antoinette*

PUIJALON Bernadette
*Le Moulin des retrouvailles*

QUEREILLAHC Jean-Louis
*La Moiss-batt (Trois Sillons de terre rouge*)*
*Rouge est ma terre (Trois Sillons de terre rouge**)*

RABUTEAU Pascal
*Les Faveurs de Sophie*

REY Georges
*Le Bal des sabots*
*La Montagne aux sabots*

RIBES Georges
*Les Gens de la vallée*

ROSSET Jean
*Les Porteurs de terre*

ROUANET Marie
*Nous les filles*
*Quatre Temps du silence*

ROUANET Marie
et JURQUET Henri
*Apollonie*

ROUIL Jacques
*Les Rustres*

ROUQUET Jean
*L'Enfant de la Borie*

SAND George
*La Mare au Diable*

SELO Joël
*Les Vieux Démons*

SORDELLI Jean-Claude
*Le mal rôde*

SOURY André
*Le Pain blanc*

SOYEZ Jean-Marc
*La Tuile à loups*
*Au café de l'Église*
*Les Galoches de Julia*

STEVENSON Robert Louis
*Voyages avec un âne dans les Cévennes*

TAMAIN Louis
*L'Encre violette*
*Le Temps de l'école*

THIROLLE Jérôme
*Les Doigts d'or d'Élise*

TISSERAND Pierre
*L'Arbre au pendu*

TOUPET Armand
*La Bouzoute*

VALETTE Paule
*La Meule éclatée*
*Les Jours derrière la montagne*

VAN DER MEERSCH Maxence
*L'Empreinte du dieu*

VENTRE Julien
*Julien, berger des collines*
*Julien des collines*

VERDIER Henri
*Les Lentilles vertes*

VERRIER Michel
*Là où les chèvres sont pires que les loups*
*La Taille de la Saint-Vincent*
*Les Vignes du bout du monde*
*La Ferme des Pitaval*
*Le Mystère de Millepertuis*
*Le chien qui faisait peur au diable*

VIGOULETTE Daniel
*Les Ombres du Léman*

VINCENT Claude
*Les Roses de l'hiver*

VITTÉ Louis-Olivier
*La Servante*
*L'Enfant de la rivière*
*La Vallée des illusions*